《当代中国俄语名家学术文库》荣获

第二届中国出版政府奖图书提名奖

第三届中华优秀出版物奖图书提名奖

СЕРИЯ «ИЗБРАННЫЕ ТРУДЫ СОВРЕМЕННЫХ КИТАЙСКИХ РУСИСТОВ»

ХУА ШАО

华劭集

黑龍江大學出版社

图书在版编目（CIP）数据

华劭集：汉、俄 / 华劭著．-- 哈尔滨 ：黑龙江大学出版社，2007.12（2021.8 重印）
（当代中国俄语名家学术文库 / 王铭玉主编）
ISBN 978-7-81129-010-3

Ⅰ．华… Ⅱ．华… Ⅲ．俄语－语言学－文集－汉、俄 Ⅳ．H35-53

中国版本图书馆 CIP 数据核字（2007）第 201772 号

华劭集
HUA SHAO JI
华 劭 著

责任编辑 靳铭吉
出版发行 黑龙江大学出版社
地 址 哈尔滨市南岗区学府三道街 36 号
印 刷 三河市春园印刷有限公司
开 本 720 毫米 ×1000 毫米 1/16
印 张 24.5
字 数 390 千
版 次 2007 年 12 月第 1 版
印 次 2022 年 1 月第 2 次印刷
书 号 ISBN 978-7-81129-010-3
定 价 69.00 元

《当代中国俄语名家学术文库》

编辑委员会

华劭，男，1930年6月生，湖北浠水人，教授，博士生导师，博士后流动站合作导师。曾任黑龙江大学俄语系主任、俄语研究所所长、全国俄语教师联合会副会长、省政协常委。曾获黑龙江省高校教学成果一等奖、国家辞书奖一等奖、黑龙江省教育厅科研成果一等奖，参编《大俄汉词典》，出版专著《语言经纬》等。1990年在莫斯科被世界俄语教师联合会授予普希金奖章。

出版前言

中国的俄语教育从初始迄今,已走过了整整300年的历史。从清朝康熙年间理藩院开设的俄罗斯文馆(1708年)算起,先后经历了京师同文馆(1862年)、京师大学堂(1901年)、译学馆(1903年)等早期俄语教育时期,以及俄语专修科(1921年)、延安大学俄语系(1941年)、中央军委俄文学校(1942年)、延安外国语学院(1944年)、哈尔滨外国语专门学校(1946年)等建国前俄语教育时期。但中国俄语教育有计划、成规模的发展,主要还应归功于中华人民共和国建国后的60年。据不完全统计,到1951年全国共有36所大学设立俄语系科,另有俄语专科学校7所;到了21世纪,全国开设专业俄语的高校就有90余所,开设大学俄语的高校300余所,以北京外国语大学、上海外国语大学、黑龙江大学为中心的中国俄语教育体系正在发挥着越来越重要的作用。在这60年的时间里,中国造就了大批俄语专家学者,他们投身于俄语教学与研究之中,取得了辉煌的成就,可谓名家如云,群星璀璨。他们的名字在中国俄语界个个耳熟能详,有的还享誉中国外语界、语言学界,乃至国外俄语界。其主攻方向和学术成就俄语界同人大都能说出一二,但因种种原因,不少学者的成果或散见各处,或无暇集成。所以,要想系统地推介他们的学术成就,迫切需要搭建一个展台。

2007年8月,黑龙江大学出版社正式成立。成立之初,出版社就高瞻远瞩地担负起了一种历史的重任:梳理成果、审视学群,为一些推动中国俄语教育发展进程的学术名流树碑立传。由出版社总编辑李小娟策划,出版社会同黑龙江大学俄语学院、教育部人文社科重点研究基地——黑龙江大学俄语语言文学研究中心以及中国俄语教学研究会拟共同出版"当代中国俄语名家学术文库",以填补中国俄语学界的一个空白,弘扬中国俄语学界著名学者的学术成果，力争为全国俄语学术研究尽绵薄之力。

黑龙江大学之所以始终如一厚待俄语教育、全力推动中国俄语事业的发展，正是秉承了始建于1941年的中国人民抗日军政大学第三分校俄文大队“服务国家”的光荣传统。黑龙江大学的俄语教育事业历经了中央军委俄文学校、延安外国语学校、哈尔滨外国语专门学校、哈尔滨外国语专科学校、哈尔滨外国语学院、黑龙江大学等阶段，至今已有66年的历程。目前，黑龙江大学俄语学科已成为中国高校俄语语言文学学科中历史最悠久、积淀最深厚、层次最齐全、队伍最坚实的学科之一，是对当今中俄战略协作伙伴关系和东北亚地区合作发展具有重大推动和建设性作用的学科。同时，俄语学科是黑龙江大学的创校学科，也是学校目前的龙头学科。2007年恰好是黑龙江大学俄语专业创办66周年，恰逢黑龙江大学出版社创立，并且十分明确地认定俄语学科是出版社应瞄准与支持的重点学科，可谓喜上加喜。

作为后学，作为当代学人，光大前辈的学术思想，我们义不容辞，责无旁贷。对其学术思想梳理出版，不仅是当下学术思想传播的需要，也是学术精华传承的需要，从某种意义上说，更是一种抢救人类非物质文化财富的学术义举。为了做好本文库名家的遴选以及丛书的出版工作，我们特邀国内同行专家共同组成文库编委会，根据老一辈学者在全国俄语界的贡献与影响，经全国俄语同行的提名推荐，首批入选了11名专家。他们均是新中国培养出来的俄语名家，数十年献身于中国俄语教学与科学研究，见证了俄语学科的兴衰更替。他们中间有为中国俄语事业作出重要贡献的学者型领导王福祥（北京外国语大学前校长）、赵云中（华东师范大学前副校长），有成果丰硕的语言学家华劭（黑龙江大学）、信德麟（北京外国语大学）、吴贻翼（北京大学）、倪波（上海外国语大学），有令人敬佩的中国资深翻译家李锡胤（黑龙江大学）、张会森（黑龙江大学）、俞约法（黑龙江大学），有奋斗在国防教育战线上的俄语专家丁昕（解放军外国语学院）、徐翁宇（解放军国际关系学院）。他们融入了历史，也创造了灿烂的俄语人生。

该文库由黑龙江大学王铭玉教授担任主编，由黑龙江大学俄语学院孙淑芳教授、黑龙江大学俄语语言文学研究中心黄忠廉教授、黑龙江大学《外语学刊》李洪儒编审等担任副主编，黑龙江大学黄忠廉教授、靳铭吉副研究员、李洪儒编审同黑龙江大学出版社编辑惠秀梅、赵颖一并担任文库责任编辑，吴丽坤、黄东晶、杨志欣、彭玉海、张春新、刘锟、李芳、张志军、张金忠等博士参与了校对工作。他们共同托出俄语界同人期待已久的11份精神大餐，使学术经典锦上添花。

在文库的出版过程中，得到了黑龙江大学国家级教学名师张家骅教授和邓军教授、俄罗斯专家И.Б.沙图诺夫斯基以及黑龙江大学俄语学院И.А.科切尔金娜、Т.А.谢瓦斯季亚诺娃等外籍教师的悉心指导，使文库内容更加精当、准确，形式更加完美、统一。

我们相信，集名家一生学术财富的文库定能穿越时空，流芳后人。

王铭玉

2007年12月

目　　录

第一编　语法学

第二编　语义学·语用学

第三编　功能语言学

第四编　普通语言学

第五编　教材建设与教学改革

СОДЕРЖАНИЕ

Часть Ⅰ Грамматика

Часть Ⅱ Семантика · Прагматика

Часть Ⅲ Функциональная лингвистика

Часть Ⅳ Общее языкознание

Часть Ⅴ Составление учебных пособий и перестройка преподавания русского языка

第一编

语　法　学

试论俄语动词"体"及其语法意义

在这篇篇幅不算很大的文章里,作者打算谈谈自己对俄语动词"体"的了解。这是一个老问题。在苏联语言学著作中,有不少专题性质的研究文章,着重进行一些理论探讨,特别是体的意义,然而至今还不能说问题彻底地解决了,而在国内所发表的文章,大体都是从如何有助于实际运用体的角度出发,来阐明这一问题,所以对某些理论问题研究得比较少。大家都知道,正确地实际运用语法规则和科学的理论研究是不能截然分开的。作者写这篇文章的目的,是想谈谈对"体"这一范畴的粗浅意见,并且大致地叙述一下,怎样研究这个问题更合适。在这篇文章内打算谈这样几个问题:

1 体范畴的语法意义;

2 单体完成体动词;

3 单体未完成体动词;

4 完成体和未完成体的对应关系;

5 体的意义和用法的关系;

6 体的意义与动词其他三范畴的意义。

但总的说是打算解决一个问题,究竟什么是体的意义。读者如果对这个问题的历史感兴趣,可以参看维诺格拉多夫院士«Русский язык»一书。

1 体范畴的语法意义

从波捷布尼亚(А. А. Потебня)以后直到现在,把动词分成完成体和未完成体几乎是所有学者一致的意见,大家都认为多次体、一次体是比较具体、比较狭窄的语法意义,可以为前两者所包括、所概括,但是,大家对什么是体的语法意义却持有极其不同的意见。我们可以把不同书中的定义加以比较。在谢尔巴(Л. В. Щерба)院士所主编的《俄语语法》中写道："未完成体动词表示没有结束的或反复发生的动作。"[①]类似的定义我们也可以在波戈罗季茨基（В. А. Богородицкий）教授的著作中找到："它们（体）表示动作（不论及物或不及物）的细微含义，主要是表示动作正在进行的性质（совершаемость）或者是已经结束的性质（исполненность）"[②]。作者甚至建议把这些动词叫做"正在进行和已经结束的，以代替不够准确的术语未完成体和完成体"。应该指出，这种不确切的定义容易使人产生误解，对这一点，库兹涅佐夫（П. С. Кузнецов）已正确地加以指责："未完成体动词本身并不表示动作的未完成或未结束的性质。譬如当说 Я эту книгу читал，我们只不过肯定读书这一事实，并未指明我们是否读完，所以当实际上已经读完全书时，我们也经常用 читал……"[③]。另外某些具有开始意义的完成体动词，也不能为上述的完成体的定义所概括。譬如：Лес зазвенел, застонал, затрещал; заяц послушал и вон побежал.（Некрасов）

另一种对体的理解，可以阿瓦涅索夫（Р. И. Аванесов）和西多罗夫（В. Н. Сидоров）的见解为代表，在他们所编的教科书《俄语》中，认为完成体是表示动作开始和结束的动词，而未完成体动词则是表示动作中部的。佩什科夫斯基在《俄语句法的科学阐述》一书中，也得出性质类似的结论："有些学者采用 Punktuell（表示点的动作）作为印欧原始语某种词根的名称，它能非常理想地表示我们完成体所具有的意义。在完成体中，动词词根所表示的全部动作过程好象汇合于'一点'，那么，未完成体就只好叫做'线的动作了'"[④]。然而这两种定义都无法解释 погулять, поработать, проспать, просидеть 等动词，如 Пошумели, посмеялись и разошлись.（Горбатов）关于这一点佩什科夫斯基教授本人也承认。这样的定义还可以援引一些，但是它们不能概括所有语言事实，只是把某些动词完成体或未完成体所具有的特殊意义当做这一范畴的一般语法意义。正因为有上述困难，有些教科书的作者甚至知难而退，拒绝给体这一语法范畴下定义，譬如在巴尔胡达罗夫（С. Е. Бархударов）及克留奇科夫（С. Е. Крючков）所著的俄语教科书中只简单地说，完成体动词回答

---

① Л. В. Щерба, Грамматика русского языка. Т. Ⅰ. М., 1953, стр. 129 – 130.

② В. А. Богородицкий, Общий курс русского языка. М., 1935, стр. 169.

③ Современный русский язык. Морфология. М., 1952, стр. 310.

④ А. М. Пешковский, Русский синтаксис в научном освещении. М., 1956, стр. 110.

“что сделать?”的问题，而未完成体动词回答“что делать?”的问题。另外一些教科书的作者则列举不同动词的体所具有的具体意义来代替科学定义，如芬克尔（А. М. Финкель）、巴热诺夫（Н. Е. Баженов）在《现代俄罗斯标准语》一书中说：“完成体动词……是把动作表现为既成事实，已经达到目的的或者是表示在时间持续上受到某种界限限制的动作——可能有开始的或结束的界限，或者二者兼备。”[①]这种定义没有反映出语法的抽象概括能力，类似的具体的意义我们还可以列举出一些来，但它们终究不能算做体的一般意义。

在专门性质的语言学著作中，比较普遍的一种看法是，认为完成体和未完成体动词是表示有界限和无界限的动作。福尔图纳托夫（Ф. Ф. Фортунатов）及沙赫马托夫都持类似的观点。维诺格拉多夫在《俄语》一书中最明确，最完善地表述了这种见解：“……完成体的主要功能是限制或取消动作的持续性的概念，把注意力集中于动作过程的某一点上，以此作为它的界限；而表示正发展中的动作，表示就整个过程来说不受界限观念所约束的动作，则是未完成体的主要的、一般的意义”[②]。应该说，这个定义是具有较大概括力的，也比较深刻和准确地反映出体的意义的实质，所有完成体动词的意义和未完成体动词的意义都可以被其概括无遗，但是接受这个定义又会产生另一个问题，以动词 говорить 为例，则 заговорить，поговорить，сказать…都是把注意力集中于动作过程的某一点，都执行着完成体的主要功能——限制和取消动作持续性的概念，那么它们究竟是否都应算做 говорить 的完成体呢？是否都和 говорить 同属于一个词的不同语法形式呢？乌里扬诺夫（Г. К. Ульянов）教授和福尔图纳托夫院士对第一个问题都作了肯定的回答，即上述诸词都是 говорить 一词的完成体，但前者认为它们都是 говорить 的完成体的语法形式，后者却认为它们（包括 сказать）都是独立的词。维诺格拉多夫院士对这两种观点都进行了批判，认为他们混淆了词汇意义和语法意义，他坚持完成体和未完成体动词是一个词的两个对应语法形式。然而，从他上述的定义出发，却必然会得出乌里扬诺夫教授所作的结论，在这维诺格拉多夫院士不无自相矛盾之处。

---

① А. М. Финкель, Н. М. Баженов, Современный литературный русский язык. Киев. 1954, стр. 274.

② В. В. Виноградов, Русский язык. М. -Л., 1947, стр. 274.

目前，语言学界中所广泛采纳的定义是："体这一语法范畴是表示动词所反映的动作与其内在界限的关系。"[①]这个定义是正确的，完善的。究竟什么是内在界限？据我的理解，内在界限是由词汇意义所表示的动作来决定的。正因为如此，动作与其内在界限的关系，即体的语法意义取决于表示动作的词汇意义。如①Колумб открыл Америку. открыть 表示达到目的的动作。②Я пролетал все лето. пролетать 表示持续运动的结束。③Она всплакала. всплакать 表示动作的开始。这种例子还可以举很多。但是达到目的、结束、开始、瞬间……等动作的意义，只是一部分动词所具有的局部的意义，它们具体体现了这些词中内在界限的含义，然而它们本身却不算做体的一般语法意义。在这里存在着共性和个性，一般和个别的关系。

经过以上极概括、极简单的理论探讨以后，可以得出几个极其重要的结论：第一，体这一语法范畴既然表示动作与其内在界限的关系，这个内在界限就包含在词汇意义所表示的动作自身之内，而不是从外部获得的，即非其他词素所指示的新界限。因为如此，говорить 的完成体只能是 сказать，而不是 заговорить 或 поговорить，后两个动词是表示开始动作和持续动作所具有的界限，而非 говорить 的内有界限；第二，体这一语法范畴既然表示动作与其内在界限的关系，而动作又是以动词词汇意义来表示的，因此体的语法意义与词汇意义有着密切关系，词汇意义可以决定有无某种体的语法意义，在俄语中，大概有 31% 的动词没有对应体的语法形式[②]，例如，очутиться，хлынуть 等词无未完成体，而 вращаться，плотничать 等词无完成体，这都要从其词汇意义中得到解释；此外，词汇意义还决定着内在界限不同的具体含义，因而使完成体和未完成体的语法意义获得不同的具体内容。因此，当研究体的意义时，必须密切地联系其词汇意义来考察；第三，体的定义——表示动作与其内在界限的关系，是一个极其抽象的一般意义，所以它有高度的概括力，能说明一切完成体和未完成体的语法形式，但另一方面，因为它只是"大致地概括着所有的个别事物"（列宁语），所以用这个一般的定义就不足以揭示某些具体的

---

① Е. М. Галкина-Федорук, К. В. Горшкова, Н. М. Шанский, Современный русский язык. М., 1957. стр. 397; Современный русский язык. Морфология. М., 1952, стр. 309.

② Е. М. Галкина-Федорук, К. В. Горшкова, Н. М. Шанский, Современный русский язык. М., 1957. стр. 397; Современный русский язык. Морфология. М., 1952, стр. 309.

完成体与未完成体动词在意义上和用法上所具有的特点，这就要求我们具体地对待具体动词。然而，语法又不能淹没或消失在无数词汇意义的大海中，比较正确的研究方法是把动词按共同词汇意义或词汇－语法意义分成若干词群，显然这些词汇意义和词汇－语法意义（如具有词素-нуть的完成体动词所共有一次瞬间意义）对体的意义有着特殊的作用。本文就打算按这个方向尝试研究体的问题。

在没有着手研究具体问题之前还应该强调两点：第一，所有完成体动词或未完成体动词具有的共同语法意义表现在一系列形态、构词和句法特点上，如完成体动词一般只有两种时间形式，而未完成体却有三种时间形式。它们在构成命令式（尤其是复数第一称命令式时，如 Давай бегать，但 Давай пойдем）、形动词和副动词形式时，都有许多彼此不同的特点。在构词上，我们同意某些学者的意见，未完成体动词加前缀通常只能派生完成体动词，而由后者派生未完成体动词则通常是用后缀法，而不用前缀法构成。在条件和时间从句中的未完成体动词兼表示主、从句中的动作是同一时间发生的，而用完成体则表示两句动作是递次发生的，先后出现的等等。正因为如此，体这一语法范畴才成立，才站得住脚。这些共同特点由于各教科书都有详细论述，在本文中就略去不谈了。但是，当我们研究各词群中词汇语法意义的交互作用时，不应该忘记体这一语法范畴的共同意义和特点，否则就会迷失方向，导致否定体这一范畴的错误。第二，我们应该重复地指出，完成体和未完成体意义只是表示说话人对内在界限的关系，而不是反映这一界限本身。前面已援引库兹涅佐夫教授的例子：当日常生活中我们已写完了信时，我们依然可以说 Я писал письмо. 尽管实际上动作已经完成，达到了自身的界限，而未完成体动词却依然可以从与内在界限无关这一角度来反映动作。这个问题对确定词的语法形式具有很大的理论价值，但这已经超出本文的范围了。即使从实用的角度来说，也很值得注意，当运用完成体或未完成体动词时，并不直接取决于现实中动作是否已经达到内在界限，而取决于说话人是否注意到或强调这一内在界限，从什么角度来观察和表示这一动作。

维诺格拉多夫院士在《俄语》一书中曾正确地指出："体这一范畴是语法意义和词汇意义互相影响、互相竞争的场合。"①这种互相影响、互相

---

① В. В. Виноградов, Русский язык. М.-Л., 1947, стр. 449.

竞争表现在许多方面：词汇意义和语法意义在很多情况下密切地交织在一起，如由 писать 构成 описать 一词时，不仅动词的词汇意义改变了，而且语法意义也改变了，于是前缀 о-有表示语法意义和词汇意义的双重功能，尽管通常都只把它叫做构词前缀。这也反映体这个语法范畴的特点：它在动词内部的构词和构形的过程中都起着重要作用。另外就是上面谈到的，一个词能否具有完成体或未完成体的语法形式，往往取决于动词的词汇意义。在一些意义更抽象的语法范畴中（如形容词的性、数、格等语法范畴），则基本没有这种现象。任何一个形容词不论其词汇意义如何，都具有表示上述意义的各种语法形式，一般说来，一个词的某一语法形式的有无，原因是很复杂的：可能是由于发音困难，如有后缀-ск-的（плоский，дружеский）形容词，没有短尾的语法形式；有时是为了避免产生同音现象，如以-л 为结尾的形容词，没有短尾的语法形式，否则就产生与动词过去时形式分不开的形式（如 окаменелый，обеднелый 无短尾）；也有修辞上的原因，有些在俗语中和口语中常用的词，如 лупить，обдурить 等，都不能加词素-ся，构成被动态的语法形式，因为被动态的语法形式往往用于书面语言；有些时候甚至很难解释，为什么这个词没有某一语法形式，如 победить，убедить 不用将来时第一人称单数的语法形式；погодить 不用过去时的语法形式等等。尽管如此，应该肯定，在大多数情况下词汇意义是决定该词某一语法形式有无的主要因素。在体这一范畴中，这点看得特别清楚。前面我们已经讲过，体是表示动作与其内在界限关系的语法范畴，但是有些动词的词汇意义所表示的动作根本与内在界限的观念不相容，如 стоять，существовать，因此，也就不能具有指明动作与其内在界限有关的完成体语法形式，相反，另外一些动词的词汇意义所表示动作的特点，就是具有某种界限的动作，如 зазвенеть，пошуметь，因此，当我们企图从这些动作与其内在界限无关的这一角度来考察这些动作时，就直接地取消了动作本身的特点。换句话说，就是破坏了表示该动作的词汇意义，因此可以概括地说：当动词的词汇意义和内在界限意义相抵触时，这个词就没有完成体的语法形式，相反，当动词的词汇意义和内在界限的意义紧密交织在一起时，这个动词没有未完成体的语法形式。现在我们先着手研究单体动词（непарные глаголы），看看在这些动词中词汇意义和语法意义的相互作用，然后再探讨有对应体形式的动词。

2 单体完成体动词

在单体完成体动词中，完成体的语法意义往往是和某些构词词群（словообразовательные разряды）的共同词汇意义紧密溶合在一起的，维诺格拉多夫院士曾经提出："某些构词范畴和与其在意义上相似的语法范畴十分接近，它们使后者的意义更为丰富，更为复杂，并且把它们分成许多细小的类别"①。

由未完成体派生完成体动词的主要手段是前缀。大家知道，俄语中有二十几个常用的动词前缀，按它们的不同功能，通常划分为构词前缀和构形前缀。若从它们所表示的意义来看，可大致把它们分为这样几类：

（1）表示动作方向的：в-，вы-，на-，с-，из-，при-，у-，раз-，вз-（воз-），низ-，за-，над-，под-，о-，от-，перед-，几乎绝大多数前缀都具有动作方向意义，而且往往和前置词的意义相吻合。

（2）表示动作时间变化的：за-，воз-（вз-），по-（表示持续动作的开始），от-（表示时间上持续动作的结束），про-，пере-，по-（表示动作时间上的持续量），с-（表示往返持续的动作）。

（3）表示动作完成的限度和程度（мера и степень проявления действия）：вы-（выплакаться），на-（насолить，напиться），о-（опиться，объесться）。此外，前缀还有"高程度"、"涉及许多主体或客体"、"使主体或客体因动作而极端疲乏"一类的意思，如 раз-（разгневать，расцеловаться，расхвораться），по-（побросать，попрятать），пере-（перекурить，переболеть），у-（умаяться，уездить）等。

（4）表示其他意义的：如 до-（доплатить），пере-（переделать），вы-（выдернуть，вырвать），обез-（обессилеть），недо-（недосмотреть）等。

（5）只表示语法意义的：по-（пообедать，пошутить），с-（свалить，сделать），на-（написать，нарисовать）等。

（1）（4）两类前缀的构词功能是十分明显的，加这些前缀所派生的完成体动词通常都具有相应的未完成体形式。而其中表示动作完成的限度和进行程度的前缀和动词结合后，也明显地改变了原来动词的词汇意义，新的动词意义甚至等于原来的动词的词汇意义加上表示程度的状语，如

① В. В. Виноградов，Избранные труды. Исследования по грамматике. М.，1975.

напиться = попить вдоволь。但是由于这种意义与其完成体的意义结合得比较紧密，所以它们或者根本没有相应的未完成体形式，或者很少用未完成体的语法形式。然而完成体的意义在这些动词内所获得的具体内容和大多数完成体动词的语法意义相同，即表示动作结束或达到预期的结果和目的。表示时间变化的前缀则较特殊，通过加这些前缀所构成的新词，基本上都没有相应的未完成体形式，而且具有这类前缀的动词完成体的语法意义获得了特殊内容：这些在特殊情况下完成体所获得的内容往往被认为是体的一般意义，因此造成了不少混乱，所以我们准备重点地研究一下带这类前缀的动词。另外我们还把有后缀-ну-（表示所谓一次体意义）的动词放在一起研究，因为这种后缀在意义和功能上与表示时间变化的前缀十分接近。

2.1 表示开始意义的完成体动词

表示这种意义的有前缀 за-，по-，вз-和 воз-。现在我们分别加以研究。

前缀 за-

за-在表示开始意义的动词中是常见的。借助于 за-所构成的完成体动词可以表示各种开始发生的动作，如表示言语声音的动作：заговорить，заплакать，зафыркать，загрохотать 等；表示在空间上转移的动作：заходить，забегать，загулять 等；表示人体感觉的动词：зачуять，завидеть 等；表示其他具体动作，如 заиграть，зачитать。甚至某些具有形容词词干的动词也可能加 за-表示具有开始意义的新动词，如 зазеленеть，заседеть 等。

① Собаки было залаяли，но узнав Антона，умолкли и замахали косматыми хвостами.（Пушкин）

② Вдруг публика заволновалась：шу- шу- шу... лица заулыбались，плечи задвигались.（Чехов）

前缀 по-

по-在表示开始意义的动词中比 за-用得少。用 по-表示开始动作的动词，词干大体都是表示运动的动词，特别是定向动词（如 подвинуть，почесать，подуть，пойти，поползти）；也有少数表示人体感情和感觉的动词（如 полюбить，послышать，почувствовать）。福尔图纳托夫院士把这种意义叫做 ингрессивное значение，即表示动作在一开始时，就达到自己的目的、结果。而由前缀 за-表示动作开始的动词则不然，它们所表达的意义叫 инхоативное значение，即只表示持续动作的开始，而与结果的意义无关①。

至于表示人体感觉或感情的动词，在加前缀 по-后所构成的完成体动词只表示动作一开始时就达到了某种结果，这在译成中文时看得很清楚：如 полюбить（爱上了），почувствовать（感觉到了），послышать（听见了）。有些学者认为它们是无前缀动词的相应的完成体语法形式。可参见维诺格拉多夫著«Русский язык»第 535 页，在那里他把 полюбить，почувствовать 和 пообедать，пожелтеть 等词并入一类。并请参看奥热果夫（С. И. Ожегов）所编的词典。但是在大多数的语言学著作中，都认为它们是单体动词。

前缀 вз-，воз-

这两个前缀有许多共同之处，由这两类前缀表示开始意义的动词并不多，和前缀 вз-结合的动词词干多半是表示言语和声音的，如 вскричать，взреветь，взвыть；和 воз-结合的词干多半是表示感情的，如 возлюбить，вознегодовать；也有少数词干是表示其他意义的，如 возрыдать，возгреметь 等。两个前缀都表示突然、急剧开始的动作。但是 воз-是从古斯拉夫语借用来的前缀，通常都只用于书面语言中。其中有些词已成为古语词，很少使用。它们表示的意义和前两类动词的含义大体上相似，但是应该注意它们在情感意义和修辞色彩上的特点，翻译的时候，也应该设法表示出这些细致的含义。

③ Егоровна взвыла.（Пушкин）/叶戈罗夫娜突然放声痛哭。

④ Раненый зверь вдруг взревел./受伤的野兽突然怒吼起来。

⑤ Я этого не могу сделать，— вскричал дедушка.（Достоевский）/爷爷大喊着说："这我可办不到！"

若换用 завыть，закричать 则失去了上述急剧、突发意义。

2.2 表示一次瞬间意义的完成体动词

一次体这个术语是格列奇（Н. И. Греч）首先提出的。通常对一次体的解释是表示瞬间、一次完成的动作。许多学者都证明了一次体并不是一种和完成体意义无关的独立语法形式，它只是一般完成体的意义在某些动

---

① В. В. Виноградов，Русский язык. М. -Л.，1947，стр. 518 – 519.

词中特殊的表现形式罢了。具有这种意义的完成体动词在形态和构词方面都有许多特点。大家知道,表示一次瞬间意义的后缀是-ну-[①]。究竟哪些动词可以加上后缀-ну-,构成表示一次瞬间意义的完成体动词呢?帕夫斯基(Г. Павский)曾经指出:“在这类一次体中,大多数动词是表示外部感觉能够觉察得到的动作和现象。因为只有眼睛和耳朵才能辨别出一刹那的瞬间。”维诺格拉多夫院士认为可以派生表示一次意义的动词都是“表示具体的、持续的、由无数单一部分组成的动作,这种动作被认为是由一系列瞬间活动所组成的链条,并且能分解为若干组成部分”。这样,最常见的、具有一次瞬间意义的完成体动词大多数是表示感觉器官所能觉察的,可计算的动作,如 кивать, кивнуть(点头);стучать, стукнуть(叩门)。点几下头,敲几下门都是可计算,可以看见或听到的。

由静词派生的动词(如 сапожничать, синеть, горбиться, удесятерять)以及表示状态的动词(如 сидеть, стоять)都不能派生表示一次意义的动词。即使在表示具体动作的动词中,有些动词的词汇意义也限制其派生具有一次意义的完成体动词。第一,表示其主体显著改变其空间位置的动作,如 идти, плыть, нести, гулять, блудить 等。因为一次的、瞬间的动作不可能使某一主体显著地改变在空间的位置。第二,根本不能作任何空间运动的动作,如 писать, работать, думать, давать 等。因为无法捉摸这些动作的瞬间变化。第三,表示迅速完成的动作,如 вставать, садиться, ложиться 等。因为这些动作本身就是短暂的,无法分成组成部分。谈到“一次体”动词的意义时,还应该作一点说明,即广泛流行的说法“完成体动词表示一次的动作,未完成体动词表示多次发生的动作”是十分错误的。其实,很早以前波捷布尼亚就已经指出“一次性和完成性并非同一概念,因为后者所包括的内容比前者广泛得多。有很多完成体的动词,但它们并不是一次体的动词。为了容易理解语言,对这些范畴应该加以区别,而不是任意混淆。它们产生的时间先后也不相同。”

实际上,一般完成体动词经常表示多次的动作,试看下面的例子:

① — В иную пору раз десять взад и вперед сбегаешь — перебил Захар. (Гончаров)

---

① 实际上这类带-ну-动词也可用来表示多次动作,如 Иван постлал себе на полу, несколько разевнул, лениво помолился и лег. (Чехов)

② Дебаты в парламенте продолжались 10 дней и за его время господин Мендес-Франс выступил 31 раз. (Эренбург)

③ Владимир Дубровский несколько раз перечитал эти довольно бестолковые строки с необыкновенным волнением. (Пушкин)

可见,一般的完成体动词也和未完成体动词一样,既可表示一次动作,又可表示多次动作。而具有一次瞬间意义的动词其主要特点也不在于表示一次的动作。尽管普通的完成体动词(如 Я дал ему книгу. Я получил письмо.)通常也是表示一次的动作,甚至也有一部分动词的完成体语法形式(如 прийти, уехать, набить, обделить 等词)不能表示多次进行的动作,但不能因此说完成体动词只是表示一次动作。乌里扬诺夫教授对以-нуть为结尾的动词作了下述解释:"这类短暂的意义顶好叫做瞬间意义,而不叫做一次意义,因为后一术语指明这一意义和次数有关,而实际上两者之间并没有任何关系。"

其次,一次体动词由于和派生它的未完成体动词词汇意义相近(区别仅在于前者是表示瞬间发生的动作),所以一般的词典都把它附在其生产动词的下面,作为后者的一次体语法形式,如 ругать 与 выругать 及 ругнуть 在奥热果夫词典中就是放在一起的。当未完成体动词是单体动词时,就把一次体动词当做它的完成体。在苏联科学院《俄语语法》中,作者根据自己给体下的定义,径直把一次体当做未完成体动词的完成体语法形式,这是值得考虑的。至于在构词方面,凡是具有一次瞬间意义的完成体动词在加前缀构成新的动词后,不仅保持其完成体的意义,而且大体都保留着一次瞬间意义,如 выдернуть, вскрикнуть 等。

2.3 表示在发展时间上动作受限制的完成体动词

这种动词很久以前就引起了人们的注意,许多学者对完成体所下的定义都不能概括这类动词。在这里我们只研究几类动词,它们分别带有下述前缀:

по-:凡具有前缀 по-的动词都表示动作持续一段时间,通常是短暂的时间,这种动词为数极多。泽姆斯卡娅(Е. А. Земская)认为有下述几类动词不能加前缀 по-构成表示短暂持续动作的完成体动词。第一,定向动词,在 пойти, поплыть 等动词中 по-表示开始的意义。第二,以形容词为词干的动词且有后缀-еть 者,因为 пожелтеть, похорошеть 只有纯粹体的意义。第三,表示状态的未完成体动词具有后缀-ну-者,如

меркнуть, вянуть;表示人的感官的感觉能力者,如 видеть, слышать, слепнуть, оглохнуть;其余的动词则大多数都能构成具有 по-的完成体动词,如 поболтать, пофилософствовать, пожить 等。

这类动词都是单体动词,它们无相应的未完成体动词形式。具有前缀 по-和后缀-ыва-的动词,完全具有另外的意义。试比较:

① Он подумал немного и согласился. /他稍稍想了一下,就同意了。

② Илья Иванович велел сыскать очки: их отыскивали часа полтора. Он надел их и уже подумывал было вскрыть письмо. (Гончаров)/伊里亚·伊万诺维奇吩咐我找眼镜,找了大约有一个半钟头。他带上了眼镜。原本已经打算要拆信。

关于同时加前后缀 по-和-ыва-的动词意义,我们下面还要谈到。

про-:这类动词表示持续一段时间的动作,表示持续时间久暂的名词用第四格。这类动词也为数不少,про-是积极的构词前缀,能和很多动词搭配,表示具有上述意义的动作。如:

③ Вы это поймете, когда проживете здесь еще несколько времени. (Пушкин)

④ Мы проскучали весь спектакль.

пере-:具有这种前缀的动词也是表示持续一段时间的动作。若动词的词干是名词,名词本身就可表动作持续的时间,如 переночевать, перезимовать, передневать(只用在方言中)。事实上 перезимовать 等于 провести зиму。此外,在口语中可以说 пересидеть день 代替常用的 просидеть день。

с-:这类动词在日常生活中也常用,动词词干只能是不定向动词,表示动作持续往返一次,如:

⑤ ...Он и не знает, что такое прислуга: послать некого — сам сбегает за чем нужно: и дрова в печке сам помещает, иногда и пыль оботрет...(Гончаров)

⑥ Вас в ту рощицу свожу — пойдем соловушек послушать. (Некрасов)

2.4 表示持续动作结束的完成体动词

这种动词的形态标志是都有前缀 от-。动词的词干可以表示各种意义:如 отлежать, отпить, отработать, отгоревать, отлюбить 等。от-是

积极的构词前缀。很多人把这类完成体动词所具有的特殊意义叫做финитивное значение。这只是一部分动词所具有的词汇意义,是完成体一般意义在这些动词中的具体体现,而不是一般的完成体的语法意义。有很多未完成体动词有自己相应的完成体形式,但同时可派生带有前缀от-的动词,如 светить—отсветить—посветить。那么 посветить 和 отсветить 究竟有什么意义上的区别呢?后者表示持续动作的结束和终止,即它不仅表示一般的界限概念,而且表示动作结束前已经进行了一段时间。试比较:

① Он звал меня, чтобы я посветил ему, Я вынес свечу...(Достоевский)/他叫我给照亮路,我就把蜡烛拿出去了。

② В текучей речной воде ты увидишь как падают отсветившие миру звезды. /在流动的河水中,你可以看到那些照亮过大地后的星辰如何消逝。

在下面例子中,具有前缀 от-的动词,也是表示上述意义的。

③ Марья Ивановна явилась к ужину бледная и заплаканная. Мы отужинали молча и встали из-за стола скорее обыкновенного. (Пушкин)/玛丽娅·伊万诺夫娜来吃晚饭时,面色苍白,满脸泪痕。我们一直默不出声地吃完晚饭,并且比平时更早地离开餐桌。

这里 молча 是指整个吃饭时的情形,而不是单单吃完时才如此。

④ Отгремела война, идет к концу первый послевоенный год. (Панова)/战争的炮火销声匿迹了,战后的第一年即将结束。

⑤ Дождя отшумевшие капли тихонько по листьям текли. (А. Толстой)/那些曾经哗哗作响的雨点在树叶上静静地流着。

这些动词多半是不及物的,有时可以加上 свое, свой век, свое время,此时代词已失去了词汇意义,只用来表示动作进行程度,有“够了”一类的意思。

⑥ Он уже отгулял свое, повзрослел. (Николаева)

⑦ Я уже славно отжил свое время.

单体的完成体动词,我们就讨论到这里为止。从上面对某些单体完成体动词极其粗浅的分析中可以看出,完成体这一抽象的语法意义,随着动词的词汇意义不同而获得不同的内容,然而它们却又表示着共同的意义——指出动作的内在界限。我们可以把上面分析过的各种意义大致地用下图来表示：

（1）|→ за-表示动作开始的完成体动词，由于词汇意义和语法意义的相互作用，所表示的动作已经开始（即指出其内在界限），但动作本身尚在继续（这是这类动词所特有的词汇意义）。

（2）· нуть-表示一次瞬间意义的完成体动词，不仅表示出动作是已经完成的（即指出其内在界限），而且表示它们是一刹那完成的（这是这类动词所特有的词汇意义）。

（3）|—| по-表示持续一段时间的动作的动词，而 про-不仅表示动作是有界限的，而且要求指明动作的变化量，在时间上持续的久暂（这些具体意义显然是这类动词所特有的词汇意义）。

（4）→| от-表示持续动作终结的完成体动词，也是兼指明达到其内在界限和此前持续的动作（这是这类词特有的词汇意义）。

（5）|⇆| с- 表示往返意义。

由此可见，除内在界限意义之外，其他各种所谓“体的色彩”实际是一定词汇词群（лексические разряды）和构词词群所共有的词汇意义或词汇－语法意义，它们和完成体的意义密切地交织在一起，作为后者的具体体现物。通常不仅把上述动词所共有的语法意义当做体的语法意义，而且把少数动词在词汇意义上的特点，如“一次意义”，“动作开始后仍继续延伸”等，强加在所有的完成体动词之上，作为它们共同语法意义上的特点。这自然会妨碍我们正确地理解俄语“体”的语法意义，会混淆词汇意义与语法意义。下面我们研究一下单体的未完成体动词，然后再看看有对应形式的完成体和未完成体动词。

3 单体未完成体动词

单体未完成体动词的数目极多，我们只能研究其中的一部分。这些动词大体在意义、形态和构词方面都具有一定的特点，至于其他的单体动词，只能大致地谈谈。在这一节里，打算研究下述几类动词：

（1）定向动词和不定向动词；（2）所谓的多次体动词；（3）表示复杂持续动作的单体动词；（4）具有其他词汇意义的单体动词。

3.1 定向和不定向的动词

大家都很熟悉，俄语中有 15 个不带前缀的动词，它们兼有两种未完成体的语法形式，而且在意义和构词规律上都具有一系列的特点。因为不同的学者对它们的意义有着不同的理解，所以这些动词获得各种名称，如定向和不定向动词（определенно-моторные и неопределенно-моторные глаголы），或一回体和多回体（некратные и кратные подвиды）。在苏联科学院主编的《俄语语法》中则认为上述动词兼有上述两种区别。这种看法是比较正确的。这 15 个无前缀动词都是表示动作主体在空间转移其位置的运动：бегать — бежать, бродить — брести, возить — везти, водить — вести, гонять — гнать, ездить — ехать, ходить — идти, катать — катить, лазить — лезть, летать — лететь, носить — нести, плавать — плыть, ползать — ползти, сажать — садить, таскать — тащить。首先应该指出，бежать，идти 等所谓定向动词只是表示动作是沿着一定方向进行的，但动词本身却并没有指出沿着什么方向进行。另外对多回体动作也不能认为它们只是同一动作在不同的时间内多次重复，其实，不定向动词所表示的动作可能有两种情况：

（1）同一动作在不同时间内的多次重复，如 Он каждый день ходит в школу. 这时 ходить 可说是 идти 在不同时间内的多次重复。

但是，口语中有时也用 идти 等定向动词表示多次动作，如 После уроков ученики бегут домой. 在这种情况下，多次动作似乎融为一体，用一次的定向动作表示，因而给人一种比较具体、单一、实在的感觉，因为单一、具体等性质恰好是定向动词的特点。

（2）某一时间内定向动作在不同方向的重复，如 Мальчики бегают во дворе. 这时的 бегать 实际上是 бежать 所表示的动作在不同方向的重复。这里不能用 бежать 代替 бегать。

关于这个问题波捷布尼亚有精辟的说明："动词 нести, несу 所表示的动作是人们的思想直接凭借感觉观察来反映的，而 носить, нашивать 等形式，抛开它们意义的区别不谈，都有着共同之处，即所表示的动作是高度抽象的结果。必需要有好几个由感觉器官分别获得的动作，并把这些动作结合在一起，才能用 ношу。由此可见，在 нести 这类词之外还有 носить, нашивать 等词，是说明语言力图表示思想的特殊抽象性质。"接着他又作了一个补充："对抽象性和具体性的理解，应该作些补充说明……抽象是在以前的思想基础上进行的，它必然对原来思想的某些组成部分加以扬弃，如果 носить 对 нести 来说是更高的抽象，那么前者所包含的实际内容，就会比后者少，实际上也是如此，但是应该把词的内容和词的内在形式分开。动词 несете 和 носите 内在形式在内容上的区别，不在于前者所包含的特征数量比后者多，而在于第一个动词把动作表现为单一的（虽然并非一次的或瞬间的动作），而在第二个动词中，却表现为集合的。在后一种情况下，许多单一的动作并不融合为一体（像‘橡树’一词包含我所看到过的所有橡树那样），而是组成一条绵延不断的行列，（好像松树林概括无数个别针叶树一样）。”① 由此可见 идти 和 ходить 的区别是反映动作的方式不同，抽象的程度不同。看下面两个例子：

① Вот бегает дворовый мальчик...（Пушкин）

② Обувки у меня никакой не было, так и бегала босиком.（Игнатов）

不定向动词 бегать 是表示同一动作 бежать 在不同方向，不同时间重复。也正因为如此，表示某些动物具有某种运动能力时，通常都用不定向动词现在时，如 Рыба плавает; Птицы летают 等。但这并不排斥在口语中，有时也用定向动词表示常态、一般的动作，如 Самолет летит быстрее, чем птица. 但在这种情况下，多次动作恰巧融为一体，用一次的、定向的动作来表示，因而给人一种比较具体，单一、实在的感觉。而单一具体等性质却恰好是 идти 这类动词的特点。

最后，应该指出，定向动词和不定向动词都是无相应完成体的。前者只是表示具有一定方向的具体动作，并没有指明动作究竟朝什么方向进行，其词汇意义也不说明动作可能的目的或结果，换句话说，排斥了一切可能的内在界限意义，因而不能有完成体。不定向动词的意义更是直接和内在界限的概念互相排斥。加任何前缀所构成的完成体动词都是表示一种非它们本身所具备的界限概念（如 прийти, отходить, пойти, сходить），因而也就是新的动词。

3.2 所谓的多次体动词

在古俄语中，有许多以-ыва-（-ива-），-ва-为后缀的动词，表示反复，多次进行的动作，如 бегивати（跑），купливати（买），приставливати（靠近）等等。从 17 世纪起，多次体的形式就已经不用了，只保存在少数方言中。从 19 世纪起，在标准语中已经完全不用了。但与此同时，它们却

① А. А. Потебня, Из записок по русской грамматике. М., 1958, стр. 77 – 78.

获得新的语法意义，表示很久以前发生的事件。根据沃斯托科夫（A. X. Востоков）的意见，如果要表示不久以前发生的动作，那么就干脆说：неоднократно читал，говорил，делал，毫无必要用 делывать，читывать。布斯拉耶夫（Ф. И. Буслаев）则认为这些词具有三种不同的意义，即（1）表示过去经常发生的动作；（2）表示遥远过去发生的动作；（3）表示强烈的否定意义[①]。

① Ведь и я мог бы все это，— думалось ему［Обломову］，ведь я умею，кажется，и писать；*писывал*，бывало，не то что письма，помудренее этого！（Гончаров）（动词表过去经常发生的动作）

② Ослы，не знаю，как-то знали，что прежде музы тут *живали*.（Крылов）（表示远在过去某一时间以前发生的动作）

③ Я никогда не видал да и не *слыхал*.（表示强烈的否定）

由此可见，多次体不同于一般未完成体。其特点不在于动作重复的多少（譬如可以说 Я не раз ему говорил. Я ни разу не видел.），而在于前者有特殊的情态意义和过去时间意义。应该说明，这种强烈的否定意义也是在遥远过去时意义的基础上产生的，用从遥远时间以来就没有发生过这一动作的说法来渲染强调否定的情态意义。维诺格拉多夫院士把它作为一种特殊的时间形式来理解，认为它不是表示特殊体的意义。这是有道理的。但是从动词体的语法意义角度来考察，在这些动词里，抽象概括的未完成体意义——与内在界限无关——却正是通过多次反复的意义体现出来的。换句话说，多次反复性是这些动词未完成体意义的具体内容。这种特殊的意义决定它某些形态上和构词上的特点。这种动词都具有一定的词素——后缀-ыва-（-ива-），-ва-，如 знавать，певать，живать，писывать，这种动词都是无前缀的。不错，有不少学者认为带前缀又具有上述后缀的动词依然保留“潜在的多次意义”，某些动词有两个未完成体的语法形式，如 приготовлять — приготавливать，заползать — запалзывать，накоплять — накапливать。具有后缀-ыва-（-ива-）者，常有潜在的多次意义和口语色彩。但是总的说来，在 вырабатывать，описывать，признавать 等词中已失去了明显的多次意义，和一般的未完

① О. И. Буслаев，Опыт исторической грамматики русского языка. Т. 2. М.，1958，стр. 150.

成体动词并无区别。此外，某些多次体动词没有现在和将来时间的语法形式，只用于过去时。其构词上的特点是不能加前缀或后缀构成新的完成体。关于多次体动词不能加前缀构成完成体动词，波捷布尼亚有一点说明："表示动作在时间上持续最久的动作，加上一个前置词（指前缀而言——作者），并不能变成完成体动词，尽管前置词具有结束的意义。这应该理解为：具有结束意义的前置词只能表示多次动作每一个组成部分的界限，但绝不是整个多次动作的界限。"应该指出，认为 припевать, подплясывать 等词是由多次体构成的观点完全不对，这一点我们在下面还要谈到。因为多次体动词是正在消失的形式，它们几乎丧失了构成新词的能力。这些动词都是单体动词，但是因为所谓多次体动词为数不多，而且和同词根的未完成体动词在意义上相近似，所以在词典中都把它当做与后者平行的特殊语法形式来解释。其实，这是不恰当的。

3.3 用前缀后缀法构成的，表示复杂持续动作的单体动词

这类动词都是由未完成体动词直接构成的。它们的词汇意义，或者说构词前缀所赋予词的意义和内在界限的概念互相排斥，因而也就没有完成体的形式。我们只大致地介绍以下两种单体动词：

（1）具有前缀 по-和后缀-ыва-（-ива-）或-ва-的单体动词：这种动词表示间断性的持续动作，如 покуривать, поглядывать 等。以-ничать, -ствовать, -ировать 为结尾的词干，不能构成这类动词。如果动词的词干是表示由若干部分组成的动作，那么，动词就具有明显的多次意义，如 постукивать, погрохатывать, покачивать, покашливать, пожевывать。如果动词的词干表示完整不可分割的动作，那么，动词就往往具有一种从容不迫、程度轻微、不时重复、徐徐发生的意义，如 попевать, посчитывать, постаивать, подумывать, побаиваться。很多不同意义的动词都可以通过加前缀和后缀的手段（по- + -ыва-）构成具有这种意义的动词。上述意义也使其不能构成相应的完成体动词体形式。试看下面两个例子：

① Тихо только раздаются шаги тяжелых сапог Ильи Ивановича, еще стенные часы в футляре глухо постукивают маятником, да порванная время от времени рукой или зубами нитка у Пелагеи Игнатьевны или у Анастасьи Ивановны нарушает тишину...（Гончаров）

② Мой новый друг все помалчивал, да посматривал, не мешал

мне, т. е. до известной степени не мешал мне. (Тургенев)

(2)有前缀 при-或 под-和后缀-ыва-的单体动词：表示持续的动作，它伴随着另外一个动作，因而动作具有辅助、次要的性质。大多数带前缀 при-的动词表示所伴随的动作是由同一个主体发出的，如 Он работает припевая, идет припрыгивая, живет припеваючи 等副动词形式的用法也说明这一点。而带前缀 под-的动词所表示的动作则往往是伴随另外一个主体的，如 Он подпевает басом.（他用低音伴唱。）Он многозначительно подкашливал во время ее рассказа. 但有些带前缀 при-或 под-的动词意义却完全一样。类似的单体动词还可以由后缀-ыва-加前缀 вы-, от-构成（表示持续的剧烈动作）；加前缀 пере-及词素-ся 构成（表示持续的，由不同主体轮流进行的动作）。详细的叙述可以参看泽姆斯卡娅所写的《现代俄语中带前缀的单体动词》一文。上述类动词的词汇意义不但决定了它们没有完成体的语法形式，而且决定了未完成体意义在这些动词中的具体内容。

3.4 具有其他词汇意义的单体动词

具有一定形态标志的单体动词在俄语中为数并不多，相反，大多数的单体未完成体动词都没有任何形态标志。譬如说，俄语中就有很多与不定向动词意义相近的未完成体动词没有相应的完成体形式，如 гулять, двигать 等。表示持久、复杂动作的单体动词还可以举出 пировать, музицировать, совещаться, браниться 等。现在我们只举几种很多单体未完成体动词所共有的一般意义。

(1)表示静止状态的动词：因为这类动词本身不包含任何延续伸展变化的概念，这就排斥了内在界限的意义，所以不可能有相应的完成体动词形式，如 спать, стоять, висеть, сидеть, глодать, дремать, скучать, нервничать, горевать, парить, лежать, грустить, хандрить 等。它们大半都是不及物动词，这些动词只是表示在时间上发展的动作，因此可能和表示时间意义的某些前缀结合，构成新的完成体动词（如 проспать, задремать, поскучать, отсидеть 等），也可以和表示程度变化的前缀结合（如 выспаться, выстоять），但不能和表方向的前缀结合构成新词。附带指出，这里所说的是表示静止状态的动词，若表正在变化的状态，如 вянуть, чахнуть, становиться 等，则动词有相应完成体形式。

(2)表示长时间持续存在过程的动词：这些动词表示长时期持续不

断动作的过程，这些动作本身不包含任何可能的界限或结果意义，因此没有完成体形式，如 жить，нищенствовать，гостить，бродяжничать，роскошествовать，ютиться，процветать 等。它们除了能和表示时间持续的前缀构成新词外，很少构成具有其他意义的完成体动词。

(3) 表示说明物体性质特征的动词：譬如某些以形容词为词干的动词表示某种性质或特征，如 дорожить，бодриться，прудиться，прямиться，круглиться，выситься，кудрявиться，разниться。这些动词不仅没有相应的完成体形式，而且一般来讲不能派生其他的新动词。

4 完成体和未完成体的对应关系

上面我们只是粗略地考察了一下各种单体动词的意义，即使在有两种体的对应形式的动词中，各动词完成体和未完成体的相互关系也不是完全一致的，根据动词不同的词汇意义，完成体和未完成体形式可取得以下几种对应关系。

(1) 动词的完成体表示动作的结束，达到结果，而动词的未完成体则表示动作过程本身，如：

① Что такое наслаждение，спрашиваю я тебя?

— И оно должно было рухнуть，ты *искал* опоры там，где ее нельзя *найти*.（Тургенев）

② Свеча меркнет и *гаснет*... Кто это кашляет там так хрипло и глухо?（Тургенев）

③ *Погасло* дневное светило.（Пушкин）

(2) 动词的完成体表示结束的动作，而未完成体表示已经结束的动作多次、反复地重复的过程。

④ Артистка с чувством *прочитала* стихотворение.

⑤ Он *читал* книгу запоем одну за другой.

(3) 动词的完成体表示动作出现一次，而未完成体表示同样的动作多次、反复地出现。

⑥ Она *ударила* его по лицу.

⑦ *Ударяя* пальцем по столу，он вполголоса поет.

具有这种完成体和未完成体对应关系的动词经常是由具有一次瞬间意义的动词派生来的，如 откинуть — откидывать，взглянуть — взглядывать, вскрикнуть — вскричать, встряхнуть — встряхивать 等。试比较：

⑧ Пантелей решительно *встряхнул* головой, очнулся от мыслей и, стегнув по лошади, поскакал рысью.

⑨ Он о чем-то все время думал и так был занят своими мыслями, что когда его спрашивали о чем-нибудь, то он вздрагивал, *встряхивал* головой и просил повторить вопрос. (Чехов)

对以上几种对应关系,我们作以下简单的解释。

(1)大多数动词的完成体和未完成体(尤其是不带前缀的未完成体)的语法形式都可表示第一、二类的对应关系,如 писать — написать, читать — прочитать, делать — сделать。在这两类对应关系中,未完成体动词都是表示没有界限限制的动作过程。在第二类对应关系中,未完成体动作的特点不是表示结束动作的重复,而是把已结束动作的反复发生当做一个与其内在界限无关的动作过程来表示,如 Мы с ним переписываемся: я часто получаю от него письма. 完成体动词也可以表示多次重复的动作,不过整个动作是作为已经结束的过程来表示,如 А когда на свои расспросы о знакомых я *раз пять получил* от Кисочки в ответ: "Умер", моя грусть обратилась в чувство, какое испытываешь на панихиде по хорошем человеке. (Чехов)所以它们之间的区别不在于动作数量的多少,而在于是否表示出动作与其内在界限的关系。

(2)有许多动词的词汇意义决定其完成体和未完成体的对应关系只可能是第一类的或第二类的,譬如有后缀-ну-的未完成体动词反映由一个状态到另一状态的变化过程,它和完成体的关系只可能是第一类的(меркнуть — померкнуть, вянуть — увянуть),如:

⑩ Лист *вянет*, проходит лето. (Прутков)/树叶发枯,夏天就要过去了。

вянуть 不可能表示 увянуть(已经凋谢,即已经变化完了)的动作反复发生。相反,像 накупить — накупать(大量购买),обделать — обделывать(精细加工)则只能具有第二类关系,这和动词的词汇意义,首先是前缀的意义有着密切的关系(试看同类的动词,如 нарвать, набрать, облизать),因为表示单一动作进行的过程,就可以用无前缀的未完成体动词,如 покупать, делать 等。这样上述动词的未完成体就只能表示结束动作反复发生的过程，如：

⑪ Долго он(Пашка)ел щи, *облизывая* после каждого хлебка ложку, потом, когда кроме мяса в миске, ничего не осталось, покосился на старика и позавидовал, что тот еще не хлебает. (Чехов)

(3)第三类动词数目远比第一、二类少，这些动词的词汇意义表示动作是一次次地，一下子、一下子进行的，因此其完成体表示的内在界限是动作出现了一次，而未完成体动词则表示同一动作反复出现的过程，这类动词所表示的动作不可能作为一个单一的、正在进行的过程来反映，这就使其未完成体在用法上和 накупать 一类的词相近似，所不同的只是前者表示一次动作的反复重复，或者说，表示一个由同样的单一的部分所组成的动作过程，而后者则表示某一结束了的动作多次重复的过程。第三类动词完成体和未完成体之间的对应关系，如 встряхнуть — встряхивать, откинуть — откидывать，容易使我们想起无前缀动词和具有一次瞬间意义动作的关系，如 качать — качнуть, плевать — плюнуть 等，而 встряхнуть 一类的动词其实就是由 тряхнуть 等词派生来的，并且还继续保持着一次动作意义。但是 качнуть, дернуть 却被当做单体动词处理。应该指出 тряхнуть, дернуть, ругнуть 是由无前缀的未完成体派生来的，如 трясти, дергать, ругать, рвать。此类未完成体动词中某些还有表示其内在界限的对应完成体，如 стучать — постучать (в дверь), плевать — наплевать。而这些"一次体"动词则具有未完成体动词所没有的一次瞬间意义。从构词的角度来看，一次体动词和无前缀动词可以形成不同的构词系统，如：

кричать → вскричать

дергать → задергать

крикнуть → вскрикнуть → вскрикивать

дернуть → задернуть → задергивать

从构词理论上来说，一个词的不同语法形式是不能成为不同的构词系统中心的，可见 кричать 与 крикнуть, дергать 与 дернуть 分别是两对不同的词，而不是一个词的不同形式。但也应该承认 стучать — стукнуть, стрелять — стрельнуть 的对应关系和 встряхивать — встряхнуть 之间的关系是相同的。大家知道，встряхивать 是由 встряхнуть 派生来的，一次瞬间意义包括在后者，即派生词之中，而未完成体动词只是表示单一动作多次发生的过程，所以两者之间只有语法意义上的区别。

(4)从历史上来看，体的范畴包含两种不同的意义，即表示：1)动作次数多少，时间久暂；2)动作与内在界限的关系。它们分别表示动作量的变化和质的变化，但到目前阶段，前者已服从后者，成为其一种特殊表现形式，所谓多次意义，一次意义不过是一般未完成体和完成体的一般意义的具体表现形式而已，但是旧的意义还通过各种方式顽强地表现自己。因此完成体和未完成体的对应关系不仅受着词汇意义的限制和约束，同时，旧的表示次数意义形式的保存，使这种体的严格对应关系变得更为复杂或遭到破坏。上面已经谈到很多动词除有完成体之外，常常能构成表一次意义的完成体动词，根据完成体表示动作内在界限的说法，我们倾向于把后者看做独立的单体动词。此外，尚有很多未完成体动词具有两种语法形式，它们彼此之间的区别往往和次数意义有关。由于我们给未完成体动词下的定义是从否定特征着眼的，即表示与动作内在界限无关的过程，两种形式可以同样地执行未完成体的上述功能，所以都算做未完成体的形式。大概有下述几种情形：

(а)ходить — идти

如前面所讲，它们之间的区别在于表示动作次数多少的不同。更准确地说，它们之间的关系正像集合名词和具体名词(单数)之间的关系。后者可以表示一次动作，即使它表示多次动作时，也是把它作为整体，并将一次动作当做代表：По этой улице идет трамвай. 正像单数名词可以作为同一类事物的代表一样，如 Он любит читать книгу. 而 ходить 则表示多次动作的集合概念。可见它们的区别是动作抽象程度，量变化上的区别。ходить 与 идти 在构词方面，也是各有独立的构词系统，但是未完成体的定义使它们相互接近，从而都被算做未完成体的语法形式。

(б)померкнуть {меркнуть / померкать}

увянуть {вянуть / увядать}

потухнуть {тухнуть / потухать} 等

即以-нуть 为结尾的语法形式和由其完成体所派生的新语法形式同为未完成体。根据上面所说，вянуть 一类的词是由一状态转变到另一状态的动作,不可能表示结束动作的反复重复,而 увядать 一类的未完成体动词,因为没有上述意义的后缀-ну-,所以可单表正在进行的动作过程和已结束动作反复、重复发生的过程。试比较:

⑫ Я с ужасом стал примечать, что умственные способности его *тухнут*, слабеют. (Герцен)

⑬ …возле двигались два силуэта: студент с чемоданом в руках и ямщик. Последний курил носогрейки; огонек носогрейки двигался в потемках, *потухал и вспыхивал* …(Чехов)

这种一熄一灭的动作,用 тухнуть 就不大好。也许正因为如此,тухнуть 一类的词有被排斥的趋势。而 вянуть, липнуть, дохнуть 等词在后一用法上正被 увядать, прилипать, издыхать 一类词所代替。

(в) заползать, запалзывать } заползти

надломлять, надламывать } надломить

накоплять, накапливать } накопить

维诺格拉多夫院士认为:"在许多情况下,未完成体的两种平行语法形式在现代俄语中有不同的修辞意义(以-ать, -ять 为结尾的形式似乎具有更多的书面语言的色彩),在运用时没有显著的次数意义和时间久暂的区别。"①然而大多数学者依然认为在以-ывать 为结尾的形式中,多次意义反映得更为明显。试看下面所引的例子:

⑭ Казалось, избыток счастья умалял и как бы надломлял ее слегка, вот как распустившийся цветок иногда надламывает свой стебель.

可见次数的意义还是明显地表现在两种不同的形式中。

(г) читать, прочитывать } прочитать

пить, выпивать } выпить

копить, скапливать } скопить

---

① В. В. Виноградов, Русский язык. М. -Л., 1947, стр. 442, 509.

учить }
выучивать } выучить 等

同一完成体动词的这两类未完成体区别不大,它们都可以表示一次或多次的动作。由于完成体的前缀意义和动词内在界限的意义相吻合,如 с-表示聚集,和 копить(积蓄,积累)的意义一致,所以它们只是完成体的语法形式,而不是新动词,但这些前缀本来是构词的,因此它们尽量设法派生自己的未完成体。带前缀的未完成体和无前缀动词不同之处是,前者经常表示动作过程(无论一次或多次)是趋向于结束的,要达到内在界限的,因为这种意义已包含在前缀之中。例如:

⑮ Вина за весь вечер она (Катя) *выпивает* не больше двух рюмок, я *выпиваю* четверть стакана, остальная часть бутылки приходится на долю Михаила Федоровича, который может *пить* много и никогда не пьянеет. (Чехов)

5 体的意义和用法的关系

什么是体的意义,这在本文的第一部分中就已经作了回答,接着我们又分析了体的一般语法意义及其在不同类型词汇意义的动词中具体的表现形式。但知道了这一点,还远不能说掌握了动词体的用法。体的意义和用法除取决于词汇意义外,还和上下文有关系,这主要是指未完成体动词而言,因为给未完成体动词下定义时,是从它的否定特征着眼,所以它可以包含各式各样的内容,只要它与内在界限无关。大体上说,未完成体动词可以表示下述几种意义。

(1)具体的、正在进行的动作。

① Я к вам пишу, чего же боле? (Пушкин)

② Я слышу, там за стеной кто-то читает стихи Маяковского.

(2)表示习惯的、经常的动作。

③ Он человек культурный, много пишет и читает.

④ Лекции по грамматике нам читает профессор Иванов.

(3)表示事物的性质、特点和能力。

⑤ Карандаш хорошо пишет.

⑥ Он читает и пишет на трех языках.

(4)通过具体进行的动作或客观存在的状态说明事物的特征和

功能。

⑦ Земля вращается вокруг солнца.

⑧ Окна выходят на улицу.

第一种意义表示在一定时间内正在进行的动作，具体发生的动作，所说明的主语是具体动作的执行者。第二种意义比第一种意义抽象，它并不指明某一时间发生的动作，但是为了表示这个意义，必然要以实际生活中已经发生过这一动作为前提，这种抽象使我们更多地注意动作的性质，而不是动作的过程。在这种情况下，动作似乎说明作主语的人的习惯、义务、工作、要求等。第三种意义则更为抽象，这种意义根本不表示任何实际中发生的动作，这时候主语已经不是动作的执行者，而是具有某种能力或特征的人和物。也许正是由于动词的这种意义促使动词转变为形容词。比较 Это нож хорошо режет. /хорошо режущий инструмент; Это вещество блестит. /блестящий предмет 等。一般的未完成体动词，尤其是无前缀的动词，大概都可以表示这三种意义。第四种意义特殊，仿佛是第一种意义和第三种意义的结合，是在具体动作和状态之中体现出事物的性质、能力或特征。具有这种语法意义的未完成体动词并不多，它们都表示特殊的词汇意义，如形象地表示事物在空间的位置（Дорога идет лесом. Луг вклинивается в пашню.），表示绵延不断永恒的动作（Световая энергия излучается солнцем.），表示事物之间的关系（Любые два электрона взаимодействуют.）。这几种意义可以通过未完成体动词中各种时间形式表示出来。它们都表示与内在界限无关的动作。粗略一点说，未完成体动词的意义内容往往是不肯定的，多义的；一个动词的词汇意义决定其未完成体形式可能具有哪些意义，而上下文却决定它究竟是表示哪种意义。完成体则不同，就所有的完成体动词而言，它们也可以表示上述种种抽象程度不同的意义，但每个动词却通常只能表示一种意义。绝大多数动词都是表示受内在界限限制、实际上发生的具体动作，或者真正存在的状态，这种动作也可能是不止一次地发生过，如 Он молча *прошелся* около стола, досадливо *почесал* себе затылок и *несколько раз* судорожно *пожал* плечами и лопатками от холода, который пробегал по его большой спине. （Чехов）这里的每个完成体动词都是具体发生的动作。只有少数的动词可以表示抽象的第二种意义（即不指具体动作，而一般地说明主体的习惯、经历、要求等，如 Он везде *побывал*.）和第三种意义(即指事物性质特征,如 Починили батарейку и *зазвенел* звонко! Он *излечился*. Коса *иступилась*. 表示事物开始具有或丧失了某种能力和特征),第四种意义就只有极少的动词才能表示(大体上和未完成体动词的情况相同)。仅在极个别的情况下完成体动词可以具有两种抽象性质程度不同的意义,如 Зазвенел звонок. 需要靠上下文来判断它的意义。可以这样说,一般说来,完成体的语法意义究竟具有什么内容是由动词的词汇意义决定的,与上下文的关系比较少。只要弄清了词汇意义和语法意义的相互关系,也就弄清楚了后者的具体内容(内在界限的具体涵义和动作的抽象程度),因而也就理解和掌握了它的用法。对动词的未完成体形式来说,除了弄清词汇意义和语法意义的相互关系外,还必须充分估计语言环境的作用。

6 体的意义与动词其他三范畴的意义

维诺格拉多夫院士正确地指出:"在动词之中词义的多义性和丰富多样的语法形式交织在一起。"[①]因此在运用或理解某体的语法形式时,不仅要考虑到动词的词汇意义、体的意义,还要充分地估计到该词其他语法意义对体的影响。限于篇幅,我们只能大致地指出其他语法意义和体的相互关系。

第一,态的意义。

我们知道俄语中动词有三种态的语法形式:自动态、被动态和中动态。它们表示动作与其主客体的不同关系。在被动态中,作主语的事物并不执行动作,而是接受旁人的动作,它们似乎处于动作结果所形成的状态中。正因为如此,被动态动词形式具体动作的意义削弱,而抽象的一般动作意义或者状态意义加强,并且发展蕴涵着性能、特征的意义,这样就比较容易理解为什么被动形动词比主动形动词更容易转变为形容词。前面我们说过,完成体的语法形式大半都是表示在一定时间内发生过的具体动作,这样,它就和被动态的意义发生抵触,所以一般都不用完成体被动态的人称形式,如不说 * Книга перевелась мной. [②] * Роман прочитался им. 等等,而用已经削弱或者丧失了动作意义的被动形动词。如 Книга переведена мной. Роман написан. 等等。完成体的被动态形式用得很

---

① В. В. Виноградов, Русский язык. М.-Л., 1947, стр. 651.

② *表示句子不正确。

少，如 Где-то когда-то давно-давно я прочел одно стихотворение，оно скоро *позабылось* мною，но первый стих остался у меня в памяти.（Тургенев）Пульхерия Ивановна была большая хозяйка и собирала все，хотя сама не знала，на что оно потом *употребится*.（Гоголь）即使在这些句子里也可以看出，动词的词汇意义不是表示具体动作的，表示具体动作的完成体极少用被动态的形式。在被动态的未完成体语法形式中，也多半不表示在特定时间内发生的具体动作，而大半是表示比较抽象的一般性质的习惯，经常动作等，如 Смета составляется бухгалтером. План выполняется шахтерами. 尤其是当没有第五格名词表示执行动作的主体时，具体动作过程的意义就更为削弱，如 Обед *подавался* по новому еще невиданному Нехлюдовым способу.（Л. Толстой）当有第五格表示动作的主体时，在少数情况下，还保留着具体动作过程的意义，如 В составе дивизиона есть корабль，который перевооружался комиссаром.（Федин）

许多表示事物性质、特征的中动态动词都没有体的对应形式，如 Она одевается со вкусом. Картина смотрится с интересом. Бумага не рвется. 这些动词的完成体形式只能表示一种具体的、有内在界限的动作，它和上述的抽象性质的能力或特征意义是互相抵触的。

第二，情态意义。

句子的情态意义主要是通过语调、情态词和动词的语法形式表达的。正因为如此，动词的人称形式只能存在于句子之中，而不构成词组。动词人称形式和不定式都常用做句子的主要成分，选择运用某一种体的语法形式常常和情态意义有关。

① Хотели его тогда ребята *убить*，да старики не дали. *Нельзя* его было *убивать*，он знал место，где клады есть.（Чехов）

② *Лучше* ничего не *придумывать*. /Лучше ничего не *придумать*.

③ Нет，нет，товарищ！— сказал Козельский，серьезно покачав головой — Если я *говорю*，то зря не *скажу*.（Трифунов）

在①②两个句子中，用 не 或 нельзя 和未完成动词是否定执行动作的必要性，不须要想，不应该杀。在②③句中的 не 和完成体动词表示否定完成动作的可能性，即不可能想出更好的主意来，不可能白说。在①③两句中和同一动词的另一体的形式并用，更加清楚地看出动词所表示的情态意义。这种意义无疑是在体的意义基础上产生的，但是在这里作者已经把注意力主要放在情态意义上，而与动作内在界限有无关系的体的意义，已经变成次要的了。

第三，时间意义。

体的意义和时间的意义结合得最紧密。在研究体的历史上，混淆时、体两种意义的例子是屡见不鲜的，譬如罗蒙诺索夫（М. В. Ломоносов），沃斯托科夫等人认为俄语中有 10 个或 8 个时间形式而无体的形式，另一些学者却认为俄语中只有体，而无时的范畴，如阿克萨科夫（К. С. Аксаков），涅克拉索夫（А. П. Некрасов）等。目前在教学中，常听见一些说法，如"完成体表示动作结束而动作的结果依然存在"等也是属于这类性质的错误，而且应该指出，不是所有完成体动词都表示上述意义，就以我们研究过的几种单体完成体动词为例，有的是表示开始后的动作还在继续，如 загудеть；有的是表示一次瞬间的动作，与结果无关，如 махнул рукой 等。即使在有两种体的语法形式的动词中，许多完成体过去时也无上述意义，只表示简单完成过去时意义（аористическое значение），而不表示复合完成过去时意义（перфектное значение），如 Солнце село, господа.（Чехов）也可能是单纯地叙述过去某一事件，像 Он развел руками, пожал плечами. 一类动词则根本不表示动作的结果继续保持到现在。但是应该肯定，时间意义对体的意义和用法有很大的影响。以所谓复合过去完成时为例，Вы так низко пали, что у Вас не осталось и следа человеческого чувства.（Чехов）这里的 осталось 不仅表示出动作的内在界限，而更重要的是动作的结果持续至说话的时间，所以可用 остается 代替 осталось，而意义上并不发生显著的变化。但这并不意味着未完成体和完成体的界限消失，只是说明着重强调时间意义而已。

7 结论

（1）体这一语法范畴是表示动作与其内在界限的关系的。一切表示动作在时间上的界限或持续久暂的意义，如开始、终结、短时间持续等意义都只是部分完成体动词所具有的词汇或词汇-语法意义，而不是体这个语法范畴的共同意义。

（2）在体这一语法范畴内，词汇意义和语法意义互相制约，互相影响。一个动词的词汇意义不但可以决定它能否具有某一体的语法形式，而且可以赋予一般体的意义各种不同的具体涵义。概括地说，当动词的词汇意义与内在界限的概念相抵触，通常都没有或者不用相应的完成体形式，若动词的词汇意义与内在界限的意义密不可分，融为一体，则一般没有或不用相应的未完成体形式。

(3)在研究体这一语法范畴及实际教学中，一方面应该避免种种不科学的，以具体的、部分的词汇意义代替一般语法意义的倾向，另一方面不宜停留在体的一般定义和语法特点上，应该具体动词具体分析，密切地结合词群的词汇语法意义，来揭示它们和体的意义的相互关系以及在构词上、用法上的特点。

(4)表示动作次数多少的意义已超出体的范畴。在现代俄语中，无论完成体或未完成体动词都可以表示一次或多次的动作。然而反映数量变化的多次和一次意义在语言形式中还通过各种方式表示出来。它经常破坏完成体和未完成体的对应关系，而使体这一语法范畴更为复杂，即表示动作量的变化(次数多少)和质的变化(与内在界限的关系)交织在一起。不过就整个体的范畴来说，前者是服从后者的。

(5)因为未完成体是表示与内在界限无关的动作，其内容可能是多种多样的，只要不指出动作与内在界限的关系就可以。因此未完成体动词可能具有哪些内容是由动词的词汇意义决定的，而究竟表示什么意义，则往往靠上下文来决定。由此可见，研究体的意义和用法不仅要联系词汇意义来考察，而且要估计语言环境的作用。

(6)体的用法和动词态的意义、情态意义、时间意义有密切的关系。应该注意研究不同体的句法功能和修辞色彩，但是却不能认为它们就是体的语法意义。

试论俄语名词数的范畴

俄语中除动词体的范畴外，苏联语法学家在名词数的范畴方面也有很多争论。这并不是偶然的。这两个范畴所概括的现象极其复杂，对它们的解释也往往互相矛盾。本文试就名词数的范畴问题，从理论上作一些说明，与同志们研讨。

1 名词的数范畴意义

最流行的看法是：名词的单数表示一个事物（боец, конь, река），复数表示两个或几个（许多个）事物（бойцы, кони, реки）①。这是值得商榷的。试看下例：

Что такое человек? Это не ты, не я, не они… нет! Это ты, я, они, старик, Наполеон… в одном! Понимаешь? Это огромно! В этом — все начала и концы… все в человеке, все для человека! (Горький)

这里的 человек（单数）指无限的多数，它表示的恰好不是单一的事物。

另一种看法是："复数形式指出，它与单数名词所表达的是同一事物，但具有一定数量（或不定数量）。和复数相反，单数形式中则不包含任何对数量上的说明。因此单数的语法意义是否定地、通过与复数的关系来确定的。"②这个定义大大进了一步，它概括的现象较广，最大的优点是从反面，以否定的方式来确定单数的意义。然而，单复数的区别并不只是在于是否指出数量，尤其不能把数量理解为以数目计算的量。лег-

---

① А. С. Матийченко, Грамматика русского языка. М., 1950, стр. 80; А. М. Земский, С. Е. Крючков, М. В. Светлаев, Русский язык. М., 1954, стр. 124; А. Н. Гвоздев, Современный русский литературный язык. М., 1958, стр. 246.

② Р. И. Аванесов, В. Н. Сидоров, Очерк грамматики русского литературного языка. М., 1954, стр. 89.

кое 和 легкие, брус 和 брусья 等是单、复数形式，但它们与其说是指明数量，不如说是表明部分与整体的关系。поиск 和 поиски 是表示抽象动作的名词，无法用数量来计算，其单、复数的区别在于所表示的动作有简有繁而已。试比较：легкие 和 ножницы, очки, ворота 相近；поиски 则和 похороны, хлопоты 相似。上述定义显然不能概括这些只有复数形式的名词。事实上如果要表示前一类名词的数量，还得借助词汇手段。如 двое ножниц, разнообразные очки 等。

苏联科学院编的《俄语语法》对数的解释是"单数形式或者指明事物的单一性（стол, книга, село），或者指出事物的统一性、完整性、集合性及不可分割性（виноград, счастье, студенчество）。在第一种情况下，单数形式是和表示许多各自独立的事物的复数形式相对的（стол — столы, книга — книги, село — села）。在第二种情况下，即名词为物质名词、抽象名词和集合名词时，或者没有复数形式，或者这些形式只用于比较狭窄的范畴，或者具有特殊意义（如 смазочные масла, красоты природы）。"[①]这本书以广大的一般读者为对象，是所谓规范性的语法，作者力求清楚地阐述事实，有时避免作科学的定义。但是上述看法却值得研究，因为它具有广泛的代表性[②]。一般地说，不宜用列举语言事实来代替科学定义。值得商榷的是，在上述解释中认为，数的语法意义是表示事物属性（单一性，统一性，集合性等），这样就可能得出结论：名词数的范畴接近构词范畴，如：-ина（хворостина），-ство（студенчество）也是表示单一性、集合性；而科学院语法的作者并没有把这些范畴挪到构词法中去，也没有指出[смазочные]масла 和 масло，красоты［природы］和 красота 之间的关系，没有回答它们是否同一个词的两个语法形式。

斯米尔尼茨基（А. И. Смирницкий）认为名词单复数的区别，只是"关系"上的，它们并不反映现实中的事物数量上的真实区别。他举出例子：Нож — орудие для резания. Ножи — орудие для резания. 前者用单数是把这一类事物（刀子）作为整体来表达，后一例中的复数形式，则把具有共同特征的诸事物当做许多个别的同类事物（许多刀子）的总合来看待。因此 нож 与 ножи 都表示一定数量的同类事物，区别只是表达

---

① АН СССР, Грамматика русского языка. М., 1953, стр. 113.

② Современный русский язык. Морфология. М., 1952, стр. 65.

方式上的，关系上的。他认为"……无论用于单数意义或复数意义，作为语言单位的词，实质上可能表示同一件事物——实际上是表示同一类事物，而数的区别本身只反映以这类事物作为整体与这类事物许多个别代表之间关系上的区别……"[①]这种认识已经和前面的观点完全不同，但是单复数究竟表示什么关系上的区别呢？斯米尔尼茨基所援引的例子只是单、复数关系的一种表现形式，他根据这类事实所得出的上述结论很难概括所有的情况。因此对数的意义应进一步研究。

综上所述，对于数的范畴，有两种不同的见解。那么，名词单、复数的区别是反映现实事物真实的区别呢？还是仅仅是同一事物不同关系上的区别呢？从 стол — столы 的对照来看，它们的确可能反映现实中一个桌子和几个桌子的真实区别，而上面斯米尔尼茨基所举的例子却也有道理，所举例子里的 нож — ножи 的区别的确是某种关系上的。在这个问题上，不同见解的分歧引起了另外一个争论，即名词数的范畴是构词范畴抑或是纯粹的语法范畴呢？因为通常认为语法意义是表示各种关系的[②]，一部分人认为数的范畴既然是反映现实中真实区别的，单、复数形式应该属于不同构词范畴的两个词[③]，而斯米尔尼茨基则认为数的范畴是表示关系的语法范畴，因此单复数形式只是具有共同词汇意义的同一个词汇的两种语法形式[④]。

我们认为名词数的范畴是表示关系的语法范畴，它表示名词的词汇意义所反映的事物与其内在的组成部分的关系。名词的词汇意义概括地反映着客观事物，复数形式则指出该事物与其内在组成部分处于一定的关系之中，而单数形式则不表明事物与其内部的关系。可以把正面指出某种关系的语法范畴叫做强语法范畴（сильная категория），反之，弱语法范畴（слабая категория）不指明这种关系，其语法意义是通过与强语法范畴对比、衬托而表现出来。名词的复数和单数就是这种强弱对应的语

① А. И. Смирницкий, Лексическое и грамматическое в слове. //Вопросы грамматического строя. М., 1955, стр. 360.

② Е. М. Галкина-Федорук, К. В. Горшкова, Н. М. Шанский, Современный русский язык. Лексикология. Фонетика. Морфология. М., 1957, стр. 174.

③ Д. Н. Ушаков, Краткое введение в науку о языке. М., 1929, стр. 63; П. С. Кузнецов, О принципах изучения грамматики. М., 1961, стр. 45.

④ А. И. Смирницкий, Лексическое и грамматическое в слове. //Вопросы грамматического строя. М., 1955, стр. 32.

法范畴。现在试解释一下我们的观点：

(1)现实之中的事物本来处在各种复杂的内部和外部的关系之中，语法意义所反映的关系，就其最初源泉来看，依然是现实中的关系。

(2)语法意义和词汇意义密切地交织在一起，某一个词的语法形式不仅概括地指出某一事物，而且指出事物处于某种关系之中，各个语法形式可能表示同一事物处于不同的关系之中(如 рука — руку)，也可以表示同一事物是否处于某种关系之中(如 читал, прочитал)。一方面这些语法关系不是用独立的词表示出来的，而是通过各种语法手段表达出来的，在这一点上语法形式不同于某些虚词；另一方面语法形式只指出同一个事物处于不同的关系之中，而不表示某一事物同另一事物互相区别的特征，在这点上它和构词形式不同(试比较 стол — столы, стол — столик; читать — прочитать, читать — начитать)。

(3)名词数这一语法范畴是指词汇意义所表示的事物与其内在组成部分的关系，数这一语法范畴与名词的格不同，后者表示事物与其他事物的关系。

2 词汇意义和语法意义的交互作用

某一名词是否能够具有单、复数的语法形式取决于它的词汇意义。如果名词的词汇意义本身已经表明事物与其内部组成关系，就不可能有单数的语法形式，例如(1)表示由若干部分组成的事物的名词(如 ворота, штаны, сани, очки, часы, кандалы)；(2)表示各种芜杂的残渣、剩料、废物等名词(如 выжимки, помои, высевки, сливки, отруби, очистки)；(3)表示由相同因素组成的物质名词(如 дрожжи, макароны, щи, обои, опилки)；(4)表示复杂的动作过程，持续的时间段落的名词(如 похороны, проводы, роды, каникулы, сутки, именины)。如果名词的词汇意义排斥了指出事物与其内部组成关系的可能，则这个词没有复数形式，例如(1)某些集合名词(如 белье, мебель, листва, крестьянство)；(2)某些抽象名词(如 темнота, счастье, грубость, героизм, редкость)；(3)某些物质名词(如 золото, серебро, медь, горох, картофель)；(4)某些专有名词或表示单独现象的名词(如 Китай, Пекин, Москва, солнце, юг, север)。

应当指出，语法虽是人类长期抽象思维的结果，但并非一切语言现象都合乎逻辑，否则很难解释为什么 горох 只用单数，而 макароны 却只用复数，встреча 可用单数，而 проводы 却只用复数。此外，语言的演变和发展是缓慢的，它往往保留并反映出人们在过去某一历史阶段对客观的认识。例如，地球绕日而行在目前已是人所共知的常识，但在俄语中 Солнце поднялось (зашло). 却保留至今。在语言中某些看起来不合理的现象，却反映着语言内在的发展规律，是符合其自身的逻辑的。

其次，在不同的词汇中，数的一般意义可能获得各种具体的涵义。如 стол 和 столы 的关系可能是表示单一的和多数的关系，或者说 столы 所表示的事物是由很多单一的 стол 组成的；брус 和 брусья 可能是部分和整体的关系；вода 和 воды (воды океана) 可能表示水量的多少；вино 和 вина 表示一种酒和许多酒，холод — холода，мороз — морозы 中复数形式表示“寒冷”系由许多时间段落形成的持续概念“寒冷时期(季节)”；在 небо — небеса 之中，后者通过与 небо 的对比而表示不同的修辞色彩，有“浩翰的苍穹”，“无垠的太空”的意思(Над нами синеют небеса.)；воспоминание — воспоминания 表示动作简繁之别(предаться воспоминаниям，погрузиться в глубокие воспоминания)，等等。由于词汇意义不同，复数语法形式表明事物和它的内部组成部分处于多样不同的关系之中，单数形式却不反映有无这类关系，不同的具体关系并不违背数这一范畴的共同意义，不过在上述多样性的具体表现形式之中包含着数范畴的一般意义而已。

3 词义变化和数的范畴

“名词在性、数、格等语法范畴中表达了事物性的意义，这些范畴也就是名词的基本形态特征。”①因此有些现实中的特征(如 грубость，острота，высота，красота，знаменитость)或动作(如 объявление，жалоба，указание)一旦被认为是事物，就用具有事物性的名词来表达。这正反映了人类抽象思维的概括能力，能把事物的属性和人物的行为和它们自身分隔开，并将其当做独立的思维对象，这样，它们就获得了名词的事物性，有了性、数、格的形态范畴。

这些范畴似乎具体地指出名词的事物性质，然而数的范畴和格的范

① Современный русский язык. Морфология. М.，1952，стр. 57.

畴不同，一般地说，这些抽象名词都不可能有复数语法形式，换言之，这些名词的词汇意义使其不能够用复数形式指出“事物”与其内在组成部分的关系。这样，数的范畴就执行了双重作用：一方面指出这些特征、动作等是被当做事物看待的，另一方面又表示它们不是真正的、严格意义上的事物，这些抽象名词的意义可能发生变化，如：

（1）由表示抽象的特征转为表示具有这种特征的人或事物。

① Теперь допустим, что я относительно себя заблуждаюсь, что я хвастунишка и *бездарность*...（Чехов）（бездарность 指“平庸无能的人”。）

（2）由表示动作转变为表示执行该动作的工具。

② ... и об этом было вывешено *объявление* в университетском коридоре.（Чехов）（объявление 指“布告，通告”。）

词义发生变化后，它就可能具有复数的语法形式，如：

③ В нашем обществе все сведения о мире ученых исчерпываются анекдотами о необыкновенной рассеянности и двумя-тремя *остротами*, которые приписываются то Груберу, то мне, то Бабухину.（Чехов）（остротами 表示“机智俏皮的话语”。）

④ Он напрягал память и выжимал *подробности*.（Паустовский）（подробности 不再表示“详细”，而有“细节”的意思。）

⑤ На ступеньках вагона стояла Наташа и, наморщив лоб, слушала *жалобы* деда.（Паустовский）（жалобы 不表示“诉苦，抱怨”，而表示“牢骚，抱怨的话”。）

试再比较下列两个句子：

⑥ Он бьет по лицу, по груди, по спине, по чему попало, и уверен, что без этого не было здесь *порядка*.（Чехов）

⑦ В городе отлично знали про эти *беспорядки* и даже преувеличивали их, но относились к ним спокойно.（Чехов）

⑥中 порядок 是抽象名词，表示“秩序”，无复数形式，⑦中 беспорядки 则表示“丑事”、“非法行为”，所以有复数形式。

从这些例子可以看出，一方面词汇意义的变化使抽象名词具有复数的语法形式，另一方面也说明，复数形式表示抽象名词进一步具体化，表示后者所反映的现象获得了真正的事物性质。因为名词复数是所谓强词法范畴,它正面地指出词汇意义所反映的事物与其内在组成部分处于一定的关系之中,自然也就同时强化了名词的所谓事物性质。

某些复数形式可能获得和单数完全不同的含义:счет(计算),счеты(算盘);вес(重量),весы(天秤);бег(跑),бега(跑马)。在这种场合,单、复数的形式已成为区别不同词的标准了。

有时词的单数形式具有多义性,复数可能具有不同的形式,以此作为辨别词义的手段:тон — тона(色调),тон — тоны(医学上的音),учитель — учители(导师),учитель — учителя(老师),лист — листья(叶子),лист — листы(张,页),зуб — зубы(牙齿),зуб — зубья(齿轮上的齿)。

当语言的语法形式标志出上述词义的区别时,它们已经不是一个多义词,而是两个同音词。因此,красота 与 красоты 分别用来表示"事物化的性质"和"具有这种性质的处所",应当算做两个词,而 масло 与 масла 都表示"油",不过后者指出它由不同类的"油"组成,因此是一个词的不同的语法形式,不能同等看待。

4 数的范畴与单一、众多和集合等概念之间的关系

上面已经谈到,单数的语法形式并不就是表示一件事物,而复数也不一定表示两件以上的事物,它们的区别要复杂得多,深刻得多。然而,不能否认在大多数具有真正"事物性"的名词中,的确有上述区别,不过"单数表示一件事物,复数表示两件以上的事物"这种观点仅反映了最一般的现象,没有反映数范畴的本质。

"单一"、"众多"、"集合"等概念如何通过语言表示出来?它们与数的范畴关系如何?

某些名词至今还具有两个复数形式:хлеб — хлеба, хлебы; клок — клоки, клочья; уголь — угли, уголья。有些学者认为俄语名词复数有两个基本意义,如阿克萨科夫就说过,名词复数词尾-и 和-ы 指许多事物处于分散个别的状态之中,不使其融为一体,而另外一些复数词尾,则把多数事物纳入整体,把它们看成一个集合体。奥布诺尔斯基(С. И. Обнорский)也曾阐明词尾-ья 的特点:这的确不是指多数事物的观念,而是

把事物作为不可分的整体，表示某种集合的观念①。

在有些名词中，这种区别还可以察觉到，如只能说 вынуть хлебы из печи, ставить хлебы в печь。这里指一定数量的单个面包，所以不能用 хлеба；再如，我们只说 шуба в клочьях，不说 в клоках，我们要表示的是撕碎的大衣，而不是撕成几块的大衣。同样，листы 与 листья 也有上述区别。在某些名词的复数形式中似乎还能感到这种潜在的联系：колосья, зубья, лохмотья 等。

① ...а слуги, даже старые и почтенные, спали в кухне на полу и укрывались *лохмотьями*. （Чехов）

在这些词中复数形式都强调所表示的不是许多单独的、分散的、个别的事物。现在，对大多数以-а 或-ья 为结尾的名词来说，上述特点已经消失了②。

对于这个问题波捷布尼亚的解释更为深刻。在谈到单数表示众多的事物时，他说："这是一种特殊的以部分代替集体的修辞手段（如果不把这种手段理解为从许多事物中有意识选择某一事物为代表）。лист（Сухой лист валится осенью.），листы 与 листье（这个集合名词现已消失）及其复数形式 листья 的区别在于表示不同的形象，即出发点和形成复数意义的方法不同。在一种情况下（指 лист）以个别事物作为多数的象征，在另一种情况下（指 листы）表明系分散、个别的多数，在第三种情况下则表示密集的许多事物，或者把它们理解为一个整体（指 листье）或者理解为多数（листья）。"③这样，лист 和 листье 都是把许多事物作为一个整体来表达，前者通过个别作为整体的一般代表，后者则表示作为集合物的整体而不指明它和内在组成部分的关系。листы 与 листья 均指明了这种关系。

事实上，不管是 хлебы 与 клоки，还是 хлеба 与 клочья，都表示它们不是单一的，而是复杂的，可以进行分解的事物，区别只是分解为组成部分的方式不同而已。但这也说明集合名词和名词复数形式有密切的关系。许多复数形式，如 братья, друзья, господа 和 листья, зубья 等原来

---

① 转引自 В. В. Виноградов, Русский язык. М.-Л., 1947, стр. 163.

② 转引自 В. В. Виноградов, Русский язык. М.-Л., 1947, стр. 163–164.

③ 转引自 В. В. Виноградов, Русский язык. М.-Л., 1947, стр. 157–158.

都是单数阴性与中性的集合名词[①],人们有时把集合名词当做复数形式:

② [они] — Люди? Не люди, а извините, зверье, шарлатаны ... (Чехов)

зверье 这一集合名词和 люди, шарлатаны 并用,其意义和 звери 相近。

尽管如此,现今集合名词的含义是把事物当做一个集合概念来表达的,不指出该事物与个体的关系(如 солома, хворост, соль, пыль, песок, зерно)。这里产生了一个问题:如果要表示单一的物质事物,或者许多分散的事物(如一株麦杆,几粒沙)怎么办? 因为在这类名词中,有些词不能构成复数形式,有些词虽有复数形式,但却具有别的含义(如 соли, пески 表示"不同类的或大量的盐和沙")。这时,可以使用具有表示单一意义的同根词(这些词通常具有词素-ина, -инка, -ин, -ышко)。试看下面的例子:

③ С наступлением сумерек«Эмка» была поставлена в дровяной сарай. Александр Александрович долго еще ходил вокруг нее, влажной тряпкой снимал малейшую *пылинку* с лакированного кузова, с толстых стекол. (Кочетов)

④ У нее [Наташи] все время от ветра из окон растрепывались волосы и по несколько раз в день попадали в глаза *песчинки*. Однажды лесничий помог ей вынуть *песчинку* из глаза... (Паустовский)

⑤ Не киньте, без помощи детей, хотя по *зернышку* бедняшкам вы снесите, хотя по *соломинке* к их гнездышку приткните. (Крылов)

⑥ Несколько *лесин* лежит на желтых берегах, и непонятно, то ли опять вот-вот подхватит вода, то ли они долго пролежат тут, будут греться на солнышке, сохнуть и превратятся в конце концов из мокрых *лесин* в высокосортный *лес*. (Сусана Георгиевская)

由此可见,数的范畴和某些构词范畴(如表示单一意义的后缀-ина, -инка 等,表示集合意义的后缀-ье, -ство 等)有密切关系。维诺格拉多夫院士认为某些复数名词形式中也含有集合的意义[②],如 люди, дети(可

---

① А. А. Шахматов, Очерк современного русского литературного языка. М., 1941, стр. 131.

② В. В. Виноградов, Русский язык. М.-Л., 1947, стр. 164.

以说 пять человек, два ребенка,但只能说 пятеро людей, двое детей)。

从词源的角度来看,古俄语中 люди 的单数形式是 людинъ, -инь 过去也是表示单个男人的后缀(试比较:гражданин, дворянин)。可见这些范畴在来源上也有着密切的关系。但 люди, дети 这类词所具有的已不是通常的集合意义,它们虽泛泛地指出是一些人,或一定数量的小孩,但不强调这些概念是由分散的,具体的个人组成。我们说 двое саней, трое часов,但这些词内并不包括什么集合的概念,只说明它们是用特殊的方式表示事物与其内部的关系。

尽管数的范畴和某些构词范畴有密切关系,但它们却是完全不同性质的现象,前者指出同一事物是否处于某种关系之中,而后者则表示不同事物借以互相区别的特征。

5 数的意义和用法

前已指出,名词数的范畴是指明词汇意义所表达的事物与其内在组成部分关系的,因此某个词的数的意义往往取决于它的词汇意义,对复数语法形式来说,尤其如此。这样,不同的语言环境可能使数的形式获得具体的含义。有时,言语环境首先区分开词汇意义,从而引起相应的语法意义的变化,如 времена года 表示"一年的季节",复数的意义也就表示它是由几个季节构成的;времена глагола английского языка 表示"英语动词的时态",复数意义就表示各种时间范畴;во времена Екатерины 表示"在叶卡捷琳娜时代",复数就表示持续的时间,从而指出整个历史时代。

有时词汇意义相同,复数意义却可能用不同的方式对所表示的事物进行分解:

① Он смотрел поверх *очков*.

очки 指一副眼镜,复数只表示眼镜是由可分解部分组成的。

② С помощью *очков* и близорукие хорошо видят.

очки 泛指一切作为复杂事物的眼镜。

③ В витрине есть новые часы, браслеты, серьги, кольца, *очки*.

очки 可能表示一副副的眼镜。

再举一单数例子:

④ У тебя такая крепкая *шея*, что не идет тебе опущенная голова. (Ажаев)

④中的 шея 指单一的“颈”。

⑤ Да прикажи в городе купить колокольчиков — моим коровам на *шею*.（Тургенев）

⑤中的 шея 指每个牛的“脖子”。

⑥ *Шея* — это часть тела, соединяющая голову с туловищем.

⑥中的 шея 泛指人身体的一部分——“颈”。

④⑤⑥句子里的单数 шея 的共同点在于它只表示事物，而不表明它是否由若干个别的、分散的同类事物组成，不表示它是否由可分解的部分组成……这正是单数的语法意义。与之相应的现实中事物量的多少，并不重要。

语法意义只是表示一种“关系”，所以现实中的同一事物在语言中可以采取不同的语法形式：сильный ветер 表示 ветер 是一个独立的事物，它具有“强烈”的特征，而在 сила ветра 中，ветер 是 сила 的来源，借以和其他的动力（如电力、水力等）相区别。这里，名词 ветер 的格（第一格和第二格）不同，虽然表示的是同一事物，但指出它和其他现象的不同关系。同一事物也可以用两种数的形式来表达：

⑦［Казаки］шли с открытыми головами, с длинными чубами, бороды у них были опущены.（Гоголь）

⑧ Повелено брить им бороду.（Пушкин）

在这两个句子里 борода, бороды 同是指许多人的胡须，⑦中用复数，强调每个人都“没带帽子，蓄着长发，留了胡须”；⑧中用单数，却不指出这种关系，只一般地说明，“吩咐刮掉他们的胡须”。但在类似的场合，强调事物与其内在组成部分关系的情况较少，所以一般都说 Поднимите правую руку, Они потупили голову. 前面引的例子 Нож — орудие для резания 的性质也是这样的。如果认为数的范畴表示现实中事物数量上的区别，就无法理解下列句中的现象：

⑨Смотри, как［челн］зарос всяким цветом, всякой травой.（Паустовский）

这句话表示“多年搁浅的破旧木舟长满了各种花草”，这里 цвет 指的不仅不是一朵花，而且不是一类花，但这种现实中数量上的区别，说话的人认为没有强调的必要。

在类似的场合也应该考虑到词汇意义的影响，如 хворостина, легкое 因为受词汇间意义的限制不能概括地反映这一类事物，用波捷布尼亚的话来说，不能作“树枝”、“肺部”的象征。

当某些间接格已丧失“事物性”（предметность）的意义，转而表示某种特征，用来修饰限定其他的词时，通常都只用单数形式。因为复数是强有力的范畴，它妨碍这些名词“非事物化”，妨碍它们摆脱名词的“事物性”，使它难于表示另一事物或动作的特征。

⑩ Вечером жители Дремова собравшись на берегу Ватаранши, грызли семена *тыквы* и *подсолнуха*. （Горький）

句中的 тыквы, подсолнуха 是表示属性，和起修饰作用的形容词 тыквенные 和 подсолнечные 功能上大体相同，如果用名词复数形式，则容易让人想起许多单个的瓜和向日葵，这就强化了其“事物性”的意义。有些人因受 семена, грызли 的复数形式的影响而产生错觉，误用 тыква, подсолнух 的复数形式。

同样的例子还可以举一些：

⑪ *В случае успеха* мы уничтожим неприятельские карабли и лишим союзную армию продовольствия и подкрепления. （Станюкович）

⑫ Мы сразу узнали их *по голосу*.

⑬ Ты позволяешь себе *под диктовку* Пельцера наносить мне тяжелые оскорбления！（Чехов）

上面三句中的斜体名词都由于同样原因不能用复数。

抽象名词的词汇意义使它们很容易变成修饰作用的成分（如 с высоты, по грубости, с энтузиазмом），有些抽象名词的主要功能就是用间接格形式表示修饰作用，第一格反而少用或不用（如 без запинки, под шумок, под мышкой［мышками］）。应该指出，抽象名词大多没有复数形式，这也有助于它们“恢复”本来的性质、特征意义。

但是，我们不能把上述看法绝对化了，以为间接格复数形式不能用做修饰成分，这就要作具体分析，如 по утрам（заниматься гимнастикой），местами（наблюдаются небольшие болота），изо всех сил（работать）。在这种场合下，复数还保持其原有意义，它并不妨碍名词具有修饰功能，相反，却成为新意义的必要组成部分，如“每日早晨”、“有些地方”、“竭尽全力”都是以复数形式指出它们的“可分解性质”或转而表示“强烈程度”。

在另一些情况下，使用复数形式带有成语性质，如（поступать к кому）на хлеба：Гимназисты…поступали на хлеба к своим учителям …（Чехов）（жить у него）на харчах：Заелся на казенных харчах！（Паустовский）

有些词必须用复数间接格与词汇意义有关，如 под мышками（指两腋下），по уши（погрузиться в свою работу），под аплодисменты（он повторял эту фразу）只用复数形式；然而，без затруднения 和 без затруднений 都可以用，但这是因为表示否定，数的意义区别已经消失，有时复数形式更常用，如 без ошибок。

6 结束语

名词的范畴和动词体的范畴有许多共同的地方①。它们分别表示："事物与其内在组成部分的关系"及"动作与其内在界限的关系"，和它们相近的还有形容词的级的范畴。这些范畴在语法意义、表达手段上，在与词汇意义、构词范畴的相互关系上，具有一系列的共同特点。它们一方面和形容词的性、数、格，名词的格，动词的数等范畴有所不同，另一方面又和动词的人称、时、式等范畴有着差别。总的说，在形态学中的所谓语法范畴概括许多不同的现象，具体地、分别地对待这些范畴，深入地理解这些范畴的实质，无论对于研究语言还是掌握语言都有帮助，但详细地探讨这些问题，已不是这篇文章的任务了。

① 参看前文《试论俄语动词"体"及其语法意义》。

隐性范畴的探讨

在研究概括语义方面，值得注意的是所谓隐性范畴（скрытые категории）。根据《语言百科词典》的解释，它指"词和词组的语义和句法特征，这些特征没有明显（外在）的形态表示，但对构筑与理解话语却很重要，特别是因为它们影响该词与句中其他词的搭配。"①纯形态语法范畴的概括意义通过系统对应的外部特征表示，引人注目，便于探索。因此，这方面的研究已很深入。但这些范畴不能揭示所有的概括意义，后者远非都通过形态变化显示。另外，一种语言中有形态标志的概括意义，在另外一种语言中却找不到相应的外在表示手段。从某种意义上讲，"词法是为句法服务的"②。当一个词形的形态特征所表示的语法意义不能完全解释它的句法性能时，人们自然把目光转向那些重要的、"影响该词与其他词搭配"的隐性范畴。

事实上，不同的学者都提出过类似的观点，只不过用了不同术语，如沃尔夫（B. L. Whorf）把这类现象叫做隐蔽类（криптотип），卡策内尔松（С. Д. Кацнельсон）称之为隐蔽语法（скрытая грамматика），斯捷潘诺夫（Ю. С. Степанов）提出一个很新颖的术语，叫做长语义要素（длинный семантический компонент）。他认为由一个以上的词组成的句子，其不可或缺的特征就是词间的语义协调与顺应，"而内容互相顺应的部分应该有一名称，它就是跨单位的长语义成分"③。以目前的研究成果来看，隐性范畴主要通过一类词语组合方面的共同特征体现出来：这既指它们与实词的搭配性能，也指与虚词的结合可能，所指出的组合特点既有正面的，也有负面的，即不能与某类词语结合。目前研究的趋势是把聚合关系

---

① Лингвистический энциклопедический словарь. М., 1990, стр. 457 – 458.

② АН СССР, Русская грамматика. М., 1980, стр. 5.

③ Ю. С. Степанов, Имена. Предикаты. Предложение. М., 1981, стр. 259.

引入句法，而把组合关系引入语义。后一点也就是通常说的“通过句法来描写语义”。此外，还广泛地把无形态标记的代替、转换也看做确定隐性范畴的手段。

斯捷潘诺夫一开始就把此类研究的对象放在“句中名项与谓词的某些对应上，与孤立的词汇单位相比，它们可能揭示出更为概括的本质”①。在接下来的描述中，他指出有两种研究方式，一种是分析性的（аналитический подход），即通过分析、分解句子来描写这类语义对应，如在描写某一类词的词义时，指出其依赖于另一词的某种补充特征。斯捷潘诺夫引了一个中世纪教科书中就有的例子，如描写发出音响的词时，只须把它描写为“声音”，并补充指出发出此声音的主体（或载体）就可以了。斯捷潘诺夫用俄语来解释该教科书中的拉丁语例子。为了方便，我们改把俄语作为对象语，用它来表示此类例句，以汉语作为工具语对其作出解释，如 крякать = «звук» + «утка»（这里 утка 是一种表示性能的符号，即“鸭子所能发出的”）。可以列出表示这种语义对应的清单。

Ворона каркает.　　乌鸦哑哑啼叫（声）。

Утка крякает.　　鸭子嘎嘎叫（声）。

Гусь гогочет.　　大雁（鹅）咯咯叫（声）。

Ягненок блеет.　　羊的咩咩叫（声）。

Мышь пищит.　　老鼠吱吱尖叫（声）。

Волк воет.　　狼嚎。

Собака лает.　　犬吠。

Медведь ревет.　　熊吼。

上面这种分析方式与梅利丘克（И. А. Мельчук）等人语义参数的思想不谋而合。以 L(X) = Y 表示上述语义对应。当 X 作为自变项表示发出的声音，则 Y 表示发出该声音的主体（或载体），若 X_1、X_2、X_3、X_4…分别表示 блеять，выть，лаять，реветь…则 Y_1、Y_2、Y_3、Y_4…作为其因变项分别是羊、狼、犬、熊……等。这种语义对应关系能体现出语言的民族特点。斯捷潘诺夫用 Дитя плачет. 和 Ветер дует. 来翻译拉丁文 Infans ejulat. 与 Ventus flat. 时，曾加上脚注，说是找不到更为确切的词来翻译。前例表示婴儿在不会说话和发笑以前的哭，因而它不与“说”或“笑”

---

① Ю. С. Степанов, Имена. Предикаты. Предложение. М., 1981, стр. 250.

构成对立，与其说是哭、不如是啼叫（крик），但“啼叫”却表示更为概括的类概念。用它作译文也不合适。汉语中也只能译成“新生婴儿的啼哭”。后一个拉丁文例子中 flat 表示风发出轻声细语，它的载体应是“弱风”、“徐风”，因此无法译成与强风对应的动词 воет（吼叫），若用 дуть（吹）又没有“发声”这一义子。这就可以看出语言的民族特点，像汉语中狮吼、虎啸、狼嗥一类限制性搭配，外国人也很难弄清楚。依此类推，按照梅利丘克等人提出的各种参数，逐一列出作为其函数的对应词语，这对学习外语的人来说很有实用价值，国内许多人（包括本文作者）已多次在不同场合提到这一点。另一种对语义对应的研究，采用综合性的方式（синтетический подход），其核心思想是，造句之前，某些名词与动词的分类就有某些相似或平行之处，因此分别属于相应类别的名词和动词趋向于彼此结合构成组合单位。斯捷潘诺夫指出，古代希腊语法中有动词“性”的类别（genera verbi, роды глаголов），把主动态、被动态和中动态动词分别划为阳性、阴性、中性，并和名词语义类别，如表示“人”、“动物”、“植物”、“工具”、“地点”相对应，但没有细说。也许现代俄语中下面的这些例子与此接近。大家知道俄语中表量意义具体名词二格（родительный количественный）和物理动词表数量者（глаголы квантитативного значения），因为语义相近而倾向于彼此结合，构成数量句型，苏联科学院 1980 年版的《俄语语法》（«Русская грамматика»）[①]用 N_2 Vf_{3s}来表示它，如 Воды прибывает. Баб-то, баб-то в ауле что высыпало!（Л. Толстой）Что-то, граждане, воров, нынче развелось.（Зощенко）其中某些动词还有表量的构词前缀 на-，如 Сорняков наросло. Накопилось денег. Шишек навалило на землю! 下面举的另一类例子和逻辑有关。当谓语是表示事件的抽象名词，其主语也应该是表事件的抽象名词，如 Поездка на юг — большие расходы.（去南方旅行——花销很大。）При ряде заболеваний терпение и спокойствие — это выздоровление.（患某些病时忍耐和冷静就会恢复健康。）若主语位置上出现具体名词，也要理解为发生的事件或事实，如 Разбитая чашка — твоя работа. = То, что чашка разбита — твоя работа.（碗摔碎了是你干的事）。后一个例子牵涉到一

① 苏联科学院分别于 1954 年、1970 年和 1980 年出版了三部《俄语语法》，以下分别简称《54 年语法》、《70 年语法》和《80 年语法》。

些认识论和逻辑方面的问题，如语言中二阶谓词的表示法，各类表非事物性的事件(событие)、事实(факт)、评价(оценка)的词语在意义上有什么特点，可以和哪些词语结合等等。至于 Воды прибыло. 一类例子，由于造句前就有的已知的、可互相结合的名词和动词语义类别(有些还有构词标志)引人注目，已经研究得很充分。因此，对隐性范畴研究一般都从分析具体语句出发，按照斯捷潘诺夫的说法，确立词语间语义的途径是一种穿梭式的过程(челночная процедура)，“从句法出发转向词汇，然后再反过来研究，继而如此反复，直到相当明确地呈现出共同范畴的范围”①。

像一切范畴一样，隐性语义范畴也体现为互相对立的两方面。现在经常提到隐性范畴有定指/不定指范畴，与之相近的逻辑指称范畴：含类指/有指/特指；不可分离/可分离性的领属范畴；动作/状态范畴；是否和具体时间对应的现实性/惯常性范畴，即时间上定位/非定位范畴，以及与之相近的恒常/非恒常性特征范畴；受控/不受控范畴等等。有些隐性范畴，如定指/不定指，受控/不受控范畴已被广泛研究。下面只就动词中时间上定位与非定位范畴，名词中不可分离/可分离范畴，根据看到的材料，做一些探索。隐性范畴毕竟是个较新的领域，对本文提出的，包括转引的观点、方法、材料，不敢妄言完全正确，探索毕竟是探索。

1 动作时间上的定位性/非定位性隐性范畴

布雷金娜(И. В. Булыгина)等人提出一个叫做时间上定位性/非定位性(временная локализованность/нелокализованность во времени)的隐性范畴。它还有一些其他的名称，诸如时间上是否受限制，一时性或恒常性。她在为科学院语言百科词典撰写隐性范畴的词条时又将其改称为现实性/惯常性(актуальность/узуальность)，并指出两者的区别在于动作能否具体地与时间对应(конкретная/неконкретная временная отнесенность)，即能否把动作定位于某一具体时间。她把这一范畴作为划分谓词(предикаты)类别的手段之一。布雷金娜把某些不能和具体时间对应的动词，如 любить，содержать，обладать 等都划在所谓表“现象”(явление)的范围之外，而和表性质、能力、职业的谓词，如(Снег) бел，

① Ю. С. Степанов, Имена. Предикаты. Предложение. М., 1985, стр. 250.

（Он）пьяница 等都归入“非现象”类。这引起了些争论。

一般语法书未提及这一无形态标记的隐性范畴，虽然在研究动词体与时的部分时也涉及过这方面的问题。下面根据布雷金娜，谢利维奥尔斯托娃（О. Н. Селиверстова）等人的意见①，加上自己的理解和观察，分析 一下时间上定位/非定位范畴。

1.1 **一般动词**

先看下面的一组例子：

① Вот он там в курительной курит.

② Каждый раз, когда мать заходила к нему, он курит.

③ Он курит, пьет, нигде не работает.

现作如下说明：

（1）例①表示动作定位于特定时间，在这个例子里，就是说话的时刻，有所谓现实性；例② 就有些不同，它表示一个反复发生的动作，但是和一个不确定时间相对应，有人认为它有不确定的时间定位性（неопределенная локализованность во времени）；例③则不和特定时间相联系，有所谓不具体性，或时间上的非定位性，在这一点上它和例①②对立，尽管它和例②之间的界限容易混淆。

（2）从外延意义上来看，当谓词用 курить，есть，пить，открывать 一类所谓表物理性动作（физическое действие）的动词时，例①表示具体的现象，例①中的过程在特定时间内是可以感知的；例②的 курит 表示反复出现的过程，它的对应所指是在不确定时间内发生的各个动作；例③的 курит 是一种抽象，不和时间轴线上某一时间点对应，它可以概括地表示一段内发生的任何抽烟动作，但又不以任何特定具体时间的动作为所指，而且不排斥在某一时刻，譬如说话时，此人并未抽烟。当我们谈及一个嗜烟如命的人，说 Он курит. 尽管在说话时或某一特定时间他未抽烟，该句子却是对的，有真值的。从功能上看，例①②是对主体外在行为的描述，而例③则转而对主体习惯、能力等内在素质进行描述，由例②中的对动作进行量的叙述转而表示对其作某种性质的鉴别，并进而产生 Нож режет. Рыба дышит жабрами. 一类被看做描述性能的句子。

（3）以上几种和时间对应关系都通过未完成体动词现在时 курит 表

① И. В. Булыгина，О. Н. Селиверстова，Семантические типы предикатов. М.，1982.

示，怎么才能区别它们的范畴属性呢？由于时间上定位/非定位性是所谓隐性范畴，因而没有形态标志，这就要靠情景、上下文、与其组合上发生关系的词语来判别，也可以说，应研究纳入上述范畴的词语在组合上有什么特点，这些“长语义要素”是跨过哪些词语得以体现的。《80 年语法》在讲“体”的用法时，曾区分：(1)一次（非重复）具体动作的情景；(2)重复的动作情景；(3)恒常事实情景；(4)概括事实情景。但那里讲的情景是从体现“体”的意义着眼，与这里讲的隐性范畴虽有一定联系，但不是一回事。

下面从词语组合搭配角度谈一下如何体现该范畴的两种对立意义。当动作有定位于某一具体时间的意义，它自身也是具体的、往往可用感官直接把握的，因此常与其连用的有指示性语气词 вот, вон；有强调动作实现程度的语气词 так и: Снег так и брызжет из-под копыт у коней. (Пушкин) еще: На столе еще дышит миска с щами. 有表示感觉的动词，如 видеть, смотреть, слышать, ощупать 等；还有各种表示固定时点的状语或状语从句。此时与该动词连用的表示主体或客体的名词应为特指单称而不宜表类指。Смотри, врач там лечит (какого-то) больного. 这里的 врач, больной 都只是某个个体，而不是指一切医生和病人。相反，表示时间非定位意义却不能和上述语气词、感觉动词及表时点的副词连用。与其连用的副词只有 вообще, раньше 等少数几个词。Вообще-то я не курю. Это я просто так, балуюсь(解闷儿). Раньше я курил, а теперь бросил. 能否用 вообще 是检测定位/非定位性的手段，而 раньше, в наш век 一类表某一时段的副词，虽然不和上述时间不定位意义抵触，却缩小了泛指的时间范围，即仅是对主体过去习惯的描写。раньше 有时甚至还可和与其他非时点的状语连用，如 Раньше я курил только после занятий. 但句中动作并不因此定位于某一具体时刻。另外，由于动作时间上的非定位性是在大量具体动作的基础上概括形成的，因而与其搭配的、表示主体或客体的名词，往往有一个不是指称特定实体事物，而是指某类或一类中的某些事物。表时间上不定位意义的句子，像 Он ест мясо. Он играет на скрипке. 其中的 мясо 与 на скрипке 的所指应是作为类概念的“肉”和“提琴”，而不是具体的某份肉，特定的某把琴。像 Он курит. 这样不用补语的例子，就是因为客体表示泛指一切的烟，容易作为不言而喻的现象而被省去，而 Рыба дышит жабрами. (鱼用鳃呼吸。) Птица летает. (鸟会飞。) Нож режет. (刀可以切。)则由于主体是类指，这类句子更是描述特定某类别动物或事物的性质或功能，而不像 Он курит. Она не ест мясо. 只表示个人的习惯或特性。在后一种情况下，它与表不确定时间定位的多次重复动作的区别不易判定。像 Он курит «Беломор». （他抽“白海运河”牌香烟。）Они едят малины на завтрак. （他们早餐时吃马林果。）由于前一例子中表客体的是类指名词 «Беломор»，即“白海运河”牌香烟，而不是 беломорина（一支“白海运河”牌香烟）；后一例子中的 малины 表示各类马林果，因而两个例句的谓词都不表示有时间定位性的一次具体动作，但布雷金娜认为它们也不表示时间上非定位的概括动作。她提出的检验办法是，上述例子可加上表频率次数的 обычно, постоянно, всегда 而意思依然不变，即上述两个例子分别等于 Он обычно курит «Беломор». Они всегда едят малины на завтрак. 即只表示有不确定时间定位性的多次动作。而 Он курит. ≈Он курящий. Она ест мясо. ≈Она не вегетарианка. （她不是素食者。）这些接近用来描述人内在素质的谓词，不宜和表频率次数的副词连用，因为上述副词主要用来描写可见的外现动作。无上述副词时，可由对主体具体动作的量化描写转化为对其抽象习惯、能力品性的性质评定。但这往往要取决于语境。应该承认，一方面 Он курит «Беломор». 似乎比一般的多次反复动作更为概括。试比较：Когда он приступает к работе, （всегда）курит одну беломорику. 而另一方面，Он курит. 与 Он курящий. 好像也有一定的差别，前者毕竟是对具体动作概括形成的，因而还保留原来动词的搭配能力，可说 Много лет он курит. Она танцует грациозно. 却不说 * Он много лет курящий. * Она грациозная танцовщица. 但对这里讨论的动词隐性范畴而言，重要的是动作有无时间上的定位以及由此而产生的意义和用法上的对立。

1.2 定态—不定态动词

① а Вот идет к нам темная фигура.

б Вот инженер ходит туда и сюда в мастерской.

② а Трамвай по этой линии идет через каждые четверть часа.

б Автобус часто ходит по этому шоссе.

③ а Все кварцевые часы идут точно.

б У нас все дети, достигшие 7 лет, ходят в школу.

例①的 а，б 都表示具体的、可感知的动作定位于说话时刻。其区别是：б 项“不定态动词表示的动作发生于非同一个方向，非一举完成，非同一瞬间”①。因此，说话人所描述的是在某一时间内发生的若干不同方向的空间移位动作的集合，而①а 的定态动词只表示单一的，因而也只能有一个方向的具体动作。打个比方来说，在例①б 中，人们看见的是若干树木集合而成的森林，在①а 中看到的是一株孑然孤立的树木。然而两者所指的都是定位于说话时间的、可感知的动作，都可和 вот，еще，смотри 等词连用。由于非定态动词的上述特点，常用于表示反复进行的动作，如 Он（постоянно）ходит в музеи и картинные галереи.（他总去博物馆与画廊。）但在口语和文学作品中也有定态动词表示多次反复的动作，因此②а 与②б 所指的动作都有不确定的时间定位性，其区别缩小。但前者有比较具体、比较形象的特点，②а 被看做每隔同一段时间发生的同一方向动作的代表或形象；②б 则由于所代表的各项具体动作有方向上的差别，因而意义的发展有另外的走向。布雷金娜举了两个例子：

④ а Она вставала в 6 часов утра，убирала в квартире，шла в магазин，варила обед и вела сына в детский сад.

б Она вставала в 6 часов，убирала в квартире，ходила в магазин，варила обед，водила сына в детский сад.

她认为前者反映有先后顺序的、有规律复现的事件；后者反映的是女主人的职责。不定态动词 ходила в магазин（去商店购物），водила сына в детский сад（送儿子上幼儿园）并不指特定的事件，也谈不上和其余的动作形成严格的有先后顺序的动作链，只不过列举每天早晨作为句中主体的女人要干的活。例③ а，б 的 идти 和 ходить 都用于各自的转义，并皆表时间上不定位的动作。前者表示对所有石英钟的性质评价，后者对所有年满七岁儿童作出“均上学”的概括描述。由于语义不同，彼此不能代替。但就用于“空间移位”的本义而言，当表示不和任何时间对应的动作时，应用不定态动词，如 Человек ходит ногами. Птицы летают. Рыбы плавают. Змеи ползают. 可见在定态/不定态动词中所体现时间上定位/非定位这一隐性范畴，有其自身的某些特点。

---

① АН СССР，Грамматика русского языка. Т. Ⅰ. М.，1953，стр. 460.

1.3 只表示时间定位动作的动词

并非所有表示具体动作的动词都可以具有时间上不定位、不具体的性质。请看下面这组例子：

① а Белеет парус одинокий в тумане моря голубого.（Лермонтов）

б По ночам желтели огоньки далеких дач.（Сергеев-Ценский）

② а …ей захотелось послушать, о чем так горячо философствует.（Кочетов）

б Он часто философствует на какую-то отвлеченную тему.

③ а Глеб ленился, не прибирал комнаты.（Саянов）

б Каждый день после обеденного перерыва студенты ленились, как-то не хотели пойти на лекцию.

在上述三组例子中，а 项都表具体一次动作，б 项表多次动作，它们确定地或不定地定位于某一时间。但不可能概括表示时间上非定位的意义。例①中的动词是以颜色为词根，-е-（ть）为后缀，表示"呈现出某种颜色"。像 Трава зеленеет. Снег белеет. Васильки（矢车菊）синеют. 一类句子，都指在"特定时间呈现出可见的颜色"，是其意义的核心部分，不能转而概括地表示某事物的性质特征。上述句中的主语"草"和"雪"的词义已经包含了作为其预设部分的义子"绿色"和"白色"。这样，用做谓语的动词 зеленеет 和 белеет，其表颜色的义子已不能给主语增添新的信息，它所表示的只定位于特定时间内的"泛出"和"呈现"已知的绿色与白色，因此，从实际切分看这类句子，通常是主、谓语倒置的不可切分句 Зеленеет трава. 两个词共为述位，且不论词序如何，语调重音都宜在名词上。当作主语的名词没有上述预设时，如 Глаза зеленеют. Лицо белеет. Губы синеют. 则成为可切分句。但依然因为表示一时呈现出的特征，而无法获得概括的、时间不定位的意义。此外，在使用这类句子时，往往有个看到呈现这些颜色的观察者，而他很可能就是说话人。这种与观察者共同出现的意义，也妨碍 белеть（ся）一类动词用于时间上不定位的概括一般情景之中。在此类情景中只能用意义相近的形容词句：Трава зеленая.

例②③中所包括的动词 философствовать（发议论），лениться（发懒）也表示一时的、偶发的动作，事实上，很难把对一个人的性质描述或鉴别建立在对这类偶发动作的概括上，像 разглагольствовать（夸夸其谈），актерствовать（装腔作势）这些用于特定情景的口语词，其生动性、形象性也与不固定某时间动作的概括性、抽象性相抵触。在谈到 лениться 一词时，佩什科夫斯基说："这意味着，他'做得不好'，'表现很差'，总的说'干了某种不太好、不应该的事'（尽管这里所谓的'干'实质上可归结为'什么都没干'）。"①相反在 ленив（懒）一词中没有任何动作，因为它只指天性，某人可能天性懒惰，但受意志控制或在不得不为之的压力下，可像牛一样工作。对这样的人，我们说，他"懒"，但他在特定时刻（в данное время）并没发懒。相反，天性勤勉的人也可能懒得干什么，那时我们说，"他不懒"，但可能此时"他正发懒"。因此，总和具体时间（即佩什科夫斯基所说的 данное время）相关的"发懒"（лениться），不论是一次或多次，短时或长久，都不能上升为对一个人的性质评定。在这一点上它不同于 ленив，而 Он философствует.（他夸夸其谈。）Он актерствует.（他装腔作势。）和 Он философ.（他是哲学家。）Он актер.（他是演员，虚情假意的人。）相比，不仅有动作描述和性质评定之分，而且意义上也不尽相同。

这样，有些动词没有时间不定位的概括意义。有时能用同根的形容词，如 зеленый，ленив 或名词，如 лентяй 表示相近的意义，但有时不能，如前面谈到的 философ，актер。

1.4 只表示时间上不定位动作的动词

另外一类动词正好相反，它们的内涵复杂，不可能在特定的时间内完全呈现其内容。

这里指像 руководить，управлять，править，директорствовать，царствовать一类表示统治、领导、管理的词，以及像 воспитывать，преподавать 一类社会行为的词。什么叫领导？这可能体现为：作出决定，发布命令，主持会议，动员员工，任免下属……它是这些异质行为的总和，但又不同于其中一项动作或行为。单独其中任一项行为又不得称之为领导。因此这类动词没有表示定位于某一时间、并呈现具体特征的用法。不说 * Он сейчас руководит своим аспирантом в кабинете. 人们看到的只能是：Он дает консультацию（答疑），рекомендует литературу（推荐参考书目），проверяет его работу（检查工作）。不仅如此，因为它是一个异质复合的动作，不可能作为一个环节，出现于具体的动作链条中。* В 6 ча-

① А. М. Пешковский, Русский синтаксис в научном освещении. М., 1956, стр. 76.

сов он вставал, ездил на завод, руководил работой, только в 9 часов принимался за завтрак. 即使出现于类似场合，也和不定态动词一样，只表职责范围内应做的事情，而不表示反复递次先后发生的事件。看布雷金娜的例子：Она вставала ночью к ребенку, следила за чистотой в квартире, воспитывала детей, водила сына в школу, руководила его образованием, ходила в магазин. “夜里起来照顾婴儿”、“保持住宅卫生”、“教育孩子”、“送儿子上学”、“指导儿子的文化学习”与“孩子上学”、“到商店采购”都是作为主妇的她（она）应该做的事情，它们不固定于某一时间。руководила, воспитывала 和不定态动词 водила, ходила 的功能都是如此，不过前两个词表示不同性质动作的集合，后两个动词表示不同方向动作的集合，都容易顺理成章地成为表概括性的动作。表示异质性集合动作的动词究竟还有哪些，还有待进一步深入研究，但绝不限于上述那些词，像 помыкать кем（对别人颐指气使），питаться чем（以……为食），ухаживать за кем（伺候某人）一类词都有相似的特点。长诗«Евгений Онегин»的头一段，讲述主人公厌倦伺候有病的叔叔：Но, боже мой, какая скука/С больным сидеть и день и ночь, /Не отходя ни шагу прочь!/Какое низкое коварство/Полуживого забавлять, /Ему подушки поправлять, /Печально подносить лекарство, /вздыхать и думать про себя: /Когда же черт возьмет тебя. 除第一句和倒数第一、二句外，其余的句子“昼夜陪伴病人”、“让垂危病人开心”、“给病人垫枕头端药”都可看成“伺候”病人动作的组成部分，但就每个单独动作而言，都远远不等于 ухаживать。

汉语中的“肆扰”、“抵制”、“胡作非为”、“风流倜傥”等词恐怕都表示异质行为的集合，因而也会产生某些搭配上的特点，如不宜和“着”、“正在”、“今天”等词连用，这也反映它们不是固定于某一时间的动作。

1.5 表示感情态度的动词

любить, обожать, ненавидеть, презирать 只不过表示的是复杂的、非单一构成的情感而已。这些情感词是在许多单一的感觉、情绪、感情上的概括，也是一种集合类。“爱”（любить）可能表现为：亲近的愿望、关切的情谊、爱慕的情绪、眷恋的情愫、甚至是炽烈情欲等等。单就上述某一种表现而言，却不能说它等于“爱”。这种情感的体现与“领导”一类动词的异质组成部分（各类具体动作）相比，难为感官觉察，更不表示定位于某一时刻的过程。对 Что ты сейчас делаешь? 这类问题，若回答 * Я сейчас люблю. 显然是背离规范或故意取笑。它们一般不能和表“时点”的状语，如 в семь часов，сегодня 等连用。偶尔也遇到连用的情况：Мне двух любить нельзя，теперь люблю тебя. В эту минуту я почти ненавижу его. 这里的动词也不表示呈现于某一时点的具体情感，而是以它作为很易扩散、不固着于一时的复杂情感——“爱” 和“恨”的象征，作为一段时间内感觉、情绪集合的代表。因此可以说：Вообще-то я люблю ее，но сейчас я ее просто ненавижу. 这类动词也和 весь год，три года，целый год，много лет 等状语连用。如 Весь год она завидовала（/любила/презирала）ему（его）. 但这并不表示此人不间断地在一年内表现出某种情感，用术语来说，这种情感态度不固定于全年的每一时刻，而是从总体上说此人整年有过这种情绪，这并不排斥在某些时间、某些场合，诸如忌妒、爱慕的对象不在场时，主体并未表示任何情感。这就像 Много лет Ваня курил，а потом бросил. 一样，表示一种泛指的、时间上非定位意义，当说万尼亚多年抽烟，并非说他多年来每时每刻抽烟，这是一种概括。由于 любить 一类动词的特点，它们也不能用于多次重复的情景，不能说 * Он только и делает，что любит... 也不能在此类情景中和其他动词一起表示先后递次发生的动作。不能说 * Она вставала в 6 часов，шла на прогулку，любила сына и вела его в школу. 也不能和 редко，часто，иногда，обычно，всегда，постоянно 一类表频率的状语连用。不说 * Мальчик часто любит бабушку. * Школьники эти редко ненавидят учителей.

至于情感、态度动词的题元的指称，它们可能是类指，如 Китайцы любят чай. Я люблю птиц，цветы. Все дети любят мать. 但也可能是固定的特指，Я люблю свою бабушку. 虽然 любить 表示不同时间呈现出来情感的集合，但每次呈现的情感可能都针对一个人。在这一点上，表示异质动作集合的 руководить，表示不同方向动作的集合的 водить 都与其相同。如 Он руководит этим заводом. Она водит сына в школу.（详见本文 1.4 及 1.2）。而表时间不定位的物理性动作的动词，用做其题元的名词一般都至少有一个应是类指（见本文 1.1）。值得注意的是，当表感情态度动词的主体或客体不是固定特指某一事物时，若有上述表频率的状语，则它们由字面上对动作次数的描述转而变成对题元量化的表示，如 Дети всегда любят мороженое. = Все дети любят мороженое. Женщины часто не любят говорить о возрасте. = Многие женщины не любят говорить о возрасте. 上述句中的副词并非强调感情呈现的频率，即不是强调“喜欢”的高频率和经常性。它们转而表示“所有的孩子”，“大多数妇女”，即用做约束主体的逻辑全称量词和存在量词。

在表频率的副词中，вечно，всегда 有两个意义，其中一个不表频率次数，而表“持续”，“永远”，用以强调过程延续的时间。用于这种意义的副词与 любить 一类动词连用，如 Я буду вечно любить тебя. 这时的 вечно，всегда 与 весь год，много лет 相同，都表持续的时间，只不过时间更长而已，此时 любить 表示的意义可理解为：把一段时间内不定位于其中某一特定时刻的感情态度作概括地表述。其另一个意义表示“总是”，“老是”，即表高频率，故不宜与 любить 一类的词连用。但在下述例句中 Неужели она будет вечно любить стариков?（难道她将来也总是喜欢老头子吗?）вечно 也从表“次数”转而表对“老头”（старики）这一名项的量化，即表示不定所指，相当于 любить каких-нибудь стариков（总是爱上某个老头）。无论 вечно，всегда 用于哪种意义，любить 由于词义的限制，所表示的动作都不能定位于某一时刻（包括反复出现于某一时刻），而只能是概括的。这也是不能用 *Я люблю твою сегодняшнюю прическу. 的理由，因为句中具体客体呈现的一时性、当下性，与 любить 非具体过程的语义互相排斥。此时只能用 Мне нравится твоя сегодняшняя прическа.

1.6 各类表“关系”的动词

动词 содержать（包含），равняться（等于），противоречить（与……矛盾），соответствовать（与……相对应），балансировать（与……平衡）都不能表示定位于某一时刻、具体呈现的现象，也不用于反复出现的具体情景。它们与表频率的状语连用时也转而表示相关题元的量化。Фрукты обычно содержат витамины. = Большинство фруктов содержит витамины. Его слова иногда противоречат действиям. = Некоторые его слова противоречат действиям. 几乎在所有方面表“关系”的动词都和表“感情态度”的动词相近。但前者表示稳定、恒常的现象，像 Этот немой мальчик обладает абсолютным музыкальным слухом. Недра земли принадлежат государству. 都具有严格的泛时意义，超越一切具体时间，不与任何时点相联系。它们不是同质或异质关系现象的集合，并排斥在某一时刻“哑童

没有音乐听力”,“地下矿藏不属于国家”的可能。在这些方面它们不同于所有上述表示概括的、时间上不定位的动词。这样,它们就最接近对主体性质、性能的纯描述。也许 Птицы летают. Мальчик уже ходит. Этот нож еще режет. 可以并入此类。

至于前面讲的 Он курит. (他吸烟。) Мальчик ходит в школу. (小孩上学了。) Премьер-министр правит государством. (总理控制国家。) Девушка любит свою бабушку. (少女爱自己的祖母。) 等也表示现象的概括的集合,但似乎只能说它们不定位于某一具体时间,虽然它们和1.6所描述的动词都划入时间上非定位范畴,但在概括的性质上、程度上依然有些不同。

时间上定位/非定位这一范畴涉及动词的意义、所指、搭配、分类以及在不同语境下所形成的转义,显然有其理论和实践价值,但由于没有形态的或其他明显的语法标记,长期被人忽视,或者只停留在字面上的理解,实有继续深入研究的必要。

2 事物的不可分离/可分离的属性范畴

在这一部分尝试分析一下另一个经常被提到的、有关名词的隐性范畴:不可分离/可分离的领属性。

斯捷潘诺夫指出:“大洋洲美拉尼亚诸语言提供了大量不可分离领属性的例句,这一范畴主要包括人、动物、植物身体部分的名称,并把这些部分和上述生物类别其他关系(可分离领属关系)对立起来。”①这一范畴的特征主要体现在某些名词与表示其主体的词语相互关系之中。下面试图主要以人体器官,如头、眼、耳、手等为例,看看表示这一类表不可分离属性的名词有哪些特点,而这些特点又是有可分离属性名词所不具备的。

上述的躯体部分与器官对人来说,有部分与整体的关系,是共现同在的,前者是后者不可分离的所有物。进一步讲,后者必然具备前者,并以其作自己必不可少的属性特征。对人来说,具有作为其标记的这些器官是不言而喻的,众所周知的,报导它是冗余的,俄语中并没有什么形态手段体现这一范畴的特征,它们往往通过组合关系,至少是通过表示人和表器官名称词语间的关系,呈现出来。

① Ю. С. Степанов, Имена. Предикаты. Предложение. М., 1981, стр. 267.

2.1 阿鲁秋诺娃曾打了一个有趣的比方，把人体器官看做人体的“配套组件部分”，而 усы，родинка，прыщик，шрам，веснушки 等叫做人体“可变换的、非配套的部件”①。显然，只有前者才是人“不可分离的财富”（неотчуждаемая собственность）。因为这些“部件”是人不可或缺的，具备它，对人而言是天生的，因此一般情况下没有必要说下述无信息性的句子 *Я имею сердце. *У меня глаза. *У него есть руки. 但下述例句却没有错误：Не имей сердце，он оставил бы нас без помощи. Дмитрий Романович — певец. У него голос. В горле у него бас，понятно？（Леонов）这两个句子的 сердце 和 голос 词义已经缩小，有所谓“指好”的转义，分别表示 доброе сердце 和 хороший голос，从而使句子有新的信息。而在下述句子中，人体器官转而表示该器官所实施的功能：У тебя же есть руки，почему ты не сделаешь этого сам？У меня есть уши，не кричи. 这些句子传递的信息是“你有手而自己能做，为什么不做？”“我有耳朵听得见，别喊！”。除上述情况外，若特别强调人体器官的有无，也可能出现类似的句子。此时，逻辑重音应在存在动词 есть（其否定形式为 нет）上，它是交际的焦点，如果戈理在小说«Нос»的结尾写道：Проходя через приемную，он（Кавалев）взглянул в зеркало：éсть нос. 这里描述的是，主人公一度怀疑鼻子没有了，照镜子之后，强调“鼻子还在”。强调“不存在”，“没有”上述“必备零件”的例子却常见，因为它们具有信息性，如 У этого инвалида нет пальцев на одной руке.（这个残疾人一只手上没有手指。）至于 У него есть сердце.（нет сердца），则是用于转义，表有无好心。

相反，具有所谓可分离属性、可变换的“非配套的零件”则没有上述限制，可说 Он имел усы.（他蓄胡须。）На щеке у Ивана Ивановича Солнцева имеется родинка.（伊万·伊万诺维奇·宋采夫面颊上有一个痣。）У маленькой девочки на щеках ямочки.（小姑娘两颊有酒窝。）А знаете ли，что у алжирского бея под самым носом шишка.（你知道吗，这位阿尔及利亚先生就在鼻子下面长一个疙瘩。）由于这类“零件”是可有可无的，说明某人有无“胡须”、“痣 ”、“酒窝”、“疙瘩”都传递一定信息，因而上述句子都是成立的。“可换零件”的这种“可有可无”的性质

---

① Н. Д. Арутюнова，Предложение и его смысл. М.，1976，стр. 253 – 254.

也体现在下述对比结构中，如 У женщины на лице не оспины，а веснушки. У дяди на щеке не родинка, а прыщик от комариного укуса. 而在这类结构中，很少用不可分离的器官，偶尔碰见的也是用于夸张比喻的意义。如 У тебя не нога，а лошадиное копыто.（Шолохов）У него на плечах не голова，а капуста. 另外，应补充指出，俄语中很少用 X имеет Y 这种结构表示人的身体“零件”，像 Я имею шрам. 之类说法极少见。На щеке имеется родинка. 多见于公文用语中。至于表不可分离性的器官的名词，如果前面没有修饰语，根本不用。但少数成语用法除外，如 Он имеет голову на плечах.（他有头脑。）Он везде имеет руку.（他到处有靠山。）至于带修饰语的用法，将在下一部分探讨。另外还要注意一点，不管是不可分离的身体部分，还是可变的非配套的零件，表示它们的名词 Y 都不用于开篇性的引进句 Есть у（X）Y。所谓引进句，就是引入一个不定所指的、用名词表示的话题，如 Есть у меня один приятель（конь，куколка）. 下面接着展开对引进话题的叙述或描写。一般引进的话题常常是人，也可能是动物，表事物的则较少，如 Есть на севере у меня одна дача. 表人体组成部分的固有器官，显然和不定所指的要求矛盾。而像 борода，шрам 等所谓可换零件也不易成为引进的话题，因为对它的描写很难展开。很少说 У него была борода，она была черной，окладистой. 在这种情况下，应把两句缩合为一句，只须说 У него была черная，окладистая борода.（他有又宽又密的黑胡子。）

这些所谓“非配套零件”，由于它们是可有可无、可变化、可消失的，因此在用法上与那些“配套并不可少的零件”有上述种种区别。但是一个人若有了胡须、酒窝、雀斑、痣、粉刺、伤疤等等，后者就成为整个人体一部分，两者往往共现同在，在这一点上它们又与具有不可分离属性的器官相同，而与一个人所拥有的朋友、玩偶、别墅等不大相同。

2.2 表不可分离属性器官的名词在“存在句”、“存有结构”中由于不具有新的信息而不能单独使用，若其前面出现修饰性定语，则成为普遍常见的现象，如：

① Лицо она имела круглое и моложавое, глаза голубые.

② У него было цыганское удалое лицо.

在这类句子里信息的焦点应在形容词上，而且它可以置于名词之后，以示强调，因为 она，у него，以及 лицо，глаза 一类词均表示已知现象，当名词的信息性很弱时，形容词后置是很普遍的现象，如 Школьник — народ несидячий. Он говорит голосом мягким и приятным. 据阿鲁秋诺娃的考查，“在表述不可分离属性时，иметь 这个动词很少用，只出现在标准语和文牍语中，通常采取倒装词序。19 世纪受法语影响的俄罗斯文学中，这种用法较为常见。”①我们下面只分析体现在存在句中的用法。

在有表可分离属性事物名词的句子中，也经常在名词前出现修饰性定语，但交际焦点却不一定非在定语上，而且往往是整个词组作述位，句重音在词末的名词上，如：

③ Нет ничего страшного, у тебя на щеке просто небольшой прыщик.

④ У подростка над губой едва заметный, светлый пух.

当然，交际焦点与重音也可落在形容词上，特别是在强调这种特征或对比时，如在下述对话中：

⑤ Какая у этого старика борода? У него черная, окладистая борода.

表示人体“非配套的零件”，像 пух，прыщик，борода 在句子的实际切分上有前述特点，并以此和表不可分离属性的名词相区别。其他表可分离属性事物也是如此。У них здоровые дети. У нас за городом небольшая дача. 这类句子的述位可能是整个名词词组，但也可能只是形容词，后者通常只出现在特定语境之中。

阿鲁秋诺娃指出，存在句中“当交际重心移到名词、各类表数量或性质的定语时，动词性的组成要素 есть 都不用：У меня много знакомых. В доме у них уйма всякого хлама. У него чистая совесть. На ней коричневое платье. В комнате старинная мебель. 在这种情况下，在相应范围内事物本身的存在被认为是已知的”②。这就是说，不用 есть 是因为在该范围内某物是已有的，其存在是已知的，这一点已包含在句子的预设中。当语句含有表示不可分离属性事物的名词时，其已知性是其词义（更确切的说是其所指）决定的，如前面例中的人必有脸，是不言而喻的；而对

① Н. Д. Арутюнова, Е. Н. Ширяев, Русское предложение. Бытийный тип. М., 1983, стр. 181.

② Н. Д. Арутюнова, Е. Н. Ширяев, Русское предложение. Бытийный тип. М., 1983, стр. 87.

表可分离属性事物的名词而言，则已知性来自语境，即上下文或/和情景，如例⑤答话中 борода 的已知性来自问题。

阿鲁秋诺娃等人进一步指出“定语的分离出一部分的功能（выделительная функция）决定使用动词 есть，而它描写整体的功能（тотальная функция）则取消这一用法”①。作者比较两组例子：

⑥ У Петра Ивановича есть седые волосы（интересные книги，глубокие мысли，тонкие наблюдения，преданные друзья）.

⑦ У Петра Ивановича седые волосы（интересные книги，глубокие мысли，тонкие наблюдения，преданные друзья）.

⑥中句子的特点是，首先，对后面的名词而言，形容词有分离出其所指中不确定的一部分或一个亚类的作用，即“有白发”或“有些白发”，除了白发外还可能有别的头发；其次，由于有了 есть，它和后面名词组一起构成具有存在－描述双重性质的述位；再次，这种语句可解释为 Среди волос есть（встречаются，попадают）седые. 它来源于存在句（用做引进句）和分类句（描述句的一种）的缩合，如 У нас здесь есть звери（дичь，озера）+ Среди них（зверей，дичи，этих озер）есть крупные→У нас здесь есть крупные звери. 此时，名词应是复数或集合名词（如 дичь），它们表示类概念，而其前面的定语则起限制、指出亚类的作用，而不是（或主要不是）起修饰作用。相反，在有 есть 的句子中，当定语只起修饰作用（如 Есть у нее большая，комфортабельная дача.），即有描述具体事物的功能时，这类语句是典型的引进句及对引进具体客体作描写句子的缩合，其功能为引进一个有某种特征的人物作为话题。最后，由于述位是具有复合性质的 есть седые волосы，这种语句一般没有逻辑重音，只有在特殊语境下，如在对话中，它可落在存在动词 есть 上：У мамы есть седые волосы？Да，седые волосы у мамы есть. 此时 седые 已经没有区分功能，它和名词 волосы 一起表示复合称名（составная номинация）。如果逻辑重音落在 седые 上，则应去掉 есть，从而转入将要与之对比的下一类句子。

⑦中的句子有着与上述句子完全对立的特征，即（1）如果名词是复数，其定语没有分离出亚类的作用，它针对所有名词表示的事物。У него

---

① Н. Д. Арутюнова，Е. Н. Ширяев，Русское предложение. Бытийный тип. М.，1983，стр. 89.

седые волосы. 即他满头白发,形容词起着整体描述功能;(2)句中没有存在动词,从而处于存在句向描述句过渡的阶段;(3)这种句子进一步发展,名词放在 у кого 之前,和它一起作为主位,而形容词变成述位。Волосы у него седые. 这样,它就由存在句转化为描述句,表示不可分离属性器官的名词,由于其已知性质,往往提前作主语;(4)形容词可有重音(在表人体器官名词前一般都如此),而带重音的形容词又是它由修饰语转变为谓语的动力。阿鲁秋诺娃在分析 У нее были/будут/были бы седые волосы. 时认为,这样的句子既可能来自 У нее есть седые волосы,也可能来自 У нее седые волосы. 两者有着深刻的结构语义上的区别。她指出"第一句有一个表示某集合中不确定一部分的名词,其动词 есть 表示存在意义。在第二种情况下,名词受 у меня,у нее 等形式限定,表示作为整体的一类事物。动词 быть 隐藏着系词功能,而整个句子表示述谓关系"①。волосы 之所以可用于第一类句子,不是或主要不是它具可分离的属性,而是它表示单一头发的集合 。

表示人体器官的名词,由于其具有不可分离的属性并由此产生的已知性,当其前面出现定语时,只能用于第二类句式中,即无存在动词现在时的句子中,如 У него умная голова(длинный нос,обветренное лицо,золотые руки,короткие ноги). 当这些句子用于过去时或将来时,如 У него было обветренное лицо. 其 было 也不和 есть 构成变位的聚合体,该句子的现在时应是零位系词形式。上述存在句中,指人体器官的名词不能表示同类事物的集合,这也是它们不用于第一类句子的理由。有意思的是:通常说 У нее есть золотые зубы. 指"她(镶)有金牙",而很少有场合说 У нее золотые зубы. 后者表示"她满口金牙"。前一句 золотые 也起"限制"性分类作用,把镶金的牙作为整类的不确定一部分(没指出具有几颗金牙),并从整体集合中分离出来。

概括起来可以说,表不可分离属性器官名词的另一特点是,它用于表示存有的句子中,若有定语,重音常落在起修饰作用的定语上,并进一步转化为有述谓关系的描述句,如 Лицо она имела круглое и открытое. У детей веселые лица. →Лица у детей веселые. 前一种存有句式现代俄语中已较少用,后一种存在句用于现在时,不得出现 есть,因为这类名词既

① Н. Д. Арутюнова, Предложение и его смысл. М.,1976, стр. 280.

不表示同类器官的集合，又没有必要作为新的话题出现在有引进功能的存在句中；而表可分离属性事物，在加上定语后，则广泛用于上述两类句子中，如前述两类句中的 интересные книги，преданные друзья.

2.3 具有不可分离属性事物的特点之一就是它与其拥有者构成部分与整体的关系，眼、耳、口、鼻等器官是人的不可分割、不可剥夺的财富（неотъемлемая/неотторжимая собственность），这一性质决定两者必须同在，表示它们的实词应共现在同一语句中，并通过这个“长语义要素”体现该范畴的特性。前面两部分讲的主要是人和器官作为所有者与所有物的关系。现在把两者作为整体与部分，考查表现它们的词语在句中的一些特点。请看下面几组例子：

① Нет у него в сердце признательности；У него в голове каша；Родинок у него на спине было много…

在上述存在句（或脱胎于它的句子）中同时出现的表人及其器官名词都用于表某事物的存在范围，是所谓定位词语（локализатор）。两者表示的范围有大小，但共同形成双重定位词（двойной локализатор），它们通常保留在同一语句之内，但没有一般被确切成分与确切成分的语法特点，词序可以互换，如也可说 Нет в сердце у него признательности. На лице у него — глухое отчаяние. На лбу у него множество морщин. 但两者依然有潜在的领属关系，如可改说为 Нет в ее сердце признательности. На лице этого человека — глухое отчаяние. 但它们变成这种单一的定位词后，也就没有体现不可分离范畴的“长语义要素”了。在有些情况下，使用单一或双重定位要受一定限制，如名词表罪过，凶杀时，只说 На его совести（а не：У него на совести）грех. 另一方面在某些情况下，又只用 У него на уме（а не：На его уме）новый план.

② Седоку в лицо лепит грязью из-за копыт. Тебе в спину дует. Охотнику/У охотника плечо ободрало，руку ранило. У больного/Больному парализовало ноги.

在上述一组无人称句中，表人体器官的名词都作为动作的客体。в лицо，в спину 兼表方向。位于句首用 кому，у кого 形式表示的限定语（детерминаты）是句子的语义主体，后者和客体有整体与部分的关系。两者在语法上有不同的成分功能。句首的主体是整个后续动词—补语结构的描述对象，如果把前者换成物主代词或表领属的名词二格，则改变了句子的语义结构，作为整体的人不再成为（或不清楚地表现为）主体。在这一点上，②类句不同于①类句子。

③ Пуля пробила ему плечо. Врач вырвал ему зубы. Он пожал гостю руку. Не попадайся ты ему на глаза. Девушка наступала ему на ногу.

上述第③组例子中，以第三格代词或名词形式出现的人，在句中似乎表示间接客体，它和表人体器官的名词之间既有领属关系，又有整体与部分共现的关系。用第三格名词就是强调这种共现关系，指明当事人在场。在强调其在场时，有些表可分离属性事物的名词，也可用于这种句式，如 Парикмахер сбрил мне бороду. Пуля пострелила ему фуражку. Маша вбежала к нему в комнату. 胡子（борода），帽子（фуражка），屋子（комната）显然也都属于人，却是"可分割的事物"。прострелить кому фуражку 和 прострелить его фуражку 的同异，放在后面再讲。

④ Внук поцеловал дедушку в лоб. Собака кусала его в ногу. Седок ударил лошадь по голове. Он хлопотал приятеля по плечу. Он тряс друга за руку. Он драл мальчика за уши.

④类句和前面几类句子不同之处是，作为主体的人（或动物）是动作直接的、主要的客体，而与其不可分离的人体器官却是动作着力的部位。表示两者的词语在句中相邻出现可体现整体与部分间的各种细微关系，这种细微关系通常由两者间的前置词表明，如 целовать в лоб 兼指方向；погладить жука по спине 则兼表沿着器官的表面，драть мальчика за уши 则表揪打的着力之处 。在上述三个句子中不宜互换前置词。在某些情况下，如在表示"打击"意义类动词之后， в 与 по 可以互换：Он долбил себя кулаком по колену／в колено. 此时，不同前置词的意义界限也因而比较模糊。有意思的是，一般事物与其不可分离的组成部分，也可用于"及物动词 + что（作为整体的事物）+ за что（前者的不可分离部分）"，如 открывать дверь за ручку（握着门把开门），принести письмо за уголок（拿着信的一角送来）。在这类场合下，за что 已接近表行为方式。试看下面的例子：За кончик его（指 гвоздя），правда，не вытянешь，шляпка не пропустит. Но если уцепить（гвоздь）за шляпку，можно свободно вынуть.（Житов）（拽着钉子尖，不错，是拔不出来，钉帽过不来，如果拽钉帽，很轻松地就拔出来了。）Боб… выбежал из дома и в зубах за рубашку нес девочку. Мать бросилась к дочери.（Л. Толстой）（叫勃布的狗用牙叼着小女孩的衣裳，刚从房子里跑出来，母亲就扑向女儿。）后一个句子中，за 后面的 рубашку 虽有“可分离属性”，但在救女孩时，它是与这一整体共现的未分离的组成部分。

阿普列相曾提出裂价理论，认为 гладить кому голову，чесать кому шею 一类句法构造中，“只有两个语义价，主体和客体：四格名词表示客体直接承受的部分，而名词三格并非一般的接收人，而是以整体出现的客体，后者的名称在深层的初始结构中，从属于名词 голова，而不从属于动词 гладить”①。他在该书不同的地方把与本文讨论的下述相关现象均看做价的分裂：У него трясутся колени. Кровь бьется у него в висках. Старик гладит девушку по волосам. 他认为上面各句中的表整体部分的名词 у него，девушку 都可以改用物主代词 его，或名词领属二格，如 гладить по волосам девушки 这样，表层结构体现为两价的名词还原为一价，即“某人身体的某器官”。但如前所述，此时整体与部分共现关系都消失了。阿普列相指出“并列从属结构（прострелить кому-л. руку）与递次从属结构（прострелить руку кого-л.）中可能产生意思的分化，当动作客体不与主体联结在一起，不是后者有机组成部分时，这种意思分化比较明显。试比较：прострелить кому-л. фуражку — прострелить чью-л. фуражку. 用并列从属结构的前提更多是客体与拥有它的主人共在一起，而递次从属结构更倾向于被理解成客体与其主人分开”②。阿鲁秋诺娃也引了一个生动的例子说明这一语义区别：Волосы у нее рассыпались по плечам. 及 Волосы ее（Ее волосы）рассыпались по полу.（指的是剪下的头发）。只有剪下的头发才能散落在地上，而披散在肩头上的头发，自然和人在一起。上述阿普列相的两个例子表明：前者表示“射穿某人头上戴的帽子”，而后者表示“射穿了某人的帽子”，此时，受射击者当时可能不在场。由于人体器官对人所具有的不可分离的属性，除在极特殊的情况下（如剁掉的手足），上述语义区别表现得并不够明显，这也可算做表不可分离属性范畴名词的一个特点。

---

① Ю. Д. Апресян, Лексическая семантика. Синонимические средства языка. М., 1974, стр. 153.

② Ю. Д. Апресян, Лексическая семантика. Синонимические средства языка. М., 1974, стр. 159 – 206.

前面讲到存在句时，曾指出当强调名词前表性质特征的定语，则句子由表存在关系转表述谓关系，相应地引起结构性的变化，名词提到句首表示主体，原来定位词语如 у меня 等依附于它，相当于物主代词，但前者并未被 мой 一类词完全替代。关于这一点阿鲁秋诺娃指出："俄语中说 Ноги у нее стройные.（她有一双美丽的脚。）比说 Ее ноги стройные.（她的脚美丽。）更自然，让限定名词的词语保持原来（指存在句——引者）的表示领域的形式，这一特色很重要，有赖于此，这类句子才没有和存在句型完全割裂"①，"存在句所特有的表领域的限定词语在俄语中也广泛用于其他类型的句子。当句中的主体是'不可分离财富'时，尤为常用，如 Ноги у нее шли сами собой. Руки у него тянулись к чужому добру. Локти у него работали быстро и энергично. Голова у него склонилась на грудь."②

综上所述，表不可分离属性事物与其主体有部分与整体之间的关系，为了强调两者有共现关系或暗示和存在句的联系，常用名词代替物主代词，以表示在所描述情景中有领属主体在场。这一用法也扩展到其他一些词语，只要它们表示的事物有整体与部分关系并共存同现，不限于表示人及其器官。

2.4 有不可分离属性的事物对拥有它的主体而言，是唯一的，不可替代的。反映在俄语中的这种认识使表示这一范畴的词语具备某些特点。我们先看例句。У Пети пропала книга. 这里源自存在句、表定位场所的 У Пети，好像用粉笔画了一个属于彼佳生活范围的圈。阿鲁秋诺娃说："这种似乎围绕人用'粉笔圈'（меловой круг）划出小世界的方法，大大减轻了对进入表述范围内名词指称的表达和理解。在'粉笔圈'内不需要使话语变得累赘的指示代词和物主代词。受话人清楚，涉及的是这个小世界的组成部分，通过其与小世界中心的关系就可以具体确定：У майора Кавалева пропал нос. У Акакия Акакиевича украли шинель. У Собакевича фрак был совершенно медвежьего цвета."③这就是说，不借助任何具体化的词语手段，就可确定"鼻子"、"大衣"、"燕尾服"分别属于位于各句句首的、用

---

① Н. Д. Арутюнова, Предложение и его смысл. М., 1976, стр. 224 – 225.

② Н. Д. Арутюнова, Предложение и его смысл. М., 1976, стр. 224 – 225.

③ Н. Д. Арутюнова, Е. Н. Ширяев, Русское предложение. Бытийный тип. М., 1983, стр. 142.

专有名词所指的人，因为他们是小世界的中心。只有涉及不属于小世界中心人物的东西，其主人才应加以指明。试比较 У Пети пропала книга. /У Пети пропала моя книга. 前一个例子中，彼佳丢了自己的书，这是不言而喻的；当丢了别人的书，如后例，就必须用各种办法表明。但由于人体器官是中心人物不可替代的所有物，因此不可能出现后例描述的那种情况。可以说，У Пети пропали мои деньги .（彼佳丢了我的钱。/在彼佳那里，我的钱丢了。）但不能说* У Пети болит моя голова.

其实，这种情况不仅出现在上述句式中。根据语用学的相关原则：Мать провожала сына в школу. 补语表示的只能是母亲自己的儿子。如果送别人的儿子上学，则应注明，如 сына соседки。值得注意的是，俄语有一些动词只要求以自己身体的一部分作为动作的工具或对象，如 Он косит глаза，кривит рот，хмурит брови，опускает голову. 或如 Он мигает глазами，качает головой，жует губами. 可划入后一类动词的还有某些表示动物身势动作者，如 Голуби трепещут крыльями. Собака виляет хвостом. “人不能皱别人的眉头”，“狗不能摇别的狗尾巴”，这一特点决定含有这类动词的语句和前面提到的存在句的语句可以转换。下面从阿普列相①一书中选引了一些转换的例子：Он моргает глазами. — У него моргают глаза. Больной скрепит зубами. — У больного скрепят зубы. Собака виляет хвостом. — У собаки виляет хвост. 在实行上述转换时某些动词应改用带-ся 的形式，如 Кукла вращает глазами. — У куклы вращаются глаза. Он болтает ногами. — У него болтаются ноги. 某些要求四格的动词，转换时也采取后一种形式：Он хмурит брови. — У него хмурятся брови. Он склонил усталую голову. — У него склонилась усталая голова.

在上述可互相转换的两类语句中，主体及其不可分离、不可替换部分间的互相关系完全一样 。左侧的语句中的动词大多数情况下都表示无意识的、不受控制的动作，但有时也可以表示受主体意识控制的动作，如 Он многозначительно моргнул мне левым глазом. На поклон девушки он не охотно склонил перед ней голову.（Горький）但右侧的句式则只

① Ю. Д. Апресян, Интегральное описание языка и системная лексикография. М., 1995, стр. 548.

能表示无意识动作。试比较：Он протянул руку за яблоком. /Рука у него сама собой потянулась за яблоком.（像 Брови ее презрительно хмурились. Пальцы рук его крепко сжались в кулак. 似乎都不宜用 у кого 代替 ее，虽然句子的主体是人体器官，它却起代喻作用，指人实施有意识的动作。）像 Голова у него склонилась на грудь. Ноги у нее шли сами собой. Руки у нее отпустились. 都是无意识、无意向目的的动作。

要求第五格作补语的动词中，还有一些表示发出声响的动作，而发出声响的客体则是主体随身穿着或佩带的衣物，两者也有共现的整体与部分的关系。在实施动作时，这些衣物和主体可以说有“一时不可分离性”的关系。对这种句子可实施类似转换，如 Рыцарь гремит саблей. — На рыцаре гремит сабля. Она шумела платьем. — На ней（у нее）шумело платье. Кони звенят уздечками. — На конях звенят уздечки. 由于衣物佩戴“在身上”，所以常用 на чем，它比 у него 能更具体地对衣物所在处定位。左侧句中的动作可能是无意或有意的，而右侧句子的动词则只能表示与人意识无关的动作。

简单总结一下表示有、无可分离属性事物的范畴特点。

（1）表不可分离属性事物（如人体器官）的名词不能没有修饰语直接地用来表示存有结构。一般不说 У меня есть глаза，она имеет голову. 因为说拥有这些不言而喻的事物，只传递冗余信息，除非句子具有转义，夸张比喻，词义缩小一类情况。而有可分离属性的事物（包括像胡须、头发、雀斑、疱疹一类非每人永久必有的事物）则广泛地独自用于这类存有结构，并能赋予句子一定信息。

（2）表不可分离属性事物的名词经常和性质描述性的定语一起出现在上述存有结构中，逻辑重音一般落在有新信息的形容词上。此时，存在句不用 есть，如 У него длинный нос. 并可能进一步演化为系词性描述句 Нос у него длинный. 句中的现在时为零位系词。即使和形容词一起，它基本不用于有引进话题功能的存在句，也不用形容词来区分、限制主导名词所表示事物的某一部分，即形容词和名词共同表示一个亚类或集合中的子集；而表可分离属性事物的名词则可用于上述有各种功能的语句：有引进功能者，如 Есть у него одна странная книга.（应该指出，作为引进话题的通常是与某人有关的活物：Есть у меня один чудаковатый приятель/кот.）；有限定区分功能者，如 Есть у профессора интересные книги. 即教授有些有意思的书，但并非全部都如此，关于 У него есть золотые зубы. 的解释见前；有修饰整类事物功能者，如 У профессора интересные книги. 并进一步可转化为 Книги у профессора интересные. 指教授所有的书都很有意思。

（3）由于不可分离事物与其主体有部分与整体同在共现的关系，作为领属者、所有者的主体常用实词 у кого，кому，к кому，кого 等形式表示，而不仅仅用指示代词、物主代词（含名词领属二格），主体与其所属客体可表现为两价（裂价）或一价（合价），两种表示方式有一定细微区别；而可分离事物与其主体却无必然的共现关系。试比较：Он пожал мне руку. /Он подарил мне книгу. 前句中的 мне 是手的主体，握手时在场，后句中的 мне 只是动作的接受者，与 книгу 同是动作的客体。其他表示这种同在共现关系的整体与部分的事物，如前面举的例子"门"与"门把"，以及一时性关系，如"人"与"头上带的帽子"，均可用所谓裂价方式表示，用物主代词时，则意在突出所领属事物的可分离性。

（4）在脱胎于存在句的下述句子中，У девушки склонилась голова на грудь. голова 的主体只可能是 девушка，而不能是别的人。再者，俄语有一类要求五格或四格的动词，如 Он качает головой. Он хмурит брови. 动词词组具有习语的性质，作为动作客体的只能是人身体特定的部分，特定器官，而且后者唯一的主体只能是作为主语的人，而不能是别人。这两类句式的上述共同之处成为它们互相转换的根据，尽管两者意义上可能有一定区别。（详见 2.4）此外，一些可分离性的事物，如果和主体构成一时性的共现关系，如穿戴或佩带在人身上的衣物，也可以用于这两种可互换的句式。

具有与主体不可分离属性的事物远远不止人体器官，如人的性格、气质、感情、体形…… 事物的形状、内容、特性、细节等等。对作为整体的人或物来说，都有类似的性质，因此，它们也在不同方面，不同程度上具有上面列举的特点，例如 У нее красивая фигура. У него трудный характер. У Пети пылкий темперамент. 这一类语句中重音一般应在形容词上，名词也可以提到句首，如 Фигура у нее красивая и стройная. 甚至可以见到这样的句子：Характера он был больше молчаливого，чем разговорчивого.（Гоголь）由于这些名词不赋予句子新的信息（一般把它们作为描述的参数），故不能无定语而单独用于上述结构，除非它产生语义变化，如 У вас обоих — характеры. Коса нашла камень. (Овечкин)(你们俩人都性格倔犟，镰刀碰石头。) Для экрана в первую очередь нужна фигура, фотогеничность. (Адвеев)(演电影首要条件是，要有好身段，能上镜头。)像 Он человек с темпераментом. Он имеет характер. Мальчик обладает волей. 一类句子中，характер 等词都表一种特定的(通常是坏的或好的)性格、脾气，体形，其语义缩小变窄了。另一方面，下述例句中作为整体的人(或物)与其属性特征，也应看做裂价现象，它们也可合为一价：подражать артисту в походке (≈подражать походке артиста 模仿演员的步态)；потакать мальчику шалостям (≈потакать шалостям мальчика 纵容孩子淘气)；уважать его за принципиальность (≈ уважать его принципиальность 尊重他的原则性)；ругать ее за легкомыслие (≈ругать ее легкомыслие 骂她轻浮)；Мать беспокоила сына своей болезнью (≈ болезнь матери беспокоила сына 母亲的病让儿子不安)； критиковать книгу за вялость языка (≈критиковать вялый язык книги 批判书的语言无力)；изменить покрой платья в деталях (≈изменить детали покроя платья 对衣服式样的细节地方作了改动)。此外，在下面左右两侧句中主语与补语的关系都是事物与由其派生或本来含有的产物、性质、特征，因而也可作相应地转换。

① Рана сочит кровь/сочится кровью — Из раны сочится кровь.

② Письмо содержит намек — В письме содержится намек.

③ Дом сияет чистотой — В доме сияет чистота.

④ Каждое его слово брызжет иронией — В каждом его слове брызжет ирония.

由此可见，不可与可分离属性范畴所涵盖的面是相当宽阔的，可在大量词语结合中体现不可分离性这一长语义要素。

论俄语句子次要成分及其教学

在实际教学中，常常感到难于确定词在句中究竟起什么成分作用，教师和学生都为此虚掷不少精力，浪费不少时间。产生这种现象的原因是可以理解的：人们学习外国语时，总是希望通过语法，通过规律来理解原文。本文作者打算从理论上和实际教学两方面，提出一些有关成分学说及成分教学的问题（主要是次要成分），来和大家商量。我们打算分五个部分来谈自己的意见：

1 成分学说的简短历史；

2 句子成分和词类的关系；

3 句子成分和词组间语法联系的关系；

4 分析句子中次要成分的若干具体问题；

5 结论。

1 成分学说的简短历史

俄语史上第一次详尽阐述句子成分学说的是布斯拉耶夫院士，他在《俄语历史语法试论》一书中写道："主语和谓语叫做句中主要成分，以区别于那些解释和补充它们的、被叫做次要成分的诸词。"[①]"次要成分是从两方面来考察的：(1)从句法运用方面来考察；(2)从意义上来考察。"[②]稍后他又解释道："就句法用途而言，它们（指次要成分）实际上不过是通过一致关系或支配关系依附于句中主要成分的词而已。通过一致关系连接起来的词叫做修饰的成分（指定语——引者），通过支配关系连接的是补充性的词（指补语——引者）。修饰性的成分是说明名词或代词的，如

---

① Ф. И. Буслаев, Опыт исторической грамматики русского языка. М., 1858, Т. 2, гл. 1, § 125.

② Ф. И. Буслаев, Опыт исторической грамматики русского языка. М., 1858, Т. 2, гл. 1, § 125.

этот человек, это самое。补语是从属于动词或动作名词的，如 любить чтение, любовь к чтению…除了修饰性和补充性的词以外，句中还有一些用看不见的句法关系与所附属的词连接在一起的成分，也就是说它们之间没有一致关系和支配关系，如 очень хороший, идти в город, идти из городу 这样的词叫做状语。"[①]接着他又指出："按照意义来分，定语是表示特征的，回答 какой, чей, который, сколько 的问题。而补语的意义是表示动作与接受者和执行者的关系，回答间接格的问题。至于状语则是表示处所、环境、时间、行为方法或质量、度量、原因等，回答 где, откуда, куда, когда, как 等问题。"[②]不难看出这里有着深刻的矛盾：科学的分类不应该根据两个不同的标准，按意义分类和按词与词之间的联系分类往往会导致两种不同的结论，譬如说具有修饰意义的成分并不一定通过一致关系来与被说明的词发生联系，例如 человек с бородой；具有支配关系的词并不一就是补语，例如 В лесу темно. 这一矛盾早已为布斯拉耶夫院士本人发现了。波捷布尼亚对布斯拉耶夫院士的句子成分学说作了彻底和中肯的批判，但是他只着重指出了布斯拉耶夫把逻辑与语法混为一谈的错误，他认为不应该使后者从属于前者，因此他主要是批判布斯拉耶夫认为"句子是用词表示的判断"，"主谓语是用词表示的主述语"一类错误的见解，然而他本人没有提出正确解决问题的办法，相反却把句子成分和词类完全当做二而一的东西，如他认为"状语是具有特殊形式的副词"。沙赫马托夫院士新颖地、但依然是主观地建立了自己的句法学说和次要成分学说。他以心理联系（коммуникация）作为这一学说的基础，这一点在他所著的句法学说中一开头就谈到了[③]。他对主、次要成分下的定义是"句子主要成分是主导的语法单元内起支配作用的词，这些起主导作用的语法单元构成一种词组，这种词组实质上就等于句子。其他构成主导语法单元的词或从属语法单元的词叫做句中次要成分"[④]。尽管沙赫马托夫院士的出发点不同，但是同样也得出布斯拉耶夫一样的结论，把句中成分划分为主语、谓语、定语、同位语、补语、状语。我们来看他给定语下的定义："凡形容词用来修饰起主导或支配作用的名词者，相

---

① Ф. И. Буслаев, Опыт исторической грамматики русского языка. М., 1858.

② Ф. И. Буслаев, Опыт исторической грамматики русского языка. М., 1858.

③ А. А. Шахматов, Синтаксис русского языка. Л., 1941, стр. 19.

④ А. А. Шахматов, Синтаксис русского языка. Л., 1941, стр. 37–38.

当于被我们叫做定语的句子成分。”[1]除了句子学说基础不同以外，沙赫马托夫院士只选择了意义作为划分词类的标准。这样，在次要成分学说方面，沙赫马托夫院士在很大程度上解决了布斯拉耶夫学说的矛盾。此外在把各次要成分划为更小的类别时，沙赫马托夫也遵循了另外的原则[2]，譬如他把定语分为修饰性的（атрибутивное）和述语修饰性的定语（предикативно-атрибутивное определение），把状语分为修饰性的状语、补充性的状语及所谓伴随性的状语。但是布斯拉耶夫院士和沙赫马托夫院士的成分学说都没有清楚地指出词类与成分的界限。佩什科夫斯基教授采取了布斯拉耶夫院士第一类分类标准，把次要成分划分为与其他词处于一致关系者、补充关系者和附加关系者；并且不用定语、补语、状语等名称，这一点在他论述独立次要成分时看得最清楚[3]。这种完全抛开次要成分的意义和功能的观点，没有被一般性教科书的编者所接受，相反，学校用的语法教科书采取了布斯拉耶夫第二个划分成分标准，并且把回答什么问题作为一种确定成分的辅助手段[4]。但是目前这种分类方法是有缺点的，这种分类不能概括一切成分具有的意义，例如有不少词兼具有两种次要成分的意义，又比如，定语按照与其所说明词的联系形式分为同格定语和非同格定语，而状语却又按照意义分成时间、处所等状语。这都说明目前的成分学说本身就有着矛盾和缺陷。苏联科学院《俄语语法》以广大的普通读者作为对象，所以也采取了传统的分类方法，不过有更详细的阐述，剔除了明显的错误，如“定语是说明名词的形容词”之类的定义。但在第二卷的序言中维诺格拉多夫院士在详尽探讨了现代句中成分学说的缺点后，正面指出：“对次要成分的传统学说需要彻底地重新考虑”。这样看来，目前次要成分学说本身就有着缺点，这就造成了我们划分句中次要成分的第一个困难。

---

① А. А. Шахматов, Синтаксис русского языка. Л.,1941,стр. 37 – 38.

② А. А. Шахматов, Синтаксис русского языка. Л.,1941,стр. 292.

③ А. М. Пешковский, Русский синтаксис в научном освещении. М., 1956.

④ А. С. Матийченко, Грамматика русского языка. М., 1950;Л. В. Щерба, Грамматика русского языка. М.,1953;А. М. Финикель,Н. М. Баженов, Современный литературный русский язык. Киев. 1954.

2 句子成分和词类的关系

句子成分和词类有着密切的关系，正确地认识这种关系无论对成分学说或词类学说都具有重大的意义。很早以前波捷布尼亚就指出过：“在我们的语言中，句子的根本特点在于它是由词类组成的，假若没有词类，也就不会有句子。”[①]很多语法学者都把一个词在句中的作用作为划分词类的标志之一。莫斯科大学《现代俄语词法》一书中对形容词下的定义是从三方面说明的[②]，即在意义上是表示事物特征的，在句中作定语或谓语用以及具有性、数、格形式上的变化。但是句子成分和词类却分别属于不同的语言范畴，《54 年语法》指出：“词类和句中成分有着联系，甚至相互影响，但却无平行对应关系。”[③]的确，形容词在句中经常作定语、谓语用，副词经常作状语用，而且有不少短尾形容词、副词甚至名词，由于经常作谓语用，引起了词义上和形态上的变化，从而形成了一种新的词类——状态词。这样的词有 больно，досадно，грех 等。但是绝不能像波捷布尼亚那样，认为两者之间有平行对应关系。比如说名词就一定是主语、补语；形容词就一定是定语或谓语等。这类说法是错误的。关于这个问题波斯佩洛夫（Н. С. Поспелов）作了精辟的论述：“不应该把词类看做词法化了的句中成分，句子成分是更抽象的概括，因为在划分词类时，我们只是抛开词汇意义中的具体东西，而在划分句子成分时，我们却抛去各词类中的词汇、语法意义上的区别”。正因为如此，无论在汉语或俄语中同一个成分可以用不同的词类来表示，而一个词在不同的句子中可以用做不同的成分。看不清楚这一点是十分危险的，混淆这两个不同的范畴使有些语法家，如库德里亚夫斯基（Д. Н. Кудрявский）教授，拒绝承认虚词是词类，因为它们不起句子成分的作用[④]，某些汉语学家也持有类似观点，企图以三品学说代替词类学说，其错误的性质也是相似的。

句子成分和词类的关系，首先表现在不同的词类在句中有着不同的作用。维诺格拉多夫院士在分析词的意义结构后，把词划分为四大语

---

① А. А. Потебня, Из записок по русской грамматике. М., 1958, стр. 64.

② Современный русский язык. Морфология. М., 1952, стр. 131.

③ АН СССР, Грамматика русского языка. М., 1954, стр. 88.

④ В. В. Виноградов, Русский язык. М.-Л., 1947, стр. 40.

法－词义类别[①]。这不仅对词类学说，而且也对句子成分学说作出了新的贡献，他明确指出了不同词类在句中所起的不同作用。

第一类是用做名词的词类（категория слов-названий）。这类词包括各种静词（名词、形容词及数词）及其等价物代词、副词和动词，它们的共同特点是都具有称名作用（至于代词是否具有这一功能，目前尚有争论），它们分别作事物、特征、状态或动作的名称，它们都能单独地作句中的成分。

第二类是小词类或叫虚词（частицы или служебные слова）。它们没有称名作用，它们不直接反映现实，只能通过第一类词反映现实中诸现象的关系，因而它们不能作句中成分，这类词具有极大的抽象性，它们是前置词、连接词和语气词。

第三类是情态词（модальные слова）。它们表达从说话者主观的角度所确定的句子内容和现实的关系，它们虽然比虚词具体一些，但依然没有称名作用，它们只是插入或嵌入句中。

第四类是感叹词（междометие）。它们是纯粹抒发、表达主观感受情绪的，它们只表达出说话者具有某种意见、感情或情绪，但却没有称名作用。ура 只表示某个人处于兴奋、快乐的状态，但它不能准确指出究竟是什么感情，因此，没有称名作用的感叹词，也不起句中成分的作用。

由此可见，各类词的句法功能是截然不同的，能作句中主次要成分的只是第一类词，它们因为具有称名作用而和后面三类词截然对立。可见，词属于何种词类对划分句子成分是有重要意义的。然而在现实的言语活动中，前三类词是没有严格界限的，大量的实词在转化为新的虚词和情态词，这就构成我们划分成分的第二个困难。

3 句中成分和词组间语法联系的性质

每个实词加入句子后，成为句子结构上的组成部分，这个实词往往又从属于另外一个词，构成词组。有时一个实词也可以和另一个实词发生并列关系，我们姑且把这种情形放到一边，因为这些有着并列关系的词，彼此并不构成词组。实际上这些并列的词往往同时从属于另一个词，和它一起构成词组。一个词对另一个词的从属关系主要是通过形态手段来

---

① В. В. Виноградов, Русский язык. М. -Л., 1947, стр. 29.

表示的，这就是大家所熟悉的一致关系、支配关系和附加关系。然而词和词间意义上的联系却是非常复杂的，有限的上述诸种关系不可能反映词与词间各种不同的意义上的联系，语法抛开了种种具体意义的细微区别，进行了抽象概括，确定了词组内词与词间比较一般的语法意义上的关系，即客体关系、修饰关系、状态关系。上面已经谈到过许多语法学家在确定句中成分时兼用两种标准，但由于两者之间没有严格的对应关系，所以这种尝试失败了。目前学校教科书在确定补语、定语和状语时，就是以词组间意义联系的性质为标准，但是正如《54 年语法》所指出："那些在各种词组之中典型的、常用的结合规则，在句子中变得更为复杂，又增加了新的规律和规则，这些规律和规则只能在句子中发挥作用。"①因此，大家都知道"组合词组的规则不能概括所有句子中的语法结构和所有复杂化了的情形"②。首先在句子中词与词之间意义上的语法关系种类加多了，有了所谓主谓语之间的述语性的关系（предикативное отношение），解释说明性的关系（如确切语或接续词与其所说明词之间的关系），以及与全句发生关系的成分（*У нас сегодня* целый вечер просидели гости.）。此外，许多条件状语和让步状语都是和全句发生关系的。句中这些意义上的相互关系显然不能用词组之间的关系来概括。

其次，一个词在句子中可能同时和两个词发生关系，同时从属于两个词。譬如在独立次要成分中，某一个定语同时说明主语和谓语，因而兼有状语的意义，这是促使该成分独立的重要条件。例如：

① Утомленный работой, я скоро заснул.

按照一般对定语的理解，如定语是表示事物特征者③，"定语"这一术语是无法表达这个成分意义上的各种各样的特点的。而芬克尔、巴热诺夫所著的《现代俄罗斯标准语》中则把 утомленный 这一类的词叫做状语，其实无论把它看做定语还是状语，只要没摆脱传统成分的公式，都是很牵强的，因为它实际上有着两种成分的功能。另外我们再举一个例子，

---

① АН СССР, Грамматика русского языка. М., 1954, стр. 44.

② АН СССР, Грамматика русского языка. М., 1954, стр. 97.

③ А. М. Земский, С. Е. Крючков, М. В. Светлаев, Русский язык. Т. 2. М., 1954, стр. 17. 这个定义实际只是从两个词之间关系着眼的。

所有的确切语几乎都是同时说明两个词的，试看：

②Налево, за рощей, вспыхнула ракета.

照 за рощей 和相邻 налево 的关系看，前者是确切语，但按照和 вспыхнула 的关系，它却是状语，假定限制只能给这个成分贴上一个标签的话，我们的分析总不免陷于片面。

在少数情况下，这种双边联系甚至得到外部表现（指语法形式上的联系），有些语法学家于是根据这种外部表现指出，除一致、支配、附加关系外，还有所谓吸引关系（тяготение），如 Малыш рос здоровым и сильным. 形容词在性数上和 малыш 一致，而用第五格却又表示它是谓语群的一部分，然而在大多数情况下这类双边联系却得不到外部反映，如上面所举的独立定语和确切语的例子就是如此。

由此可见，在句子里词与词间语法形式上的联系不一定能反映一个词在句中与其他词意义上的联系。语法形式上的联系只能指出该词从属于另外一个词，不能反映一个词在句中语法意义上的多种关系性质，如述语性意义，修饰、客体、状态意义、解释说明意义等，尤其不能反映上述意义的错综结合（指一个词从属于两个以上的词）等。格鲁兹杰耶娃（С. Л. Груздеева）正确地指出："句子的结构建筑在两方面语法联系统一的基础上，一方面的联系是词与词间联系，依此，句中诸词组成以支配、一致和附加关系连结好的成双的词组，这些词组形成一个链条；另一方面则是句中语法上互相从属的成分。它们是按照五种成分关系来结合的。"[①]成分之间的相互关系和语法形式上的联系是两种不同性质的抽象，我们无法从一个词有限的词形变化中去找出它和其他词之间复杂多样的意义上的联系。

由此可见，在句子中词与词间语法意义联系的形式不仅加多了，而且也改变了词组间两个词简单联系的性质，一个词可以与一个以上的其他词发生关系，而这种关系又常常没有得到外部形态上的表现，这样就出现了依照一般教科书定义去划分的第三个困难。

最后在划分成分时，常常碰到一些历史语言现象、固定词组以及在意义上不可分割的词组，但这些词之间往往还保持着外部形态上的从属关系，即用一致、支配、附加等关系表示它说明另外一个词，尽管如此，它们

① С. И. Груздеева, О связи слов в предложении. // Ученые записки Ленинградского университета им. Жданова. Вып. 2. 1952.

在意义上却是不可分割的，它们是作为一个整体被用做句中成分的，由于中国学生缺乏语言历史知识和词汇学知识，往往依据外部形式作些牵强附会的成分分析，这也是常见的现象，这大概可以算做第四个困难。

下面我们就用具体的例子来说明，论述上面几个理论性质的问题。

4 分析句中次要成分的若干具体问题

4.1 一个实词兼有两种成分的意义

《54 年语法》曾经正面指出："常有这种情况：次要成分对其所说明词的功用可以作两种解释，而次要成分不能十分肯定地划入上述三类次要成分中的任何一类，这种情况是当一个词组中兼有不同关系的意义时才产生的。"[①]这样的例子是很多的，下面从我校教科书中援引一些例子，①②两个例子中用斜体表示的词兼有补语和行为方法状语的意义。

① Города строятся *с широкими прямыми улицами и площадями*, украшаются садами и скверами.

② Телеграммы передают *азбукой Морзе*, буквы которой строят из точек и тире.

下述句子中，со временем 兼有时间状语和行为方法状语的意义。

③ «Мы хотим сделать всех рабочих и крестьян культурными и образованными, и мы сделаем это *со временем*» — сказал Сталин.

至于像科学院《俄语语法》所指出的，在 заседание президиума（兼有修饰的定语意义和事物主体补语意义）及 записка насчет спектакля（兼有修饰的定语意义和客体的补语意义）一类词组中，名词是有两种意义的成分，这一类的情形更是屡见不鲜了。在遇到这种情况时，重要的不是给它贴上一个成分的标签，只要正确地分析它所具有的意义就可以了，甚至不妨采用"具有状语意义的补语"、"具有补语意义的定语"等一类术语。正是这类问题使某些同志绞尽脑汁，企图给这些成分一个合乎传统语法的名称，实质上是在做一个无益而又不可能的事。

4.2 确定状语意义的困难

上面我们已经提到状语是按照意义分成若干小类的，在进行这种分类时，我们已经进行了很大的概括，采取像空间（处所状语）、时间（时间

---

① АН СССР, Грамматика русского языка. Т. Ⅱ, Ч. 1. М., 1954, стр. 524.

状语）、因果（原因状语）等最一般的范畴作为分类的依据。毫无疑问，它概括了大量现实中的语言事实，然而这种按意义的分类，依然有牵强的、人为的性质，不能概括所有的语言现象，有些状语是无法归在现有状语之中的任何一小类的。例如：

① Звонко *в сумраке* ночном веселый лай идет кругом.

② Я помнил, как бывало, просыпаясь ночью, я искал *в темноте* ее нежные руки и крепко прижимался к ним, покрывая их поцелуями. (Короленко)

这里的 в темноте 与 в сумраке 划归在任何一类状语内（无论时间、处所、行为方法或条件）都是比较勉强的，然而它却无疑是状语，至于副动词短语 покрывая их поцелуями，则有明显的次要谓语或近似谓语的意义，这一点在各书中都明白地指出了[①]。然而它在不少教科书中却依然被称做独立状语，算做状语已经很勉强（试比较它和同等谓语的作用），若再想牵强附会安上个什么状语的名称，那就更困难了。

至于定语和补语就简单得多，它们是按照形态来分类的，同格定语和非同格定语，直接补语和间接补语。莫斯科大学《现代俄语词法》也曾大致把性质形容词按意义分成五类[②]：（1）表示空间、时间方面的特征，如大小、远近、久暂等；（2）表示人的感官所觉察的事物特征，如冷、热、轻、重、甘、苦等；（3）表示人或动物生理上的特征，如胖、瘦、聋、瞎、健康、患病等；（4）表示性格上或精神上的特征，如善、恶、好、坏、聪明、愚蠢等；（5）表示颜色，如红、黄、兰、白、黑等。尽管这个分类能概括许多形容词，然而却远不能包括所有的性质形容词。若用类似的、按意义分类的标准来划分定语，也一定会产生状语分类时的困难。我们在按意义来确定两个定语是否为同等定语时，已经感觉到这种困难了。

由此可见，状语中的某些成分不能准确按意义归入任何一小类是可理解的、很自然的事情。

4.3 实词和情态词

实词转化为情态词（或情态语气词）后，它们表示整个句子或其中个别词的情态意义，即表示它们和现实的关系。这完全是另一类型的语法

---

① А. М. Земский, С. Е. Крючков, М. В. Светлаев, Русский язык. М., 1954, стр. 81－82.

② Современный русский язык. Морфология. М., 1952, стр. 132.

关系，它和表示句中词与词间，以及词与句子间的客观语法关系完全不同。具有称名作用的实词客观地反映着现实，而情态词，如 едва，разве，неужели，действительно 等则只表示作者对整个句子或其局部组成要素的主观认识，它们属于完全不同的范畴，后者是不能充当句中次要成分的。然而情态词却没有固定的外部的形态特征，大量情态词在实词中都有其同音词，更准确地说，是大量实词，首先是副词、状态词和代词在不断转化为情态词（或情态语气词）。在实际教学中遇见许多人误把情态词当做相应的同音实词，因而造成划分成分的混乱。例如：

① Лучше останьтесь вечером дома.

这里的 лучше 表示说话者对整个句子的意见，是情态词，不能算做句中成分。由于我们容易把它认做副词比较级，所以也容易把它误认为句中的次要成分。

② Я… был награжден буквально слезами ее благодарности.（Достоевский）

这里的 буквально 表示说话者对眼泪一词的强调，真实性的估价，不是副词，而是情态词，因而也不是句中次要成分。

③ Эта работа потребует для своего выполнения минимум два дня.

минимум 不是名词，而是情态词，表示说话者对数字的主观估价。

④ Что-то случилось，надо думать… Пожар，что ли？ Да нет，не видать дыму！（Чехов）

что ли 表示说话者对火灾这种说法持有怀疑态度。что 是情态语气词的组成部分，而不是疑问代词。

情态词是一个数目不断增多的词类，常用的类似的词还有 фактически，знать，в частности 等。按维诺格拉多夫院士的说法，由于它们比虚词具有更多的词汇意义，所以也就更容易被视为句中主、次要成分。关于情态词的问题，大家可以参看维诺格拉多夫所著«Русский язык»有关章节。

4.4 实词与前置词

随着原始前置词运用范畴的扩大，词汇意义渐削弱，语言中日益需要新的前置词来更清楚、更准确地表示空间、时间、原因、对象等关系，于是前置词由别的词类，首先由名词得到补充。一般说，只有那些词汇意义本身就表示某种关系的抽象名词，或者在一定条件下词汇意义中可能发展出表示某种关系意义的抽象名词才能变成前置词，如 во время，по причине，в отношении，в силу，в течение…这些词已经不再能分割为单个的词，它们已近似词素，只能作单一前置词的组成部分。

变成名词前置词后，原来的名词已丧失事物意义，它已经不是名词了，它和原来名词之间的关系日益削弱，而和这个名词前置词后面的名词的关系日益加强，甚至只在后面有名词间接格时，才能表示出前置词的意义。这就使它不能独立作成分，因为前置词单独是不能作句子成分的，只起语法作用，只有与其后的名词间接格一起才作补语、定语或状语。具体情况如下。

（1）作补语

① Сталин *от имени партии* большевиков у гроба великого вождя дал клятву хранить заветы Ленина，продолжить великое дело Ленина и довести его до конца.

② Партия и правительство уделяют большое внимание развитию сельского хозяйства *на основе передовой техники*.

（2）作定语

③ В течение восьми лет Компартия Китая *во главе с товарищем Мао Цзэдуном* руководила борьбой китайского народа против японских захватчиков.

（3）作状语

④ *С помощью этой газеты* была проведена подготовка ко второму съезду РСДРП，который состоялся в июле 1903 года.

有些副动词也转变为前置词，丧失了原有的词汇意义，不再是句中成分，而和后面的名词结合在一起作状语或补语。例如：

⑤ *Спустя два дня*，он приехал сюда.

⑥ Захвачено значительное количество военных материалов，*включая пулеметы*，*взрывчатые вещества* и. т. д.

关于名词前置词和动词前置词可参看切尔卡索娃（Е. Т. Черкасова）的两篇文章：«К изучению образования русских отыменных предлогов»

和«К вопросу об образовании отглагольных предлогов»①。

正因为它们正处在从实词向虚词转化的过程中，所以有时候还保留一定的实词的句法功能，它们可以要求副词或形容词作修饰语，但同时词汇意义却大为削弱，很难认为它们是实词和句中成分，这就造成划分词类和成分的困难，如：

⑦ Передайте привет от моего *имени*.

⑧ В этом *отношении* он лучше меня знает.

⑨ Тогда шаги на лестнице замолкли и *недолго спустя* в передней показался нагнутый в плечах высокий человек. (Федин)

在⑦⑧中名词是实词，但难于确定它们的成分，⑨中的 недолго спустя 虽然是时间状语，但很难确定其所属词类。

但是如果从发展的角度历史地对待这些语言现象，那就是可以理解的了②。

4.5 实词和连接词

同样，大量的名词和副动词在转变为连接词的组成部分，一般说来，俄语中大量连接词所引起的复句都有着对应的前置词短语语法结构，如 от чего — *от того, что*... для чего — *для того*, чтобы... 名词前置词短语也有相应的连接词结构，如：благодаря чему — благодаря тому, что... в силу чего — в силу того, что... по причине чего...— по причине того, что...

很明显，这种复合连接词中的"实词"已经失去了原有的词汇意义，而成为连接词的组成部分了。这种连接词显然是在上述前置词的影响下形成的，原来的"实词"不算做句中成分也是可理解的了。另外，也有单独的连接词，由于在实词中具有同音词，而被误认为实词，引起划分成分的困难，如：

① Мы будем жить в дружбе со всеми народами, *будь то* американцы, англичане или японцы.

---

① 这两篇文章分别载于«Исследования по грамматике русского литературного языка», 1955. 和«Исследования по синтаксису русского литературного языка», 1956.

② 有时可以通过对比，如 от моего имени 与 от меня; в этом отношении 与 в отношении чего 来确定 от имени 或 в отношении 有某种成分的意义。但我们认为更重要地是理解它们是一种正在转化的词类，从而相应产生划分成分上的困难。

② *Правда*, день выдался прескверный, но неожиданного ничего не случилось.

这里的 будь то 与 правда 都只是连接词，不能算做句中成分。

4.6 实词和语气词

维诺格拉多夫院士曾经指出："不与现代动词或静词形式语法类型相对应的副词，以及代词性的副词经常大大地扩大句法搭配功能，因而接近语气词，或者兼有副词和语气词（通常具有情态意义）的功能"[①]。这类副词主要指 еще, уже, только, почти, все, исключительно 等。由于副词不表示固定事物、动作的特征，因此它在意义上比其他实词具有更大的抽象性，再加上没有固定的外部语法形式标记，几乎可以和一切实词搭配的句法上的特点，使这类副词很容易转变为虚词，或者兼有副词和语气词的意义。这类词的意义以及它们和静词或动词没有词形上的联系等使它们和语气词极为接近。有时候同一个词被不同的学者认为是副词或语气词。以 еще 这个词为例，在乌沙科夫（Д. Н. Ушаков）教授所主编的词典中，除了在疑问代词或静词后面作强调语气词外，如 Где нам еще с этим водится！其余情况下都是副词，如 Я еще не устал. Я еще успею на поезд. 但是梅什科夫斯卡娅（Н. М. Мешковская）在«Усилительная частица еще»一文[②]中把 В прошлом году в эту пору мы еще купались. Он еще спит. 等句中的 еще 看做语气词。同样她把 В прошлом году в эту пору мы уже купались. Он уже спит. 等句中的 уже 看做 еще 的特殊反义语气词。这也是和苏联科学院《俄语语法》的认识是不一致的。乌沙科夫教授主编的词典和苏联科学院《俄语语法》对 только 一词的解释也有极大的分歧，这也是可理解的，因为这些词往往兼有副词、语气词的意义，或者在意义上接近语气词。这样就产生了另一困难。究竟它们在句中算做什么成分？看下面例句。

Еще нигде не румянилась заря, но уже забелелось на востоке.

«Русский язык в школе»[③]认为 еще 有 до сих пор 的意义，уже 有表示行为的终结或完成，所以应该算做时间状语。然而应该承认梅什科夫斯卡娅的观点也是有些道理的，它们十分接近强调语气词。在 Он уже

---

① В. В. Виноградов, Русский язык. М. -Л., 1947, стр. 394.

② Русский язык в школе. 1951, №5, стр. 35.

③ 见该杂志 1955 年第 2 期"读者问"一栏。

спит. Он еще спит. 这样的句子中，与其说它们具有时间意义，倒不如说它们强调“动作的结果性质”和“动作的持续性质”。不管怎样，即使当做实词看待，它们的称名作用和时间意义都很微弱，划做任何成分都是比较勉强的，可以说它们几乎不回答任何问题。所以顶好不看做句中成分，在其他情况下（即不在动词前面），如 Хотя ей уже сорок лет, но она еще моложава. 尽管各书都把它看做副词①，然而却很难看出它们在句中有什么成分的意义，人们清楚感觉到的倒是它们强调语气的作用。所以在这种情况下分析它们是什么成分是没有多大的意义的，相反，弄清在不同的场合下它们有什么不同的意义，对实际掌握语言倒有好处，正因为它们“接近语气词或者兼有副词和语气词的作用”，所以不把它们看做句中成分是不无理由的。

最后，应该再次附带指出感叹词可以组成独立的句子，或作为句子的组成部分，然而它们却没有称名作用，不和其他的成分发生语法联系，因而也不算做句子成分，这常为教师和学生所忽略，如 *Спасибо* вам! *Марш* отсюда! *Прочь* руки от Кореи! *Долой* капитализм! *Ба*! Знакомые все лица. 上面的 спасибо, ба, прочь 都不能算做句中成分，然而却可能要求一个次要成分来说明自己。这种语气词所构成的句子叫做“感叹词句”②（междометные предложения）。苏联科学院《俄语语法》只把这种句子的一部分列入“独词句”（слова-предложения）。

4.7 **一个词在句中说明两个词**

在本文第三节中，我们已经说过，词在句中与其他词的联系可能是双边的，也可能和全句发生关系，并且给了一些例子来说明这一论点。这种现象并不是偶然的，少数的。下面我们再比较详细地研究研究。

① Вы знавали ее еще *в девушках*. (Тургенев)

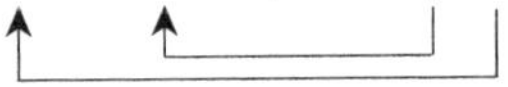

您还是在她是少女时认识她的。

这句话中，в девушках 的意义比较复杂，它和动词 знавали 及代词 ее 有着明显的意义上的双边关系，大约等于复合句 Вы знавали ее, когда она была еще девушкой. 无论我们把它叫做时间状语或定语都是比较勉

---

① 参看乌沙科夫教授所主编的词典及«Русский язык в школе», 1953, №3, стр. 92.

② А. М. Земский, С. Е. Крючков, М. В. Светлаев, Русский язык. Т. 2. М., 1954, стр. 72.

强的。类似的例子还有：

② Я видел его *на дворе.* /我看见他在院子里.

这句话的意义大约是 Когда я видел его，он был на дворе. 这里 на дворе 和 его 联系的性质与其说是修饰关系，不如说近似述语性质的联系（предикативная связь），这从译文中也可以看出。

③ Вернувшись со склянкой Левин нашел больного уже *уложсиным* и все вокруг него совершенно *измененным*.（Л. Толстой）

④ Кутузов，оставив руки *упертыми* на лавку，недовольно смотрел на Денисова.（Л. Толстой）

沙赫马托夫指出这种成分多半是用在表示生理感觉和精神感觉的动词后面，或 находить，заставлять，оставлять 等少数动词后面，并且把这种成分叫做说明补语的名词性、形容词性成分（дополнительный субстантивный и адъективный член）。他认为这种成分与补语有密切联系，在大多数情况下，就其实质而言，是说明用做补语的名词，具有述语修饰性质的同位语（当其名词化时）或定语[①]。这种分析是中肯的。苏联杂志《俄语教学》认为类似的成分用做定语。由性、数上与被说明词的一致关系证明它是说明名词的[②]。例如：

⑤ Я вижу
- ее *задумчивой.*
- его *задумчивым.*
- их *задумчивыми.*

⑥ Мы едим чеснок и лук *сырыми*, но некоторые овощи *вареными.*

看做定语显然是比较牵强的，而且杂志的回答问题者本人也指出这种"定语不仅和名词或代词有联系，而且也和动词有联系"。这种成分是与定语的传统定义不符合的。试看定语的定义："次要成分说明句中成分——具有事物意义的词（包括名词、代词、数量词及任何名词化了的词），并且对该事物所代表的事物从性质、特征、属性方面加以描述者叫

① А. Н. Шахматов，Синтаксис русского языка. Л.，1941，стр. 34，52，353.

② Русский язык в школе. 1955，№1，стр. 86.

做定语。”[1]但在第⑥句中 сырыми 和 вареными 由于和动词发生关系，因而有明显的行为方法的状语意义。

其实，具有状语意义的独立定语及某些名词性合成谓语的组成部分都有类似的性质。不过是同时和主语及谓语（动词）发生联系罢了。如：

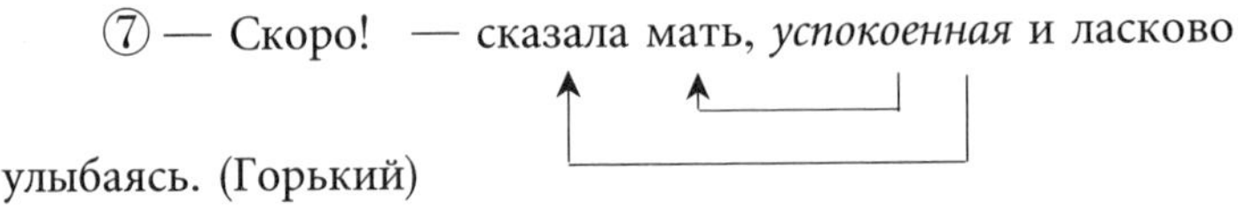

⑦ — Скоро! — сказала мать, *успокоенная* и ласково улыбаясь. (Горький)

⑧ — Новорожденный появился на свет *здоровым*. (Федин)

由于词在句中的双边关系而造成划分成分困难的例子还很多。再如：

⑨ Китайцы *первые* изобрели бумагу, книгопечатание, порох, компас.

⑩ Нет, *весь* я не умру. (Пушкин)

⑪ Дитя сама в толпе детей играть и прыгать не хотела, и часто целый день *одна* сидела молча у окна. (Пушкин)

在很多情形下，这些成分和名词的意义上的联系削弱，但依然保持着对名词形态上的从属关系，例如在后面三个句子中我们认为它们主要是修饰动词，作状语用，因为这些词的词汇意义使它们接近副词而用做状语。试比较 первый 和 раньше всех；весь 和 полностью 或 целиком；один 和 одиноко. 然而它们所属的词类（代词、形容词、顺序数词）又使它们保留原来性、数、格的形式，这些形式又是所谓纯句法形式，究竟采用什么形式，完全取决于它所说明的名词。这种形态上和意义上的矛盾也许就是我们划分成分时感到困难的原因[2]。

---

① АН СССР, Грамматика русского языка. Т. Ⅱ, Ч. 1. М., 1954, стр. 522.

② 当主语是人称代词时，苏联科学院《俄语语法》（第 2 卷，第 1 册，第 377 页）把人称代词和修饰性代词词组当做主语，如：Ты вся дрожишь. 这种看法多少有些片面，没有看到 вся 与动词间的联系。

4.8 固定词组的成分

俄语中有很多词组，甚至句子，由于意义上的紧密联系经常用做一个成分，我们这里只讲几种情形。首先谈谈某些类型的复合句经过简化，其中的从句或主句变成一个简单的句子成分。下面我们从普希金的著作中援引一些例子来说明：

① Шары поминутно летали у меня через борт, я горячился, бранил маркера, который считал *бог ведает как*... 状语

② Да что ехать? — отвечал он, слезая с облучка, — *невесть и так куда* заехали: дороги нет, а мгла кругом. 状语

③ А ты, — продолжал он, обращаясь к Швабрину, — не умничай и не ломайся: жена ли она тебе или не жена, я веду к ней *кого хочу*. 补语

④ Попадья стала меня угощать *чем бог послал*. 补语

⑤ ...сами изволите знать: офицеру гвардии нужно содержать себя приличным образом, я с Ванюшей делюсь *как могу* своими доходишками. 状语

类似的例子还有 Это мало *кому известно*. Он пришел на работу в *в каком попало* костюме. Возьмите *что угодно*.

斜体词大多保持句子的形式，过去它们的确是复合句中的主句（如 *Бог ведает как* он считал.）或从句（веду к ней того, *кого хочу*），但现在已经用做句子成分了，失去了语调的原有特点，书面上也不用标点符号隔开，它们的意义接近肯定代词或副词（всякий, каждый, всюду 等），否定代词或副词（никто, никакой 等）或不定代词（кто-либо, какой-либо）。угодно, попало 一类的词已经被认定为构词词素[①]。然而这些词与疑问代词和副词的分开书写形式、某些动词的人称形式相同，这样就使某些人误认它们为实词。

其次，当助动词或系词取得形动词或副词的形式后，它与后面的动词和静词（如名词、形容词第一、五格等）依然应该看做一个成分，不应该再作勉强的分析。下面的斜体词连在一起作所谓的次要谓语。

⑥ И он с ужасом думал о всех *могущих встретиться* столкнове-

---

① АН СССР, Грамматика русского языка. Т. Ⅱ. М., 1954, стр. 90.

ниях. (Л. Толстой)

⑦*Являясь результатом* нашего углубленного познания объективной действительности, грамматические категории сохраняют определенное содержание.

至于如何辨认其他的各类型固定词组，在词汇学中已经讲得很清楚，我们就不赘述了。

5 结论

目前关于次要成分在教学中存在着两种偏向：一部分教师和学生企图把活的语言事实机械地纳入传统的、有缺陷的分类体系，到处贴标签，造成教学上的混乱，浪费不少时间。据本文作者所知，在有些非俄语专业的学校中，竟产生这种畸形的现象：有些学生已经完全正确地理解了某些俄语的数学或化学公式，却在教师领导下反复推敲某词在句中作什么成分，进行无益的语法分析，我们写本文的主要目的，也就是打算和同志们研究商量，究竟哪些成分分析是徒劳无益的。另一部分教师和学生趋于另一极端，认为句法的成分分析是完全没有必要的。应该说，对学外语的人来说，尤其在初期，分析句中成分能帮助他们正确理解原文。正确对待这一问题，对教学是有一定实际意义的。经过上面的分析，我们的结论如下：

(1)目前次要成分学说本身是有缺陷的；一个成分之内可能同时兼有各种意义，有时可以作不同的解释。

(2)词与词间联系和性质，即一致关系、支配关系、附加关系，一般能告诉我们这个词与某个词发生关系(但当一个词和两个词或全句发生关系时，却往往不能得到外部表现)，有时词组在意义上已用做一个词，然而却保持着历史的语法联系，但这种联系不能作为划分次要成分的依据。

(3)一个词所属的词类能决定它在句中是否起成分的作用，然而却不能决定它究竟是什么成分。

因此，划分成分时首先应确定一个词是否是独立的实词，假若是实词，而不是虚词、情态词、感叹词或不可分割的词组的组成部分，它才可以作句中成分。其次，再看它和哪些词发生关系，这时可以借助于词形变化来判断，但应该很谨慎。然后再根据它与所说明词在词组之中(有时可以组成一个以上的词组)及它与整个句子的相互关系中的语法意义，来确定它究竟是什么成分，而不必拘泥于传统划分成分的机械格式。

俄语中的数量句型

俄语中有一类句子很久以来就引起了人们的注意。先举两个例子：

① Коров две.

② Работы оставалось еще по крайней мере на две недели...(Гоголь)

在这两个句子里，按词与词结合为词组的规则，很难解释 коров 和 работы 两词的用法，而且按照传统语法的成分学说进行分析时，也会产生一些困难。如沙赫马托夫认为在上述例句中，две 是名词化了的主语，две = две штуки，所以 коров 用复数第二格，它是补语①。佩什科夫斯基则认为这类句子带有表示数量的词，但没有主语，是无人称句②。至今在书刊中还常见到对于这类句子不同的解释。

究竟如何解释才比较合理呢？现在提出个人意见，供商榷。试比较：

③ Книги очень интересные.

④ Книг очень мало.

我们不难看出，книг 与 мало 之间的意义关系和 книги 与 интересные 之间的意义关系十分相似；只不过 интересные 从性质方面说明 книги，而 мало 从数量方面说明 книг，两者都表示对 книги 这一事物的判断、认识。例③指对书的性质所作的判断，例④指对书的数量所作的判断。在两个例句中都可以出现系词：

⑤ Книги были интересные.

⑥ Книг было мало.

通常人们认为句中主语是“语法上独立的成分”，而受 мало 支配的复数第二格名词 книг 在语法上处于从属地位，所以不能算做主语，只能

---

① А. А. Шахматов, Синтаксис русского языка. Л., 1941, стр. 145.

② А. М. Пешковский, Русский синтаксис в научном освещении. М., 1956, стр. 368.

和 мало 一起才算主语，这样，上述两个例子就被认为是不同结构的句子①。

我认为这种分析是比较牵强的。如果说，Книг было мало. 中的 книг мало 是主语，那就抹杀了 Книг было мало 和 Было мало книг 之间的差别，取消了 быть 作为独立动词和作为系词的区别，也就混淆了 Книги были интересные. 和 Были интересные книги. 这两种性质不同的结构。再说，我们也很难从词序方面来加以解释，有时，俄语中被说明的事物可以置于句首。

⑦ Жалование она получала самое маленькое.（Тургенев）

这个句子和 Она получала самое маленькое жалование. 在结构上都是同一类型的句子。但是，与 Книг было мало. 性质相同的 Коров две. 等句子词序上根本没有颠倒的可能。可见，认为 Книг было мало. 这个句子的主语是 мало книг 虽然合乎目前一般语法学著作中给主语下的定义，但不免引起上述矛盾。在格沃兹杰夫（А. Н. Гвоздев）的著作中就曾指出"有关这些结构的问题还不清楚"②。有人企图从心理的角度来解释 Коров две. 一类的结构："我们说出复数二格时，考虑到以后将指出数量，但此时没有注意到名词和数词在句法是否能够搭配。"③这种解释也难令人信服。像 Коров две. Топоров оказалось два. 等这样的说法极为普遍，它们完全合乎现代俄语规范，并非由于作者疏忽而造成的笔误或说话人不注意而说错了话。相反，这里第一个词如果用单数第二格（две，два 通常要求这种形式的名词），倒是违反规范的。

从语言事实出发，应承认俄语中有一种表示数量的句型。它包括两个主要成分：一个表示要从数量上加以说明的对象（人或事物），一个表示数量。这种句型有以下特点。

第一，作为被说明对象的成分用静词复数二格表示。

① *Студентов* много，а *студенток* мало.

② Но нечего описывать всех сцен. *Их* было еще две-три.

③ *Фонем* в русском литературном языке — 41.（引自«Грамматика русского языка»，АН СССР，1954）

---

① АН СССР，Грамматика русского языка. Т. Ⅱ，Ч. 1. М.，1954，стр. 370，506，507.

② А. Н. Гвоздев，Современный русский литературный язык. Т. Ⅱ. М.，1958，стр. 53.

③ Русский язык в школе. 1954，№5，стр. 91.

④ *Детей* у него была одна только дочь...（Достоевский）

⑤ *Трезвых* все-таки оставалось гораздо большая часть.（Достоевский）

⑥ *Нас* было три сестры.

只有当被说明名词不能用复数时，才用单数。

⑦ На другой день *народу* в театре было видимо-невидимо.（Макаренко）

⑧ *Времени* немного，а *работы* по горло.

⑨ Он быстро читает，*одной книги* ему на неделю мало.

上述三句中第二格名词都用单数，它们分别是集合名词（例⑦），抽象名词（例⑧），表示单一事物的名词（例⑨）。

由此可见，表示数量上被说明的对象的名词应用复数第二格，这是数量句型的语法标志，用复数第二格不取决于词组的结合规则，也不取决于表示数量的词的词汇－语法特点。

第二，属于任何词类的词都可以作表示数量的成分，有时也可以用词组，只要它可能从数量方面来说明事物。

① Их было *шестеро*.（数词）

② Прежде женихов-то *много* было，так и на бесприданиц *хватало*；а теперь женихов-то *в самый обрез*；*сколько* приданных，*столько* и женихов.（Островский）（数量副词，无人称动词，前置词短语，代词）

③ Основных решений — *два*. Работы *пустяк*. Денег — *ни-ни*.（Чехов）（数词，名词，语气词）

④ Нас *трое проезжих*.（词组）

⑤ Жил он ужасно бедно. Мебели было *всего стол*，*два стула и старый-старый диван*，твердый как камень.（Достоевский）（用三个同等成分表示数量，并列举所包括的项目）

⑥ Кормовой севооборот введи，пастбище улучшай...，а людей — *раз*，*два* и *обчелся*.（引自«Словарь русского языка»，АН СССР，Т. Ⅱ，стр. 786）（用整个成语表示数量）

这类例子很多，尽管数量成分有多种多样的表示法，但它们在句子结构中的功能和位置相同，应当被看做是词类性质的成分。通常只能把 хватало，нехватит 等看做是由无人称动词表示的谓语。沙赫马托夫把

Коров две. 中的数量看做主语，一般语法把 Их было шестеро. 中的数词看做主语的一部分。至于上述例句中 ни-ни，стол，два стула и старый-старый диван 等，则很难说明它们在句中算什么成分。

第三，这种句型的两个成分之间可能有系词。

从性质、特征等方面说明事物的句子中（如 Книги интересные. Они добровольцы.）可能出现纯系词（быть），半系词（如 казаться，являться，становиться），有时也用实义动词作系词。在数量句型中也可能使用这些系词、半系词和作系词用的实义动词。通常在表数量的句子中，系词现在时用第三人称单数，过去时用中性，因为被说明的名词用第二格，系词无法与其一致。

① Нас *было* человек десять.

② Работы *оставалось* еще по крайней мере на две недели.（Гоголь）

③ Всех офицеров *скакало* семнадцать человек.（Л. Толстой）

④ Баб-то，баб-то в ауле что *высыпало*！（Л. Толстой）（这里的 что 具有 как много 的意思，是用来表示数量的。整个句子的意义是“女人呀，女人，村中蜂涌而出的女人有多少啊！”）высыпало 是表示运动的动词，用做系词。

在特定的上下文中，有些不具有数量意义的名词也可用来表示数量，这时系词可能和它有一致关系：

⑤ У него всего-то прислуги одна немка *была*，она ж и кухарка.（Достоевский）

在用像 пропасть，уйма，капелька，бездна 等表示不定数量的名词时，由于它们的功能和意义已接近数词，所以系词通常用中性单数。

⑥ Публики сегодня *пришло* целая бездна.（Достоевский）

⑦ Народу *было* уйма.

系词和这些名词有一致关系的情况比较少见：

⑧ Таких солдат у него *была* пропасть.（引自«Русский язык в школе»，1961，№2，стр. 25）

使用系词的情况使我们更清楚地看到，以 Книги интересные. 和 Книг мало. 为代表的句型是类平行的、对应的句子结构，其内部的组成部分有着相似的关系。

第四，词序上的特点。

俄语句子的各成分的位置不是固定的。词的排列顺序取决于复杂的条件。在数量句中，表示数量的成分通常放在后面，但也可以放在前面，形成倒装词序，如：

① И полюбите, прибавлю я, так полюбите, что *мало* будет не *года*, а *целой жизни* для той любви, только не знают…кого? (Гончаров)

这里想说明的不是数量多少，而是通过对比的方法，指出对于这种爱情，感到少的不是一年半载，而是整整一生。因此 не года, целой жизни 放在 мало 之后，года 和 жизни 因受意义的制约，只有用单数。这个句子里的 года 甚至不能和 мало 结合为词组。在用这种倒装词序时，系词应置于两个主要成分之间，如无系词，在语调上两个成分之间应有较大的停顿。

但在绝大多数情况下，表示事物的成分在前，表示数量的成分在后，顺序不能颠倒，否则意义上会有差别。例如：

② Денег немного. (意思是钱数不多)

③ Немного денег. (意思是有少许钱)

至于像 Детей у них была одна девочка. Радости тоже вроде бы не через край. Фонарей видимо-невидимо. (Куприн) Стран света четыре. 之类的句子中，词序根本不能变动。

综上所述，可以说明俄语中有一定数量句型。

从句法研究的方法看，似可得出下列结论：

(1) 分析句子时，应该从整个句子结构出发，不应该局限在词结合为词组的圈子内，词组和句子是两类不同性质的语法范畴。在确定句子成分时要依据它们在句子里的功能，然而"有时不可能在各种类型词组的背景上完全理解这些功能"①。像 Коров две. 作为句型结构的两个主要成分，其结合方式是直接和词组规则相矛盾的。看来，应该确定句子的不同结构类型，然后从整个句子结构出发，依据词或词组在句中的功能和在结构中的位置来确定成分。

(2) 在确定句子成分时，不能过分拘泥于它的形态标志，尽管形态标志也是重要依据之一。必须把具体的词或词组和句子其他部分联系起来

① АН СССР, Грамматика русского языка. Т. Ⅱ, Ч. 1, М., 1954, стр. 88.

考察，分析其互相关系。分布在具体的词或词组周围的其他词的意义、形态特点，也是确定它们在句中功能的主要依据，如在 Мебели было всего стол，два стула и старый-старый диван…这个例子中，мебели 的形态特点，意义及词序都是 стол 等词充当表示数量的成分的语法标志。

(3)通过这类句子的分析可以看出传统语法“五成分学说”的局限性，“主语表示谈话的对象”的说法固然有把语法与逻辑混为一谈的毛病，但“主语是语法上绝对独立的成分”这一说法似乎又过于侧重形式，走向另一个极端，如根据后一观点，就不能不把功能、性质相似的成分划入不同的范畴，同时我们也无法根据传统成分学说给这类句子的成分贴上合适的标签。

根据语言事实分析，似乎可以确定，在俄语中有表示数量的句型，它包括两个主要成分，至于成分的名称，可以经过研究再作规定。

(4)数量句型的表现形式十分丰富多样，其中以 Студентов много，а студенток мало. Их было четверо. 等为代表的句子是最常见的、最主要的形式。其他情况不妨看做是这一主要形式的变体，是按照“类推原理”演绎出来的，在语言研究和语言教学中介绍常体(如上述数量句型的主要形式)与变体的概念，看来是有益的。

俄语中究竟有多少基本结构句型，怎样才能科学地确定这些句型，这是一个有待解决的问题。

用于句子转换的词汇手段

转换生成语法把语言定义为一种能力（competence）。对此定义毁誉不一，莫衷一是。令人感兴趣的是，阿普列相等人由此引申出另一结论"说话人对词语意义的掌握，体现为以不同方式表达同一思想的能力，而对受话人，则体现为透过不同外观形式的语句理解其相同语义的能力"，"我们对语言掌握得越好，思想理解得越深，表达思想的语言方式也就越多。"①这给人以启示：由于表达思想的主要单位是句子，那么，判断一个人语言能力高低的标志之一，就看他在表达同一思想时，能采取多少不同的方式转换句子。也许，还应该加上一条要求，或者说，还要具备一种能力：可从若干转换形式中，优选最能体现交际意图并符合语言规范的形式。这种观点在人们的外语学习经验中也得到印证：在就某一题材交谈或作文时，同是一些基本词汇，水平高的人用起来就得心应手，组成各种格式的句子，纵横捭阖，总能妥贴地表达思想。在外语教学中，也把改句（перефразировка）作为一种广泛使用的手段，以帮助学生掌握词汇和句型。可惜，对这方面的经验，缺乏系统的总结和理论的概括。

近年来，语言学家渐渐取得共识，任何语言单位都具有聚合关系和组合关系。过去，句法被认为是研究组词造句的，即只从组合搭配的角度研究词、词组和句子。现在，却把聚合关系引入句法。根据《80 年语法》的观点，一个句子是由 8 个（或少于此数）语法形式构成的述语性聚合体，同时也是由若干实际切分不同的变体构成的交际聚合体。此外，"不同的语法构造和相同的语义结构之间，有着系统的形式 - 语义对应关系。所谓形式 - 语义对应关系是指两个以上的句子能够有规律的代换。这种代换属于语言范围，这些句子分属不同语法类型，却有着互相吻合的语义

① Ю. Д. Апресян, Экспериментальное исследование семантики русского глагола. М., 1967, стр. 8 - 9.

成分。"[①]佐洛托娃把这种关系叫做句法性同义关系(отношение синтаксической синонимии)[②]。有同义关系的诸句子构成同义句列,后者显然超出一个句子的界限,是一种句间的聚合体。用时髦的术语来说,这些句子有不同形式构造的表层语法结构,却有着相同的深层语义结构。另一方面传统语义学关心的只是脱离句子的个别词的意义(如词义扩大与缩小、趋优与趋劣、抽象化与具体化、借喻与换喻)以及从共时角度研究词内的各种关系(如多义词与同音词、本义与转义、习惯用法与随机用法、词的语音变体与同义词等等)。而现代语义学的特点是把组合关系纳入研究视野之内。"它感兴趣的与其说仅仅是个别词汇的意义,不如说主要是整个句子的意义。更确切地说,现代语义学研究述谓性词语的意义,这类词包括一个谓词(предикат)的名称和若干可填入变项符号的位置,如 A имеет B,或 A берет B у C 等等。"[③]特里尔(J. Trier)的题元理论,菲尔默(Ch. J Fillmore)的"格辨"学说,《80 年语法》提出的词的组合性能(即语义配价),阿普列相的词的支配模式都是这一趋势的代表。根据这种观点,解释一个词,不宜通过另一个词来下定义,如 Дать — это то же самое что вручить. 而要通过元语言来进行,后者只包括若干表示基本语义特征的词,如 дать — это каузировать кого иметь(某甲使某乙拥有事物),在对 дать 的解释中,同时给出它的语义配价与句法结合的趋势与前景。霍恩比(A. S. Hornby)所主编的 *The Advanced Learners Dictionary of Current English* 也体现出这种势头。字典中列出 25 种动词模式,并指出每个动词属于某种模式,有何搭配特点。但在这里应该指出两点:(1)并非仅仅动词才有语义配价,其他词类的词也可能支配题元,如 соглашение(кого,с кем,о чем),соизмеримый(с чем,по чему),больше(кого,по чему,на сколько)等等;(2)作为谓词的不仅可能是词,也可能是词组或成语。

从语义学角度来看,句子是由语义成分构成的,最起码的句子语义结构只由述语性特征及其主、客体构成,而不包括其限定性的扩展成分。西方语义学借用逻辑学的术语,把述语性特征叫做谓项(предикатор),而

---

① АН СССР, Русская грамматика. Т. Ⅱ. М.,1980,стр. 125.

② Г. А. Золотова, Очерк функционального синтаксиса. М.,1973,стр. 226.

③ Ю. Д. Апресян, Экспериментальное исследование семантики русского глагола. М., 1967,стр. 8.

与其相关、受其支配的主、客体叫做主目（аргумент）。谓项并不完全等于谓词（предикат 或 предикатное слово），后者是就脱离句子的词而言的，如 добрый，помощь 都是可以用做谓项的谓词，前者只要求一个语义配项——主体，是一价谓词，后者要求主体与客体两个语义配项，是两价谓词。通常把与谓词相关的主、客体叫做题元（актант），几价词就有几个题元。并不是所有的谓词都在句子里用做谓项，其语义配价也不一定完全体现出来，换句话，不是所有的题元都能变成主目。试看 Добрый человек всегда оказывает помощь. 这个句子中，有两个谓词，却只有一个谓项（оказывать помощь），добрый 和 человек 一起作主目，而 помощь 一词应有的表客体的题元（如 всем，слабым，бедным 等）并没有成为句子的主目，但 помощь 并不因此而改变其语义配价。

本文从词汇角度讨论转换手段，不用谓项、主目两个术语，必要时，使用《80 年语法》的术语“述语性特征及其主、客体”来表示句子的语义成分，但保留谓词与题元的提法。此外，借用汉语中的体词这一术语表示有指称功能、体现题元的词汇。西方语义学把它叫做指称词，相当于逻辑学的个体词。

这样，在一个谓词用做述语性特征时，它与自身的、表主客体的题元之间的关系，即是一个句子语义关系的核心组成部分。在句子转换时，必须首先予以考虑。下面我们分析一下什么是句子的转换以及在转换过程中词汇手段所起的作用。我们先借用阿普列相的一组例子说明对转换的不同理解[①]。

	Ⅰ	Ⅱ
1	Петр — отец Ивана.	Иван — сын Петра.
2	Петр — отец Ивану.	Иван — сын Петру.
3	Петр — Иванов отец.	Иван Петров сын.

通常认为句子转换的条件是：(1)不能改动转换句子中的所有词汇单位；(2)不能改变句子各语义成分之间的关系。用这两条来检查，可得出分别列在罗马数字Ⅰ，Ⅱ纵行下面的三个句子，因为它们包括的词汇相同，语义成分之间的关系也相同。而在阿拉伯数字 1，2，3 右面横列中的

① Ю. Д. Апресян, Экспериментальное исследование семантики русского глагола. М., 1967, стр. 5.

两个句子，虽然语法结构相同，却因用了不同的词汇，两个句子不同义，因而不能转换。然而，直觉告诉我们，这两个句子说的是同一桩事，反映的是同一情景。用语义学的术语来说，两个句子具有相同的指物意义（денотативное значение），是同指结构。它们互换之后，并不改变所反映的客观情景。这样，每一横列的两个句子语法结构相同，每一纵行的三个句子的语义结构相同，所有六个句子的指物意义相同。引入指物意义，就扩大了转换的范围，因为转换句中不仅包括同义结构，还包括同指结构。

从句法角度考查语义结构转换，如上述的《80 年语法》，佐洛托娃的«Очерк функционального синтаксиса русского языка»都强调各转换句中体现语义成分的词汇不变，但可以换用同根或同一词汇的不同形态变化形式（包括与前置词连用的形式），如①Мать беспокоится. ②Мать обеспокоена. ③Матери беспокойно. ④У матери беспокойство. ⑤Мать в беспокойстве. 等等。某一语义成分甚至可以采取零形式，如 Кто-то стучит. 与 Стучат. Гром гремит. 与 Гремит. 坚持这一点，就可以把句子转换控制在句法研究范围之内。如果转换句子时改动词汇，就可能因为词汇意义上的差别而影响句子的语义结构，把句法研究变为词汇研究，并使转换句子的数目增加到难以控制的地步。然而，从实际掌握语言来看，却无须从这方面考虑，只要能表达出给定的思想，反映出指定的情景，可采用任何方式而不受词汇的限制，像 Его взгляд вызывает у меня сомнение. 与 Я не уверен в его мнении. 这两个在词汇和语法结构上都不同的句子，却传递出相同的信息。当然，本文不会逐词地去研究句子的转换形式，我们仅从以下几个方面探讨作为转换句子的词汇手段。（1）同义词，（2）增补词，（3）句法派生词与参助词，（4）对立词，（5）反义词，（6）有特殊整体与部分关系的词汇。再次声明，我们研究的转换句超出前面所说的形式－语法对应系列，它们是同指结构，后者不仅仅包括同义结构，还有所谓对义结构（见第 4 节）及其他性质的转换结构。相反，前面列举的一组表示“母亲不安”的句子，虽然都是典型的同义结构，却只属于纯句法研究范围，本文将不涉及。

1 作为转换手段的同义词

提起实行转换的词汇手段首先想到的是同义词。因此，在梅利丘克等人构拟的«Толково-комбинаторный словорь»[①]中第一位的代换项(замена)就是同义词(Syn)。不言而喻，一个人表达方式多样化的能力，直接取决于他掌握同义词的数量与辨别同义词的能力，如 Мальчик бросил/швырнул/кинул камешек в море. 关于同义词的界说、区分特征、使用范围已出版了不少文章和词典，讨论这些问题不是本文的任务。这里只想提出两点：(1)两个词如果在转义或非自由意义上相同，用它们作为转换手段时要受到某些限制。先看两个例子：①Часть вещей не войдет/не влезет в чемодан. ②Цены на товары широкого употребления сильно вздуты/взвинчены. 例①中两个互相转换的词都用于转义，它们用于本义时，区别很明显：一是"走进"，一是"爬进"。而形象转义的特点就是借用、突出一些义子，并淡化、抹杀另一些义子。在这个例子里，强调的是"进入"与"结果"两个义子，去掉的义子是"主动动作"与"动作方式"。如果句中其他的词汇有利于恢复应消失的义子，如 Деревянная лошадь(或 Кукла)не войдет/не влезет в чемодан. 则破坏了转义，也就丧失了转换的依据。俄语中这样的同义词为数不少，如 Шоссе идет/бежит к Ленинграду. Мы прозевали/проморгали выгодный случай. Часы уходят/убегают на пять минут. Старуха непрерывно пилит/точит мужа. 这些词的转换应局限在一定的搭配范围内，句中的前后相关词语要保证其能实现转义，而不导致其恢复本义。例②中 вздуть 与 взвинтить 的变换，是以其用于非自由意义为条件，即只在与 цена 搭配时才可通用。像 Тоска гложет/грызет. У нее создалось/сложилось впечатление. Хмель бросается/ударяет в голову. 一类句子中，用于非自由意义的同义词，只是和有限的特定词汇搭配时才能互换。(2)某两个(或更多)的词包含许多共同的义素，即有一、两个极少的不同义子，它们可能是上、下限词之间的或交叉词义的关系。在梅利丘克的书中用⊃ ⊂ ∩等标记表示，如Syn⊃(агрессия) = нападения. 因为"侵略"只是"进犯"的一种形式，后者的意义外延更宽。Syn⊂(арестовывать) = хватать(口语)，сцапать，зацапать

---

① 该词典已于 1984 年在维也纳出版。

（俗），“抓起来”比“逮捕”的外延更窄。而 Syn∩（арест）= задержание. “逮捕”与“拘留”绝大部分义子相同，却各有一、两个另一词所无的义子，彼此交叉[①]。一般把这样的同义词叫做准同义词或近似同义词（квазисинонимы）。然而在一定条件下，两个准同义词的义子，在“量”或“质”上的区别得到中和（нейтрализация），从而导致可等义互换。下面引用阿普列相[②]一书中所使用的两个例子：запасти 和 запастись，前者表示为任何人储备东西，而后者只表示为自己储备。这样，Он запас для себя вагон дров на зиму. = Он запасся вагоном дров на зиму. 又 прекращать（ся）— кончать（ся）都表示“结束”，但后者表示天然的、预定的界限已经达到，前者则表示没有达到。Занятия кончились. 是“课上完了”，而 Занятия прекратились. 则是“课中断了”。但当描写大自然现象时，有时就无所谓“天然”或“预定”的界限，因此在下述句子中，两词可以互换。Дождь так же внезапно кончился/прекратился как и начался. 这样，для себя 中和了义子数量上的差异，而 дождь 则中和了义子性质上的区别，从而创造了准同义词互换的条件。

上面讲的同义词转换只涉及用做述语性特征的谓词，但它也完全适用于表示题元的体词。作为描写对象的主体是直接和现实发生联系的，表示它的体词的主要功能在于明确地指称对象，以使受话人知道谈论的话题。“说话人此时可用不同的定指摹状词，而不改变句子的意义，如 Отец Андрея（старший брат матери，начальник Ивана）уехал в командировку. 选择有认同功能的摹状词取决于受话人的知识、话语的情景以及其他的社会准则，而定指摹状语词的直接意义对句子内容来说是不重要的。”[③]这样，上述句子中，表示主体的体词 отец Андрея 不仅可以由 папа（或 батя）Андрюшки 代换，还可换为同是指称该人的其他的词或词组，如上述例句括弧中的那些体词，因为这些词的意义对句子语义结构已无关紧要了，可以把它们看做暂时的、言语中的同义词，或简称同指词。然而，有些体词的意义尚保留其对句义的影响，不宜或不应由其同指词代

---

① И. А. Мельчук，Опыт теории лингвистических моделей «смысл⇔текст». М.，1974，стр. 82.

② Ю. Д. Апресян，Лексическая семантика. Синонимические средства языка. М.，1974，стр. 241 – 242.（本文还有一些其他例句也引自该书）

③ Н. Д. Арутюнова，Предложение и его смысл. М.，1976，стр. 109.

换，如 Иван Грозный своим именем внушает многим страх. Иван Грозный（伊凡雷帝）就不宜由 Иван Четвертый 或 сын Василия Третьего 代换，尽管指的都是一个人。又如 Филипп полагает, что Тегусигальпа находится в Никарагуа. 虽然，Тегусигальпа（特古西加尔巴）是洪都拉斯的首都，在上述句子中却不能用 столица Гондураса 代换它，否则将造成一国首都位于另一国家（Никарагуа）的矛盾。关于这个问题，美国学者蒯因有精辟的论述①。

许多学者都强调上述转换是词汇性的，而不是句法性的，因而不能纳入转换句所构成的聚合体，这是对的。但是语言研究的进展证明，把转换完全局限于"同一语义成分的不同语法形式"虽有可取之处，但大大地缩小了转换手段的范围，并降低了转换在表达思想或理解话语过程中的作用。从实际掌握外语来说，利用同义词，包括在言语中的同义词进行转换，是一种行之有效的提高语言能力的手段。

2 作为转换手段的增补词

佐洛托娃说："出现在同义句中的所有增补词（дополнительные слова）都是使句子要素获得各种表现形式的辅助手段，而这些要素的结合形成两个同义句系列的常体、类型意义。"②试看下面两组例子：①Земля круглая（кругла）. Земля имеет круглую форму. Форма земли круглая. По форме земля круглая. ②Мальчик упрям. У мальчика упрямый характер. Характер мальчика — упрямый. По характеру мальчик упрям. Характером мальчик упрям. 通过这两组例子不难看出，форма，характер 这两个增补词并没有给句子增添什么新的意思，它们只是使句子语义成分（即语义要素）之间潜存的关系明朗化，指明描述特征时所参照的、依据的准绳。"地球是圆的"系指形状而言，"小孩倔犟"系指性格而言，这本来是不言自明的。这类增补词是否使用，采取什么形式，用做什么成分，虽不改变句子的意义，却能使表示同一意义诸句子中的语义成分采取不同的形式，从而导致句子表层语法结构多样化。佐洛托娃接着指出："不错，可把在某些模式中起辅助作用的、表示参照准绳的词从句子两个主要成分中提出来，组成第三个成分，如 По форме земля круг-

① 威拉德·蒯因：《从逻辑的观点看》，上海译文出版社 1985 年版，第 129 – 139 页。

② Г. А. Золотова, Очерк функционального синтаксиса. М., 1973, стр. 229 – 230.

лая. По характеру(характером)мальчик упрям. 但这一成分在结构上并不是必要的，而语义上只是对述谓结构意义内涵进行确切或增补说明，就是没有它们，句子的意义内容也已经很清楚。"①下述句子中的 рост，цена，качество 都是只改变句子语法结构，而不涉及语义内容的增补词，如 Он высокий. Он высокого роста. Рост у него высокий. Книги дороги. Цены на книги дорогие(высокие). Товары плохи. Качество товаров плохое (низкое).

下面分析一下有度量意义的增补词可构成哪些转换句。以表示重量(вес)的句子为例：

① Камень — в полупуда.

② Камень — весом в полупуда.

③ Камень — весом полупуда.

④ Вес камня — полупуда.

⑤ Камень весит (тянет)полупуда.

⑥ Камень имеет вес в полупуда.

度量可以表示各种走向的长度(протяженность 或 протяжение)，如单向长度(длина)，宽度(ширина)，厚度(толщина)，高度(высота)，深度(глубина)；也可以表示面积(площадь)，容积、体积(емкость，вместительность)，大小(размер)，数目(численность)，价值(стоимость)等等。使用这些表度量的增补词，一般可构成上述各种转换句。但是像第⑤句中那样的不及物动词，只有表重量的 весит(或 тянет，потянет)和表价值的 стоит，而表面积、体积、数目的动词则被看成是及物的，如 Кухня занимает 15 квадратных метров. Бассейн вмещает тысячу кубометров. Дивизия насчитывает десять тысяч солдат. 此外，也可以用 измеряться，исчисляться，достигать，доходить до 等表示计量意义，如 Высота горы измеряется в(或 доходит до，достигает)300 метров.

增补词不仅可表示上述各种参照准绳、度量意义，还可能表示各种关系意义。下述动词分别表拥有、占有关系，如 есть，иметь，иметься，владеть，обладать；表示处所位置所在的空间关系，如 быть，находиться，помещаться 等；表示种属分类关系，如 представлять собой，принадлежать

---

① Г. А. Золотова, Очерк функционального синтаксиса. М., 1973, стр. 229 – 230.

к, относиться к 等；表示存在、发生、出现，如 быть, иметь место, происходить, случаться 等。所有这类表示抽象关系的词，意义都极为空泛。阿普列相认为它们是非词汇化的语素（делексиколизованные морфемы），佐洛托娃称之为半助动词（полувспомогательные глаголы），法国语言学家泽歇哈耶（A. Sechehaye）认为"像 avoir（拥有）及其同义词 tenir（持有），porter（占有）这样的动词与前置词相差无几，它表示一种纯关系的思想"①。正因为如此，这些词义空泛的动词常被省略，如 Картошка（помещается）в корзине. Встреча（происходит）в Пскипе. Сила（заключаестя）в единстве. Бабушка（лежит）в обмороке. Контракт（остается）в силе. 等等。这就造成一些表层语法结构相同（在这里是 N_1— в + N_6）的歧义句。另一方面，由于表示相同关系的谓词要求其题元采取不同的体词形式，这就导致同一语义结构有不同的转换形式，如 У него сад. У него есть（имеется）сад. Он владеет садом. Он обладатель сада. Ему принадлежит сад. 等均表示持有关系；而 Корова является непарнокопытным. Корова — представитель отряда непарнокопытных. Корова принадлежит（относится）к породе непарнокопытных. 均表示种属关系。有些表相同关系的词，虽不引起结构变化，但不失为同义转换手段，如 Книги в шкафу. 与 Отец в деревне. 都表示物或人的所在处所，它们可分别增补表示这种关系的词 находятся, помещаются, стоят 或 находится, живет, пребывает, проживает 一类词，当然这些词也有细微含义的区别。但大多数表示关系的词不单独表示述语性特征，而必须和另一个词结合在一起才能用做句子语义结构的核心（谓项）。在这种分析性的词形组合中，它们的功能接近表示关系的助动词，我们在下文里把它叫做参助词，而动作、状态、感情、特征一类主要意义，却由另外一个词汇表示，这类现象是下一节描述的内容。

3 句法派生词与参助词结合用做转换手段

许多语言学家，特别是库里洛维奇（Е. Курилович）都提到句法派生这一现象（синтаксическая деривация/производность）。其特点是派生词与生产词之间的区别反映在句法性能上，而不体现在词汇意义中，如 бежать — бег, защищать — защита, белый — белизна。它们属于不同

---

① Г. А. Золотова, Очерк функционального синтаксиса. М., 1973, стр. 229 – 230.

词类，句法性能也显然不同，但其词义相同，体现为都是同一情景的名称（имя ситуации），而且支配一样的题元，有一样的语义配价，如 мальчик бежит 与 бег мальчика 都是支配一个主体题元的一价谓词。X защищает У-а（四格）与 защита У-а（二格）X-ом（五格）都反映一个情景：x 保护 y。附带说明一点，通常认为动词表动作、形容词表特征是直接的、第一性的反映方式。因此，按句法派生的观点来看，是由 бежать，защищать，докладывать 派生出 бег，защита，доклад。不难看出，句法派生现象导致产生反映同一情景的不同方式，这在俄语中是产生同义句最丰富的源泉之一，如①Бойцы образцово защищают город. = Бойцы образцово ведут（проводят）защиту города. ②Ткань была ослепительно белая. = Белизна ткани была ослепительная. 由形容词派生的名词和各种参助词一起可使 Материал эластичный. 产生下述同义转换句：③Материалу присуща（свойственна）эластичность. ④Материал отличается（характеризуется）эластичностью. ⑤Материал отличает эластичность. ⑥Материал обладает эластичностью. 此外，还可加上增补词构成 Свойство материла — это эластичность.

下面集中讨论动词的派生词。像 бег，защита 一类动名词不具备述语性语法范畴，要借助语义空泛的参助词表示客观情态意义，才能作为句中的述语性特征（谓项）。从语法结构看，动名词通常只能在句中作主要补语，主语和次要补语；参助词也相应地被分成补语性的、主语性的和次补语性的，梅列丘克，阿普列相等人分别用 Oper，Func，Labor 三个符号来表示。例如 Учитель сильно влияет на учеников. →Учитель *оказывает* сильное *влияние* на учеников.（oper）→*Имеет место* сильное *влияние* учителя на учеников.（func）→Учитель *подвергает* учеников сильному *влиянию.*（labor）再举一个例子：Читатель просит библиотекаря о выдаче новой книги. →Читатель *выражает просьбу* библиотекарю о выдаче новой книги.（oper）→*Просьба* к библиотекарю о выдаче новой книги *исходит* от читателя.（func）→Читатель *обращается* к библиотекарю *с просьбой* о выдаче новой книги.（labor）这类所谓参助词，特别是补语性的（即把动名词置于主要补语位置），在俄语中为数不少，它们分别与不同意义的动名词搭配，最常见的如 оказывать（влияние，давление，действие，воздействие...），вести（борьбу，войну，занятие，переписку...），делать(доклад, заявление, донос, сообщение…), давать(клятву, обещание, совет, консультацию…), производить(ремонт, проверку, арест, анализ…), совершать(путешествие, поведение, налет, полет, нападение…), питать(любовь, уважение, страх, надежду, иллюзию…)无法在此列出全部补语性的参助词的清单,主语性、次补语性的参助词要少一些。掌握各类参助词是借助动名词进行句子转换的先决条件。

用这种方式构成的转换句意义不变,尤其是当表动作的谓词是一价的时,体现得更为清楚,如 Он героически поступал. = Он совершал героическое поведение. 当动作谓词是两价或两价以上时,情况要复杂一些。若动名词作补语时,使用一些参助词($oper_1$),句中作主语的是表示主体的第一题元,如可以说 Учитель(1) *оказывает*($oper_1$) *влияние* на учеников(2);也可以说 Ученики(2) *испытывают*($oper_2$) *влияние* от учителя(1). 同样,Дети уважают ветеранов. 可转换为 Дети (1) *питают* ($oper_1$) *уважение* к ветеранам(2)或 Ветераны(2) *внушают*($oper_2$) *уважение* детям(1). 这样,在补语性参助词 Oper 内又分 $Oper_1$(如上述例句中的 оказывать, питать)和 $Oper_2$(如前面的 испытывать, внушать)。另外,当表示情景名称的动名词用做主语时,参助词(func)的补语可以是表主体的第一题元,或是表客体的第二题元,可以说 *Влияние* на учеников *исходит*($func_1$) от учителя(1)或 *Влияние* учителя *распространяется* ($func_2$) на учеников(2);可以说 Предложение о выборе поступило ($func_1$) от делегатов(1),也可以说 *Предложение* делегатов *касается* выбора(2). 这样,在主语性参助词 Func 内部又分 $Func_1$(如例句中的 исходить, поступить)和 $func_2$(如前面的 распространяться, касаться)。用 $Oper_1$ 与$Oper_2$的句子完全可以转换,用 $Func_1$ 与 $Func_2$ 的句子也如此,两转换句所指的情景完全相同,但语义不尽相同。因为描述情景时,出发点不同,一些句子强调主体:老师、孩子、代表;另一些句子则强调客体:学生、老战士、选举。关于这个问题,我们将在下一节中详细讨论。

如前所述,本文将句子的转换从同义结构扩展到同指结构,若只从反映同一情景着眼,利用参助词与动名词可构成的转换句就更多了。以表示感情的下述原始句式为例:Дети уважают ветеранов. 它的转换形式有:①Дети питают уважение к ветеранам. ②Ветераны внушают детям уважение. ③Ветераны вызывают у детей уважение. ④Ветераны пользуются уважением (среди) детей. ⑤У детей (есть 的零位形式, возникло) уважение к ветеранам. ⑥Уважение детей окружает ветеранов. ⑦Дети окружают ветеранов уважением. 等等,这还不算带增补词的词组 чувство уважения 在许多句子中可代替情景名称 уважение。

俄语中,以表客体的主语为出发点并与动名词连用的参助词$Oper_2$也相当多,如 получать (совет, благодарность, одобрение, поощрение...), встречать (поддержку, сочувствие, сопротивление...), внушать (боязнь, опасение, жалость, любовь...), пользоваться (доверием, поддержкой, помощью...)。有上述参助词 $Oper_2$ 的句子,作主语的都是所反映情景中的客体,一旦转换为动词谓语句,它们都用做补语。从这一点来说,这类句子接近被动动作句。试比较:Дом строится рабочими. ↔Рабочие строят дом. Старуха внушает детям боязнь. ↔Дети боятся старухи.

4 作为转换手段的对立词

前面已经多次谈到同指结构中的题元转换。事实上,题元转换就是从主体、客体或其他情景参与者的立场、角度出发,去反映现实中的同一情景。因此,反映同一情景的深层结构可产生不同表层结构的句子。人们最熟悉的这类句子的转换就是主动句与被动句的转换,如 Рабочие строят дом. ↔Дом строится рабочими. 它们分别从主体或客体出发描写同一情景。被动转换是通过语法手段来实现的:在及物动词后加尾缀-ся,或将其转换为被动形动词,再加上题元在位置和语法形式上的改换。通常认为,及物动词的形式变化与增加尾缀构成被动句意味着主动句是第一性的,因为毕竟是人主动建造房子。在 Дети боятся старухи. ↔ Старухи внушают детям боязнь. Дети уважают ветеранов. ↔Ветераны пользуются уважением детей. 一类转换句中,所使用的是派生词、参助词等半语法化的手段。在这里,哪个句子为第一性的似乎不大明显。获得感觉、产生感情、经历感受的人毕竟是产生这类变化的载体,俄语中似乎倾向于把从载体出发的句子看做第一性的,有"害怕"、"尊敬"情感的是孩子,而老妇只是引起"害怕"的外界原因,长者则只是接受或激起别人的"尊敬"(如在 Я вижу самолет. 这样的句子中,самолет 只是引起我视觉形象的事物)。因此,箭号右边的句子是属于第二性的、接近被动的、由转换得来的句子。

典型的对立词(конверсивы,也译做逆义词)用于两个题元互换、而所指情景相同的句子,如 А предшествует Б-у(三格)↔Б следует за А-ом(五格)。这里的 предшествовать 与 следовать 就是对立词。上述转换句有以下特点:(1)实现转换主要不是借助语法或半语法手段,而是通过词汇手段;(2)右边句中的 А 与后面的 Б 都是参与 следует 这一动作的积极主体,而不是该动作施加、针对的对象;(3)两个句子完全平等,无第一、二性之分。有人认为这种通过词汇手段进行的转换已起了质的变化,应该叫做改换(перифраза)。通过这种途径产生的句子构成改换句列(或句偶)。这一点留在下文中讨论。

典型对立词应满足以下三个条件:(1)它们在深层语义结构中是同一情景的名称,但从两个角度对其进行反映,二者是相辅相成的,如竞赛中的输与赢,交易中的买与卖,外贸上的进口与出口,二人走路时的先与后等;(2)两个谓词的语义价相同,并且至少为两价,如上述例句中的 предшествовать 与 следовать 均为两价;(3)在含有对义词的转换句中,情景中的某个参加者(题元)应起不同的句法作用,即占据不同的位置,如在上述箭头左边句中 А 为主语,而在右边句中 А 则为补语;Б 则相反。下列句子中的动词都符合这一定义。

① СССР *экспортирует* машины в Китай. ↔Китай *импортирует* машины у СССР.

② Студенты *снимают* комнату у местных жителей. ↔ Местные жители *сдают* комнату студентам.

③ Мальчики *превосходят* девочек по математике. ↔Девочки *уступают* мальчикам по математике.

④ Она *учит* детей рисованию. ↔Дети *учатся* у нее рисованию.

⑤ Теперь Иванова *опережает* Петрову. ↔Теперь Петрова *отстает* от Ивановой.

每组例句中都包含一对典型的对立词,它们的两个题元不是施事与受事的关系,而是施动者(агент)与配动者(контрагент)的关系。“我们把下述情景中的积极参与者叫做配动者,参与该情景的还有另一积极主体，而这两个参与者的动作不同：谓词只描写主体的，而不是配动者的行为"①。上述各组例句中，由于述语性特征用对立词表示，左、右两侧句中的同名题元就交换施动者与配动者的地位。这是最容易被理解、被记忆的一类对立词。其他对义词之间的关系各不相同，各种关系概括词的数量也多少不一，如：

① Колонны *поддерживают* свод. ↔Свод *опирается* на колонны.

② Тина *затянула* пруд. ↔Пруд *заплыл* тиной.

③ Бумага *пропускает* чернила. ↔Чернила *проходят* сквозь бумагу.

④ Нога не *влезает* в сапог. ↔Сапог не *лезет* на ногу.

⑤ Конъюктура *определяет* цены. ↔Цены *зависят* от конъюктуры.

显然，只有逐对掌握这些对立词，才能借助它们改换句子。

题元的交换不限于上述格式。采用两个三价对立动词时，两个表示不同客体的题元也可以互换，条件是不改变它们与句子其他词的相互关系，如 предварить книгу предисловием↔предпослать предисловие книге（为书写序）；сопровождать заявление справкой↔приложить справку к заявлению（声明附上说明）；гнуть подковы из куска железа↔сгибать кусок железа в подковы（把铁块弯成蹄铁）；вертеть трубочку из газеты↔сворачивать газету в трубочку（把报纸卷成筒状）；одевать ребенка в пальто↔надевать пальто на ребенка（给孩子穿上大衣）；убирать из комнаты лишнюю мебель↔освободить комнату от лишней мебели（搬走房间里多余的家具）等。

通过对立词转换题元所起的作用有着接近实际切分的功能。在 Свод опирается на колонны. ↔Колонны поддерживают свод. 这两个句子中，置于句首的 свод 或 колонны，在一般情况下，分别是各句表示已知的、确定的主位，用于不同的语境。而 Свод опирается на колонны. 与 Свод поддерживают колонны. 两句的主位相同，但述位却有细致的区别：前者说，拱门"安设"在石柱上，后者说，拱门由石柱"支撑"着。含有典型对立词的两个句子虽然反映同一情景，但在正常情况下，它们的主位、述位都有所不同，如 Перворазрядник выиграл у чемпиона. ↔Чемпи-

---

① Ю. Д. Апресян, Лексическая семантика. Синонимические средства языка. М., 1974, стр. 127.（本文还有一些其他例句也引自该书）

он проиграл перворазряднику. 前者强调“一段棋手下得好，赢了冠军”，后者则侧重说“冠军下得不大好，输给一段”。因此两句之间有着对义关系，而不是同义关系。在运用其他对立词转换时，由于题元受其与谓词关系的限制，它们在两个转换句中词序位置不能改变，如 Бутылка вмещает два литра. ↔В бутылку входит два литра. 右句中的主语 два литра 是比喻性动作 входит 的“主体”，但在深层语义结构中它不过是瓶子的容积特征，因而一般只宜采取上述词序，若 два литра 提前，也往往带有逻辑重音，构成主观词序。此外，上述句中的瓶子只能是已知的、确定的事物，否则无法指出其容积，而 два литра 却很难用做主位，除非它表示特定的、已经提到过的容积。所有这些因素，使两个句子中相应的语义成分都按照一样的顺序排列。下列转换句也有类似的情况。Мы истратили все деньги. ↔У нас вышли все деньги. Саша попал в грозу. ↔Его захватила гроза. Он страдает от голода. ↔Его мучит голод. 因为在深层结构中，“花钱”、“逢雨”、“挨饿”的主体永远是人。由于两转换句中各语义成分排列一致，各个题元只有形态－句法方面的变化，而没有顺序位置上的互换，这样就导致句间的对义关系模糊。像 Письмо содержит намек. ↔В письме содежится намек. Следователь имеет доказательства. ↔У следователя имеются доказательства. 一类句子，由于两个谓语是同根词（不同于 покупать — продавать 一类典型的对立词），再加上语义成分相同，一般已被看做同义性的句子，它们构成形式－语义对应系列，而属于句法的研究范围①。

准对立词不同于对立词，由它们构成的转换句所反映的并非完全同一的、而是极其近似的情景，但在一定条件下，这种区别可以被中和。虽然 Девочка выросла из платья. 和 Платье стало девочке мало. 均表“衣服显得小了”，但前者还指出原因：“女孩身材长高了”。如果在两句中加上 всего через год 这样的表时间意义的扩展成分，则两句的区别就得到中和。又如 Профессора входят в ученый совет. 与 Ученый совет состоит из профессоров. 相比，只表明教授参加了学术委员会，而后一句则兼表明教授是学术委员会的全部组成人员。如果把 профессора 换为数词与 лицо，человек 一类词的组合，则两句的区别消失。30 человек входят

---

① АН СССР, Русская грамматика. Т. Ⅱ. М., 1980, стр. 258.

в ученый совет. ↔Ученый совет состоит из 30 человек. 这样 стать мало 与 вырасти, входить 与 состоять 都只是准对立词。又如 выстлать пол изразцами 与 настлать изразцы на пол 中表示两个相同客体(题元)的体词只是形式与顺序上不同,它们反映着近似的情景:前者是“把全部地板都铺满瓷砖”,而后者只表明“铺了大量瓷砖”,却无铺满的意思。因此,выстлать 与 настлать 只是准对立词。若在后一例的 пол 前加上 весь,则两句反映的情景就完全相同了。

5 作为转换手段的反义词

句子最主要的转换方式就是同义性转换和对义性转换,而一般把反义词定义为:“同一词类中具有截然对峙意义的词。”[①]根据这一定义,似乎很难把它们作为转换手段。下面的分析将表明,至少有一部分反义词可用做同义或对义转换的手段。

首先就反义词与同义词及对立词的关系作一简单说明。两个同义词的语音(能指)不同,但却包含完全相同或基本相同的义子,其中有很少的义子相区别(如果有的话),并在一定的上下文中可能由于中和而消失。相同义子的数量越多,程度越接近,两个同义词就有更多的共同分布语境,从而有更多的互换可能,直到任何语境下都可互换,成为所谓准确的或完全的同义词。两个反义词也有基本相同的义子,但其相异的一、两个义子的区别却能在共同分布的语境中突出显示出来。像人和水这样两个含有完全不同义子的词,表示风马牛不相及的事物或概念,不可能成为反义词。反义词 холостой 与 женатый 都有成年、男子等义子,仅在是否已婚这一点上矛盾对立,非此即彼;истощенный 与 тучный 都描写人的身体,但在胖瘦(宽度)上却两极对立,两极之间还有若干中间环节:истощенный — тощий — худой — сухопарый — нормальный — упитанный — полный — толстый — тучный,其中在 нормальный 左右两侧,相邻两个词可看做准同义词[②]。黑、白、红、绿等表颜色的词,因含有不同的色素而形成多项对立:每两个词都互相对峙。父子、夫妇、师徒、主仆除有某些共同义子外,彼此却有着关系对立:在形成某一亲缘、社会或其他关系时,相辅相成,互为参照系而彼此对立。有时,反义词与对立词的界

---

① Ю. С. Степанов, Основы языкознания. М., 1966, стр, 38.

② Ю. С. Степанов, Основы языкознания. М., 1966, стр, 38.

限不很清楚。斯捷潘诺夫把 продать — купить,снять шапку — надеть шапку,склеить — расклеить 都叫做对立性的反义现象(конверсная антонимия)[1]。由于对立词是和题元转换相联系的,因此,它应是两价以上的谓词,主要是动词及其派生词,以及像 пропорциональный,противоречивый 一类二价形容词,因为只有两个以上的题元,才能谈到题元的转换。仅有一价的动词和形容词只能构成反义词偶,如 родиться — умереть,красивый — уродливый。至于名词,既可是体词,又可作谓词。在下述例句中,юг 与 север,отец 与 сын 都是表题元的体词,它们若处于相同分布的语境中,其语义上的对峙可以被明显地突出,表明它们是反义词,如 Поезд,оказалось,идет не на юг,а на север. Они говорят о Дюма отце,а вы — о Дюма сыне. 然而在一定条件下,这两对词可以用做表示关系的谓词,成为实现转换的手段——对立词。这一点将在下面谈到。

运用反义词,可实现同义转换。Его брат женат. 蕴含着 Его брат не холост. 相反也如此。因此,可把反义词加 не 作为转换手段,如 Он нарушал дисциплину. ↔Он не соблюдал дисциплины. Следователь исключает такую возможность. ↔Следователь не допускает такой возможности. Я сомневаюсь в этом. ↔Я не уверен в этом. 有时,可同时使用两个反义词去代换另两个反义词,如 Другая сторона *начала нарушать* договор. ↔Другая сторона *перестала соблюдать* договор. Мы *должны исключить* такую возможность. ↔Нам *нельзя допустить* такой возможности. Он *всегда присутствует*. ↔Он *никогда* не *отсутствует*.(ни 为加强语气词,不表示再次否定)。正因为如此,某些形容词可加前缀 не-构成新的反义词,并与原来的反义词意思相等,如 неженатый = холостой,незрячий = слепой,необязательный = факультативный 等等。但是表示两极对立参数的反义词,如大小、高低、长短、轻重之类的性质形容词,加上词缀 не-之后,却只是相应反义词的准同义词:небольшой = относительно маленький,невысокий = относительно низкий。表示智力褒贬,感情爱憎之类的形容词加前缀 не-构成的反义词与无前缀的反义词相比,表示更温和、更克制的评价。试比较:неглупый 与 умный,неприятный 与 противный,недобрый 与 злой,нескромный 与 хвастливый 等。

---

① Ю. С. Степанов, Имена. Предикаты. Предложение. М.,1981,стр. 63.

严格地讲，只是表示矛盾对立性质的反义词才能通过加 не（否定语气词或前缀）的方式实现同义转换。下述句子中加 не 的名词与其反义词无关，不能看做实现同义转换的手段：С женою забота，а с неженою еще хуже — подумал Яшвин，выходя из гостиницы.（А. Толстой）Это касается крестьян и некрестьян.（Лесков）至于 не белый≠черный，не сладкий≠горький 更是不言而喻了。

另外一方面，在一定条件下反义词可成为对义转换的手段。

许多表示两极对立的参数形容词虽然是一价的，但这类反义词的比较级却可用做二价谓词，能起对立词的作用，构成对义性转换句，如 Стол выше стула. ↔Стул ниже стола. Фанера толще картона. ↔Картон тоньше фанеры. 某些副词比较级也可以有类似的用法，如 Ваня посещает занятия чаще Саши. ↔Саша посещает занятия реже Вани. Шоссе идет левее железнодорожного полотна. ↔ Железнодорожное полотно идет правее шоссе. 而那些表示多项对立的，表智力、感情评价的形容词，却不能通过单一式比较级构成上述性质的转换句，如 А чернее（умнее，грустнее）Б≠Б белее（глупее，радостнее）А. 因为 Б 虽不如 А 颜色黑、聪明或悲伤，但并不因此就可划入白色、愚蠢或欢乐的范畴。在这种情况下，只能用同一形容词的复合式比较级进行题元转换。试比较：А умнее Б（或 А более умен，чем Б）= Б менее умен，чем А. 但这里已不是通过对立词实现转换了。

某些表示空间方位的反义词也可用做实现对立转换的手段。А находится к северу от（слева от，внутри，перед，над...）Б↔Б находится к югу от（справа от，снаружи，перед，под...）А. 左边的句子以 А 为描述对象，以 Б 为参照物，右边的句子则相反。两个句子是有对义性的同指结构。

表示各类关系的反义名词，如果用做谓词，且互为参照系，也可用做实现对义转换的手段。本文开头举的例子就属于这种情况：Петр — отец Ивану. ↔Иван — сын Петру. 像 Муж — жена，предок — потомок，хозяин — гость，аргумент — функция，причина — следствие 一类成对的词都互为参照系：甲是乙的丈夫（祖先、主人、自变数、原因……），就蕴含着乙是甲的妻子（后代、客人、因变数、结果……）。没有上述相互关系的反义词，如 мужчина 与 женщина，рука 与 нога，старики 与 дети

就无法用做实现对义转换的手段。

能否把 отец 与 сын 这样的反义词划入对立词,认识不一。像 Он был защитником учителя. ↔Учитель был его подзащитный. 一类转换句中,защитник 与 подзащитный 这两个表示述语性特征的谓词都支配两个题元,指明 он 与 учитель 之间的关系,互为对立词。有人更进一步指出① подзащитный = тот, кого защищают. 第一句中的 учителя,第二句中的 его,分别表示谓词 защищать(或 защита)的客体或主体,从而认为上述两个句子都是由 Он защищает учителя. 演变而来的。同样,由 Я написал эту книгу. 可推出 Я автор этой книги. ↔Эта книга — моя работа. 由 Она владеет домом. 可推出 Она владелица домом. ↔Дом — ее собственность. 动词谓语句与其他两个转换句的关系似乎已超出对立转换的范围。暂把理论放在一边,可得出下述可以互相转换的句子:①Учитель Петров учит ученика Сашу. ②Ученик Саша учится у учителя Петрова. ③Петров — учитель Саше. ④Саша ученик Петрову. 不难看出 учитель 与 ученик 作为体现谓词 учить(或 учиться)主、客体题元的典型代表与概括名称在实现转换中的作用。它们往往是相应动词的派生词,如 арендовать(租进,或 сдавать в аренду 租出)派生的 арендатор(承租者),арендодатель(出租者);ссудить(贷予,或 брать в ссуду 贷入)派生的 ссудодатель(放款人)与 ссудополучатель(借款人);它们也可能是该动词的主动与被动形动词,如 уважающий 和 уважаемый,побеждающий(或 победитель)和 побежденный;也可能是异干词,如与 лечить(或 лечиться)相关的名词 врач 与 пациент。所有上述表同一动作主、客体的概括名词在一定场合都可以作为实现对立转换的手段。

关于 продавать — покупать 一类对立性反义词,已经作为典型对立词在前面讨论过了。比较有意思的是,вбежать 与 выбежать 这样典型的反义词也可以作为对义转换手段:Он выбежал из комнаты прямо в ванную. ↔Он вбежал в ванную прямо из комнаты. (第二、三个题元互相调换),但一般的反义动词很难用做转换手段。反义词的主要功能是有意刻划、强调两现象的差异、区别和对峙,只是其中一部分词可以用做构成

① Ю. Д. Апресян, Лексическая семантика. Синонимические средства языка. М., 1974, стр. 165.

同义或对义结构的手段。

6 作为转换手段的有特殊整体 - 部分关系的词汇

所谓特殊的整体 - 部分关系，指部分对整体来说，是不可分割、不可或缺、同时共生的。试看下面几个例子：

① Он изменился в лице.

② Охотник ранил медведя в ухо.

③ Книга пленяет читателя юмором.

④ Он вытянул гвоздь за шапку.

在这里，лицо 与 ухо 分别是人（代词 он）或熊的器官，юмор 是书中的特点，钉帽是钉子不可少的一部分，它们都与相关的人或物难以分开，与其有着特殊部分 - 整体关系。题元具有上述关系的四个句子可转换为：

⑤ Его лицо изменилось.（与原句意义略有不同）

⑥ Охотник ранил ухо медведя.

⑦ Юмор книги пленяет читателей.

⑧ Он вытянул шапку гвоздя.

在前一组句子中表整体的词都是述语性特征的主体或客体，表部分的词只是进一步确切其意义"他脸色（而不是其他方面）变了"，"猎人射熊，伤在耳上"，"书以幽默取胜"，"他拽着钉帽拔钉子"。表部分的体词都不体现相应谓词的语义价。对谓词来说，它们都是可有可无的，因为在深层语义结构中，它们与整体（指表主体或客体的题元）构成一个不可分割的事物，只是在表层结构中，体现单一题元的语义价分裂为二（расщепление валентности）。在后一组转换句中，表示部分的词 лицо，ухо，юмор，шапка（гвоздя）却成为相应述语性特征的主体或客体，体现着谓词的语义价，它们由原来可有可无的地位变为不可缺少的结构要素，而作为整体的词却降为结构上的次要要素，采取物主代词或名词二格形式，表示领属、物主、载体一类关系。这类转换在俄语中是常见的，如 Он огорчает（радует，пугает，тревожит，беспокоит…）мать своим поведением（словами，шутками…）. Он надоел（опостылел，опротивел…）мне своими просьбами. Он расходится（сходится，сталкивается，совпадает…）с директором во взглядах. 句中的 поведение，просьба，взгляды 是与主体不可分的行为、动作和观点。然而它们自身可转而用做主体，即以部分取代整体，把表示整体的词 он 换为物主代词 его，如 Его поведение（слова，шутки...）огорчает мать. 同样，Зелень（река，фрукт...）манит（влечет，пленяет...）нас своей свежестью. Обрыв пугает（страшит，огорчает...）нас своей крутизной. Ветер изменяет（меняет）направление. 作为事物不可分割的部分——属性、特征、方向……可取代表示整体的事物，构成转换句子 Свежесть зелени нас манит（влечет，пленяет...）. 不过最后一句转换时，动词应加尾缀-ся：Направление ветра изменилось.

下述结构中，均有起确切作用的、指明整体某一部分的词。схватить рыбу *за хвост*，обнимать девушку *за талию*，трепать лошадь *по шее*，гладить жук *по спине*，целовать деда *в лоб*，кусать прохожего *в ногу*，испытывать мотор *на прочность*，проверять семена *на всхожесть*，критиковать книгу *за вялость языка*，бранить сына *за лень*。这些词都是客体不可分割的部分、属性、品质，它们也可代替整体表示客体，采取无前置词四格形式，可用做句子的主要补语，而表整体的词却换为物主代词或采用名词二格形式，即 схватить хвост рыбы，трепать шею лошади，целовать лоб деда，испытытать прочность мотора，критиковать вялость языка книги 等等。此外，表整体的动物名词还可采用 кому，у кого，в ком，к кому 等形式，以说明表示部分而用做题元的词，如 ранить медведю ухо，схватить хвост у рыбы，бранить лень в сыне 等。这样，某些特殊的整体－部分关系可有多种表达方式：драть мальчика за уши，драть мальчику уши，драть уши мальчика，драть уши у мальчика。当然并非所有有类似关系的词语都可以采取上述形式。如果动词是不及物的，则表部分的词采取间接格形式表示题元，表主体而起限定作用的词，也可采用上述形式，如 Пыль лезет ему в глаза. Покой льется к нему в душу. Слова сорвались у него с языка.

值得注意的是，当表整体的词用做扩展限定成分时，它所采用的间接格形式与物主代词（包括领属二格）形式之间有着细微的含义区别。试比较：простреливать ему шапку/его шапку，вбежать к нему в комнату/в его комнату，у него/его книга пропала。前者还多少保留与动词的联系，因而还保持一定程度的客体意义，指明“射穿帽子”或“跑进房子”时，他本人在场或表示“书在他那儿丢的”。由于“帽子”、“房间”、“书”只是人拥有的东西，而不是构成“他”这个“整体”的不可分割部分，说话人采取间接格形式表示人，是认为有必要强调在客观情景中，持有者和持有物（广义的整体与部分）两者是同时共现的。而物主代词与领属二格却与动词没有联系，因而没有客体意义，表示当“射穿他帽子”、“跑进他屋子”、“他书本丢失”时，他本人可能（但不一定）不在现场，即不是同时共现。而人与其器官、行为、品质，物与其属性或其他不可缺少部分之间有着特殊整体－部分关系，两者永远同时出现，因而没有上述区别，гладить ему волосы = гладить его волосы. 最后，附带指出，某些增补词构成的转换句，也有语义价分裂的现象，把 стол круглый 换为 форма стола круглая。但增补词所表示的现象，如形状、性质、度量等，不是个别的，而是绝大多数事物不可分割的组成部分，即凡是桌子、椅子……都有形状、大小、质量。因而前面讲的增补词的词义更为空泛，更接近语法手段。

前面列举了六种词汇手段：同义词、增补词、派生词加参助词、对立词、反义词、有特殊整体－部分关系的词汇。借助上述手段，可构成大量的转换句子。阿普列相曾举下述一组句子：Он ненавидит женщин. — Он женоненавистник. — Он испытывает ненависть к женщинам. — Женщины ненавистны ему. — Женщины внушают ему ненависть. — У него ненависть к женщинам. — Женщины — предмет его ненависти.[①]这样的句子还可以继续举下去：Он питает（чувствует）ненависть к женщинам. Он сильно не любит женщин. Его охватила ненависть к женщинам. Он всей душой（всеми фибрами души）ненавидит женщин. Вся его душа ненавидит женщин. Он всегда таит злобу к женщинам. Он не может терпеть женщин. 后面几个句子有些变化，相当于люто ненавидеть，但基本上反映了此人对妇女的态度与感情。我们在这里还没有涉及其他一些重要的转换方式以及情态转换（модальные трансформации）等。譬如说，为了表示 Сестра — союзница. 的信源（信息、意思的来源）为“他”，可以说 По его мнению（Для него，В его представлении...）сестра — союзница. Он считает（признает，воспринимает...）сестру как союзницу. Он видит（приобретает，находит...）в сест-

---

① Ю. Д. Апресян，Лексическая семантика. Синонимические средства языка. М.，1974，стр. 318.

ре союзницу. 为了指明造成 Брат произведен в офицеры. 这一事实的原因、动力、促成人（使役者）就是下命令的参谋长，可以说 Начштаб приказом（Приказ начштаба）произвел брата в офицеры. Благодаря начштабу（приказу начштаба）брат произведен в офицеры. Начштаб приказал（дал приказ）произвести брата в офицеры. Начштаб приказал（дал приказ），чтобы брата произвели в офицеры. 也可简单地说 Приказом начштаба брат произведен в офицеры. 此外还可用 выдвинуть，дать повышение 一类同义词进行转换。情态意义表达方式的多样性更是人所共知的。为强调 Он не справится с такой задачей 句子中"不能"的情态意义，可以说 Он не может（не способен，не в силах…）справиться с такой задачей. Ему не（Ему ли，Где ему，Ему невмочь，Ему невмоготу…）справиться с такой задачей. Справиться с такой задачей ему не под силу（не в его силах）等。如果再把词组范围内的同义转换加进去，同一意义内容的表达方式可以增添到极为可观的程度。句子越复杂，转换的可能也越多。著名神经语言学家卢利亚（А. Р. Лурия）说："据语言学家统计，可能有数百万不同的语句表达 Лишь большое количество специальных терминов в данном тексте не позволит Смиту перевести его. 这一话语的意思。"[①]我们不知道数目是怎样推算出来的。如果考虑本文讲到的种种转换，再加上句子语法形式的变化，实际切分等等，句子确实给人千变万化的印象。以为转换只是主—被动互换或陈述—疑问—祈使句转化的观点，是把问题过于简单化了。面对这样复杂的变化形式只能分层次、分类别地去剖析它们。例如从述语性角度确定句子的语法形式，从实际切分角度分析句子的交际变体，从语义结构的角度找出形式 - 语义对应系列以及这里提出的通过改动词汇而又不改变句子所指情景所形成的同指结构。这样，某一句子的变异形式，以其自身为中心，按照不同标准把各种变换形式，像同心圆似地一层一层地聚合在自己的周围。至于信源化、使役化的不同表达方式，句子已不止包含一个述谓结构，这种多述谓结构应属于更外层的现象。表达这些手段的结合使句子产生种种变异形式，对这些形式，似应从功能意念角度单独地进行研究。

从意义上看，本文列举的转换句之间有这样几类关系。

---

① 卢利亚：《神经语言学》，北京大学出版社 1987 年版，第 11 页。

（1）同义关系，其表达手段有同义词、反义词加否定形式（或反义词，如 начать нарушать договор↔перестать соблюдать договор）、增补词、句法派生词加参助词以及采取同一词汇或同根词汇的各种语法形式（如前面举的 Мать беспокоится 一组例子）。后面三种，特别是最后一种手段所构成的转换句构成形式－语义对应系列，被句法学纳入所谓同义句型，而前面两种手段则被认为是词汇性的，所以被排斥在句法研究之外。

（2）对义关系，其表达手段为典型程度不同的对立词。它们可能是现成的词汇，如 продавать — покупать，可能是由不同词类反义词转化而来的，如名词 отец — сын，形容词或副词比较级 выше — ниже，前置词 под — над，副词 слева — справа 等等，也可能是不同参助词加同一句法派生词构成，如 А сдает（С）в аренду Б-у（三格）↔Б берет в аренду（С）у А-а（二格）；А оказывает помощь Б-у（三格）↔Б получает помощь от А-а（二格）。所有上述对立词参与形成的转换句，意义上虽有细微区别，但所指情景相同。所谓对义关系，指同一题元在各转换句中的句法功能上互相对应，在形态上，有时在词序上也有所不同或彼此对立。然而，当谓词本身就表示相邻、相对、相距一类空间概念；或表示相等、相似、协调、矛盾、对立、比较、比例一类抽象关系；或表示平等参与、协同完成的动作时，则不必借助对立词就可以对换题元位置，改变其句法功能与语法形式，从而直接构成有对义关系的转换句，如 А（Б）соседствует с（或 находится в 100 метров от，напротив，наискось...）Б（А）；А（Б）напоминает（或 соответствует，противоречит，пропорционально...）Б（А）；А（Б）встречается с（разводится с，не ладит с，спорит с...）Б（А）. 上述句子中，表示 А、Б 两个题元的体词，一旦对换其句法功能、形态形式与位置顺序就构成转换句。由于两句中的词汇相同，使其相互关系接近同义关系，然而它们在意义上还是有细微差别。像 Латвия граничит с Эстонией. ↔ Эстония граничит с Латвией. 一类句子，正如《80 年语法》所说：“拉脱维亚与爱沙尼亚在现实中是平等的，但词的形式，语言中的联系和关系却把其中一个表述为主体，另一个表述为客体。”①这里有个移情作用（эмпатия）的问题。至于像 Дочь напоминает покойную мать. 这样的句子根本不能对调题元，构成转换句。这也表明这类转换句不是彼此完全同义

① АН СССР, Русская грамматика. Т. Ⅱ. М., 1980, стр. 134.

的，含有一些对义关系的因素。由于这里的转换没有借助词汇手段，所以本文没有涉及。

(3) 题元分合关系。像 Книга пленяет юмором. 与 Юмор книги пленяет. 一类转换句，把深层结构中的同一题元作了分合两种形式处理。总的说，用两个词，特别是用两个成分来表示，似乎能更确切地表示思想，如 целовать деда в лоб，взять стул за ножку，гладить мальчика по голове，критиковать девушку за легкомыслие。它们和相应的转换句相比（如 целовать лоб деда...），兼指动作的方向、着力点、接触面、批评原因等等，意思也就更明确一些。通过题元的分合可在表达意思方面显示出确切与笼统的区别。诚然，某些增补词内涵空泛，像 Форма стола круглая. Стол имеет круглую форму. 可看成同义性的转换句，而 книга 与 юмор 也似乎有着近乎题元转换的关系，但这类转换句之间有着自身的语义特点，不能完全并入同义或对义关系。此外，像 Он меня лечит. 转换为 Он мой врач. 或 Я его пациент. 也有题元分合的问题，动词句中有两个题元，在每个转换句中只有一个原来的题元独立出现，另一题元只以物主代词形式出现，不构成句子的语义成分。

除了上述几种关系外，还有人提到蕴含关系，有这种关系的句子不同于前面的句子，只能由甲句推导出乙句，而不能相反。像 заразить→быть больным，повесить→висеть[①] 这类是有明显使役关系的谓词，用它们表示述语特征的句子就有蕴含关系：Пальто повесили в гардероб. →Пальто висит в гардеробе. 斯捷潘诺夫举了一个例子：Выехали мы после дождя. На шоссе мокро. Машину заносит. Особенно опасно на поворотах. На одном из них шофер резко затормозил и... 他认为"每个后面的句子都是由前一句推导出的结果，但却推不出相反的结论"[②]。他把这叫做单向的语义推导关系（семантическое следование）。这完全超出句间的聚合关系，而是一种逻辑推导出来的句间组合关系，因而也不属于本文讨论的范围。不幸的是人们把这也叫做改换句子（перифраза）。术语上的不一致给研究工作造成了困难。似乎可以把转换（трансформация）用于纯句法结构方面的变化，把引入词汇手段构成的同指结构（包括同义、

① Ю. Д. Апресян, Лексическая семантика. Синонимические средства языка. М., 1974, стр. 334.

② Ю. С. Степанов, Имена. Предикаты. Предложение. М., 1981, стр. 207 – 208.

对义、题元分合关系）叫做改换（перифраза），而把形成有单向蕴含关系的句子推导叫做推换（семантическое следование）。这有待进一步探讨。

本文开头曾说过，句法研究与语义研究结合是现代语言学一种趋势。很遗憾，这种趋势在我国俄语界没有引起足够的重视。就句法学来说，注意力主要停留在表层结构的形式分析，而形式结构和语义结构没有一对一的对应关系。像 Шофер ведет машину. Председатель ведет собрание. Секретарь ведет разговор с ней. Все дороги ведут к Риме. Неосторожность ведет к беде. Мальчик ведет себя неприлично. 一类句子，无论对它们作句型分析或成分分析，似乎都同属一个句型类别 $N^{1}_{(一格)}+V_{及物}+N^{2}$，均包含主语、动词谓语和补语三个成分。然而从语义结构角度来看，它们却不相同，通过转换并不难解释，为什么具有不同语义结构的句子会有相似的表层结构。至今，从意义到形式的功能语法研究只限于一些表时空、因果的普遍范畴。很少探讨表示具体情景的不同句子的聚合关系。然而，不走这一步，不仅句法研究，而且话语研究也很难有成就，因为所谓构筑话语，无非是从可能表达某一意思的若干句子（聚合体）中选择符合交际意图、语境需要、规范要求的句子构成意思连贯的话语（组合体）。

从词汇学角度来看，假借其他词来解释或掌握词义的方式，显然是有弊端的。阿普列相二十多年前就指出①，用 вручить 来解释 дать 是欠妥的，当真看待这类词典中的解释，就会得出荒谬的结论，如 1）дать = вручить；2）вручить = отдать в руки；3）отдать = дать обратно。这样可推出 дать = дать обратно。当然，用元语言来解释词义一时尚难实现，但可以像梅利丘克等拟构的“详解－搭配词典”那样，每个条目词下标明与其有代换（замена）关系的词（主要的同义、反义、对义词语），有参数（параметр）关系的词（诸如参助词及句法派生词，它们仅是参数词的一小部分）以及体现其语义价的典型而概括的体词（如 лечить 条下注上 врач 和 пациент）。知道这些相关词语，也就掌握这个词了。索绪尔（Fe. de. Saussure）曾指出：“一方面，概念在符号内部似乎是听觉形象的对立面，另一方面，这个符号本身，即它的两个要素间的关系，又是语言其他符号的对

① Ю. Д. Апресян, Экспериментальное исследование семантики русского глагола. М., 1967, стр. 10.

立面”,“词既然是系统的一部分,就不仅具有一个意义,而且特别是具有一个价值;这完全是另一回事”①。也许,知道与某个词种种相关的词,就接近把握一个词的价值。从使用语言角度来看,掌握价值可能比理解意义更重要,它直接与生成转换句子有关。正如维特根斯坦(L. Wittgenstein)的名言“别问我这个词的意思是什么,顶好问我它怎么用”②。着眼于语用的这一观点虽失偏颇,却并非毫无道理。另外,在我国俄语词汇学著作中,词汇的体系性主要表现为词层,对它们的划分主要依据的是:使用的语体范围,感情色彩,词汇来源等等。这些因素都属于附加意义(коннотация),因此掌握它们对理解和使用词汇的作用有限。系统地研究词汇应立足于词与词的语义关系上,如同义关系、对义关系、使役关系,句法派生及其他种种参数关系。这种语义研究已不限于词的范围,它突破词、词组与成语的界限,只要体现某一语义,就可看做表示相应语义的词汇-语义单位。这样,语义研究与语法研究互相接近,相辅相成,构成当今语言学研究的主流。

在外语教学中,转换作为解释、掌握词义的手段,表达思想多样化的方式,发展连贯言语的有效方法,其重要性已为广大外语教师所熟知。

① 费·德·索绪尔:《普通语言学教程》,商务印书馆 1985 年版,第 160-161 页。

② 转引自 Н. Д. Арутюнова, Предложение и его смысл. М., 1976, стр. 44.

第二编

语义学·语用学

语义模块理论与词典

语义学和词典学是两门独立的、但有交叉的学科。像如何安排义项、划分词的界限、确定辞书全部词目一类问题，不属于语义学研究范围，而语义学研究的句子、篇章意义与编纂词典也无直接关系。但两者的关系毕竟很密切。下面提出与词典密切相关的语义模块理论，供大家讨论。

语义模块理论认为，任何语义结构（包括词语、句子、篇章）都是由以下模块构成：

〔с〕〔о〕〔э〕〔м〕〔г〕〔д〕

〔д〕→所指模块；〔г〕→语法模块；〔м〕→理据模块；〔э〕→表情模块；〔о〕→评价模块；〔с〕→修辞模块。

现逐一分析每一模块。

〔д〕词语所反映的客观特征，是绝大多数词语所必备的。通常的释义就指揭示这类特征。哲学上一般把这类特征分为三类：(1)自然特征，如形状、颜色、体积、重量、气味、声响等等；(2)功能特征，如（公鸡）报晓、（牛、马）可载运、（山水）赏心悦目、（蒲公英）可入药、（笔）写、（剑）刺等等；(3)关系特征，如平行、垂直、交换价值、血缘关系、社会地位等等。上述特征一旦语言化（即和一定语音相联系并纳入语言系统），就集合在〔д〕板块内，构成词汇的语义基本内涵，根据这些规定性特征将相应的特定现象纳入其所指范围，就构成语义的外延。这样〔д〕板块就有两重功能：一是反映人对现象认识的表义功能，另一是与客观世界相联系，与一定现象相对应的指称功能。这两重功能体现在反映逻辑判断（S—P）的描述句（注意：不是证同句或分类句）中。例如“我的邻居是个单身汉”，通过“我的邻居”指出特定的描述对象，而“单身汉”所包含的特征则表示说话人对此人的认识和描述。但是各类词语在执行这两重功能上有很大差异。这取决于两个因素：一是词语如何表示这些特征，它们是寓含于事物之内，还是游离于事物之外。前者如作为名词的“沙”所包含的特征：

黄色、颗粒状、流动性、彼此散离的、可用于建筑的、细小的风化后的石英等等；后者如形容词或动词所表示的脱离载体的依附特征，如白色的、美丽的、跑、流、忧伤、潇洒等等，这些脱离载体的特征只能从观念上去把握；二是〔д〕这一模块内所包括特征的模糊与清晰程度，例如上述“沙”的词义中究竟包含哪些语义特征是很难说清的，而白色的、忧伤、跑、流却是简单的、甚至是单一的特征。如果词义的特征模糊笼统，就很难用它表示说话人对事物的认识或对其进行描述，因而不宜用来表述语性特征（描写句中的谓语），最典型的情况当推专有名词。“张三”、“李四”对不认识的人来说，既不包括任何语义特征，也不知其所指是何人；对熟悉的人来说，这些名词又有数不清的、未经概括的、模糊的特征，它方便地用于指物功能，在句中用做表示各类题元的主语、宾语，却无法用于描述句中作谓语。“他叫张三”、“这位是李四”分别是称谓句和证同句。只有那些具有清晰、突出特征的专有名词才有这种描述功能，如“他是军中的诸葛亮”，表足智多谋的意思；“我的邻居是出名的奥赛罗”，表示此人醋劲十足，忌妒成性。另一方面，形容词、动词所表示的特征因为游离于载体之外，很难用于指称功能，如“白色的”指雪色、糖色、奶色、皮肤色……究竟有多少事物具有白色是说不清的，因此它的语义外延是模糊的，所指是不确定的，也有人认为是无所指的，因此不宜表示指向外界的，通过述语性所描述的对象，从而不用做体现相应题元的主语、宾语，从而只用做谓语。介于两种极端的、单功能词之间的是具有两重功能的普通名词，但名词内部情况也不一样。有一类表示自然事物的名词，如水、沙、蒲公英、公鸡、老虎……这些词包含哪些特征也是比较模糊的，而且不同类型的特征，可以不分主次地同等纳入模块〔д〕，既可能有自然特征，如公鸡的彩羽，高冠，也可能有功能特征，如公鸡的报晓，甚至还可能包括关系特征，如家禽的一种，因此它比较接近专有名词，广泛用于指称功能，出现在主语或宾语的位置上，用做谓语也只构成分类句，如“这是一只公鸡”。因为在这种情况下，它赋予描述对象的只是一组模糊的，但足以将其划入一定类别的特征。上述名词中有少数可用于转义，并只突出其某个特征，故可出现在描述句谓语的位置上，如“他老婆是个母老虎”；Мужчины все петухи. 前者表示“厉害”，后者表示“好斗”。这种转义甚至主要用于谓语位置上（即俄语所谓的句法位置受制约的意义），从而接近形容词。另外一些名词则突出某一两个特征，从而广泛用于两类功能。突出自然特征者，如胖子、秃子、哑巴、独眼龙……突出功能特征者,如桌子、睛雨表、兴奋剂、救生圈、润滑油……一般说,人工制品都具有一定用途,因此往往突出功能特征,产生这种功能的自然物质特征反而退居次要地位;突出关系特征者,如光棍、仆人、儿子、部下……它们的指称功能是显而易见的,而作谓语时却接近表示述语性特征,如“他的上级是个胖子”(等于很胖);“树墩当做桌子”(等于树墩有可在上面工作的功能);“他是光棍”(等于他未婚)。

关于词语语义外延和指称功能通常叫做强语义,主要由逻辑学、语用学研究,关于词语语义内涵和表义功能(弱语义)由语义学、词典学研究。界定多义子名词的困难在于在板块〔д〕内概括哪些特征有一定的模糊性,定义形容词的困难在于解释游离于载体之外特征的本身,很难说清楚什么是白,现代汉语词典上说是雪或霜的颜色,俄语说乳色、粉笔的颜色,但为什么不是云、水、盐、糖的颜色? 至于风流、潇洒、放荡就更难说清楚;而动词,特别是多题元的动词,其困难还要加上与不同题元的关系和整个情景的联系,非要通过句子才能解释。

〔г〕语法模块反映语言体系内词语间的关系特征,它通过词形变化、词语结合表示出来,这种来源于客观世界并折射于语言中的关系特征,也可以分为三类。

(1)反映〔д〕模块所表示现象内部特征的对立与变化,如名词的数、形容词的级、动词的体等。

(2)反映特征与题元之间的关系,如主谓、动宾关系。

(3)反映句子内容与现实的关系,如情态、式、时间一类关系。

语法关系特征是每个词语所必备的,每个实词都是语法化(或形式化)的。因此揭示语义结构时,必须对其做出应有的说明。由于不是重点讨论语法问题,故从略。

〔м〕理据模块的内容是指由词语物质形式引起的对词义的联想和由此产生的事物形象。由于语言符号形式与意义之间一般没有有机联系,因此这种内容不是每个词语所必备的。理据可分为三类。

(1)词语物质形式所提供的理据:常见的就是拟声词,如布谷、乒乓、潺潺等等,其语音引起对所指现象的声响联想。从某种意义上讲,汉语的象形、指事造字原则也是通过文字形式提供理据的方式:如日月为明、人依木为休。不过这种理据已被大多数使用者遗忘了。

(2)词语语素结构所提供的理据:词的结构要素就引起对其语义特征的联想,如勿忘草、八宝粥、高射炮、迷你裙;成语中的例子就更多了。俄语中新产生的词,如 несун(拿大家东西的人),везун(运走公家东西的人),зряплата(无用工资),其形象就更明显了。

(3)词语形式先前意义所提供的理据:这就是一般的所谓转义词,特别是由隐喻产生的新义,如以"干戈"喻"战争","玉帛"指"和平","豺狼、狐狸"转指"凶残、狡猾的人"。

应该指出,理据有很大的主观性,民族性,往往和特定文化传统有关。模拟同一事物的拟声词,在各语言中语音音响组成却不一样;表示同一事物的语素结构,也不尽相同,如"雪莲花"和俄语中 подснежник,"迷你裙"和 миниюбка(超短裙);至于转义则更是如此,"驴"在许多语言中都表倔犟或愚蠢的人,在中亚的某些语言中却表示吃苦耐劳的人。像欧洲人认为火鸡骄傲,因而转指傲慢的人,中国人用"饭桶"指无用的人。这些都有主观的、民族文化的印迹,这种非客观的性质往往导致理据的失效,因而被忘却,形象也就随之消失。转义义项也就变成一般派生义项,语素结构成为历史词源形式,拟声词也失去声音形象。所以这些都表明理据和〔д〕〔г〕所包含的特征在性质上根本不同。此外,由理据产生的形象更确切地说是心理完型(格式塔),属于感觉、表象范围,这和理性概括的指称特征、语法特征有本质的区别。

〔м〕模块要素的这种主观的、有民族性的形象特点,使其在反映和指称客观事物时,成为可有可无,无足轻重的,但却是词语生动性表现力的基础。由于形象往往引发对所指称事物某种情感、态度并进而产生评价,这样理据、情感态度、评价三者密切结合,构成附加意义,作为对理性意义的补充,在称谓事物的同时,赋予词语生动的表现力。

〔э〕与〔о〕很多语言学家认为对所指事物、特征的情绪态度和评价是无法分开,合为一体的。有〔э〕就一定包含〔о〕,通常把它们合称为感情评价。现把它们放在一起讨论。

〔э〕模块内的情感态度内涵研究得很不充分。有几点应注意:(1)这里的情感态度并不像表示感情的独立词语那样称谓一种感情(чувство)(如爱、恨、尊重、讨厌),而是在指称事物时,对其产生的一种情绪(эмоция)和态度,因而它是感情色彩,而不是意义;(2)感情、特别是所谓感情色彩,只能内省体验,很难用感官把握,很难界定,因此对感情色彩的分类常常根据由此产生的对事物的态度，如藐视、轻视、斥责、亲昵等等来确定。当把一个人叫做“泥腿子”时，说话人可能有从“不满”、“激动”到“恼火”、“愤怒”、“怨恨”等各种难以界定的情绪，具体感情只能在言语中确定；(3)评价从本质上讲属于理性范畴，如道德的善恶，审美的俊丑，功利上的益害，感觉上的香、臭、苦、甜等等；因此有人认为评价与感情是两回事，像“青蛙是益虫”，“这把刀很快”就可能只有评价而不表感情，而这里讲的〔o〕虽然也是评价，但它是基于情感所产生的态度，至少与情绪是共存的，而且往往和一定的形象相联系；另外，这种评价并不完全基于对事物特征的客观分析，而是通过语言棱镜观察“世界图景”所得到的。因此这种评价可能是主观的、体现民族特点的。这样，很难找到各种语言通用的、划分情感评价类别的准则。一般说，对感情评价色彩分析应注意下述几方面的因素：

(1)从什么角度对所指称事物作感情评价。评价的角度可能是道德的，如用墙头草、两面派、变色龙、活菩萨来指人；审美的，如用搓板、猪八戒、武大郎指人；功能、功利的，如泻痢停、洁尔阴、脉通一类的药名。最复杂的是从社会关系着眼，包括民族的(如老外、鬼佬、老毛子)，社会阶层集团的(泥脚杆、京油子、孩子王)，年龄的(毛孩子、乳臭未干、半拉子、老帮子)，性别的(娘儿们、爷儿们)等等。

(2)先弄清产生感情的根据。道德、审美、实用角度有个准则、尺度、规范问题，对其背离或吻合就导致不同的情绪和态度；某些社会标准则更具有主观、狭窄排外的性质，因而这种感情色彩也往往是片面的，甚至是荒谬的。另外，事物有其自身特征度量标志，有些语言中有专门指大和指小的后缀、前缀以表示特征过量或不及，并根据事物特征的不同性质而产生相应的感情评价。上面谈的涉及对事物和静态特征的评价，而对动态的行为、动作的评价则往往有褒贬的色彩，如札准、卖呆、捞稻草、听话、卖劲等等。总之，感情色彩是基于所指事物、特征色彩的特点，要从后者出发来研究它，否则就成为无根浮萍。只有纯表情绪的骂人话，像“他妈的”、“滚蛋”之类，才不需要“事实”根据。

(3)必须考虑〔м〕模块所产生的形象。形象比前面那两点更直接影响情绪态度的性质。把一个女人叫做“观世音”或“扫帚星”，感情态度自然不同；俄语把吱嘎嘎作响的破车叫做 тарахтелка，年纪过大的未婚女子被描述成“熟大劲了”(она перезрела)，把蹩脚的画家叫做油漆匠(маляр)。词语形式的声音、结构和转义所产生的形象左右着感情评价，成为分析后者的另一依据。

(4)词语对客观事物作感情评价的同时，也反映出说话人自己的道德标准、审美观点、价值取向。当称别人为泥腿子、吃粉笔灰的、黑鬼时，则反映了说话人对其蔑视、轻视、阶级偏见、社会歧视甚至沙文主义情绪；用“熟大劲了”来描述大龄未婚女子包含着说话人的讽刺态度等等。

各种语言对感情评价的分类是有差异的，但只要考虑以上因素，就会对〔э〕〔о〕模块的内涵作出正确分析。至于情绪本身的类别，则很难明确界定，只能大致把握这种词语附有哪种情绪，因为在使用过程中，情绪还可能有程度，甚至性质上的变异。

最后一个修辞模块〔с〕所包含的内容是表示词语自身在体系中所获得的特征，所占据的地位。一般说，可以从以下几个角度来分析：

(1)时间因素。如果词汇新进入或行将脱离语言系统，就会有〈新〉、〈旧〉的标记；

(2)地域因素。如果该词汇不是在该语言所覆盖的整个地区使用，而只局限于某一地域，就有方言标记；

(3)社会集团因素。如果该词不是在全社会通用，而只局限在一定的阶层、行会、集团之内，就有相应的社会标记，如盗贼黑话、职业行话、学生用语；

(4)功能语体因素。如果该词只用在一定的交际范围，就有相应的语体标记，如书面用语。还可细分为公文事务、科技、诗歌等，以及口语、俗语等等。

不受上述因素限制的词，叫做无修辞标记的词语。一般说，上述有标记词都有意义相同的无标记词语，否则，有标记词语就会摆脱固有的限制，逐渐成为无标记词。

现在可以总结一下词语语义结构的模块关系：

〔с〕{(〔о〕〔э〕〔м〕)(〔г〕〔д〕)}

(1)〔г〕〔д〕模块是语义结构的核心，是必须具备的。它们反映对客观事物特征的理性认识，应该知道并掌握其内涵，否则就造成解释或使用上的错误。

(2)〔о〕〔э〕〔м〕一起构成语义结构的边缘，不是每个词必备的，它们反映对客观事物特征的主观态度，它们形成附加色彩，应领会其理据，认同其评价，体验其情绪，设想其形象，否则就不能理解词语表达的生动性，抹杀其表现力。

(3)〔c〕修辞模块也属于语义边缘，每个词语或者是无标记的，或者是有标记的。它反映词语在语言系统中的位置，应该考虑修辞标记的限制，否则就造成使用不得体。现在用分析性语言说明一个例子：

刺儿头：要估计到这是一个方言词、口语词；要认同对所指人持否定态度；要体会对其所表露的不满或厌恶情绪；要想象他似乎是满身带刺的东西；要知道这指的是个遇事刁难、不好对付的人（名词）。

关于语句意思的组成模块

几年前,受捷利亚(В. Н. Телия)思想的启发,我曾向在哈尔滨召开的“辞书研究会”提供了一篇报告——“语义模块理论与词典”。下面这篇文章打算把模块理论扩展到语句(высказывание)的分析上,从而能对语句意思(смысл)组成部分及其相互关系作整体的考虑。其实,对句子意义早就作过模块分析,例如利奇(G. Leech)就曾将句子的意义分为七种类型[①]:理性意义、内涵意义、社会意义、情感意义、反映意义、搭配意义和主题意义,但这里更多地是指脱离开使用者和使用环境的词、句意义(也许最后一项意义例外),这是一种语言意义;而这篇文章要研究的是言语中语句所包含的意思。当研究所使用词语符号的内容层面时,我们采用以下三类不同术语:在研究各语言单位时,上至句子模式,下至词素,其内容统称意义(значение);而语句作为言语中最小的构筑单位,由于有了交际者的参与并和交际情景相联系,内容层面大大复杂化,从而把它叫做意思(смысл);而篇章及其组成部分的内容称为信息(информация)。关于对信息的解释可参看加利别林(И. Р. Гальперин)的观点[②]。这三方面的内容既互相联系,又彼此区别,提醒读者注意,本文标题是“关于语句意思的组成模块”。

现在就尝试分析一下语句的语义内容。

1 语句中的命题内容 P

所谓命题,根据语言学百科词典的定义,指“句子情态与交际聚合体所有组成要素及句子派生构造(句子的称名形式)所共有的语义常体”[③]。

---

① 杰·利奇:《语义学》,上海外语教育出版社 1987 年版,第 28 页。

② И. Р. Гальперин, Текст как объект лингвистического исследования. М., 1981.

③ Лингвистический энциклопедический словарь. Статья «Пропозиция». М.,1990.

这种句子的语义常体，严格讲，应属于语言，甚至逻辑。它脱离开交际者和交际情景而存在，但却是语句各种意思的依托，分析语句的意思不能不从这一“语义常体”出发。正因为句子“语义常体”的语言性质，兹韦金采夫认为它只是准意思（或假意思 псевдосмысл），甚至认为脱离开语句的句子是准句子（псевдопредложение），确切说应是准语句。有人指出，这种提法有否认句子具备独立意义的危险倾向，就像维特根斯坦只承认词的用法，否定词有意义一样。其实，只要理解句子/语句的特殊地位，这一矛盾似乎不难解决。句子作为语言系统中的最大单位，由相应词汇填充的句子结构所形成的内容，当然有其相对独立性，可以脱离语境加以研究，并且如上文所述，它是产生语句意思的根据，然而同样重要的是这种“语义常体”在语句中会产生变异，补充新的特点，衍生、甚至异化出与原有意义不尽相同的意思，如果只局限在句子语义范围来理解语句意思，那显然是不够的。

把句子语义和命题内容等同起来，显然受分析哲学、言语行为理论、日常语言哲学的影响。在最简单的原子命题中，谓词表示个体所属的、所具有的性质以及与其他个体之间的关系，相应的个体是谓词所描述或指涉的对象，通常叫主目或名项。随着谓词要求主目的数量不同，谓词分为一元、二元、多元的。起谓词作用时，词语主要用于内涵意义，从而和一定观念相对应；作主目的词语（即名项），则用于外延意义，从而和客观世界的特定事物相对应。因此，无固定涵义却有明确所指的专有名词、指示代词适用于主目，动词、形容词以及性质名词由于内涵比较单一，又无具体对应所指，从而适宜作谓词。但普通名词则具有双重功能。试看：① Наш учитель много работает. ② Мой отец учитель. 前一句中的 наш учитель 表示谓词描述的对象，通过 наш учитель 的外延，明确告诉听者所指是谁，如果所指相同，把 наш учитель 换成他的名字，如 Петр Иванович，或者指示其临时特征的词语，如“站在讲台上的这位执教鞭的男子”，也不会妨碍理解。而在后一句中，учитель 则不能这样代换，如果要代换，也只能用同义或近义词语，如 Мой отец учит в школе（учительствует，занимается учительством）[①]等，不难看出两者的差异。

---

① 关于这个问题的详细解释，请参看 Н. Д. Арутюнова（1976）及拙作《名词的指称、词义和句法功能》，《外语学刊》1995 年第 1 期。

与此相应，语言学把用于上述两种功能的词分别划入体词和谓词，并将谓词分成一价的、两价的、多价的。一般说，用做谓词的名词、形容词都是一价的，也有少数例外，如表亲属关系的名词和形容词比较级是两价的，如 Иван Петрович приходится ему двоюродным дядей и старше его на целые двадцать лет. 而动词可能有各种配价，因而研究句子的语义结构（句子所表示的命题）时，通常把重点放在动词上。在语言学中，和价（валентность）密切相关的另一概念是题元（актант）。价是某一个词的句法性能，表明它应该和几个具有什么性质的词语搭配才能揭示其语义特点。在这里不难看出语义和句法的统一。对"价"来说，实现它的词语是一种可能的变量，而题元则把这种潜能变为现实的具体词语。它们的意义、所属词汇类别及相互关系决定句子是否正确。有人把"价"比喻为钩，而"题元"则是用钩钓上来的鱼①。相当长一段时间以来，把可作谓词的词语比照为命题函项（即强调对相关主目在性质和范围上提出要求的谓词）。研究这些词、特别是动词的"价"，分析与之搭配并实现这些"价"的词语的范围和性质，从而进一步对谓词甚至对句子进行语义分类，这就是配价语法所要达到的目的。一个三价动词可以用 P(x,y,z) 来表示。例如：① Учитель похвалил девочку за сочинение. ② Мальчик порезал свой палец ножом. ③ Маша узнала у лаборантки о назначении нового директора. 例①中言语动词 похвалить 表示人际间的社会行为，其中的两个价在体现为题元时，必须用表示人的名词。此外，受表扬者一定是做了某种好事。例②中 порезать 表示人的物理动作，实现这个动作要借助某种锐利的、有锋刃的工具，如刀、剪之类，并施加于可切割的物体。例③中的 узнать 表示人的精神活动，所以了解的内容应该是一个事件或事实，但不是具体的人或物。如用具体名词，也应解读为紧缩化的事件。此外，这种信息内容应有其来源。上述所有三个语句中用做题元的词语都满足了相关动词提出的数量和性质（语义）方面的需求，因而具备一定的独立意义，构成所谓的命题或语义结构，也就是分析语句意思的依据、出发点和第一步。

由于这不是本文讨论的重点，不能花费更多的笔墨。如果把它看做

---

① И. М. Богуславский, О понятии сферы действия предикатных слов. Известия АН. Серия литературы и языка, 1984, №4.

研究句法的核心问题,也不算夸张。许多语言学家都把注意力放在这一课题上,并取得可喜的成就,但在这一领域也有不少尚待解决的问题。简单说来,从组合关系、词语分布的角度来看,很难清楚界定动词必须要求的题元或附带要求的副(次)题元(сирконстант)①,如上述例句中的 за сочинение,ножом,у лаборантки 是否算做"事件的参与者",是题元还是副题元?阿普列相等人曾提出有无与另一词语兼容性(或译做共存、同现,俄文为 совместимость),以避免副题元概念,这在某种程度上减轻了上述困难,并借助不相兼容(不能和某类词语搭配)的概念,从负面角度来界定动词的意义,但是从总体上讲,并未从根本上解决问题。另外,还有符号价与裂价问题。前者,如例①可改为 Учитель похвалил сочинение девочки(或 ее сочинение);后者,如例②可改为 Мальчик порезал себе палец ножом. 这牵涉如何确定动词配价的数量。从聚合关系,从转换的角度来看也是如此。我们知道,相同命题函项、主目甚至整个命题内容可以用形态上、结构上有差异的相同、相近或相关的词语表示。然而究竟可把反映同一语义结构的表现形式局限在什么范围,也不甚清楚。如例③中的 у лаборантки 可换成 от лаборантки,但毕竟有信息是 Маша 主动打听到的还是消极被告知的区别;例②中的 ножом 若换成 о нож,则刀这一割伤手的工具由动态的变成静止的;例①中的 похвалил 可以勉强地换为有书面语气的 выразил(высказал)похвалу,за сочинение 可扩展为句子形式 за то,что она написала хорошее сочинение;例③中 о назначении нового директора 也可以换为 что уже назначили нового директора,甚至紧缩为 о новом директоре,当然意义也随之变得更充实或更笼统。例①的整个句子甚至可改说为 Девочка получила похвалу за сочинение от учителя. 再进一步可改说为 Учитель — хвалитель девочки за его сочинение. 最后一句话令人感到生硬,因为 хвалитель 是旧词,如果用 Л. Н. Толстой — автор романа «Война и мир»来代替 Л. Н. Толстой написал роман «Война и мир»就不会有这种感觉。掌握同一语义结构的不同表现形式及由此产生的种种细微区别,其实用价值自不待言,但如何界定当变换词语表达方式、题元位置与功能甚至改说整个句子时却

① Лингвистический энциклопедический словарь. М., 1990; А. Е. Кибрик, Предикатно-аргументные отношения в семантически эргативных языках. Известия АН. Серия литературы и языка, 1980, №4, стр. 325.

依然保持句子语义结构的同一等问题在理论上并非一清二楚，须要专门讨论。但对本文来说，正确的、可以接受的命题内容，或语义结构 P(x,y,z)是对语句意思模块分析的第一个组成部分。

2 实际切分所产生的意思 R

前面曾提到命题是句子所有交际聚合体组成要素所共同具有的语义常体。那么，在言语中通过实际切分会发生哪些变异，新添什么意思呢？如果用 R 表示实际切分的语句的意思，那么 R 和前面的 P 有什么关系呢？

2.1 谓词可能被改换并重新确定。脱离开交际者和交际情景，命题中的谓词是以适于表示分类、特征、关系的名词、形容词、动词来表示的，在句法上它们都用做谓语。然而在言语中，根据已知与新知的关系、与上下文和语境的联系以及话语陈说对象与叙述核心的确立，说话人把语句分成主位和述位。有不少语言学家认为述位才是真正逻辑的、心理的或实际的谓词①，它和句子中以谓语表示的谓词并非总是一致。关于实际切分以及用谓语以外的词语成分作述位，已经发表了大量文章。下面只引用阿鲁秋诺娃所说的一段话："名称称名化形式（这里指句子前加上то，что 等用做题元的不完全称名化形式——引者）可能在实际切分的差异上互相对立：Меня удивило то, что Петя сказал эти слова, а моего друга удивило то, что, эти слова сказал Петя, сам же Петя удивился тому, что он сказал эти слова. 而且不排除使某个人感到惊奇的是：то, что Петя сказал эти слова Наде. 引起四个人惊奇的是同一事件（彼佳对娜嘉所作的一次谈话），但导致惊异的原因却各不相同。引起惊异的还可能是说话的时间不当，表白的地点不妥，有不受欢迎的人在场，也许最后可能引起惊奇的是对方谈话的语调。在同一事件中包含引起惊异、气恼、愤怒以及其他后果的众多原因，在同一事件中也就因而包含众多的事实。"②这段话主要是用来说明事件（событие）和事实（факт）的关系，但同时也清楚地表明反映同一事件并具有相同语义常体（指动词与题元的关系）的语句却可能把信息焦点聚集在事件的不同组成部分上：它可能是说话的主体（Петя）、对象（Надя）、词语（эти слова）或者是谈话过程本

① Лингвистический энциклопедический словарь. М., 1990.

② Н. Д. Арутюнова, Предложение и его смысл. М., 1976, стр. 139.

身及其实现的时间、空间、方式或在场的其他人。聚焦的部分就是述位的所在，当它与谓语不一致时，就出现新的谓词。在保留反映外在事件语义结构的同时，却表明说话人在认识事件过程中对其要素所进行的组配，把一部分划做已知陈述对象，另一部分则是凝聚新知的聚焦点，从而赋予语句由实际切分所产生的意思。

2.2 实际切分可能改变命题的性质。语言学者在描述句子的语义结构或对句子进行基本语义分类时，通常把它类比为原子命题，而在原子命题中，其主目，特别是表主体的主目（主项或主辞），应该是事物，而且有时还强调是个体事物。这样，反映这类原子命题的句子，其题元也应该是确有固定实指的词语。前面引阿鲁秋诺娃的例子 Петя сказал эти слова Наде，其题元都符合这一要求。然而在实际切分过程中，当以非谓语的题元为述位时，句子的其余部分（包括原来语义组织核心谓语）都转为主位。如果述位是逻辑或心理的谓词，则主位就应该是主项（或主辞）。这样，表面上看起来是表示一阶原子命题的句子，实际切分后已是二阶逻辑的句子，因为主项中包括了谓词。当述位是表示时、空、方式等副题元时，可以把主位中含有谓语的部分改为名词（所谓的完全称名化），如 Между друзьями было недоразумение. Петя объяснялся с Надей перед самой лекцией（или：в самой аудитории，очень странным образом）. 例中后一句的动词谓语可换成动名词（完全称名化形式）：Объяснение у Пети с Надей происходило перед самой лекцией（в самой аудитории，очень странно）. "当主体获得疏状性的谓词之后，就把事物意义变为事件意义。在称名化的过程中，题元由依附动词转而依附名词，并具备限定名词的功能，以帮助受话人弄清所说的究竟是哪一个事件。"[①]上面例子中的 У Пети с Надей 就起这种限定作用。而当用某题元单独作述位时，如前面阿鲁秋诺娃例子中的 Петя сказал эти слова. Сказал эти слова Петя. Петя сказал эти слова Наде. 只能换成 То，что Петя сказал，вот эти слова. Тот，кто сказал эти слова，Петя. Та，кому Петя сказал эти слова，Надя. 然而"俄语由于灵活表达实际切分的系统很完备，它通过语调和词序手段来实现，并可以移动否定的位置，从而避免以句子称名化的形式作

① Н. Д. Арутюнова，Типы языковых значений：Оценка. Событие. Факт. М.，1988，стр. 135.

为表二阶判断语句的主体。所以俄语中对事件和对事物的表述常常具有同样的形式，而以动作为对象的判断保留着对主体判断的句子结构。换句话说，对句子交际上的重新改组并不破坏其语法结构，新知增添于已知而不对后者进行转换”①。

2.3 实际切分将导致语句的功能发生变化。逻辑学把句子看做原子命题时，局限于谓词对主体作类别、性质和关系的说明，然而阿鲁秋诺娃指出“就俄语材料而言，在这本书中区分出四类逻辑－语法‘基本要素’：1）存在（或存有）关系；2）证同（或同一）关系；3）称名（或命名）关系；4）描述（或狭义的述谓）关系”②。只有最后一类句子符合已经提到过的对命题的要求，即对已知的具体事物（个体词）通过谓词词义内涵进行分类、性质或关系的描述，以体现对它新的认识。前面举过的一些例子也属于这种情况，但体现另外三种关系的句子，无法比照原子命题进行主辞（主项）与谓词的分析。

（1）先从存在句说起。康德就认为“存在显然不是一个真正的述词，或只是某一事物的某种概念，可用来加进另一事物的其他概念里”。根据威廉·白瑞德的解释，“那就是说，如果我想到一件事物，然而又想到那个事物存在着，则我的第二个概念对第一个的特点决定性没有丝毫的增进。”“因为康德宣称存在绝非理性能够想象的”③。从语言学角度来看，表示存在的词不包含可通过理性认识的义子，从而不能对想到的事物增加新的内容，因此这种词不能充当严格意义的狭义的谓词，一般也不能用做表新知的述位，故通常存在句的词序为：У меня есть книга. На свете не существует гном. Давно тому назад в городе Тифлисе жил（用于存在意义）один богатый турок.

（2）再看证同句（认同句或同一句）的特点。“与其他语句不同，同一句中不仅主位，而且述位也应该包含受话人已知的事物特征。如果述位的意义没有包含在交谈者的背景知识之内，则同一句未能完成交际任务”④，像 Девушка в лиловом платье — дочка же нашей учительницы.

---

① Н. Д. Арутюнова, Предложение и его смысл. М., 1976, стр. 66.

② Н. Д. Арутюнова, Предложение и его смысл. М., 1976, стр. 18.

③ 威廉·白瑞德：《非理性的人——存在主义探源》，黑龙江教育出版社 1988 年版，第 161 页。

④ Н. Д. Арутюнова, Предложение и его смысл. М., 1976, стр. 289.

Татьяна та, которая грустна и молчалива. 一类句子中"句子的任何部分都不包含新的信息,句中新的部分只是这种关系"①。这样,句子的两部分词语都不为另一部分增添新的信息,从而都不等于狭义的谓词。"只有两部分已知内容是同一的"这一点可算是新信息。

(3)至于表示称名或命名的语句,它对引入话语的人或物给予名称,赋予其专用的符号,尽管这一名称是新引进的,是受话人前所未知的,但是仅仅知道一个事物的名称,并不能增进对它的理解。正像卡尔·马克思指出的那样:"某个事物的名称与它的本质,没有任何共同之处。我对该人一无所知,如果我仅仅知道他名叫雅可夫。"可见命名句的名称也不能算做严格意义的谓词。对超越感性的思维以及体现它的交际过程来说,事物只有通过名称才能显示其自身存在。正像马克思、恩格斯所说:"就像亚当一样,人应赋予一切名称,以使这一切对他来说是存在的。"对于某些社会及其成员来说,特别重要的事物,尤其是人,除共名之外还必须有专名,以便使其从同类事物中区别开来。对一粒砂、一片叶,则无此必要,如 Этого мальчика зовут Иван. Город имеет название Вологда. Корабль носит имя «Матвей Журбин». Собаке дали кличку Муму. 称名句正是满足这一需要的。

所有这一类表示存在、证同、称名的语句在功能上都和描述句截然不同。但绝大多数语句都是体现原子命题的描述句,对已知确定的客观事物作分类、特征、关系的描述,从而表示主观认识,后者是语句核心部分,由谓词来体现。而另外三类句一般出现在描述句之前,用以帮助受话人确定所描述的对象。存在句先独立引出话题(作为即将对其进行描写的事物)并肯定其存在,以免导致产生"当今法国皇帝"之类的空指。这种仅知其存在的事物通过证同句把它和受话人已有的知识联系起来,从而变成确定所指事物,若再通过命名句获得专名,它就可以出现在以后的交流过程中,成为交际双方共知的对象了。例如一个故事的开头可能是:Есть у меня одна знакомая. Она же дама с романтической историей, про которую вы много слыхали. Ее почему-то звали Анна Николаевна. Она, насколько я знаю, чистокровная китаянка.

但是,上述四种不同功能,只有在言语中,在连贯话语中才能确定和

---

① Н. Д. Арутюнова, Предложение и его смысл. М., 1976, стр. 291.

判断。语言中经常执行某种功能的句子模式，由于实际切分可能变成执行另外功能的语句，这种变化有时还和词语的词汇－语法类别有关。举例来说 Плотник//работает в деревне 一般情况下无疑是描述句，但用倒装词序变成无切分句时，В деревне//работает плотник 则是存在句——"村里有个干活的木匠"。如果实际切分改为 В деревне работает//плотник，则是分类性的描述句，把已知的人（тот，кто работает в деревне）划入木匠（плотник）这一类，告诉对方"在村里干活的人是个木匠"。如果作主语（代替 плотник）的是一个对方已知的人，如熟悉的亲人（诸如父亲、舅舅）、朋友（Саша，Ваня 一类第一次引进的专名），在正装词序下作主位的上述名词与 плотник 无区别，但却不能用在颠倒词序的表存在的无切分句中，因对熟知的人无须论证其存在。当词序颠倒而语句又可切分时，如 В деревне работает//Саша（дядя），则为证同句——"在村里干活的是萨沙（或娘舅）"。词序相对固定的英语在翻译《罪与罚》中的句子 Старуху убил Родион Раскольников 时，则用 He，who murdered the old woman，was R. R. 表示其他三种逻辑句法关系的典型句子可能在言语中发生的变化，就不能在这里一一列举了。

综上所述，实际切分后，语句虽然保留了反映客观情景的命题内容，但其交际结构由于强调突出述位，这一语句的交际核心变成说话人认知形式中的谓词，谓词的改变，可能同时导致句子命题性质（指命题阶数）和功能（指逻辑－句法关系）发生变化，从而产生新的意思。

当 P（x，y，z）→R 时（R 兼表述位），会发生何种变化呢？

①若 R = P，谓词与题元关系不变，但可变换描述对象，如 X//граничит с Y→Y//граничит с X. 再如 Студенты//часто посещают библиотеку. →Библиотеку//часто посещают студенты.

②若 R≠P，而 R = X ∨ Y ∨ Z 或其他副题元（∨ 为析取号），如 Петя（X）//разговаривал с Надей（У）при учителе（Z）. →Разговор（P）Пети（X）с Надей（У）//состоялся при учителе（Z）. 此时，R = Z，语句中出现以谓词称名化形式表示的题元 P（x，y），语句表示二阶命题：$R(=Z)_{p(x,y)}$。

③若 R≠P 并且不表示对具体事物的分类、性质或关系，那么语句超出以描述为功能的狭义命题，转而表示其他功能，如存在、证同等。

3 语句中的情态 M

巴利说："情态是句子的灵魂，它和思想一样，主要形成于说话主体能动操作的结果之中。"①这样，分析语句的意思，就不能不涉及情态。然而对情态的定义、内容和分类却众说纷纭，从传统的二分法，即主、客观情态意义到六分法，即说话人的评价着眼于：(1)现实性与非现实性；(2)情景发生的可能、必要或仅限于其实现的希望；(3)对话语可靠程度有多大把握；(4)语句的交际功能或目的意向(陈述、祈使、疑问与希望句)；(5)肯定或否定意义；(6)对语句内容的感情、性质评价②。甚至有人认为"现代语言学对情态的解释极为广泛，很难找到两个作者会对情态有相同的理解"③。这里我们把情态分为三类：M_1 客观情态；M_2 主观情态；M_3 交际(意向)情态或态式。它们都是由说话人确定的，从而只能在言语中、语句中才能实现。现提出一些分析语句时应注意的情态方面的问题。

3.1 M_1 反映句子与现实的关系，表明说话人认为句中反映的事件是否在现实中发生(这和逻辑命题中的真假值有些差别)，包括事件潜在发生的可能性、必然性。M_1 的核心意义是表示事件的现实性与非现实性(后者包含条件、假定、愿望、祈使一类意义)，俄语中主要用动词式来表示，而"潜在性应理解为衔接非现实性与现实性的概念"④，它们可通过有相应情态意义的词汇，如 мочь，должен，обязан，хотеть 表示，但可能意义与必然意义有时也没有专门词汇表示。分析 M_1 时应特别注意这类情况。下面的语句分别表示可能(①—④)与必然(⑤—⑧)：① Ты *танцуешь*? — Я танцую，только плохо. (Тургенев)(指能否跳舞而不是正在跳)② Здесь вам каждый мальчишка *скажет*，кто я и что я такое. (Писемский)(能告诉你)③ Вот целое утро денег не *сочту*. (Островский)(不能算清)④ Вылезай — закричали товарищи. Да，вылезай! — отозвался Миша — Черта с два! *Вылезешь* тут! (Тургенев)(不可能爬出

① Ш. Балли，Общая лингвистика и вопросы французского языка. М.，1955，стр. 44.

② Теория функциональной грамматики：Темпоральность. Модальность. Л.，1990，стр. 68.

③ Теория функциональной грамматики：Темпоральность. Модальность. Л.，1990，стр. 67.

④ Теория функциональной грамматики：Темпоральность. Модальность. Л.，1990，стр. 76.

去）⑤ А она-таки *вертится*！（指地球一定旋转）⑥ Наниматель *отвечает* за вред，причиненный нанятому имуществу его домашними.（指应承担责任）⑦ *Быть* грозе！（一定会来暴风雨）⑧ Он клялся честью，что русские *погибли*，если император даст еще дивицию.（Л. Толстой）（指俄国人必被消灭）如果出现这种情况，可在 M_1 下用◇或□标出可能或必然；而现实意义、非现实意义一般都用相应的词汇、语法手段表示出来，可不必另行标明。

3.2 M_2 表示说话人对话语的态度和评价，其内容之驳杂，手段之多样，都不是 M_1 所能比拟的，对此《80 年语法》下卷有详尽的描述。与 M_1 不同，M_2 不是每个语句所必备的，表示 M_2 的情态词可以出现在语句的各个部分——开头、末尾，特别是中间，而 M_1 则集中体现于谓语（包括合成谓语），通过对其与主语（或主体）联系的评价来表明事件的现实性、非现实性或潜在性。M_2 中表示的评价有：感情的、话语方式的、性质程度的、与上下文联系的，等等，它们都各有其相应的表达手段，这里只想谈一谈表示逻辑性的情态评价，因为它牵涉语句内容与现实关系，与 M_1 似乎比较接近。我们着重分析这两者的关系。维诺格拉多夫写道："不表示感情，而表示理性评价的情态词形成专门的类别，这样的词有 вероятно（比较 по всей вероятности），понятно，несомненно，безусловно，очевидно，видимо，по-видимому，разумеется，может быть，действительно，в самом деле，подлинно 等等。这类词表示复杂的、充满细微差别的情态评价，对表述事实从纯主观的、有些摇摆不定的到对其可信程度作出客观的、逻辑上有根据的判断。"[①]这类用做插入语的、狭义的情态词和表客观情态意义的词语有什么关系呢？（1）前者表达的情态意义只局限在主观认识"可能性"的范围内，而不涉及描述事件发生的必然性与不可能性，因此，它比客观情态意义涉及的范围要窄。它对表述的可信程度从完全真实性到不同可能性作出评估，从而表明说话人对所说话语愿承担的责任，它只是间接地涉及语句内容与现实的关系；（2）狭义的主观情态词都是从正面表示话语的可信程度，因此只采取肯定形式，如 И исполнила над ним свою угрозу — с помощью какого-то，должно быть，соперника Валентина，кажется，жениха Лизы.（Гончаров）должно быть，кажется 都

① В. В. Виноградов，Русский язык. М.-Л.，1947，стр. 739.

不能用否定形式，而 M_1 则可用否定形式。此外，它们也失去人称意义，因为只表示话语主体（多数情况下即说话人）的主观评价；(3)"主观情态手段起着变异装置的作用，它关系到由动词式标示的基本情态类别。这些手段能涵盖并超越客观情态，并在语句内形成的情态评价等级中作出'最高级别'的鉴定。"①如 Он, может быть, приехал. Возможно, он приехал. Торги не состоялись, по всей вероятности. (Чехов) 在谓语前及在句首或句末的主观情态词，都使动词陈述式过去式的情态意义产生变异，把对事件的肯定（或否定）变得不大确定。又如 Он, может статься, и казаком уже себя не считает. (Веселый) 这个句子若没有情态词，则表示否定判断的语气很坚决（使用语气词 и, уже），但 может статься 却使语句变成对所述事实作出不肯定的推断、无把握的假定，从而给予最高级别的情态鉴定；(4)用做插入语的主观情态词，不仅可以出现在谓词之前，而且也可以出现在各种题元之前，而客观情态意义是句子述语性的核心组成部分，集中由动词（或系词）的式来表示，表示此类意义的情态词语，如 мочь, хотеть, должен, рад, можно, нельзя 等，或者与动词不定式构成合成谓语，或自成谓语，但不用于其他成分之前。试比较：Маша вчера получила посылку, может быть, от мамы. Гости приехали, должно быть, ранним утром. 与 Маша может получить посылку только от мамы. Приезд гостей — возможен (или невозможен)；(5)上述狭义主观情态词由于表示说话人的评价，而不是描述性的话语，因而往往语调上自成一体，有一定独立性，自身不可能成为述位，但它把交际重点聚焦在其前后所强调的、有句重音或逻辑重音的词语上。"插入的情态词语只能置于可能产生实际切分效果之处"②，从而成为确定述位的依据。"在这种情况下，在句子的边缘部分形成附加述语性核心的类似物，从而造成表述（сообщение）多述语性的效果"③。据我的理解，这就是指述位与谓词不一致，通过实际切分改换了语句原来表示命题的性质和功能。

3.3 现在我们再来看 M_3。модус 这个来自拉丁语的术语很难译，英文的解释是 manner or method of procedure，暂且译做态式。语言百科词典对巴利提出的这一术语解释为："任何语句中都体现出事实性内容（陈说

---

① Лингвистический энциклопедический словарь. Статья «Модальность». М., 1990.

② В. И. Бухарин, Синтаксис высказывания. Калуга. 1994, стр. 60.

③ Лингвистический энциклопедический словарь. Статья «Модальность». М., 1990.

диктум)与对所述说事实个人评价(态式 модус)之间的对立,巴利把态式定义为说话主体对陈说中的表象所进行的能动思想操作。”①由此可见 M_3 也是一种主观的、说话者个人对句子内容的评价,是主观情态评价,有时,把它看成 M_2 的一部分。但对陈说进行“能动思想操作”不大符合对主观情态意义的理解。阿鲁秋诺娃把“态式”理解为“命题(陈说)的永远搭档”,它包含两个有区别的部分:命题意向与所谓态式。“分离出命题态度(意向),首先是依据其确定说话主体与命题的关系,而态式把重点移到说话人所假定的语句内容与现实的关系,像 возможно, что...; может быть; не может быть, чтобы...这一类词一般不包括在命题态度(意向)谓词的范畴中”②。为了行文方便,把后一种情况叫做命题态式——M_{3a},它和命题意向——$M_{3б}$一起都是命题的搭档,统称为态式③。即使以命题态式来说,M_{3a}也不同于 M_2。首先,M_{3a}是对整个句子所表示的事件进行评价,因而用于复句,用于作为评价对象的从句之外,如 Вполне возможно, что все ребята соберутся вовремя. То, что все соберутся вовремя, вполне возможно. 而 M_2 可对句内某一部分聚焦,用做它的插入词语。试比较:Соберутся вовремя, возможно, все ребята. 其次,M_{3a}既可采取肯定形式,也可以用否定形式,如 Не может быть, чтобы он не сдержал своего слова. 而前面讲的 может быть, вероятно, должно быть 一类用做插入词语的情态词则不用否定形式④。第三,M_{3a}既然是命题内容的永远搭档,就不能是可有可无的,按交际目的划分的语句(陈述、疑问、祈使、愿望)就已表明句子内容与现实的关系了。

M_3 中的另一主要内容——命题意向 $M_{3б}$,就是言语行为理论中的言外之力(иллокутивная сила),也有人称之为意向情态(иллокутивная мо-

---

① Лингвистический энциклопедический словарь. Статья «Модальность». М., 1990.

② Н. Д. Арутюнова, Типы языковых значений: Оценка. Событие. Факт. М., 1988, стр. 106.

③ 许多语言学家都把句子内容与现实的关系与现实性/非现实性的关系看做情态的基本特征,因而把本文中大量的 M_2 和 $M_{3б}$的内容排斥在情态之外,并认为它只包含 M_1 和本文中所涉及的 M_2 及 M_{3a},它们分别对句子内容与现实关系作客观描述,主观评估和模态判断,详见 Теория функциональной грамматики: Темпоральность. Модальность. Л., 1990, стр. 59, 62.

④ 当 M_2 位于句首进行评价时,和 M_{3a}相近,如 Похоже, он не хочет уехать,但 M_2 作为插入语,即使在句子的首尾,也可挪入句中,它不得有逻辑重音,不用否定形式,不能用做复句中的主句,后面没有说明连接词,若一旦出现 что, чтобы, будто 等连接词,M_2 就变成 M_{3a},并不再具备上述特点。

дальность)。有些学者把用来区分语句类别的陈述、疑问、祈使甚至愿望也都列入命题意向,因为它们都包含着说话人告知、询问、要求、意愿一类意向。这种表示命题意向的 M_{36}构成命题(P)的交际框架或情态框架。

近年来,语言学中,特别是日常语言哲学和语用学把研究重心从排除情态意义的命题内容转向命题意向和命题态式,从话语的客观内容转向说话人的思想操作,并进一步从话语与现实的关系转向话语与说话者的关系(即由 M_{3a}转入 M_{36})。奥斯汀的言语行为理论,巴利和本维尼斯特的语言学说,特别是以阿鲁秋诺娃为首的学者对言语行为的逻辑分析,都体现这一趋势。目前,有大量的文献表明,研究已不局限在确定非词语的(隐性的)、第一人称表示说话人的所谓语势或言外之力上,而且致力于研究以词语明示的、用于各种人称信源主体①对其话语表示的广义态式。这种态式可能属于对命题内容操作的感知层面(видеть, слышать, ощущать, чувствовать),认知层面(знать, думать, считать, верить, не может быть 等)及意愿层面(хотеть, требовать, велеть, необходимо)等等。这些表 M_{36}的词语(модусные слова)可以把命题句的称名形式作为其题元,因而在语言中有其特殊的运作方式。对 знать, считать, верить 一类认知动词的描述应该不同于对 бить, есть, резать, 甚至 покупать 一类动词的描写。前几个动词属于非物理动作的范畴,无法通过具体动作显示它们的差别,甚至很难通过其句法性能,即相关题元来解释其差异。试比较:Я знаю/считаю/верю, что спор уже решен. 它们是对整个语句内容,对命题进行的思想操作,是二阶命题中的二阶谓词,是表示最高级别的情态裁决。例如:Он сомневается, что спор уже решен. 一阶谓词 решен 的情态、现实意义在信源主体那里已变得可疑了。关于命题(包括其称名形式:事件与事实)和对它作出的各种评价,在阿鲁秋诺娃«Типы языковых значений: Оценка. Событие. Факты»一书中已有详尽的描述。

现在回到我们研究的题目上来,M_3 是语句的灵魂。M_{3a}和 M_1 及部分 M_2 在一起表明说话人对句子内容与现实的关系,而且作出"最高"(或最后)鉴定。另外,M_{36}对语句内容(P)进行操作,而且使 M_1, M_2 都服从自己,使其成为实现说话人意向并达到某种目的的手段,M_2 中表示感情、理

① 关于信源主体与说话人的关系,请参看本集论文《说话人与受话人:从语用角度分析言语行为》。

性、方式、程度、数量的各种主观评价手段(本文未涉及这一部分)都服从于此目的,以期作用于听者的理智、感情、意志,使其相信,感动,受到鼓舞,从而达到预期的效果。M 的内涵可表示为:

$$M\begin{cases} M_{3a} > M_2 > M_1(\Diamond \vee \Box) \\ M_{36} > [P \rightarrow R] \end{cases} \quad (>表示支配)$$

4 语句中的指称意思 D

脱离开言语的句子,不和具体语境的现实相对应,也没有真伪之分。而言语中的语句,总是针对实际情况而发的。语句与现实的联系,首先是通过名项,特别是主辞(或主项)实现的,而谓词是通过名项才与世界对应的。这就是阿鲁秋诺娃所谓的"主辞属于世界,而谓词则是对世界的思考"①。由于名项主要是由名词、代名词(包括词组)表示的,因此,弄清它们的实际所指,从而进一步了解语句与现实的对应关系,就成为掌握语句意思的又一个组成部分。名词的指称已是热门研究课题,我国俄语语言学博士蒋国辉就以此为题撰写论文。我本人也就此题目写过几篇文章,有兴趣者可参阅华劭(1995),在这里不可能深入展开讨论指称问题。只想提出一些注意事项,供分析语句时参考。

4.1 语言中表示类指、有指、实(专)指(相当于逻辑命题中的全称、特称与单称)通常用一些量化词语手段,如 все, каждый, всякий, любой, некоторые, кое-какие, какой-нибудь, один 以及 тот, этот 等表示。关于这些词语的细微意思,已在上述拙文中分析过。应该注意没有量化手段时名词的指称内容。这里举几个简单的例子。

① Вот различие крепости и тюрьмы: в крепости стена всегда обращена к врагу, в тюрьме стены смотрят внутрь. (Битов)

这里的 крепость, тюрьма, враг 都表示类指,尽管它们前面都没有全称量词,当基于词的内涵意义将两类不同事物进行类比时,不需要指明外延的量化手段。

② Очевидно, что кошки и собаки не уживаются в одном доме.

根据列夫津(И. И. Ревзин)的解释,用复数表示的 кошки 与 собаки 指绝大多数的猫和狗,而不是把它们作为一个整体类,试比较 Собака —

① Н. Д. Арутюнова, Предложение и его смысл. М., 1976, стр. 238.

друг человека. 也不同于有量化手段的、相当逻辑中全指的 все собаки，全指不容许例外，因而不能仅仅指绝大多数；один дом 也指任何同住的一间房子。

③ У нас в стране тигры водятся в Уссурийском крае.

和 водиться，иметься，встречаться 一类存在意义动词连用，名词只能表示有指，句中 тигры 指"一些老虎"；而 находиться，располагаться 一类动词的主体却有固定所指，Тигры находятся в Уссурийском крае 的用法较少见，只能指全部老虎或已经知道的老虎。阿鲁秋诺娃甚至认为应把与动词搭配的名词指称特点写进辞书[①]。

俄语中有不少用做谓语的词，其主语只能是表具体专指的名词。如 Мальчик болен. Сапожник навеселе. Собака настороже. Ботинки ему велики. Старик в раздражении. Молодая красавица капризная. 而另一些作谓语的词，其主语则应是表类指或有指的名词：Миниюбка у них и в моде. Инженеры в дефиците. Молодая красавица всегда капризна. В лесу часто попадаются волки. Ученики бывают разные. 等等。

4.2 语句中的名词，其指称可能是定指的或不定指的，也称有定或无定，后者从语用角度又有强弱之分。分别与下述三种知识储备情况相对应：双方都知道（有定），都不知道（强不定）及仅说话人知道（弱不定）。试看下面的例子：

① Продам мешок огурцов，а деньги потрачу на курицу.

这里的 деньги 是定指，指卖黄瓜所得之钱，不用 эти 也明白；但 Продам мешок огурцов，на эти деньги курицу куплю.（Л. Толстой）却必须用 эти 才能表卖瓜的钱，否则不大通顺，因为"买"的意义中包含义子"花钱"，说 купить на деньги 是信息冗余。当没有指示词语时，有必要准确地确定名词所指，如 Жена с работником на хутор за рассадой уехала.（Веселый）句中的 жена 一般应指说话人的妻子，若换为 Работник с женой，尽管主语的组成要素不变，但 жена 更可能指 работник 的妻子。

② Утром к вам приходила одна студентка.

这里的 студентка 显然是说话人已知的，但对方对其却难以确定，是所谓弱不定。试比较双方都不知道的强不定：Утром к вам приходила

---

① Н. Д. Арутюнова，Предложение и его смысл. М.，1976，стр. 217.

какая-то девушка. 但在某些条件下可不用量化手段表示弱不定，如下列中的 кондуктор：На автобусе кондуктор продал мне этот билет. 有时甚至很难断定语句中名词所指的性质，如下例中的 миллиционер：Вася подрался с миллиционером. 然而弄清指称，不仅涉及对语句的理解，而且还关系到句子的功能，因为只有名词表弱不定时，才有所谓引进功能，并可被下面的句子继续展开描述。

③ У нас, к нашему счастью, был другой радист, не кончавший университетов, зато знающий свое дело.（Симонов）这里的 университетов 不固定指某所大学，当名词用于否定、疑问、希望一类语句中，由于事件并未实现，与其相关的主、客体也无法定指。这种不定指与语用关系较小，不分强弱，常用二格名词、复数名词表示。如 Огурчиков дашь？（Горький）Новых сотрудников не принимают.

4.3 正确确定名词的指称常常要考虑语句中其他词语，否则会造成语句意思异常。

① Химические реакции иногда сопровождаются выделением тепла.

这里的 химические реакции 缺少必要的指示成分和语境，不大可能表示特定的化学过程，иногда 由表动作频率（次数、有时）转而表示名词的量化——"有些化学反应"，相当于 Некоторые химические реакции сопровождаются выделением тепла.（某些化学反应过程中同时发热。）像 всегда, постоянно, часто, иногда 等表示"动作量"的词，一定条件下都可转而表示主项的类指或有指。

② В идеале, по-моему, театр должен быть понятен всем.

这里的 должен 有相当于名词全指量词的作用，指"每个剧院上演的剧目应为大众所理解。"正像某些情况下 может 可起存在量化作用一样，如 Отражение может быть верной копией действительности. 应解读为"有一些反映是现实的可信摹本"。

③ Врач лечит больных, а за ними ухаживает медсестра.

一般说，这里的 врач, медсестра 应为类指，只有对医生、护士的工作概括描述时才用。治病对医生（同样，护理对护士）来说，是包含在其词义中不可缺少的义子。因此，如无特殊语境，当指具体的医生，却说 Врач Иванов лечит больных. 乃是一种冗余信息。相反，当说 Врач там храпит. 只可能指固定的医生，而不可能类指，храпит 不是医生群体集合的典型特征。在这种情况下，语句中的 врач 应是交际双方已知的，因而以用专有名词为好。

综上所述，可得出结论：正确解读名词的指称是全面理解语句意思的一个组成部分。

5 语句可能蕴含的潜在意思 Q

语句除了用词语表示出的意思之外，还可能有潜在的、可推导出的意思，俄语中用 коннотация，импликация，имплицитный（подтекстовый）смысл 一类词来表示。怎样才能判断确有这些意思呢？多利宁（К. А. Долинин）说："潜台词一般都和言语运作中异常有关。像托尔苏耶娃（И. Г. Торсуева）、托多罗夫（Ц. Тодоров）所说'任何潜台词的本质都在违反准则'，潜在内容总和话语中存在某种'漏洞'相关，诸如遗漏，言犹未尽，混沌不清，自相矛盾，违反某些规范。"①总的说，语句中出现异常（аномалия），可以看做含有潜在意思的征兆。因为语用学中有一条"得体性的预设"：如果某些言辞业已说出，就意味着有其说出的理由。找出异常理由，就推导出潜在意思，并完成 P→Q 的演绎。

5.1 Q_1 指基于修辞的理由推出异常 P 所蕴含的意思。在语句的范围内，主要探讨以转喻与辞格为核心的修辞手段究竟表示什么意思，其中最重要、最常用的手段就是隐喻（метафора）。正像洛谢夫（А. Ф. Лосев）所说"象征性的形象……根本没有自给自足的意思，它表明还有某种别的东西，后者在本体上与那些构成转喻的直接形象并无共同之处"②。通过相近的形象去联想相异的本体，这就是由 P→Q_1 的过程。看下面普希金的诗：Улыбкой ясною природа/Сквозь сон встречает утро года. 显然，大自然既不睡眠，也无微笑，年度也不分什么朝夕。这些异常现象却表示另有所指，不难看出 утро года 指"岁首的春天"，从而由此进一步推出 сквозь сон 是"经过冬天"，ясная улыбка（明朗的微笑）似乎只能理解为"盎然的生意"。这些形象的修辞手段写出了春回大地，万物复生，怡然自得，喜获生机的景象。在下面的对话中也不难推出语句由隐喻产生

① К. А. Долинин, Имплицитное содержание высказывания. Вопросы языкознания, 1983, №6.

② А. Ф. Лосев, Знак. Символ. Миф. М., 1982, стр. 439.

的隐含意思。

— Я не виноват, что эпоха сломалась именно на моем поколении, которое от этого кровоточит. Я не хочу быть раной.

— Лучше быть раной, чем опухолью. (Инбер)

第一段对白中,表明"时代在我这一代人分崩离析",并由此导致"这代人流血"的说法。在这种语境中,说自己不愿成为流血的创伤,隐喻用得很自然,并生发出下一对白的"宁为创伤,不做恶瘤"。这里"流血"指"受难","创伤"表"牺牲",而"肿瘤"表"祸害"。不难分析出后一语句的真正意思是"宁可牺牲个人,不能贻害社会"。当某些用修辞手法表示的语句逐渐成语化或者成为名言警句时,由于原来的语境不复再现,内在理据已经消失,就比较难把握其真正的意思了。如 В карете прошлого никуда не уедешь. Дайте мне точку опоры, и я сдвину Землю. 等等,常常由于按字面理解,而误解这类语句的意思。阎晶明指出[①],有人把老子的名言"治大国若烹小鲜"理解为"治大国如同烹饪小鱼一样容易",并生发出许多议论,实际上老子强调的思想是"无为"治国,应像煎小鱼那样,不可胡乱经常翻动,否则易烂。对所有上述语句的理解,当然不能停留在字面意义 P 上,而要联想到形象相似、本体却不同的蕴含意思 Q_1,若以∽表示相似或相关,则 $Q_1 = \overset{\backsim}{P}$。

5.2 Q_2 代表基于逻辑蕴涵关系从异常的 P 衍生出来的语句内容。这里说的异常,不是指 P 的内容或结构有错,而是在特定语境中话语表面上看起来不切题,显得唐突、多余和意外,根据"业已说出的话语,必有其说出的理由"这一准则,人们以话语 P 为前件,根据环境和共同背景知识,衍推出后件 Q_2,通常 Q_2 叫做 P 的推涵(следствие, импликация)。一般把它用做表示间接回答的手段。— Не можете ли Вы сегодня дать мне консультацию? — Завтра у меня будет доклад на кафедре. 从表面上与问句无关的 P——"明天我作报告"推出因准备报告没时间,故"不能答疑"的 Q_2,从而做出间接回答。在日常生活中,不少语句都以推涵为要表达的意思,如 Кажется, скоро будет дождь. 除告知一个不大有把握的信息之外,受话人由于不同处境可以听出各种不同的话外之音。对行将出门的丈夫,它可能意味着:Не забудь взять с собой зонтик. 对晾晒

① 阎晶明:《关于用词》,中华读书报,1998 年 2 月 11 日,第 3 版。

衣服的女儿，它可能表示：Надо снять белье с веревки. 等等。由于使用语言时奉行节约原则，不须要把所有要传达的信息都用词语表示出来。因此，受话人（特别是学外语的人）应学会根据语境和背景知识来弄懂那些"言尽意不尽的语句"。当然，P 与 Q_2 联系的明显与隐晦，介于两者的中间环节的多少，交际双方背景知识差异的大少，对交际时空语境的判明程度，都可能影响理解。在文学作品中，常有名句包含不同的推涵，从而聚讼纷纭。另一方面也有些语句成语化，把特定的推涵作为其主要意思，如名言 Наши предки Рим спасли. 用于讽刺那些喜欢夸耀过去的人。它来源于寓言，某些鹅以为其祖先在敌人夜袭时大叫，从而拯救了罗马，从先人有功得出"它们应受到重视、享受荣誉"的推涵，近似阿 Q 的"老子也曾阔气过"。像 Мавр сделал свое дело（Мавр может уходить）. Юпитер，ты сердишься（— значит ты неправ）. 一类众所周知的名言，只说前一分句，就包含后一分句的意思。当然，这时的推涵已是词语的基本意义，与我们所强调的根据语境知识找出 Q_2 有所不同。这样，Q_2 是 P 在特定情景中的蕴涵，可用 $Q_2 = \vec{P}$ 表示两者关系。

5.3. Q_3 指根据会话准则推导出异常 P 所蕴含的意思。关于会话准则已谈得很多，现在对格赖斯理论又提出不少批评和改进，这不属于本文讨论的范围。当违反会话准则，话语就显得异常，使受话人寻求这样说话的理由，从而找出蕴含的意思。这样的情形主要出现在会话中，在这里只能举几个简单例子。

①当枪店老板推销枪支时说："— Самая модная система，мсье… Ежедневно продаем по десятки для разбойников，волков и *любовников.*"（Чехов）②Волга впадает в Каспийское море.（Чехов）③在回答询问某些人是否诚实时说："Они честны и не лгут，пока не нужно."④当孩子要求看电视时，母亲问：Все ли у тебя в порядке с домашними заданиями？⑤Постоянен（он）в своем непостоянстве.（Чехов）⑥Медицина учит，что холостяки обыкновенно умирают сумашедшими，женатые же умирают，не успев сойти.（Чехов）不难看出①句违反质的准则，是说假话，因为没有专用来打情人的枪，拿它和打匪徒、打狼的枪并列是讽刺、开玩笑；②句说了一句尽人皆知，不含新信息的话，借此刻画主人公平庸守旧；③在回答是非问题，提出多余的信息 пока не нужно，从而完全改变前面的意思，"一旦需要，就撒谎而不守信"，也是讽刺；④违反相关准

则，答非所问，事实上母亲的意思是："功课没做好就不准看"；⑤⑥违反方式准则，故意以矛盾表述方式指明⑤例的主人没有"恒心"、"常性"；而⑥句则表示对婚姻的一种"围城"心态。

Q_3 我把它译做隐涵（импликатура），它是一种非严格意义的蕴涵或推涵，P 和 Q_3 没有逻辑上的前件与后件的关系，从 P 推出 Q_3 的思想过程大致是：P 之所以异常，是由于违背了会话准则，为什么说话人不讲真话（说些信息不足或冗余的话，说些与话题无关的话，用晦涩曲折的方式讲话），一定别有意思，这就使受话人利用词语的、语境的、背景的知识去找出这一意思。

以上讲的是由违反会话准则引申出的意思，也是我们在这篇文章中要强调的重点。很多人指出，在遵守会话准则时也可能产生 Q_3，在某些情况下可以根据"霍恩级差"理论来推导。这个理论认为，在同一语义场所包含的有级差的各词项中，若断定级差中较弱和较低的项成立，就意味着"较强或较高的项不成立"，如说"班上有人去看电影"一般意味着"不是全体去"，说"水温和"一般表示"它不烫"，说"他偶尔去看戏"，暗指"他不经常看戏"，说"儿子放假可能回来"就含有"他不一定回来"的意思。因为全体和部分、烫和温、经常和偶尔、必然和可能之间都在语义上有级差强弱高低之别。推导的依据大抵是：如果是"全班去，那有什么必要只说有人去呢"？从而推出强项不成立。其余几个语句也可以作这样的推断。这有助于我们理解一些语言现象，如 Если он позовет меня на обед，то я пойду 往往意味着"不请我，就不去"；У него странная походка，он чуть хромает на левую ногу. 一般说，这意味着"他右腿没毛病"；Вчера я случайно попал в какой-то дом. 大概指的不是说话人或受话人的家。为什么呢？因为如果请与不请，我都去，那就是必定去；如果两只脚都瘸，那就是所有的脚都瘸；如果是交际者一方的家，那就是已知的固定的家。当判断弱项（可能请，一只脚有点瘸，不确定的家）成立，就意味着强项不成立。当然，这里的 P 和 Q_3 之间不是严格逻辑关系，因而 Q_3 可以取消，如听到第一句话后可问：Если он не позовет？而回答也可能是：Я все равно пойду. 显然这是一种不正常的、费劲的表达方式。但这更多地关系到语言经验，和我们前面强调需要经过推导得出的 Q_2 有些不同。此外，还有一种规约性的会话含意，如 Война есть война！Дважды два — стеариновая свечка！其意思是固定的，不用推导，了解它只是语义问题，有人甚至认为它是预设①。我们认为分析语句意思时，应把重点放在由于违反会话准则而造成的意思 Q_3，可用 $Q_3 = \overset{\Rightarrow}{P}$，$\Rightarrow$ 表示非严格的逻辑蕴涵。

5.4 简单谈一谈预设（用 Q_4 表示），因为它也是一种潜在的意思。举个例子来说：Ван Сяохуа выходит замуж за Ваню. 它包含的 Q_4 有以下内容：Ван Сяохуа 是女的，Ваня 是男的，前者是中国人，后者大概是俄国人，或者是斯拉夫人，都是成年，说话时未婚。在一定语境中，譬如谈论班上哪位同学有机会出国，上述语句可能有蕴涵（推涵）Ван Сяохуа скоро уедет в Россию. 和蕴涵相比，预设有以下特点：(1)不论语句采取肯定或否定形式，预设不变，而从该语句的否定形式推不出上述蕴涵（甚至得出相反蕴涵）；(2)预设是理解语句的前提，不遵守预设，将导致语句在深层次上的混乱，推涵是分析语句的结果，得出推涵，将消除语句表面上的异常；(3)澄清或肯定预设是向过去看，以找出生成语句之前就必须具备的条件，发现或引出推涵是向未来看，确定语句生成之后可能衍生的意思；(4)在篇章中预设往往表明语句和上文的联系，而推涵则往往预示语句在下文展开的可能途径；(5)揭示预设不能为语句提出任何新的信息，而推涵则为语句提供一种比字面意义更有价值的话外之音、言外之意。正因为如此，我们更重视 Q_2 与 Q_3，而不是 Q_4。

当把语句看成言语行为，对它来说，成功条件（含真诚、预备、本质条件）也具有近似预设的性质。

现在，可以对语句的意思作一个小结。(1)语句内容的核心部分是 P，用 P(x,y,z)代表命题内容中谓词与题元之间的关系，它是一切交际变体和情态变体共有的语义内容，它的题元在语句中有指称变化，而整个语句在使用中可能衍生各种潜在的意思；(2)由此出发，通过实际切分，P 发生变化而衍生为 R，R 所反映的客观事件没有变，但由于说话人对其有各种考察角度，作为描述对象（主位）和聚焦陈述部分（述位）可能变化。述位作为个人认识形式（命题）中的谓词的 R，它可能等于 P，当 $R \neq P$ 时，命题的性质功能就发生变化，如若 $R = Z$，则标示为：$R_{p(x,y)}$；(3)语句中作为题元的名词（含代名词）、名词词组（含限定代词加名词）都和现实中的事

① Е. В. Падучева, Высказывание и его соотнесенность с действительностью. М., 1985, стр. 44.

物相对应。用 D 表示的这一部分有两种应注意的情况，即 D 可指名词外延的全体、部分或具体的事物，后者就是逻辑上的个体词，前两者则由全称量词 $\forall$ 与存在量词 $\exists$ 表示，在语言学中它们被称做全指、有指与特指，从语用的角度又可分定指与不定指，不同的所指也使语句的意思发生变化，大体可用 $\frac{[D]}{(\forall x \exists y)}\ \frac{[P] \qquad\qquad [R]}{(P(x,y,z) \rightarrow R)}$ 一类符号来表示它们之间的关系；(4) M表情态，每个语句都通过谓语的式(наклонение)、含情态的实词和语调表示事件与现实的关系，即 M_1。M_1 若表示可能世界中的可能、应该，可以加上 $\Diamond$ $\Box$ 一类符号，而说话人对语句内容各部分可能作出各种理性或感情的评价，但这种主观评价 M_2 可能等于零，即 $\bar{M}_2$。而作为说话人对整个语句内容(命题)的命题意向 M_3 却是每个语句必有的，它是语句的灵魂，表示说话的使命和言语行为的目的。M_3 一方面体现说话人的认知和意图状态(如知道、相信、看法、意愿、怀疑等)，另一方面对受话人施加影响(使其知道、相信、感动或作出行动反应)。它还使 P，D，R，Q 及 M_1，M_3 各部分服从自己，成为达到上述目的、取得预期效果的手段。

$[M_3 > M_2(\vee \bar{M}_2) > M_1(\Diamond \Box)][(\forall x \exists y)(P(x,y,z) \rightarrow R)] \rightarrow [Q_1, Q_2, Q_3, Q_4]$

Q 为语句的潜在意思，它往往通过修辞释义得出 $Q_1(=\breve{P})$，推涵 $Q_2(=\vec{P})$，隐涵 $Q_3(=\mathring{P})$，从而消除语句表面上的异常；预设 Q_4，作为潜在意思只是保证语句正常，并不提供新的信息，$Q_4=\overleftarrow{P}$ 即逆向推导出的结果。另外，若 M_1 指现实世界，D 中的名项实指个体，则去掉它们下面或前面的括弧，不加标记。

上述语句意思的各组成部分，不仅互相区分，也有着密切联系，例如 P 的内容在很大程度上决定 R 与 M 的变异可能性，这从《80 年语法》下卷中给出的述语性聚合体的数量就可以看出来；定指和不定指与实际切分的关系也是不言而喻的；必然与类指，可能与有指也有一定的联系，如 Птица должна летать. 与 Все птицы летают. Некоторые птицы летают. 与 Птица может летать. 之间的关系。至于 P 是产生一切意思的出发点，M_3 是支配所有其余部分的灵魂，上面已多次谈到了。

阿鲁秋诺娃曾说过"就像当年句子(命题)把词从逻辑语义的统治位置赶下来一样，现在句子自身也被语句所取代。前来取代命题理论的是言语行为理论”①。这固然讲的是逻辑语义学的发展,但也与语言学发展密切相关。与言语行为理论密切相关的日常语言哲学就提出名言“在行为中把言语当做行为来研究”。这样,语句及其各部分意思自然成为语言学的关注焦点。它不仅成为研究动态言语关系的焦点,而且对实际运用语句也有重要的价值,有人甚至认为语言学者热衷于研究句子,而使用语言的人,特别是学外语的人,则更关心语句及其种种意思。

① Н. Д. Арутюнова, Предложение и его смысл. М., 1976, стр. 43.

说话人与受话人：从语用角度分析言语行为

索绪尔提出："语言和言语不同，它是人们能够分出来加以研究的对象"，"语言科学不仅可以没有言语活动的其他要素，而且正要没有这些要素搀杂在里面，才能够建立起来。"①从那时起，语言把社会的、同质的符号系统作为自己的研究对象，并取得了巨大的成就，人们对语言符号种种特性的认识日益深入，如符号的能指与所指之间的任意性与强制性，在言语活动中符号的离散性与线性，在语言体系中各类符号的层次关系以及符号内部常体与变体关系等。由此产生一系列重要的语言学问题：语言单位的区别性特征与它们所形成的体系的结构，低层次语言单位的积成特征与高层次单位的组成结构等等，而且在每个问题的认识上都由浅入深，由片面到全面，如对不同层次单位，不同类别的词（专有名词、普通名词、代词、动词、形容词）的符号性质作了具体剖析；区别出有不同程度离散性质的极限单位与非极限单位；某些重音、语调甚至语义单位具有的超线性特征；在组合关系与聚合关系之外，又发现转换关系与衍生关系（эпидигматическое отношение），提出一些新的语言单位，如形态音位（морфонема）、句素（синтаксема）等。总之，语言学家是把语言符号体系作为一个客观存在的现象加以研究。对体系的结构提出过种种公设，如把它们看成对立的二分结构、分布结构、语符结构、生成转换结构等等，根据每种公设都发现了语言体系的若干特性。与此同时，这些语言学家都有意无意地忽略了语言使用者的因素，他们或者干脆把个人的因素排斥在外，或者把说话者当做抽象的社会代表。至于交际过程参与者的个人特点，首先是说话者的身份、社会地位、所处的时空条件，特别是他的交

① 费·德·索绪尔：《普通语言学教程》，商务印书馆 1985 年出版，第 36 页。

际意图，则完全排斥在研究之外。但这些因素是难以完全抛开的，有时，它在交际过程中有着举足轻重的作用。诚然，索绪尔说过："可以说有一种言语的语言学"①，但实际上他对此是抱怀疑态度的，因为"在言语中没有任何东西是集体的；它的表现是个人的和暂时的"②。在排斥言语研究这一点上，结构语言学和生成语言学是一致的，就是传统语言学，对此也没有什么明确的论述。研究说话者的能动作用、人的因素，主要是从语言学以外的科学开始的，逻辑学、心理语言学、文艺学、教学法，特别是符号论的语用学都对此作出了贡献，这也反过来推动语言学的研究工作，一些学者已提出从语言研究到言语研究。这种研究不仅能满足教学、翻译的需要，而且也会对语言的描写与解释作出贡献。

1 说话人与主体范畴

"我思故我在"，这是笛卡儿提出的一个哲学命题。现在，语言学也提出一个类似的命题："我言故我在"。这个说话的我是与言语同在的，他总是或明或暗地反映在话语之中。有时，说话人有意掩饰自己，这也是他在话语中存在的一种方式。进行言语活动时，说话人是怎样表现自己的呢？最直截了当的办法就是以"我"的形式出现。这个"我"可能体现为：

（1）句中述谓内涵的主体。如"我在这里已经等了整整两个小时。"中的"我"是此时、此地与言语同在的、绝对具体化的说话人。对这个"我"来说，没有类指或特指的问题，也没有存在的前提问题。

（2）传递信息的信源主体。所谓信源主体，就是发出信息的人。如 Он думает，что жизнь становится все лучше и лучше. 中主句指明从句信息来源；Кислород справедливо считается основой жизни. 中省略了泛指人称的信源主体 всеми 或 людьми。如果信息来源就是此时、此地正在说话的人，如"我说（或我想，我认为，我相信……）他明天回来。"则说话人与信源主体合二为一。然而，并不是任何作为信源主体的我都能代表说话人当时的观点，在 Я ошибочно считал，что я напрасно старался. Проведенные мной опыты обещают кое-какие результаты. 这个句子中主句中的"我"不代表此时、此地在现场说话的人的观点，他好像是从说

① 费·德·索绪尔：《普通语言学教程》，商务印书馆 1985 年出版，第 42 页。
② 费·德·索绪尔：《普通语言学教程》，商务印书馆 1985 年出版，第 42 页。

话人异化出来的“我”，整个主句代表说话人过去的认识。通常把以说话人为主语，并以特定动词体现其现时意图、主张、以至行动的句子叫做施为句（这在下面还要提到），执行这种句子的动词，在语义、形态甚至搭配上都有一系列的特点。

（3）除了上述两种情况，还有不以人称形式（包括代词、动词的人称形式）表示出来的内在自我。在上例中，从句中的“我”（$Я_1$）是述谓内涵（старался）的主体，主句中的“我”（$Я_2$）是信源主体，（$Я_2$）除了表示信息来源，还通过 напрасно 对从句内容（$Я_1$ 的努力）作出评价，而主句中的 ошибочно 则表示此时、此地说话人对（$Я_2$）过去观点的评价。它表明还有一个内在自我（$Я_3$）。在绝大多数情况下，句子里述谓内涵主体与信源主体都不是说话人，如“小马昨天吹牛说，连你们球队在这场比赛中都会输给他们。”这里说话人是怎样表现的呢？首先，句子里的你们、他们以及非谈话参与者（第三者）的小马，都是以说话人为基准来确定的，时间（明天）、空间（这场）也如此。这样，说话人使言语具有定位性（локация），把脱离时空，没有针对性的抽象句子变成一定时空中有具体所指的语句，很多代词、代副词的意义，如人称代词、指示代词、时间、处所副词都必须和说话人联系在一起，才能获得实在的内涵。其次，上例里的“吹牛”、“连”都显出说话人的存在，表明此人对小马及其所说的话不以为然，不信任他对“你们球队”的估价。通常把制定言语行为策略以实现某种意图的说话人（真正的言语主体）叫做内在的自我（внутреннее эго），即上例中的 $Я_3$。从理论上讲，这种说话人在话语中是无所不在的，只不过是或隐或现而已。如 По справедливому замечанию критика автор книги во многих местах противоречит самому себе.（评论家正确地指出，此书作者在许多地方自相矛盾。）这个例子中“正确地”一词表明说话人的存在，他赞同信源主体（评论家）对述谓主体（作者）的评估。在公文语体、科技语体，有时甚至在文艺语体中，都可能有意掩盖真正的言语行为主体，抹掉作者形象，说话人力图造成一种印象，即句子所反映的内容完全符合客观现象，没有掺入个人的感情或意见。这样，作为言语行为主体的说话人与述谓主体、信源主体的关系是研究言语的重要任务，这就是语用学中的主体范畴。顺便指出，文学也研究作家形象与人物（特别是主人公）形象、与讲故事人形象的关系，因为作家以第一人称形式出现来讲述自身的经历毕竟少见，不难看出文学研究与语言研究的相互影响。

2 说话人与语义范畴

与言语同在的说话人对语言符号能否施加影响呢？在能指与所指关系之间有无机动灵活的余地呢？索绪尔及其后继者的回答是否定的。他认为"符号中能指与所指的关系是已经选定的东西，个人即使想改变也不能丝毫有所改变……不管语言是什么样子，大众都得同它捆绑在一起"①。语用学的出发点是研究"人与符号的关系"，更确切地说，现代语用学是研究"人如何通过语义和句法实现自己的意图"②。如果能指与所指的关系是永远不变的，语用学也就失去了存在的前提，缺口正是从这里突破的。在文艺领域也有类似的争论，根据斯坦尼斯拉夫斯基（К. С. Станиславский）的戏剧理论，演员（изображающий）与被演角色（изображаемый）应完全吻合一致。与此相反，德国戏剧家布雷希特（B. Brecht）主张："不应该产生错觉，似乎表演的演员与演出的角色是完全等同的。""当通过动作表演剧中人物时，须指明还可采取其他动作，这样就可作出抉择，从而能进行批判"③。法国符号学者罗兰·巴特（R. Barthes）写道："布雷希特整个戏剧活动的原理宣称：戏剧艺术与其说应该反映现实，不如说要指出现实（即以其为所指）。因此有必要在能指与所指之间保持一定距离：革命性的艺术应该允许符号有一定的任意性……布雷希特的思想与建立在自然反映现实基础上的艺术观点格格不入"④。这样，就给导演、演员在理解、表现角色时留有发挥创造的余地。布雷希特将高尔基的《母亲》搬上舞台时，就独特地发挥了原著的主题思想，原著强调"群众在革命的宣传鼓动下觉醒"，他则强调"母亲"这一肉体上生育儿子的人物，从精神上讲，其觉醒的新生命却是儿子所赋予的。在这里《母亲》的意义是异乎寻常的，一定程度上是和公认的意义截然相反的。

这种说话人所赋予的意义（значение говорящего）就是所谓语用意

---

① 费·德·索绪尔：《普通语言学教程》，商务印书馆 1985 年版，第 107 页。

② Ю. С. Степанов, В поисках прагматики (проблема субъекта). Известия АН. Серия литературы и языка, 1981, №4. стр. 326.

③ Ю. С. Степанов, В поисках прагматики (проблема субъекта). Известия АН. Серия литературы и языка, 1981, №4. стр. 328.

④ Ю. С. Степанов, В поисках прагматики (проблема субъекта). Известия АН. Серия литературы и языка, 1981, №4. стр. 329.

义或实际的意义(смысл)。言语中的语用意义与词典中的词汇意义并不总是雷同的,如 Не скажете ли вы,где находится почта? 这句话的意思不是要知道“对方能否说出邮局在什么地方”,而是在“问路”。契诃夫小说中的一位主人公把自己的情人称呼为 Моя крыса!(我的耗子!)这里不仅词的意义,而且所指的事物都和社会公认的规范不同。透过词语研究说话人所想表达的意义与实际所指的客观事物成为语用学的主要课题之一。在这里我们又看到语言学朝着与索绪尔意愿相反的方向发展,即从只研究符号的客观、社会的特性转向兼研究主观、个人的因素。应该指出两点:第一,说话人只能在一定背景条件下,一定上下文中和一定程度上影响能指与所指的关系,否则就会导致交际的混乱。然而正是通过对说话人语用意义的研究,人们才把注意力转向那些生动活泼的个人用法、特定情景中的语义变化、形象有趣的联想、双关的妙语等等,而这些内容正是在语言形式化过程中力加排斥的东西。像 Мы оказались за круглым столом с острыми углами.(我们出席的是有楞角的圆桌会议。)意思是指“协商研讨棘手的问题”。第二,说话人的意义主要是通过句子(更确切说是语句)或更大的连贯话语来实现的,只局限在词的范围内,是做不到这一点的。斯捷潘诺夫说:“在许多场合下,处于篇幅很长、变化发展的上下文(话语)中的语言单位,与在简短上下文或被孤立考查的语言单位相比,其语义特点可能截然不同。”①这种向主观方面倾斜的研究角度导致语义分析的重点由词转到语句和篇章。兹韦金采夫把没有说话人的抽象句子叫做类句、准句或假句(псевдопредложение),它只能具备类意思、准意思或假意思(поевдосмысл)②。只有人在具体语境中为了实现特定意图说出的句子,才是真正的句子,说话人所赋予的语用意义才是话语的真正意思。这样一来,说话主体使词、句或更大语言单位的抽象普遍语义带有明确的针对性和鲜明的个性。

3 说话人与情态范畴

如上所述,说话人的存在体现在他通过语句反映一定现实,并赋予语

---

① Ю. С. Степанов, В поисках прагматики (проблема субъекта). Известия АН. Серия литературы и языка, 1981,№4, стр. 330.

② В. А. Звегинцев, Предложение и его отношение к языку и речи. М., 1976, стр. 185 – 200.

句特定的意思，从动态角度来看，说话是形成述谓内涵的言语行为，与此同时，说话人还通过语句内容表达言语行为的目的和意向，表明对语句内容的可信程度、价值评估、态度亲疏等等。在俄语语言学中把这些方面的内容统称为主观情态意义，这一术语是相对于客观情态意义而言的。其实，后者所指的句子内容与现实的关系也是由说话人所确定的。因此，主观情态意义是一个非常庞杂笼统的概念。概括说，说话人在述谓内涵之外，给话语添加了下列主观内容。

（1）交际意图。英国哲学家奥斯汀所说的言外之力主要就是指这方面的内容。法国语言学家巴利①借用逻辑术语，把它叫做模态（modus），认为它是句子的灵魂。只有在所谓施为句中，说话人的主观主张、乃至行为，才是直接用词语表示出来的，如发誓：Клянусь, я уйду не позже семи часов. 求婚：Прошу руки Вашей дочери. 抗议：Заявляю протест. 建议和局：Предлагаю в ничью. 立遗嘱：Завещаю библиотеку моим внукам. 批准：Утверждаю. 等等。这些用现在时的第一人称单数施为动词的句子本身就代表一种行为，是"以言为行"，"说话就是做事"。某些情况下，所说的话真有法律保证、行政认可一类的力量。这种句子主要不是用来反映客观现实的，像祝贺新年 Поздравляю вас с Новым годом. 或道歉 Прошу извинения. 都不包含什么信息内容，也没有真假值的区别。但在更多的场合，是在词汇组成和语法结构相同的句子中，通过加上各种虚词以表示说话的意图，如① Вы напишете ему письмо.（预言或吩咐）② Пожалуйста, вы напишете ему письмо.（请求）③ Напишете ли вы ему письмо?（疑问）主观意图也可能没有任何明确的词汇、形态标志，只能结合语调和语境来判断它，如 Я уйду не позже семи часов. 在不同条件下，它包含的用意可能是预言、许诺、警告或威胁。这种主观意图游离于句子的词汇和语法结构之外，是所谓"言外之力"。

（2）说话人对语句可信程度的评价。它可以单独用复句中的主句来表示，如俄语中的 Наверно（возможно, думао, не думао, кажется, сомневаюсь, вряд ли），что…，也可以把上述某些词语用做句子的插入成分，它们表示的可信程度，介于肯定（я утверждаю）与否定（я отрицаю）之间，其目的在于给自己留有余地，对所说话语内容的真实性从不能完全担保

① Ш. Балли, Общая лингвистика и вопросы французского языка. М., 1955, стр. 44.

到完全不承担责任，而肯定与否定都是正面表态的言语行为，这种从或然到必然之间不同程度的评价，都属于主观情态的范围。

（3）价值评价情态（аксиологические модальности）。它也属于广义的主观情态范畴。对话语内容是否满意，其价值取向，评价角度、好恶标准均与说话人的立场、观点、态度有关，价值评价可分为针对整个语句反映的事实和针对局部句子反映的事物。前者如 Хорошо（плохо，интересно，скучно，беда），что мужа нет дома. 后者如 Муж хороший（плохой，интересный，скучный）. 俄语中所谓的说明句中的主句，除表示信源外，同时也是体现各种情态意义（包括价值评估）的典型手段。试比较 Я уверена（клянусь，сомневаюсь，мне кажется，оказалось，возможно），что мужа нет дома. 从这个角度来看，传统语法绕开这类句子的实质，只从结构出发，自然难于把 Беда（возможно），что мужа нет дома. 划入带主语或补语从句的主从句。语用学注意从说话人的价值取向角度来研究某些语言现象，这包括 целый，всего，уже，где еще，лишь，только，чересчур，чрезвычайно，достаточно 一类词以及某些词汇叠用和成语结构，脱离开说话人的价值取向很难妥贴地解释它们的用法。试比较：Я ждал вас целый час/всего час/весь час. 用 целый час 表示说话人认为已超过心目中应等的时间，всего（或 только，лишь）час 则相反，认为等的时间不长，没有达到心里预期的时间界限，весь час 则未作出评价，是中性的。同样 Ей еще только 20 лет. 和 Ей уже 20 лет. 两句结构与所反映的现实都是一样的，但说话人对女孩年龄大小的估价却不一致。对这类词汇已有不少研究。如果说说话人用前面提到的 плохо，хорошо，скучный，интересный 所表示的价值评估更多地以公认的，客观的尺度为依据（当然也可能有主观成分），如好刀指切东西快的刀，好书是内容丰富的书，那么，целый，всего，еще，уже 一类词则主要是体现主观价值取向。某些词汇叠用和成语结构也有类似的性质，这可以从下述对话中看出：—Вот это дождь так дождь！— Это-то，по-твоему，сильный дождь？Да это так себе дождичек.（——瞧，这场雨才叫雨呢！——你以为这是大雨？可这不过是平常的小雨。）又如 слишком，чересчур 一类词与肯定评价的词连用，表示说话人认为已超过心目中的或常规的标准，转而把事物评价为不恰当的、不适宜的、甚至是不好的，如 чересчур легкий характер（不庄重的，过分随便的性格），слишком вежливое обращение（过分客气的态度）。但有时候特别是与否定评价词连用时，它们又单纯强调程度，并不转而表示相反的评价，如 чересчур легкий успех（来得太容易的成功），слишком грязное белье（极脏的内衣）。所有这一系列问题都是语用学力图要解决的。研究说话人的主观评价也不能只局限在孤立的词语范围之内，即使是表示主观评价的词素，在不同的上下文中也可能获得不同的意思，如①А ударчик — самый сок，прямо в верхний уголок！（Вознесенский）（只要轻轻在瓶上一敲，就汁液飞溅，直射房顶屋角！）②Но ударчик получился слабенький，и мяч в ворота не попал.（口语）（但一记软射，有气无力，球没能破门。）这里的-ик 是所谓指小表爱的后缀，但这类后缀并非永远都表示喜爱的感情。如 — Защитничек нашелся. Много вас таких!（Распутин）（可真找着个保驾的啦！你们这样的人有的是！）像 Хорошенькое дельце！（干的好事！）这样的句子，无论从词汇或词素意义来看，其内容都表示肯定感情评价，然而在口语中却可用它指不满意的事情。拉帕金（В. В. Лопатин）指出："语句中的这种主观评价因素属于被人们称做语用的功能范畴"，"主观情态意义富有表现力，它'添加'在概念性（认识性、述谓性）内容之上，由于前者可有可无，并非必备，故具有一系列与后者对立的特征。"①

综上所述，说话人是语用学研究的首要因素，通过弄清与述谓主体、信源主体的关系来发现言语内在主体——说话人，从而使说话内容获得明确的针对性和定位性；在反映客观现实的述谓内容中，通过研究各类语言符号单位的使用，以了解话语中反映说话人一定程度上的自由创造性和言语个性；通过对说话人的意向、情态、评价的挖掘，以弄清话语的目的性和情态性。

任何言语活动过程都是一种生理、物理过程。虽然对言语行为有不同的划类，但是从内容和功能角度考察，可把它看做：（1）述谓性的叙事行为（пропозициональный акт）。述谓内涵就是反映特定客观现实及对它的认识（即 референция и предикация）；（2）意向性的行事行为（иллокутивный акт）。意向的内涵就是反映说话人的意图，包括目的、感情评价等主观情态范畴；（3）施加影响性的成事行为（перлокутивный акт），

---

① В. В. Лопатин，Словообразовательные средства субъективно-оценочной прагматики высказывания и текста. Русский язык（языковые значения в функциональном и эстетическом аспектах）. М.，1987.

其内涵指对受说话人的思想、感情、行为施加影响，也就是所谓奥地利心理学家比勒提出的复现、表现和感召敦促功能（репрезентативная，экспрессивная и апеллятивная функции）。这些功能往往体现在同一言语活动中，但说话人可能突出某一功能。如果说复现功能是把话语和客观现实联系起来，表现功能使话语与说话人的主观世界联系起来，那么言语的感召功能（施加影响性的成事行为）就通过话语把说话人与受话人，并通过后者与整个社会联系起来。因此，从交际的语用观点来研究语言，受话人是仅次于说话人的重要范畴。

4 受话人是言语行为中的结构要素

受话人和说话人一样，是言语行为中相当普遍存在的因素，只是明显程度不一。阿鲁秋诺娃对此作了全面分析。在祈使句和疑问句中可以最明显地感到有所谓受话人的存在。因为说话人的意图就在于敦促交际对方作出行动或回答。这两类句子一般都可加上呼语以指称出受话人。一旦失去具体的交际对象，疑问句就变成抒发感情的感叹句，如 Чего я только не видел?!（我什么没见过?!）Кто в силах удержать любовь?（Пушкин）（谁能抑制爱情?）而祈使句没有直接说话的对象就变成箴言、警语、劝导、戒律，如 Не плюй в колодец: пригодится воды напиться.（别往井里吐痰，将来你也许会喝井里的水。）Если хочешь быть красивый，поступи в гусары.（Прутков）（要想漂亮神气，就当轻骑兵去。）其次，陈述句中，有以言为行的施为句，受话人的因素对这类句子也是不可缺少的，无论是许诺 发誓、命令提议，还是警告要求、宣布呈报，都是针对受话人的。至于作为交际行为的礼貌话语，虽然不包括什么信息，也必须传达到受话人，才算完成自己的使命。第三，至于一般的陈述句，说话人为了实现某些自己的意图，也必须有受话人，如恭维讨好、撒谎欺骗、玩弄词藻、口是心非、指责威胁、申诉教训、诉苦抱怨，一直到表演节目中的插科打诨无不如此，它们都旨在影响受话人的思想、感情，虽然不一定要求其行动或回答。对那些插科打诨的演员来说，作为受话人的观众只要静坐现场而不哄闹散去，就是对他们的欣赏和嘉许，而这正是演员们语言表演的目的。只有进行纯认识活动的言语行为才削弱了与受话人的联系，说话人可以自言自语，把要说的话写在日记和笔记本里，这种情况下，即使有受话人，也是与认识目的无关的“后来增补”的受话人。至于内在言语，也是有受话人的，他们可能是外界真实的人，由于内在言语是一种"关起门来"的活动，说话人与这种假想其在场的受话人打交道，可能向他抱怨、坦白、辩解、争论等等；受话人也可能是说话人自己，此时说话人一分为二，如受良心谴责、自我评估、自我规劝、保证、激励去采取某种活动等等就是如此。受话人也可能是主宰一切的上苍神明，说话人对之祈祷、发誓、忏悔等等。至于文艺作品中的受话人，则是作者施加美育、德育的对象。这已成为文学研究中的重要课题。由此可见，除极少数情况之外，作为交际活动的言语行为总是需要受话人的。

5 受话人是组织言语行为必须考虑的因素

受话人是支配言语行为的重要因素，当说话人组织话语、选择表达方式与手段以实现自己的交际意图时，必须考虑这一因素。受话人不是一个笼统的概念，在交际过程中，他和说话人所处的地位、所扮演的角色应该是互相协调的：两者的地位可能是平等的，如彼此是朋友、邻居、旅伴、同事、铁哥们等等；也可能是有区别的，互相匹配的，如师生、上下级、夫妇、父子等等。每一言语行为都是针对特定类型的受话人。谈话对象对路才能实现交际意图，取得预期效果。如果谈话双方的角色地位不匹配、不协调，往往会导致破坏交际，如以对学生、对下级的说话方式或内容去对朋友、亲人进行交际，就会如此。可见，受话人是言语行为中所必须考虑的因素。格赖斯所提出的交谈人必须遵守的四项"合作原则"，即量的准则、质的准则、关系准则、方式准则，都是说话人对受话人应承担的义务。这样，受话人的作用不仅表现在支配言语交际礼貌方面，它还迫使说话人用心地组织自己的言语，太过随便势必引起受话人的诘问，从而妨碍贯彻自己的意图。说话人是在受话人无形压力下组织自己言语的。加克(В. Г. Гак)[①]指出以受话人为对象的语义范畴包括信息性、生动性和透明度。首先看信息性，说话人的主要目的就是将述谓内涵、信息内容告诉对方。对受话人来说，信息价值有大小，内容有新旧，反映的现实分有定与无定，这些都是构造言语时必须考虑的。实际切分中主位与述位的划分、相应表达手段与强调手段的选用、词序排列、词语的省略与重复、语用前提中所包含的共同谈话场合和共同背景知识都属于信息性的范畴，这

---

① 加克：《语用学、约定俗成与言语语法》，《国外语言学》1988 年第 1 期。

些因素在传统的成分分析和形式化研究中都曾一度有意或无意地被忽略了，只是近年来才引起人们的重视。其次是所谓生动性，这更是从影响受话人的思想、感情着眼的。说话人的言语行动表现力就是为了从受话人方面获得预期的效应。说话人不仅可对话语内容作出情态评价，而且对谈话对方也可以表示亲疏态度、爱憎感情、褒贬评估，例如可对同一受话人使用不同形式的呼语，假定谈话对方是俄国人 Иван Петрович Сергеев，说话人可分别称他为 Гражданин Иван Петрович Сергеев，Товарищ Сергеев，Иван Петрович，Ваня，Ванечка，甚至 Вань。使用不同的称呼，就亲疏自见。用带有指小表爱后缀的词作呼语仍是极为寻常的事，如 Илья Ильич нам помощник，правая рука. Давайте，крестненький，я вам еще налью.（Чехов）（伊里亚·伊里奇是我们的好帮手，左膀右臂。来吧，亲爱的教父，我再给你斟一杯。）这类名词还可用来称谓与对方有关的事物，如 Глазки，кажется，заплаканы… Нехорошо.（Чехов）（好象小眼睛都哭肿了……这可不好。）Ну，как у вас обстановочка? Как делишки? 这些词都使受话人感到亲切、随便、甚至有一种平等感。同时，有这类后缀的词汇也可能表示格外的有礼，过度的殷勤，如 С виду такой тихенький，говорит так деликатно：«Одолжите ножичка починить перышко»，а там обчистит так，что только одну рубашку оставит на просителе.（Гоголь）（看样子，挺文静，说起话来挺有礼貌："借借小刀修修笔"，可搜刮起有求于他的人，真厉害，除了贴身衬衫，什么都剥光。）从语用角度来看，仅是带各种后缀的词在话语中就可有不同的功能。其他的语言手段，如语音、语调、词汇、成语都可以成为影响受话人的手段，但对这类现象的研究尚未受到应有的重视。像呼语这样一类与受话人直接有关的范畴，长期被认为与句中其他的词没有联系，因而被排斥在形式化的结构分析之外。最近，有人从语用角度指出，称谓也应根据最大信息原则，知道某人叫 Иван，就不宜用 Молодой человек 招呼他，知道某人叫 Иван Иванович（名字和父名），就不应只称姓（如 Иванов），某人在场时就不能用 он，она，而应以名相称，如 Марья Иванова（а не она）разрешилась. 即"玛丽娅·伊万诺娃生孩子了。"，不说"她生孩子了。"①传统语法

---

① Г. Г. Почепцев，Коммуникативно-прагматические аспекты семантики. Филологические науки，1984，№4.

中的某些插入语也是直接指向受话人的，像 представь(те) себе, вообразите, заметьте, видишь ли, слушай(те), смотри, гляди 一类插入语的动词形式都是指向对方的。在什么场合下选择哪些有效手段才能使话语生动，影响受话人的思想感情，收到预期效果，这正是语用学的研究课题。再其次，所谓透明性，主要是指说话人在多大程度上清晰明确地表达自己的意图，这也是与受话人密切相关的。像欺骗、愚弄对方的意图自然要隐蔽起来，就是恭维讨好一类的动机也会有所掩饰。本想掩饰又不得不说出批评、指责、否定的评价，往往加上"作为朋友"、"同志"(как друг, по-дружески, как товарищ)之类的插入语。如果是对对方作肯定评价，用这类插入语一般说是不恰当的，如不说 * Я говорю тебе как друг, что ты талант. 当话语内容对受话人是不愉快的，或出于礼貌、感情的考虑是不便直说的，于是采取讽谕、暗示一类间接言语行为。这是语用学中讨论得最多的问题。所谓间接言语行为就是"说话人想说的多于他所说的"，从而不能按字面意义去理解。例如：教师在讲课时发现学生在干别的事，于是说："我不妨碍你吗？"(Я вам не мешаю?)或者看到对方做了错事、蠢事而问道："你都干些什么呀？"(Что ты делаешь?)由于说话人并非真正发问，受话人基于交际质的准则，通过表现的疑问形式去理解对方的真实意图，知道两句话的真实意思是"别干与听课无关的事！""我不赞成、不满意你干的事。"又如下述两个俄语问题：① Говорят, эта статья короткая, но содержательная. Как вы считаете? ② Девушка не курит, правда? 如果回答是 Это статья действительно короткая. 及 Она не курит при отце. 这表明回答的人认为，"文章是没有内容的""女孩背着父亲时抽烟"，否则答话人就违反量的准则，前一句对问题的后一半未作答复，信息不足，后一句又包含超过答问所需要的信息 при отце。同样，如果对 Хороший ли профессор Н? (某教授教课好吗？)这一问题的答案是 Он хорошо играет в шахматы. (他棋下得好。)对 Help me with this stack of books, will you? 答案是 Help you! Do you think I work here? (帮你忙，你认为我在这是干活的？)意思多半是"他不是个好教授""我不能帮你拿书"，否则说话人就违反了关系准则：话不切题。Он поднимается вверх по лестнице, ведущей вниз. 这句话只能理解为转义，即"他沿着堕落的梯子往上爬"，否则说话人就违反方式准则，表达不清，词语矛盾。这样的例子很多，一些句子的语用意义(会话含义)必须在特定的语境中才能实现，没有规约性可言。而另一些句子的言外之意却与语境无关，如 Дети всегда дети！（孩子总是孩子！）有“孩子总免不了淘气、幼稚”一类的含义。有些疑问句固定表示建议，如 Можно предложить вам чашечку кофе？ Не угодно ли посмотреть нашу библиотеку？有些则表示请求，如 Нет ли у вас спичек？ Не скажете ли вы，как пройти на почту？ Вы не могли бы помочь мне с вещами？它们在俄语中已有规约的性质，是婉转表达用意的常用手段。由此可见，说话人可以采取不同程度透明的形式向受话人掩饰或表明自己的意图。

6 答话人的被动地位与主动抉择

前面的分析表明，为了考虑效果与影响，说话人制定言语策略时，必然要估计到受话人的作用，把他放在相应的地位，并不单纯是“甲对乙说某事是因为想让乙知道它”，给受话人安排的角色也不仅仅是沉默的听者和信息代码的译码人。当说话人祈使、命令时，他是潜在执行人；当咨询、提问时，他是潜在的信息提供人；当许诺、发誓时，则他应是证明人、监督人；当抱怨、诉苦时，他应是给予感情补偿的知心人或好心人；当责备非议时，他是受难者、受审者；当议论争辩时，他是附和者或对立面；当妙语连珠，插科打诨时，他应是会意者、欣赏者。如此等等。总之，受话人是处在一种被动地位，只有接受为他安排的角色并作出相应反应，才能交流思想、沟通感情、配合行动。即使受话人转而变为说话人，其被动性质也没有完全改变。为了使交际畅通，话语必须在既定的渠道中进行。说话人可分为引出话头的发话人与作出反应的答话人。形象地说，前者采用的是主动进攻性的说话策略，后者则是被动性的防卫策略。孤立地分析研究言语行为是片面的。当会话包含一系列言语行为时，第一个话轮（реплика）在语用条件、说话策略、句子构造上都有别于其他话轮。因为在非第一话轮，说话人身份是由受话人转变而来的，处于被动地位，除非他重起炉灶，另立话题，对前面的话充耳不闻，但那时已变成聋子对话，而不是正常的交际了。这种答话人虽处于被动地位，采取防卫策略，但并非没有任何主动自由而言。首先，在作出答话反应时，可在不改变句子意思的前提下，选择表达方式，强调不同的侧重以贯彻自己意图。当认为对方所说的话不符合事实时，可以直截了当地说：“这不对。”（Это неправда.）；也可表示责备：“你说的不是真话。”“你撒谎。”（Ты говоришь неправду.

Ты лжешь.）也可说得轻一些，不刺激对方，只限于表个态："我怀疑。""我个人不大相信。"（Я сомневаюсь. Я лично этому не верю.）等等。其次，对有些间接言语行为不作出说话人预期的反应，却按字面的意思来理解那些俏皮的语用意义。如前面提到的教师讲课时去提醒学生停止干别的事时说 Я вам не мешаю?（我不妨碍您吗?）学生却按字面理解，故意回答说 Нет-нет, нисколько, пожалуйста, продолжайте!（没什么，一点不妨碍，接着讲吧!）又如主人说 Уже одиннадцать часов.（已经 11 点了。）暗示客人该走了。客人对此不满，故意地说 По моим часам без четверти одиннадцать.（我的表差一刻十一点。）等等。在这种情况下，很难认为答话人破坏了会话的原则。最常见的一种以攻为守的答话策略，则是指出对方的言语行为是不合适的，不必要的。俄语的下述例句分别表示：(1)对方整个言语行为或组成部分是不合适、不必要的，如对 Так, маманя, ты будешь дома?（大娘，你在家吗?）的下述回答：Странный вопрос!（问得奇怪!）Где же еще?（我还能上哪去?）Разве ты не видишь?（你不是看见了吗?）Какая я к тебе к бесу маманя!（我是你什么见鬼的大娘!）(2)表示言语行为时间、地点不合适：Нашел время(место)спрашивать!（你可真会找时间或地点问问题!）(3)指出该言语行为参加人员不合适，如不应该由对方说、自己听或不宜有某人在场，从而否定其必要性，如 Тебя не спрашивают!（没人问你!）Тебе какое дело!（有你什么事!）Кому это ты говоришь?（你跟谁说话?）А мне-то что до этого.（我与此事无关。）Зачем об этом говорить при детях?（干什么当着孩子说这些?）甚至形成一些会话格式以体现这种说话策略。研究答话的策略与方式，也是语用学的课题。

在言语行为中，说话人与受话人是两个互相对立统一的核心组成要素。许多语用学的范畴都和这两个要素有关，充分考虑这些因素，可能为言语研究和语言研究开辟新的境界。

长时期以来，作为不同层次符号的语言单位及其相互关系都被视做语言学研究的中心，这无疑是正确的。但与此同时，也产生了一种把符号图腾化的倾向，那些只醉心于研究符号及其结构和关系的学者忘却了那些使用并发展符号的人，忽视了人们运用符号的目的、意图及彼此间的相互关系。从语用角度研究言语在一定程度弥补了上述缺陷。

从语用学角度看回答

1 前言

1.1 什么是语用学

语用学是语言学或符号学的组成部分,它研究语言单位(符号)在言语中的功能和作用,它联系着交际参与者、交际目的和交际情景来考察言语行为。

莱文森(S. C. Levinson)说:"语用学是非语义学的语义研究。"[①]这种非语义学的语用意义,一般都不通过词汇、语法手段表示,它是非规约性的、潜在的。受话人凭借交际能力来理解这种语用意义,换句话说,它是结合交际对方、交际目的和交际情景,从说话人词语中引申出来的意义。究竟哪些意义算是语用意义,至今没有定论,这也不是本文的任务。我只想从提高交际能力出发,探讨如何在回答中理解和表达语用意义。

1.2 回答与问题

回答是针对问题的,问句的标记主要是疑问语调和疑问词。然而,有些具有上述标志的句子却不要求回答。我们姑且把它称做假疑问句。假疑问句由于不要求对方回答,基本上不在本文考虑范围之内。

真疑问句根据期望回答的性质,一般分为三类:

(1)是非问句:这种问题的典型标志是疑问语气词 ли,或在疑问所在的词上有逻辑重音,如 Хорошо ли вам здесь? Ребенок спит? 要求对方判断问句内容是否符合现实,确定其真假值,因此,其程式化的答案与二值逻辑的表示法吻合,即 да 或 нет,除此之外,还可以回答 неизвестно,не знаю,从逻辑上看 неизвестно = истина ∨ ложь。

---

① 转引自 C. F. Feldman:《"旧"语用学与"新"语用学》,《国外语言学》1988 年第 2 期,第 59 页。

(2)选择问句:这种问题的典型标志是疑问语气词 или,如 Ты решил задачу или списал? Вы хотите чаю,молока или какао? 它要求对方从问题所列出的项目中作出抉择,由于问者已预先设置了一个范围,答案在一定程度上也是程式化的:重复问句的模式,只保留肯定选择的项目,而淘汰其他被否定的项目,如 Я решил задачу. Я хочу чаю. 当然,也可以采取否定形式回答,只保留被否定的项目,如 Я не списал задачу. Я не люблю (хочу) молока и какао. 但后一种回答多少有些背离程式化规定,没有完全满足提问者的信息要求,因为毕竟没有正面回答问题。

(3)特指问句:这种疑问句的典型标志就是有疑问代词和代副词、代形容词,如 Кто написал роман «Война и мир»? Куда он собирается поехать? 所要求的回答在句法格式上也是程式化的,只要将提问人想知道的信息,如人、物、时间、空间、特征、方式、原因、目的放在疑问词原来的位置上,必要时再调整一下词序即可,如 Лев Толстой написал роман «Война и мир». Он собирается поехать в Москву. 一般说,重复的部分都可以省去,只说出作者名字和去处即可。这种公式化的回答毕竟要求提供问题中没包含的消息,而是非问句和选择问句的回答则连这都不需要,只要求对问题中已有的信息作出决断和抉择。特指问句似乎要更抽象一些,回答也要难一些。因此,常把是非问题或选择问题用做特指问题的确切成分,为受话人划出范围,给以启发,如 Кто написал роман «Война и мир»? Лев Толстой? Или Алексей Толстой? Куда он собирается поехать, в Москву или в Берлин? 因此,第一、二类问句常被用做提示性问题(наводящие вопросы),以帮助受话人寻求答案,对后者之所以感到回答起来更容易,是因为特指问已具体化为是非问和选择问了。

这三类问题的共同特点似乎是提问人对答案有个预先设想,划个范围,回答也有一定程式可循。与其截然不同的是所谓全指问题:Что случилось в этом городе? Как вы овладели иностранными языками? 提这类问题时,不能为答案预先提供范围,回答也无定式可循,常常是通过整个句子,而不是突出个别词语来提供所需信息,有时,甚至非三言两语能做出答案,如 Что сейчас происходит на Балканском полуострове? 对这样问题的回答被认为是无法控制的,因而也是最难的。常常用特指问题作为其提示问题,以减轻对方回答的困难。这样,在教学中无形中构成了一种难度递增的问题系列:是非—选择—特指(含举例性的与列举性的)一全指。我们并不否定这种提问体系有一定积极作用,但同时也应注意到其消极作用,即机械地、程式化地回答前三类问题会大大束缚学生的创造性。事实上,从语用的角度来考察回答,会有助于摆脱这些模式,使交际变得生动多样。

2 预设与回答

2.1 什么是预设

至今,对预设(пресуппозиция или презумпция)的类别、作用和特性(继承性、饱和性及可取消性)的认识还不一致。但对预设的基本内涵认识是一致的:给定的句子 S 在语义上预设另一个句子 P,只有:

а)S 为真时,P 为真($S \rightarrow P$);

б)S 为假时,P 也为真($\overline{S} \rightarrow P$)。

用逻辑公式表示:$S \vee \overline{S} \rightarrow P$。我们在这种情况下说句 P 是句 S 的预设。

现在我们举例来说明:

S_1 Король Франции умный.

斯特劳森(P. F. Strawson)认为句子没有真假值,而只有语句(他把这叫做句子的陈述)才有,S_1 可能在 1670 年是真的,1770 年是假的,1970 年则谈不上什么真假,因为 1970 年不存在一个法国国王。① 这样,不管什么时间陈述这一语句,都预设另一语句 P_1:Сейчас во Франции есть король.

S_2 Этот школьник знает, что столица США — Вашингтон.

不管这个孩子实际上是否真知道,都包含一个真的预设事实,即 P_2:Столица США — Вашингтон. 即 $S_2 \vee \overline{S}_2 \rightarrow P_2$。这和 S_1 基本上是一样的,不过那里是事物存在预设,而这里是事实成立预设,后者不是简单地表示确有某个人或物,而是确认某个事实(事件、情景)是真的。如果复句换成 Этот мальчик знает, что столица США — Нью-Йорк. 由于用做从句的预设是假的,也产生了和 S_1 同样的麻烦。至于哪些动词必须以从句(或受其支配的不定式、抽象名词)内容为事实成立预设,是语言学中广

---

① 转引自 S. C. Levinson:《语用学论题之一:预设》,《国外语言学》1986 年第 1 期,第 30 页。

泛研究的课题，无法在这里一一描述。

S_3 Даже в темноте мальчик увидит иголку.

语气词 даже 的语义决定这句话包含一个预设 P_3：Иголку в темноте разглядеть трудно.（暗处发现针很难。）不论男孩子是否真能看见针，都不能改变这一预设，即 $S_3 \vee \overline{S}_3 \rightarrow P_3$。但这类预设可能是主观的、引起争论的、甚至别人难以接受的。当受话人认为这类预设不成立时，与其相关的句子，也就被看做无价值的。预设理论是研究语气词的重要工具之一。某些其他词类也有类似的语义预设，下面我们还要提到。

莱文森认为，预设的价值在于："……我们或许可以在各种现存的、众所周知的语义关系之外，再增加一种新的、不同性质的语义关系。""预设理论的全部意义在于处理预设消失的现象，……最简单的办法是放弃只有真、假二值的假设，代之真、假、无真假三值（最后一值适用于预设为假的现象）。"①"预设这一语言学的语义术语，它所表示的句中语义要素必须为真，才能使句子在特定的上下文中不被认为语义异常或运用不当。"②

2.2 在回答中否定预设

疑问句也和陈述句一样包含预设。如果在陈述句中预设遭到破坏，句子就成为没有真假值的空判断，这类句子从语用角度看，就显得语义不正常；同样，疑问句中的预设一旦不成立，就使问题变得怪诞荒谬，谈不到在回答中对疑问点作出是非判断，从而在对是非句的回答中有了第三种方式，它既非 да，又非 нет，而是指明疑问的荒谬（абсурд）。可分别用 +（真），-（假），×（荒谬）表示。例如：— Были ли вы вчера на собрании кафедры? — Никакого собрания вчера не было. 答案否定了问句中题元的存在，而违背存在预设使问句变得语义异常。这样，абсурд 与 да 和 нет 就成为三种可供选择的答案。对其他疑问句的回答中也可能指明所问无是非可言，而被看做荒谬的情况，如 Вы или ваша супруга с профессором Ивановым работаете на одной кафедре? — На нашей кафедре не работает никакой русский профессор. — Куда вы пошли после встречи с подсудимыми? — Я с ним не встречался. 以上回答均指明问

---

① S. C. Levinson：《语用学论题之一：预设》，《国外语言学》1986 年第 1 期，第 30 页。

② Лингвистический энциклопедический словарь. Статья «Пресуппозиция». М.,1990.

题不能成立。

下面举一些否定事实成立预设的例子：

① — Вы ему не помогаете в учебе?

— Как ему помогать? Он сам не хочет учиться, целый день гуляет!

② — Когда он перестал бить свою жену?

— Что вы! Он свою жену лелеет, даже пальцем ее никогда не трогал.

以上两句的预设分别是：被帮助者的参与；曾发生殴打妻子的行为。

关于语气词，韦热比茨卡（А. Вежбицка）有一段很精彩的话："语气词表示说话人对受话人或所描述情景的态度，表示说话人的预设、意图、感情……语气词可以用最小的代价表示一整套语用意义。"[①]当含语气词的疑问句中包含受话人所不能接受的预设，答案也可以采取指谬的方式（×），如 Неужели эти задачи могут решить даже ваши ребята? 这里显然包括对受话人所教学生的评价，即"他们是最差的"，这时的回答很可能是：Что вы! Мои ребята не хуже других. 应该注意，不论对上述问题做肯定（+）或否定（-）回答，都表示同意原问话人话语中的预设，它们在这一点上都和指谬性回答对立。所谓语气词的意义，很多情况下是指它的语义预设，如 Ребенок уже уснул. 与 Ребенок еще не уснул. 都包含预设 Ребенок должен был уснуть. Он вчера опять опоздал. 含有副词 опять 表示的预设：Он раньше опаздывал.

这样，对各类疑问句（指示、选择、特指）的回答，除了对问句指真、指假的肯定和否定答案外，还有指谬性回答，它指出疑问（确切地说是它的命题内容）中所包含事物存在预设、事实成立预设及语气词预设是不成立的。现进一步作几点说明。

（1）肯定与否定的回答一般都程式化了，这在前面已经讲过。指谬性回答则无一定程式可循。有人指出像 да 之于肯定句，нет 之于否定句，指谬句之前可用 абсурд, ерунда（英文用 nonsense）。当指明违反存在预设时，俄语常常用疑问代（副）词 какое, где 等加上表示"事实上没有人或物"的名词，如 Где там собрание! Какое там профессор Иванов. 至于

---

① Т. М. Николаева, Функции частиц в высказывании. М., 1985, стр. 7.

指谬答句的核心内容，由于它是针对潜在预设的、非规约性的，因而是灵活多变的，较难预设的，它没有语法规定的程式可言，更多是依据语用条件而相机处理，学会掌握指谬答句实际上就是在提高运用言语的交际能力。指出疑问句的悖谬往往会使发问人难堪，而使发问的对方难堪和礼貌原则抵触，这也是往往不用 абсурд，ерунда 一类词的原因。相反，常使用一些缓和语气的词语，例如上面有些回答可改说：Насколько я знаю，вчера не было собрания. Если я не ошибся，на кафедре，кажется，нет такого профессора. На мой личный，может быть，несколько субъективный взгляд，мои ребята не хуже других. 等等。

（2）疑问句的预设和发问假定。过去认为在 Кто утром сюда приходил? 这样的特指问句中包含一个预设，即 Кто-то утром сюда приходил.（有某一人来过）问话人想知道的是"究竟谁来了。"因此，回答 Никто сюда не приходил. 似乎是否定了预设，但这类回答很普遍，它并不令人感到难堪。根据一些语言学家的观点，特指问句中包含的"有人做过此事"是说话人倾向性的假定，这种最初的发问假定（исходное предположение вопроса）不同于制约句子成立与否的预设。

帕杜切娃进一步指出，在是非问句和选择问句中也包含发问假定。试比较：① Вы хотите чаю? ② Вы не хотите чаю? ③ Вы хотите чаю или нет?[①] 第一句的发问假定倾向于"您想喝茶，是吧？"第二句则是"您不想喝茶，对吧？"第三句才是没有倾向性的疑问。在回答前两句时可以不同意发问假定，分别答 Нет，не хочу. 及 Нет，хочу. 但问句并不因此显得语义异常。其实，当问话人提选择问时，也有一种倾向性假定，如 Куда вы поедете，в Пекин или в Шанхай? 说话人倾向于假定去这两个城市中的一个的可能性最大。当答话为 Нет，в Харбин. 或回答 Я поеду и в Пекин，и в Шанхай. 都是出乎问话人意料之外的，但并不涉及预设。

2.3 七值逻辑与回答的类型

传统的二值逻辑认为，一个命题或者真、或者假，二者必居其一。所谓的是非问句，就是要求对方对问句中的命题信息作出真假判断，二者必居其一。后来，逻辑学中又提出三值判断，即再加上可能真，如"小张下

---

① Е. В. Падучева, Высказывание и его соотнесенность с действительностью. М., 1985, стр. 239.

个月将生个男孩”。现在我们又提出了否定预设，这不能不使真值系统发生变化。下面我们介绍一下拉兹洛戈娃（Е. Э. Разлогова）的观点[①]。她认为每个说话人的知识可用七值逻辑来界定，如①Пушкин написал «Евгения Онегина». 为真（истина，可用 + 表示）；②Нью-Йорк — столица США. 为假（ложь，可用 – 表示）；③Король Франции теперь лыс. 为谬（абсурд，可用 × 表示）；④На Марсе есть жизнь. 为不知（неизвестно，可用 + ∨ – 表示，注意“不知”是在预设成立条件下的“不知”）；⑤Несии живет в озере Лох-Несс. 为迷真（Истина сомнительная，可用 + ∨ × 表示，若确有水怪 Несии，则命题为真，若无水怪，则预设不成立，为谬）；⑥Все видели инопланетян. 为讹假（сильный ложь，可用 – ∨ × 表示，这个明显的假判断中，还包含一个可能不成立的存在预设——外星人）；⑦Инопланетяне говорят на всех языках мира. 为完全不定（полная неопределенность，可用 + ∨ – ∨ × 表示，存在外星人这一预设是否成立，不定，即使有外星人，他是否能讲世界上所有语言也不得而知）。对疑问句的回答，也就是对疑问句所包含的命题知识作出判断。这样，直接回答也可以相应地分为七种。

Ⅰ 肯定（ + ）

Да. Ваня слышал об этом. 可以是下述问题的回答：①Слышал ли Ваня об этом？ ② Об этом слышал Ваня или Саша？ ③ Кто слышал об этом？ 作为对是非问句①，选择问句②，特指问句③的回答，它都肯定了“万尼亚听说此事”为真；但针对②，它同时指明“萨沙听说此事”为假或者“不知道萨沙是否听说此事”，究竟是哪种情况要由语境来决定。作为③的回答，它可能表明“其他的人没听说过”，即“其他人听说此事”为假，也可能表明答话人“不知道他人是否听说”，这也须要在语境中确定。回答都是对命题的逻辑值的判定，不过对后两个问题还包含对其他命题的判定。下面就不重复了。

Ⅱ 否定（ – ）

Нет. Ему нет еще шести лет. 即“他 6 岁”为假。它可能回答是非问句：Не пора ли сыну вашего соседа ходить в школу？ Ему уже 6 лет？ 也

① Е. Э. Разлогова, Когнитивные установки в прямых и непрямых ответах на вопрос. // Проблемы интенсиональных и прагматических контекстов. М., 1989.

可能回答选择问句:Ему пять или шесть лет?

Ⅲ 不知(+ ∨ −)

Не знаю. 可回答Ⅱ项内容的是非或选择问以及特指问句 Ему сколько лет? 它们都表示对“他儿子是 6 岁”一事无所知,作为选择问句的答案还兼表对“他的儿子是否 5 岁”也不知道;而作为特指问句的回答则表示对“他的儿子是任何年龄”都无所知。

Ⅳ 指谬(×)

— Что вы! У моего соседа нет сына. 这是对Ⅱ项问题的回答,即认为 Не пора ли сыну вашего соседа ходить в школу? 这一问题中所包含的命题为“谬”,因为否定了存在预设。在这一点上它和前面 3 项是对立的。在那里,无论确定命题为真、假或不知,都肯定问句中的命题预设是成立的。而下面的Ⅴ,Ⅵ,Ⅶ三种情况却都表示对预设是否成立不能肯定。

Ⅴ 迷真(+ ∨ ×)

— Куда ходил профессор Сергеев вчера?

— Он ходил на собрание кафедры, если вообще вчера было собрание.

如果昨天开了教研室会,谢尔盖耶夫教授就去开会了,如果没开会,则回答因预设不成立而成为无真假值的空判断。

Ⅵ 讹假(− ∨ ×)

— Вы сдали экзамен по старославянскому языку?

— Никогда я не сдавал, если вообще когда-нибудь у нас на факультете был такой предмет.

Ⅶ 完全不定(+ ∨ − ∨ ×)的答案较少见。试看«Дядя Ваня»中的一段对话:

Елена Андреевна: Мне говорили, что вы очень любите леса. Конечно, можно принести большую пользу, но разве это не мешает вашему настоящему призванию? Ведь вы доктор?

Астров: Одному богу известно, в чем наше настоящее призвание.

Астров 医生的回答中,对“有没有真正的使命”,“医生究竟是不是自己的使命”都认为“只有上帝知道”,换句话说,预设可能不成立,那么,护林工作是否妨碍完成自己的使命也无从谈起,因而是完全不定,即对

это мешает вашему настоящему призванию 的判定为完全不定（+∨-∨×）。

应该说Ⅴ，Ⅵ，Ⅶ这三种情况比较少见，我们把它们放在一起讨论。如果说Ⅰ，Ⅱ，Ⅲ三项中的回答是以预设成立为前提的，第Ⅳ项回答则判定预设不成立，那么，后面这几项的回答则认为预设可能不成立，它们内部的区别（即如果预设不成立，命题或真、或假或不知），可暂不考虑。

3 推涵与回答

3.1 什么是推涵

推涵的英、俄语术语分别为 entailment 和 следствие，也用 inplication 或 импликация 及相应的动词 имплицировать。代表一种逻辑概念，它反映客观世界中充分条件与其结果之间的关系，例如“生热”这一结果可分别来自“摩擦”、“氧化”或“辐射”等条件；今选定一个条件“摩擦”，它与“生热”结果之间的关系就是充分条件（前件）与结果（后件）的关系。所谓推涵就是后件，而话语中给定的、作为其充分条件的句子，则是其前件。语用学中的推涵特指那些包含在给定的句子中，根据交际中背景知识推演出来的结果，往往是潜在的、未用词语表示出来的。譬如说“屋里很冷，他不停地两手摩擦”（В комнате холодно，он стал потирать руки.），其推涵是生热取暖。在这种情形下，潜在的推涵和预设的区别首先在于推涵服从于对换规律，即如果 $S \rightarrow P$，则 $\overline{P} \rightarrow \overline{S}$。前面讲过，如果 S 以 P 为预设时，则 $S \vee \overline{S} \rightarrow P$，而预设为假时，句子不成立。这一区别可通过阶段动词与不定式（表事实）连用的句子来检验。

肯定句：В два часа Иван начал работать./伊万两点开始工作。

其预设为：В некоторый момент до двух часов Иван не работал./伊万两点前那片刻时间未工作。

其推涵为：В некоторый момент после двух часов Иван работал./伊万两点后那片刻时间在工作。

否定句：В два часа Иван не начал работать./伊万两点没开始工作。

其预设保留不变，但不一定能有上述推涵。当否定上述预设时，则原来肯定句、否定句都不成立，如果“两点前一点伊万已在干活”，就谈不上“他两点开始或未开始干活”；当否定上述推涵时，则导致给定的句子为假。“如果两点多一点没干活”，则反推出“他两点没开始干活”。

其次，一个给定句子的预设总是有限的，即使突破上面讲的事物存在、事实成立和语气词预设的框框，但毕竟数目不多，如 Для Ватухи Джон высокий. 只含有预设 Джон — Ватухи 及 Ватухи — обычно не высокого роста. 因为作为造句出发点的依据或前提不可能是很多的。而一个句子的推涵却可能数量很多，如摩擦可以生热，也可以减滑、磨平、打光等等，有时因情景变化而变化，如 В два часа Иван начал рабо-тать. 除前述基于 начать 语义做出的推涵外，还可能产生诸如 В два часа Иван не спал, не болен, трезвый. 等推涵；如果工作地点只可能在工厂，可推出 В два часа он не был дома. 如果这个工作是轮班干的，可推出 В два часа он сменил другого работника. 正是基于这一特点，人们把推演关系作为研究篇章中句间联系的手段，一个句子包含着众多可能的推涵，从而为下一个句子的出现展示了各种前景。然而，后一句子（除非是补述、旁白等）又必然和前面句子有某种联系，否则就是杂乱无章，前言不搭后语，而且在特定的情景中，推涵可能是有限的，为了符合语用的要求，只能选择那些最恰当的、得体的推涵作为后续句子。

3.2 直接回答与间接回答

关于什么是直接回答和间接回答有很多争议，我们采用下述定义："就内容而言，直接回答是那种自身就是答案的回答；而间接回答则包含着用做答案的推涵，如 — Ты им знаком? — Я им сосед."[①]换句话说，必须从给定的间接回答中推演出相当于直接回答的推涵。在上述例句中奥涅金对公爵的问题"你认识他们（拉林一家）吗？"做了间接回答"我是他们的邻居。"并可由其推演出"是，我认识他们。"可见，间接回答中的推涵是和直接回答对应的。那么，有哪些类型的间接回答呢？由于它不是以其自身，而是以其推涵为回答，故对这种推涵也可以做类似分类，从而得出相应的七种（或合并为五种，即预设可能不成立算一类）间接回答。（→后为推涵）

Ⅰ ① — Ты им знаком?

— Я им сосед. → Да, я им знаком.

② — Уже принесли почту?

① Е. В. Падучева, Высказывание и его соотнесенность с действительностью. М., 1985, стр. 223.

— Вот там лежат письма на ваше имя. →Да, почту принесли.

Ⅱ ③ — Ночью был дождь?

— Я вижу, асфальт сухой. → Нет, не был дождь.

④ — Вы разобрали корреспонденцию?

— Я только что пришел. → Нет, не разобрал.

Ⅲ ⑤ — Какой новый адрес Ивана Петровича после переселения?

— Давно я с ним не переписываюсь.

⑥ — На дворе холодно?

— Я целый день не выхожу из дома.

以上两个例句都有相当 не знаю 的推涵。

Ⅳ ⑦ — Сколько лет сыну вашего соседа?

— Что вы！ Мой сосед неженат. → У моего соседа нет сына.

⑧ — Ваня опять получил двойку?

— Откуда ты взял！ Ваня у меня всегда отличник. → Он и раньше никогда не получал двойки.

以上两个例句的推涵都建立在否定预设上。

Ⅴ ⑨ — Вы ездили на конференцию в Москву?

— А там была конференция? → Я не ездил на конференцию в Москву, если вообще там была конференция. (– ∨ ×)

⑩ — Уже давно познакомились вы с знаменитым художником Ван в Париже?

— Человек, с которым я 10 лет тому назад случайно сошелся в Париже, это и есть художник Ван? → Я знаком художнику Ван, если он и есть тот человек, с которым я давно сошелся в Париже. (+ ∨ ×)

⑪ — Когда закончилось вчерашнее собрание?

— А мне никто не сказал, что вчера было собрание. → Не знаю, когда собрание кончилось, даже если вообще оно было вчера. (+ ∨ – ∨ ×)

这里有个理论问题须要澄清。给定的句子——间接回答是前件，而它的推涵——直接回答是后件，而在蕴含关系中前件只是后件的充分条件，而不是必要的条件，因此，由前件可能、但并一定推导出某一特定的后件。前面已举了摩擦的例子，说“产生了摩擦”就可能会导致“生热”，但也可推出“防滑”、“减速”、“打光”……怎么保证交际双方得出一致的推涵呢？主要有以下两个语用条件。

（1）语境：指上下文和言语情景，语境可以大大缩小产生推涵的范围。斯捷潘诺夫曾举了一个连贯话语中语义推导的例子：Выехали мы после дождя. На шоссе мокро. Машину заносит. Особенно опасно на поворотах. На одном из них шофер резко затормозил и...[①]其中每下一个句子都是上一个句子的推涵，构成一种单向的语义推导关系，每个上句从理论上都可推导出许多“后件”，这就为“言语选择”、“创造自由”提供了可能，但语境却限制选择的范围。假定这段话上冠以小标题«Приключение в дороге»，那么，就会排斥第一句可能产生的某些推涵，如“家里没人”、“空气新鲜”等等，而 на шоссе мокро 似乎是预料中的事，因为由下雨到路湿是顺理成章的，越往后选择范围就越受限制：下雨路湿→车打滑（而不大可能是“车溅起泥水”）→转弯处特别危险（而不大可能是“我们下车扫水”）→司机在一个转弯处急刹车（不会是“司机掉转车头回家”）……如果真使用引号中的句子，那就成了脱离主题的东拉西扯了。当然，这并不是说上面连贯话语中对每个上句来说，下句都是必然的选择，说话人仍有选择的余地，但既要注意扣题和内在的一贯逻辑关系，又不致于啰嗦，后一种情况如：Мы выехали после дождя. А после дождя на шоссе мокро. Так как на шоссе мокро, нашу машину заносит. Когда машину заносит, это очень опасно, особенно на повортах... 法国作家纪德（A. Gide）曾经说过：“没有逻辑惹人气恼，过度的逻辑使人枯燥。”

而对间接回答来说，影响找出推涵的决定性条件就是原来的问题。在 —Ты им знаком? — Я им сосед. 这一对话统一体中，问话人在推出句子的推涵时，自然会沿着问题提供的思路　　“是邻居，就认识”，而会排斥一些与问题无关的联想，诸如“是邻居，就串门方便”或“就经常互通有无”。如果接受间接回答的受话人（他可能就是问话人）真是想入非非，那么他就是没有逻辑。对这类人，只能把推涵也说出来，— Я им сосед, поэтому я им знаком. 对正常思维的人来说，这显然是过度（或冗余）逻辑，不免令人厌倦。当然，也可能出于某种意图（如打岔、幽默）而

① Ю. С. Степанов, Имена. Предикаты. Предложение. М., 1981, стр. 207 – 208.

故意推演出答话人始料不及的结论。参考消息 1995 年 2 月 25 日第 3 版载有《斯大林的幽默》一文,其中有下列对话:

科兹洛夫斯基:“我从来没去过国外,所以我想……”

斯大林:“你不会出逃吧?”

科兹洛夫斯基:“瞧您说的,斯大林同志,对我来说,家乡的村庄比外国可亲得多!”

斯大林:“不错,好样的! 那你就回家乡去吧!”

“家乡的村庄比外国可亲得多”这一间接回答的本意就有“因此我不会出逃”的推涵,而斯大林却幽默地推演出“那你就回家乡吧!”而回乡正好和答话人的意图“家乡更亲→不会出逃→可以出国”相左,令其哭笑不得。

(2)共同的背景知识:间接回答与其推涵之间的逻辑制约关系大体上相当于《80 年语法》讲的制约复句中从句与主句的关系,譬如说 Если я им сосед, то я им знаком. Так как я только что пришел, то я не могу разобрать корреспонденцию. Чтобы знать, холодно ли на дворе, я должен выходить из дома. 能做出这种推导,必须依据某种前提,例如上述三句的前提分别是“凡是邻居都彼此认识”、“只有人在,才能处理信件”、“只有走出家门,才知道外边冷暖”。这和三段论中的大前提相似:“凡人必死,张三是人,故张三必死”、“凡水在摄氏零度以下结冰,外屋的水结冰了,所以,那里的温度在摄氏零度以下”。所不同的是,这里的大前提都是科学事实。在日常生活中,推导的根据只是双方经验所形成的共识,它是所谓背景知识的组成部分,它不一定科学,但一定是交际双方共同的认识,否则对话双方就说不到一块儿了。如果听取答话的受话人认为“邻居也可能老死不相往来”、“人不在,也可用计算机处理信件”、“人不出门,通过天气预报也可以知道外边冷暖”,那么,就可能听不懂或驳斥对方的回答。有时候这种共识只局限在少数人的圈子内,局外人听不懂,譬如在学校一个班中,有人问“今天有没有缺席的?”回答说:“今天有王老师的数学课呀!”这可能包含推涵“没人缺课”,它基于该班同学的共同背景知识——“上王老师的数学课向来座无虚席”。当然,形成这种共识,可能由于王老师课讲得好,或者要求严格,或者他是班任任。这样,如果说语境,特别是诱发间接回答的问句,使受话人排斥可能的干扰,为寻找答话中的推涵提出方向或思路,那么,共同背景知识则为把间接回答引向直接回答,为找出推涵提供保障和根据。

现在,可以总结一下直接回答与间接回答的区别。

(1)当肯定预设时,直接回答往往重复问句的语法模式,只需要语调、词序上做些变动,或者用载荷所需信息的词汇去代换疑问词即可,如 — Куда вы идете? — В школу. 在这种不完全回答中,必须借助问句才能确定回答的句子模式是 Я иду в школу. ① 很显然,这类问答句之间有着密切的词汇、语法联系。而间接回答与问句之间的联系主要是语用性质的,它可以与问句在词汇运用、语法模式上毫无联系,如 — На дворе холодно? — Я целый день не выходил из дома. 正因为它在表达形式上不拘一格、摆脱问句的窠臼,从而更自然生动。在教学中要求学生直接回答,往往用它检查、巩固词汇、语法(如特定类别的词汇、格形式、句型等)的知识,以提高语言能力;而要求学生间接回答,其目的则在于培养根据语境、双方的知识背景、随机应答的言语熟巧,以提高交际能力。

(2)直接回答只是在问话设置的框架内做出回答,提供其所询问的信息,间接回答则除此之外,还提供了一些补充信息,如 — Читал ли лекцию сегодня профессор Ли? — Он болен. "他病了"不是发问人的疑点所在,而且是在提问时没有想到的,这是他在推涵(没上课)之外获得的追加信息。又譬如 — Как проехать до вокзала? — Спросите, пожалуйста, у миллиционера. 它不仅蕴含着答话人"不知道",而且同时告诉问话人如何才能获得所需要的信息。可以说,间接回答是一种信息量更大的回答。当然,它所包含的信息应该是适量的和相关的,否则,就不免有啰嗦和瞎扯之嫌。

(3)间接回答与直接回答的区别不仅在于它说出了补充信息,而且还潜含着答话人的认识。试看下面的师生对话: — Умеете ли вы решить эту задачу? — Нас не учили на уроках. 老师从回答中不仅知道学生不会算题,而且了解学生的下述看法:"凡课堂上没教的就不会算"。有时,使老师不满的不是不会算具体的题目,而正是这种错误的观念。通过间接回答,人们不仅传递信息,而且交流认识,形成彼此间的(进而推及到一定社会范围的)共识。所以,在接受间接回答时,受话人不仅要看到付诸文字的、声音的信息,而且要领会隐形的、无声的信息。

---

① АН СССР, Русская грамматика. Т. Ⅱ. М., 1980, стр. 84.

(4)直接回答虽有些机械,但明确无误地按七值逻辑对问题的内容作出判断,而从间接回答推演出直接回答的过程,虽然有语境和背景知识的引导,难免不产生误解,受话人可能推导出与说话人(指间接回答的作者)原意不符的结论,受话人还可能故意利用间接回答蕴含的多种后果对其另作推导,以达到打岔、幽默一类语用目的,前面讲的斯大林与科兹洛夫斯基的对话就是如此。

4 言语行为有效条件与回答

4.1 什么是有效条件

言语行为的有效条件(условия успешности)对行为句所起的作用和真值条件对一般句子所起的作用相同。塞尔(J. Searle)把有效条件作为行为句分类的根据。而有效条件究竟包括哪些内容,至今众说纷纭,莫衷一是。大体上说有以下三点。

(1)真诚性的条件(условия искренности):真诚条件(或善意条件)把言语行为和说话人的意图联系起来,并通过意图与其意识(意向)状态联系起来,即请求与说话人的愿望和需要相对应,陈述与认知状态相对应,表情式与某种情感相对应。言语行为与意向状态协调一致是社会所确认的[1]。因此,当表述"张三很聪明",说话人应是相信它的,如果接着说:"可我不相信",就难以被人接受,即缺少相应的真诚条件(没有"相信"这一认知状态),表述因此失效;同样,如果说话人不打算干事,承诺也无效,不允许说"我答应帮你的忙,但我不想干";如果说话人没有让对方做某一动作的愿望和需求,祈使也无效,不得说"请给我一些钱,可我不愿意要,也不需要它"等等。对疑问行为句来说,其真诚条件是"说话人想获得信息"。

(2)预备性条件(предварительные условия):一般指说话人和受话人的身份、地位、能力足以保障相应的言语行为,如宣告式言语行为"我宣布大会开始","我宣判×××无罪",说话人应有主席或法官的身份;只有将军才能对士兵说"我命令你们进攻",士兵只能对将军说"请批准我们进攻"。如果交际双方不具备相应的身份,则言语行为无效。总的说来,一般的疑问和祈使并不需要特定的身份和地位,但某些疑问的亚

① Лингвистический энциклопедический словарь. Статья «Речевой акт». М.,1990.

类，如考试提问、盘问、审问，也和命令、乞求一样，需要相应的预备性条件。更具有普遍性的预备性条件是对能力提出要求。对确认、表述一类行为来说，说话人应有足够的作出判断的根据；对承诺行为来说，他应有相应的能力来完成行为，并认为受话人将因此行为而会受益；对祈使行为来说，说话人认为对方有可能完成行为；对疑问行为来说，则是说话人自己不知道，但认为对方知道、并愿意提供答案。所有这些都应算做预备性条件。

（3）本质性条件（существенные условия）：是指交际双方，特别是说话人，应处于可完成相应言语行为的情景中。在实施确认性表述行为时，说话人认为受话人并不知道，并需要提醒他所要表述的信息，至少前者不清楚后者已经知道、并不需要提醒；对承诺和祈使行为来说，说话人认为自己打算做或要求对方做的事不会自行发生，而且现实中没有行为结束后的"情景"，如"我答应你（或请求你）把房子修好（或把子弹装上枪堂）"，说话时，房子一定还没有修好（或枪膛是空的），并且不会自行出现相应的行为，导致所需要的状态；对疑问行为来说，说话人认为对方不会不问就能自动提供必要的信息，至少是双方还不清楚这一点。所谓本质性条件是指进行一种特定的言语行为所需的情景，不处在相应的情景下，言语行为就会无意义、失效。应该说第二、三两类条件界限不很清楚。

正是上述这些条件（有人还加上一些其他条件），保证相应的言语行为得以顺利实施，并实现说话人的意图，同时，它们也是使一类言语行为区别于另一类言语行为的依据。

4.2 针对疑问句有效条件的回答

根据言语行为理论，每个语句不仅包含有特定内容的命题，而且还体现说话人的某种意图，完成特定的使命，后者就是所谓的言外之力，或者说交际意向功能（帕杜切娃的译文为 иллокутивная функция）。这两者有着密切联系，但并不是一回事。传统语言学侧重于研究命题内容的组成与表达，而现在则转向对言外之力，对意图、功能的研究，也可以说侧重点由语义、语法向语用转移。在话语中，语句之间不仅有语义、语法之间的联系，也有语用上的联系。如果拘泥于传统观点，认为语句间只有前两种联系，就会对某些现象难以作出解释。来看下面的疑问复句：Пока я не забыл, по какому адресу я должен ему писать письмо? Чтобы не спутать, на каком вопросе мы с вами только что останвоились? 看上去,这里的主句和从句没有时间或制约联系,但如果主句加上有意向功能的词 спрашиваю,那就十分清楚了。“我问”分别是在“没忘之前”完成的动作,是“避免搞错弄混”的手段。在下述交际统一体中也可以看出这种区别。— Не шарлатан ли Сергей Иванович? — Это ложь. 这是针对问句内容的,判定其内容为假。如果回答 Это наглость! 则是针对交际意图的,它接近 Задавать такой вопрос,так спрашивать — это наглость. 针对用意的回答很难控制,下面只讲针对疑问有效条件的回答。

现在我们来分析针对疑问(言语行为)有效条件的回答。如果有效条件成立(这是正常的情况),人们就自然地针对问句内容提供必要的信息,从而做出直接或间接回答。下面的回答表示说话人认为疑问行为有效条件不能成立,是针对疑问的意图所做的回答。

(1)对问话人的真诚条件表示质疑,要求证实。

① Фамусов: Что за история?

Софья: Вам рассказать? (Грибоедов)

② — Согласна выйти замуж за меня?

— Это ты серьезно?

这类回答在俄语中一般常用下列句子表述:Ты действительно хочешь знать? Неужели это вас интересует? Неужели такой вопрос вас волнует? Вы им серьезно интересуетесь?

另外,答话人对问话者的疑问意图产生怀疑,认为有别的用意,常说 Это допрос? Это угроза? Это экзамен?

(2)答话人认为说话人明知故问,不具备疑问行为的预备性条件,从而认定问题无效。

③ — Когда вернется ваша дочь?

— Вы прекрасно информированы.

④ — Верните ей деньги.

— Какие деньги?

— Какие известно вам деньги.

答话人可表示不能或不愿回答,而问话人认为对方掌握并愿意提供信息,后者也是预备性条件。下述例子缺少这一条件,因而无法合作交际。

⑤ — Что случилось?

— Военная тайна.

⑥ — А когда придут паркетчики?

— Спроси меня что-нибудь попроще.

表示拒绝回答，常用 Спроси меня что-нибудь полегче（попроще）。此外，答话人若认为对方明知自己不知道而成心设问，也常以下列词语表示拒绝回答：Вам лучше знать. Вы лучше меня информированы. Я знаю столько，сколько и вы. 等。

（3）认为问题是不言自明的、不必要的、不得体的、离题的。回答指明这一点，从而使问题无效。

⑦ Дочь：Ты меня любишь?

Мать：Какой глупый вопрос，дитя мое，какая мать не любит своего ребенка!

⑧ Графиня внучка：Вернулись холостые?

Чацкий：На ком жениться мне!（Грибоедов）

⑨ — Куда ты идешь?

— Мама，мне уже тридцать шесть лет.

— Спасибо，что мне это сообщил.（Берегись автомобиля）

⑩ Тамара：У тебя что-нибудь случилось? Неприятность?

Ильин：Странный，все-таки，народ. Неужели обязательно что-нибудь случилось.（Володин）

所有这些回答都不是提供发问者所需要的信息，而是针对提问的必要性，一旦否定了它，自然也就没有必要回答。另外，像 Не суй нос в чужое дело! Не лезьте（не вмешивайтесь）в не свое дело! С какого права вы меня спрашиваете? Прошу уважать чужой личный секрет. Это уже из другой оперы. 等句子，都是从不同角度指出疑问行为的无效，从而不予回答。

应该指出，它和否定预设不同，那是证明问题命题内容的不成立，表明它是荒谬的空判断，荒谬本身就是七值判断的一种，因而是一种回答，而这里举的例子是针对命题意向（пропозициональная установка）的，认为提问行为本身是异常的，从而是对问题所包含的命题内容不予判断，无须回答。

5 会话含意与回答

5.1 什么是会话含意

会话含意(импликатура речи)是一种不严格的蕴涵(импликация),借助它可使人们根据交际规约来确定语句在具体上下文中的意思。所谓交际规约通常指格赖斯所指的合作原则和礼貌原则。关于这些原则已经谈论得很多,近年来又有许多人对所谓合作四原则作了补充、订正,找出它们之间的相互关系,理论探讨更深入了,但似乎有些不够重视实际应用。简言之,所谓合作原则,就是为了正常有效交际说话人必须进行配合,即(1)说话要真实;(2)提供必要而不是冗余的信息;(3)要说与特定语境中事情(或话题)有关的内容;四,表达方式应清楚明白。这就是所谓质、量、关系和方式准则。受话人认为说话人应遵守合作原则,并常从他的话语引申出多于字面表达的意义。说话人也是利用这一点来传达言外之意。例如当问到一个人的视力时回答 Левый глаз у него видит прекрасно. 往往隐含着 С правым глазом что-то не в порядке. 后面的句子也和推涵一样,是推导出来的。但两者不同之处首先在于,得出推涵是基于共同的背景知识(可能是科学认识或经验共识),而从左眼视力好是推不出右眼视力坏的。推出会话含意是基于这样一种会话原则:如果这个小伙子"两个眼睛都好",说话人没必要只提供"左眼好"的信息,正常情况下它不会隐含"右眼也好",因为与其用这种"费劲"的表达,不如简单说 Да, у него зрение хорошее. 其次,间接回答中的推涵就等于直接回答,完全可以补出来,如 — Вы написали письменную? — Вчера я был занят (и не написал). 会话含意可能是说话人不愿意说出来的,是一种言外之意、弦外之音,如 — Маша не курит? — Она не курит при отце. 它往往适于意会、不宜言传,这就是所谓隐涵,把它说出来(如玛沙背着父亲抽烟)未免画蛇添足。最后,虽然从字面意义推导出推涵与会话含意都依靠语境,但给定句子的意义与推涵的制约关系更直接、更明确,基于共识的推导过程更简单;而给定句子的字面意义与会话含意的关系就比较间接、隐晦,推导的过程就复杂,对语境的依赖就更强。试比较: — Пойдешь ты к Маше на бал? — Она меня не пригласила. → Я не пойду.(推涵) /— Пойдешь ты к Маше на бал? — Катя с ней на ножах. → Катя (моя подруга) ревнует меня к Маше. →Будет неприятность, если я пойду к ней. → Неудобно мне идти на бал. 正是与给定的语句的制约关系不明显，要经过复杂的推导和更多地借助语境和会话原则，所以说会话含意是不很严格的蕴涵。但是应该承认，当遵守会话原则时，两者的界限不容易划清楚，因为联系的直接与间接，推导过程的简单与复杂只不过是量的区别，而不是质的规定。这种情况下的会话含意叫做一般会话含意，在有些文献中，有时也把明显的推涵划入会话含意。当说话人不遵守合作原则，就迫使对方越过话语的表面意义去寻找更深一层次的意义和意图（用意），后者是所谓特殊会话含意，是一种隐藏的内涵，可把它叫做隐涵。格赖斯概括了四类违反合作原则的情况①。

（1）说话的一方悄悄地、不让听话人发觉违反合作原则，从而将听话人引入歧途，上当受骗；

（2）说话人宣布不愿合作，不遵守准则；

（3）说话人可能面临一种顾此失彼的局面，例如遵守“质”的原则可能与礼貌原则冲突；

（4）说话人可能有意不去遵守某一准则，但他相信说话人也知道，说话人并不存心让他受蒙蔽，当了解其会话含意之后，会话就可以进行下去，这实质上并没有违反合作原则。

帕杜切娃列举了需要借助各种交际原则的情况②。

（1）同语反复的话语，如 Закон есть закон. Женщина есть женщина.

（2）讽刺、隐喻、缩小、夸大；

（3）对话中，一方因对方说话没有分寸而在答话时不予接应；

（4）语义双关的俏皮话。

它们分别违背“量”（或信息），“质”、“相关”、“方式”准则，从而迫使对方去寻找深一层次的意义。

以下我们探讨特殊会话含意与回答的关系。

5.2 转弯抹角的回答与隐涵

当说话人有意违背合作原则时，往往要达到某种目的，包含特定的用意，通常称做弦外之音、言外之意。这就是上面提到的所谓特殊会话含意或隐涵。转弯抹角的回答与直截了当的回答相比，自然要“费事”一些，

---

① 转引自何自然：《语用学概论》，湖南出版社 1988 年版，第 80 页。

② Е. В. Падучева, Высказывание и его соотнесенность с действительностью. М., 1985, стр. 42.

必须有某种动机或隐衷驱使说话人这样做。在回答中，违反合作原则，既是表达这些用意的手段，也是断定它具隐涵的依据。

5.2.1 违反“质”的原则，即故意说不真实、无根据的话。当然最常见的就是撒谎、奉承，实现这些意图的最大特点是不让对方意识到这一点，所谓假话真说。要弄清这类隐涵，需要语境、经验，甚至时间的检验，不能在此讨论。另外一类隐喻、夸大、缩小形成的不真实，是追求一种诗学或美学功能，如李后主的“问君能有几多愁？恰似一江春水向东流”，屠格涅夫的 Каково у него хозяйство? Хозяйство скрипело как немазанное колесо. 探讨这类词句的艺术效果，也不是本文任务。现分析下面例子的隐涵。

① Соня: ...Я рада, что дядя Ваня ушел, мне нужно поговорить с тобой.

Елена Андреевна: О чем?

Соня: О чем? (Кладет ей голову на грудь)

Елена Андреевна: Ну полно, полно... (приглаживает ей волосы).

Соня: Я некрасива.

Елена Андреевна: У тебя прекрасные волосы.

Соня: Нет! (Оглядывается, чтобы взглянуть на себя в зеркало) Нет! Когда женщина некрасива, то ей говорят: «У вас прекрасные глаза, у вас прекрасные волосы»... (Чехов)

② — Beirut is in Peru, isn't it, teacher?

— And Rome is in Romania, I suppose.

③ — How do you like my painting?

— I don't have an eye for beauty, I am afraid.

④ — Как вы успели за такой срок сделать так много?

— Что вы! Я сделал еще очень мало!

所有这些例子都没说真语，但说话人的用意分别是安慰、讽刺，出于礼貌而不使人难堪或表示谦虚。

5.2.2 违反“量”的原则。说话人所提供的信息，无论是不足或过剩，都妨碍交际正常进行。探求深一层的用意，以排斥这种不正常情况。

① — Вам нравится лекция нового профессора?

— Ну! Профессор и есть профессор!

② — Неправда ли, его статья и краткая, и содержательная?

— Да, краткая.

③ — Неужели профессор Леонтьев лауреат государственной премии?

— Да. Он трижды лауреат и четырежды женат.

④ Aunt: How did Jimmy do his history examination?

Mother: Oh, not at all well. They asked him what happend before the poor boy was born.

第①句是程式化的同语反复，字面上没有提供任何信息，实际上是赞许新来教授的水平；②句是出于礼貌或其他动机，故意回避对文章内容表态；③④句都是提供冗余信息。它们分别表示说话人讽刺教授无德行和因缺少理性护短达到可笑的程度（也许这是笑话作者有意安排的）。

5.2.3 违反"关系"准则会导致交际双方无共同话题，从而使交际无法进行下去，这通常出现在另提话题的情景中。此外，还有如下情况。

① — Ваш профессор хорошо читает лекцию?

— Он хорошо играет в шахматы.

② — Алексей Александрович, — сказала она, с отчаянной решительностью глядя ему в глаза. — Я спрашивала у вас про Анну, вы мне не ответили. Что она?

— Она, кажется здорова, Дарья Александровна, — не глядя на нее, отвечал Алексей Александрович.

— Алексей Александрович, простите меня, я не имею права... Я прошу, умоляю вас сказать мне, что такое между вами? В чем вы ее обвиняете? (Л. Толстой)

③ — What has happened to the roast beef?

— The dog is looking happy.

①是由于某种原因不想表态，暗示答案是否定的；②是答非所问，躲避问题；③是没把握地影射被狗吃了。

5.2.4 违反"方式"准则，晦涩、歧义、啰嗦或前后矛盾，从而妨碍交际，但也可有违反，从而达到某种目的。

① Царь: Откуда идешь так поздно?

Юнкер: Из депа, ваше императорское величество!

Царь:Дурак!... Разве «депо» склоняется?

Юнкер:Все склоняется перед вашим императорским величеством.

② — Что ты хочешь подарить Маше в ее день рождения?

— Я хотел бы купить ей такой подарок,который сделал бы ее шею и руки более красивыми.

— Зачем ты говоришь замысловато? Ты намерен купить ей ожерелье и браслеты,не так ли?

— Нет. Я подарю ей кусок мыла.

③ —— 东宝,你想什么呢?

—— 想戈玲呢!

—— 给你介绍一位新朋友,双汇牌香肠。

—— 还是国优名产呢!

—— 还想戈玲吗?

——戈玲是谁?(中央电视台广告)

①句是利用同音词造成歧义,一语双关借以摆脱变格错误的窘境,其中不乏讨好沙皇的意思;②句是先用晦涩的委婉语,后来说出真象,造成讽刺(Маша 不干净)的效果;③句故意用前后矛盾——刚才还想戈玲,一会儿就不知道她是谁——来宣传香肠使人忘掉一切的力量。

从符号学角度看转喻

这里说的转喻指西方语言学中的 trope（троп），是诗学和修辞学中的概念。传统的定义是："用于改变原义的词叫做转喻。"[①]转喻的研究已有很长的历史，但一段时间以来，其主要内容只限于对转喻的分类（隐喻、换喻、提喻、明喻、讽喻等等），比喻的要素剖析（喻依、喻旨、比喻基础、连词使用等等），以及对诗篇中转喻运作的分析。诚如许多专家所言，"由于对构成转喻创造性方面失去兴趣以及与文艺创作新的经验脱节，转喻理论到 20 世纪中叶……从纯语言的观点来看，已成为诗学和修辞学最停滞、最公式化的部分。似乎转喻理论的价值不过是列出一个项目清单，以用于（而且往往是大致准确地用于）对诗篇的'操作性'分析。能对转喻重新恢复兴趣，把旧的问题纳入新的视野，起决定性作用的是一般符号学理论的观念和方法，结构语言学，篇章语言学和神经语言学……"[②]本文就试图从符号学的角度来考察转喻。

1 语言符号的语义三角与转喻

由于符号的能指与所指之间没有必然联系，这使得两者中的一个方面可能发生变化，从而使作为整体的符号发生变化。语言符号与其他人工符号的区别在于这种变化是历史形成的，而不是人为修订得出的。在交际过程中，不同的人在不同的场合下使用同一词语难免产生一些变异，但这些变异并不一定导致破坏这些语言符号的同一性。根据索绪尔的理论，符号在体系内的同一，是相对的、关系上的同一，而不是绝对的、能指上的物质同一或所指上的内容同一；是有着区分不开的差异、但不涉及符号间关系的同一，而不是无差异的同一。变异是绝对的，同一是相对的。

① Б. В. Томашевский, Стилистика и стихосложение. Л. ,1959, стр. 199.

② Лингвистический энциклопедический словарь. Статья «Тропы». М., 1990, стр. 520.

但变异总有一定限度，超出这一限度，词语就变成另外的词语。这里介绍一下斯捷潘诺夫对这一问题的观点①。所谓语义三角理论，指词语符号有三个组成部分：一、语音物质部分，他用的术语是语音词（фонетическое слово），如俄语公鸡一词的语音外壳为 петух〔п'э^{и}тух〕；二、意义部分（смысл или сигнификат），如公鸡一词的意义可能包括以下内容：家禽、雄性、红冠、足距等等；三、实指部分（предмет，денотат，референт），如公鸡一词在交际中所实际指称的鸡。斯捷潘诺夫认为词语在交际过程中产生以下三种变化。

1.1 当语音外壳发生变化，而意义和实际所指不变时，就产生词的各种语音变体和形态变体。前者如俄语中的 энергия（н 有硬、软两种读法），ноль 或 нуль（均表示"零"），汉语中的"机械"（读 jixiè 或 jijiè）；后者如俄语中的 лиса 与 лисица，лов 与 ловля，以及汉语中的"厨子"和"厨师"，"步话机"和"步谈机"，它们在词素构成上的差异，并不表示语义和实指事物的区别。变异达到极限时，就由语音变体转为同义词，由一个符号变成两个符号，如 угаснуть 和 загаснуть，безграничный 和 бесконечный。

1.2 语音外壳和实际所指不变，而意义可能产生变化。斯捷潘诺夫所说的语义变化特指那样一些变异，它们促使由对简单日常生活概念的认识，转化为对其内涵发展、充实的理解。波捷布尼亚曾把意义分做近点的和远点的（ближайшее и дальнейшее значения），前者属于语言学范围，后者则应由其他相关的专门学科来研究。例如 луна 的近点义为"夜间星体，月亮"，远点义为"地球的天然卫星"，对后者进一步发展将形成有关符号"月亮"的科学定义。远点意义以近点意义为发展变化基础，最终成为与近点意义不同的专门术语意义。如 капитал 一词在日常生活中被理解为"本钱"、"资本"，而在政治经济学中被解释为"用以剥削工人、取得剩余价值的生产资料和货币"。同样，日常生活中把国家当做"一定疆域内的民族聚集地区和行政管理组织"，而政治学中把它定义为"阶级斗争的工具"。当把一个词理解为专门术语时，它已是不同于原来符号的同音词。

1.3 语音外壳和意义不变，而词所指称的事物却发生变化，这是交际

① Ю. С. Степанов, Основы общего языкознания. М., 1975, стр. 7–26.

过程中最常见的，也是与本文有关的一种变异，由于追求生动、新颖、简练而经常出现这种变异。如 Не забудь свой блин（指帽子）. серая зима（指覆盖着雪的冬季）。日常生活中听到的“披金挂银”（指得金银牌），“他满脸的旧社会”都属于这一类生动的、有表现力的用法。这里的 блин，серая，金、银、旧社会等词都改变了原来的所指，这种转用达到极限，就会产生转喻，斯捷潘诺夫用的术语是 метафора，但他强调这个术语用于广义，包括换喻（метонимия）、提喻（синекдоха）等等，实际上就等于通常所说的转喻。当一个词在未失去与原来所指事物联系的条件下，又产生了与新事物的稳定联系，那就由一般的生动用法进而成为语言现象的转喻。许多学者，包括斯捷潘诺夫，兹韦金采夫都认为此时的转喻已不是原来的词，如俄语中的 память 表示计算机的“储存器”，英语中的 mouse 指计算机的“鼠标”，都是近年来形成的转喻。

这样，根据符号学理论，转喻是改换所指实物的生动用法所产生的终极变异结果，在不增加物质符号的条件下，它丰富发展了词汇体系，造成同一语音物质表达两种以上不同、但相关的意义，使语言符号出现能指与所指的非对称性。转喻成了与词素一类手段同样重要的构词方法。以上更多是从语言系统考察转喻的。

2 从符号的运作过程看转喻

从符号学角度来看，言语中运用转喻的本质在于：从在现场的、实际使用的符号向不在场的、未使用的符号的语义转移。这种语义转移的过程也就是符号对受话人作用的过程。它体现为以下几个步骤。

2.1 在现实的话语中一些词语符号之间的搭配异常，或与情景不能协调。这种在微观语境中的异常、偏离、悖谬，应在更大范围内的宏观语境中得以排除，如 Иль скажет сын，/Что сердце у меня обросло мохом，/Что я не знал желаний，что меня/И совесть никогда не грызла，совесть，/Когтистый зверь，скребущий сердце...（Пушкин）把“良知”当做“尖甲利爪的野兽”，说“心上布满青苔”都是异常的。这种在微观语境中看来有悖常识的现象，促使读者在更大的宏观语境中寻求对转喻的理解，从在现场的符号转向不在现场的符号，以对作者的话语作出正确解释。

2.2 受话人通过思索、想象甚至是直觉去把握用于转喻的词语，赋予它另外的意义，以从宏观整体上理解作者的意图。“挠心的尖甲利爪的野兽”是指“良知”为克服过分的欲念、放纵的感情而具有的使人痛苦不堪、坐立不安的特征。由此啮咬（грызть）表示“折磨”也是顺理成章的事，“布满青苔”也转而表示“心灰意冷、（进而指人）了无生趣”的状态。用这些行文中没有的、引申出来的词语意义，就可以大体解释这段诗歌的意义，然而如果果真改换成这些不在现场的符号，就失去许多附加意义和生动形象。把话说白了，也就丢掉了诗歌的精华。

2.3 当交际过程中符号两种所指现象之间建立起的合理联系，逐渐被大多数受话人接受后，符号就形成两种意义：直义和转义，而上述联系就变成解释从直义到转义的理据（мотивированность）。这种理据可以建立在事物的相似特征上，如俄语中以鹅（гусь）表示体态臃肿，行动迟缓的人，公鸡（петух）表示爱吵好斗的男子；或者以具体事物作为抽象概念的象征，如以鸽子（голубь）表示和平，以铸剑为犁（перековать мечи на орала）表示放弃战争，铸造和平，以植物的根、果表示抽象的因果，如祸根（корень зла）、劳动成果（плод труда）；也可以建立在部分与整体的关系上，如以炉灶代替家园（вернуться к родному очагу），以肢体代替整个人（рабочих рук не хватает，шуба с барского плеча）；也可能建立在事物相交、相邻的关系上，如以杯盏代替所盛的东西（съеть два блюда，выпить рюмку）；以动作代替与之相关的结果和处所（объявление 表示布告，остановка 表车站）等等。理据的类型是很多的，并且还可能变化革新。由于有了大家接受的理据，就产生转义、成语，而用于转喻的用法就变成语言现象而被纳入辞书，如前面例子中的 обрасти мохом，грызть。但更多的转喻只是特定人在特定情景下的生动用法，由于是短暂的言语现象而被遗忘。

3 从符号学角度来看转喻系统

符号学把不同类型的转喻看成一个系统，它们既有不同、相异的一面，也有接近、相通的一面。在对转喻、甚至辞格的研究中“处于关注焦点的是转喻，尤其是隐喻，它已经获得语言学的论据，这种论据同时与词语的运作配置原则密切相关，这些原则对确定诗学功能是十分重要的"[①]。现在我们把各种转喻看做既有差异，又互相关联的连续系统，作为连续统两极的隐喻（暗喻）和换喻（旁喻），在某些方面互相区别、甚至彼此对立。

3.1 基于相似性的隐喻理据具有相当大的主观因素，而基于相关的换喻理据却有比较客观的性质。前者往往带有个人想象、民族文化、社会价值诸方面的因素，例如 ишак（骡子、驴）在许多语言中都表示"蠢人"，"倔犟的人"，但在中亚的某些语言中却表示"吃苦耐劳的人"；заяц 被当做"胆小的人"，似乎能被许多外国人接受，而转义为"不买票的人"，"太阳射出的光点"接受起来就要费些思索和想象。至于汉语中红豆表示"爱情"，梅花表示"气节"，其理据都包含有文化因素，这正是目前国情语言学所讨论的内容。除了理据的虚拟性质，即 x（似乎，как если бы）= y，隐喻往往还包含感情评价因素（如 ишак，заяц），产生生动形象，这在诗歌创作中表现得最为明显。Осужден я на каторге чувств/Вертеть жернова поэм.（Есенин）叶赛宁在诗中自况为服感情苦役的囚徒，被判处去推转诗歌的磨盘。这些隐喻把诗人沉思苦想、反复推敲，情煎之迫，诗作之苦的形象表现得栩栩如生。与此相对立，换喻的理据建立在两种意义所指事物或现象的实有联系上，如一个词兼表树与果实（слива：李树与李子），居住地点与居民（деревня：村庄与村民），材料与其制成品（бронза：青铜与铜器或铜牌），学科及其研究对象（грамматика：语法学与语法现象）等等，即由 x→（蕴含，имплицирует）y。基于 x 与 y 有着实在的联系，换喻虽然可能有表现力，却没有什么感情评价和形象性。但产生换喻的词的语义变化却可能有一定的规律性，如把"语义规律"理解为某些词汇语义类别相同的、"有组织的"的语义变化[②]，如 слива，груша，абрикос，персик 都兼表树与果实，而 деревня，город，институт，аудитория，класс，кафедра 等都由处所或机构转而表示它所包括的成员，关于这样的"规律"（当然不是没有例外）在词汇学中都有不少记载。表示隐喻却很难有什么规律，因为虚构的想象和生动的形象往往和规律、习惯是互相排斥的。总的说，创造和理解隐喻要靠想象、直觉、甚至灵感，而构成和解释换喻则需要生活经验、科学知识和逻辑推理。在实际中前者追求表达生动、

① Лингвистический энциклопедический словарь. Статья «Фигуры речи». М., 1990, стр. 543.

② В. А. Звегинцев, Семасиология. М., 1957, стр. 289.

形象的目的,后者则遵循节约、经济的原则(如用 деревня 代替 жители деревни)。

3.2 从符号的功能及功能作用的范围来看,隐喻与换喻在很大程度上也是相互对立的。以名词为例,用做隐喻的名词主要用于描述功能,通过用于转喻的特征意义去描述另一名词所表示的事物。因此从句法功能上来看,它往往用做谓语表示述语性特征,也可用做定语或同位语以表示修饰性特征。阿鲁秋诺娃曾举一个例子①:Эта женщина — настоящая свинья. Она оставила после себя ужасную грязь. 这里的隐喻 свинья 表示"不爱干净的人",一旦出现于主语位置上,如在第二句中,则往往指已经提过或事先知道的人。这时,起证同指称作用的主语还保留描述功能。当事先不知道转喻所指时,则往往产生疑问:所指是谁? 是什么? 如 Ну, а что медведь наш сидит? — Кто это, Яков Петрович? — Ну, медведь-то, будто не знаете, кого медведем зовут. (Достоевский)或者把 свинья, медведь 理解为本义,指现实中可能出现的"猪"或"熊"。某些起源于隐喻用法而经常起称名作用的名词,如 антютины глазки(三色堇), ножки стола 已模糊了、甚至失去了与本义的联系,丧失了形象性。与此相反,换喻的基本功能是起称名作用,以一个名词称谓与其所指相关的另一事物,从而代替另一名词。一般地说,这并不增加表情和形象的因素,也不指出新表示事物自身的特征。这就形成它以表示题元为主的功能,在句法上通常用做主语和补语:Весь класс пошел в кино. Наливайте мне еще рюмку. 用汉语语法学的说法,隐喻侧重用做谓词,而换喻则主要用做体词。此外,"隐喻语义的两重性使其不符合句子主要要素——主体与述语性特征的基本功能,对证同言语中所指事物来说,隐喻过于主观,对表示述语性特征来说,隐喻又有歧义。发挥隐喻作用的天然场合是诗歌艺术言语,在那里它服务于美学的(而不是纯信息的)功能"②。当然,诗歌中也不乏换喻,像"履薄临深谅无几,且将余日付残编";Берега Невы руками плещут. (Лермонтов)(圣彼得堡或涅瓦河岸的人拍手鼓掌。)但它主要用于传达信息,而在创造形象、发挥美学功能方面作用有限,因此不构成诗歌的特点。隐喻正由于有上述特点,不适于用在公文事

---

① Н. Д. Арутюнова, Предложение и его смысл. М., 1976, стр. 349.

② Лингвистический энциклопедический словарь. Статья «Метафора». М., 1990, стр. 296 – 297.

物、科技语体中。然而在科学著作中为了增加生动性和形象性，也出现一些隐喻，下面我们引上述论断的作者阿鲁秋诺娃在语言学著作中一段含有隐喻的话："Максимум контекстной зависимости делает оценку одним из наиболее трудно определимых типов прагматических значений. Это твердый орешек, хотя в нем нет семантического ядра."①这里的 орешек（坚果），ядро（内核）都是隐喻，分别置换"难啃的问题"和"语义内涵"。当然，在科技作品中，隐喻只能偶尔为之，否则就会使其失去准确真实的性质。但话又说回来，就是在诗歌中，各种转喻也不能用得过分频繁，诚如刘熙载论诗所说："诗中固须得微妙语，然语语微妙，便不微妙，须得一路坦易中忽然触着，乃是令人神远。"从总体上说诗歌、艺术言语是隐喻发挥作用的天然场合是不错的。

3.3 从符号与两轴关系上来看，隐喻与换喻也完全不同。前者是聚合关系的两符号中一符号置换另一符号，后者是有组合关系的两符号的精简（以"杯"代替"杯中"的东西），前者是选择轴上词语推敲的成果，后者是配置轴上词语凝炼的产物。这就是雅各布逊（Р. О. Якобсон）对转喻解释所作贡献的核心思想。隐喻来自明喻紧缩（сокращение сравнения）的说法滥觞于亚里士多德，从"这女人美丽得像朵花"进而说"这女人是一朵花"，而换喻来源于连贯话语（特别是词组）紧缩（сокращение текста）的观点则盛兴于当代。波兰语言学家库里洛维奇更进一步指出，隐喻是出现在同一句法位置的词语互换，如上例中"花"代替"美丽"；而换喻则不同，在词语代替另一符号的同时，原来的句法位置也发生了改变，如"奥运会第一天我国便获得一金、二银"这个句子中，金、银在表示奖牌时，也由修饰成分变成宾语。按照传统的结构主义观点，换喻所代替的词是本来应在现场的、与其有组合关系的词，一般说换喻是所谓偏正结构中的以偏代正，进而改变自己的句法位置；而隐喻所代替的词与其执行相同的句法功能，它们本来都可在同一位置上出现，因而是互相排斥的，这样，就没有改换句法地位的问题。

这样，我们从三个角度分析了隐喻和换喻的区别：一、用于转喻的词与被置换词之间的联系性质是虚拟的抑或是真实的，以及由此派生的感

---

① Н. Д. Арутюнова, Типы языковых значений: Оценка. Событие. Факт. М., 1988, стр. 7.

情、评价、形象的有无、理据的主观创造性或客观规律性；二、隐喻和换喻在语义功能、句法地位和使用语体范围方面的不同；三、两者在来源上、与两轴关系上、在词语代换前后句法关系有无改变上均有区别。可见，是根据不同参数找出两者的对立。而转喻其他类型往往是根据某一参数划定的类别，有的接近隐喻，有的接近换喻，某些兼有两者特点，某些与两者保持一定距离。近年来，除了研究不同类型的转喻的关系，许多法国和比利时学者还从历时角度去考察它们。事实证明，不同的转喻无论从历时上、还是从共时上看，它们都是一个连续统，再加上作为一种修辞性手段，转喻的精华就在于创新变化，只根据一、两个概念把它们分别纳入离散的类型，难免会产生一些困难。现在有人把转喻分成几十种、甚至上百种，形成大量的交叉分类，不仅在科学上站不住脚，在实践上也无指导意义。用这种琐细枯燥的学究方法来处理给人美感享受的修辞手段，自然使人厌倦，望而却步。与其如此，不如根据某些参数，包括我们上面举的那些参数，对具体的转喻作具体的分析。举个例子来说，比如，以表示身上穿着的词转而指人，如 черные ботинки 称呼“穿黑皮鞋的人”，старая шляпа 指“戴旧草帽的人”，这是所谓以部分替代全体的一种提喻，其理据建立在实际联系上，而且只能用做语义题元，经常出现在主语和补语的位置上，在这类位置上用于转喻的词已改变了原来的句法功能，上述转喻是由 человек в черных ботинках，человек в старой шляпе 转变而来的。这一切都使它接近换喻，许多教科书和大型辞书也是这样处理的。每个人的穿戴都是变换的，因而这种理据往往具有暂时性、偶然性，用于特定的可见情景中，如 Черные ботинки угрозили револьвером，а старая шляпа вздрогнула.（注意：句中复数和阴性的词却可能均指单个的男人）。由于说话人除衣着这一特征外，往往对所涉及对象别无所知，因此广泛用它作呼语，如 Эй старая шляпа，постой！这些特点都与换喻不同。而另一些用“衣着表人”的词语，却可稳定地表示一类人，从而更接近语言现象，如 Лапоть забунтовалась.（*农民暴动了*。）Сарафан за кафтаном не бегает.（*女的不会追逐男的*。）汉语的“布衣”、“白领”、“四个兜”等也分别表示“平民”，“管理阶层”和“军队干部”。还有一些“衣着表人”的词语，如 шляпа（*窝囊废*），калоша（*衰朽的人*），синий чулок（*女学究*），则应该看做隐喻。它们主要用做谓语，表示述语性特征，如果其前面有修饰成分，也应该是描述所指的人，如 Он — старая шляпа.（*他是老废物*。）Эта женщина уже дряхая калоша.（这个女人已老弱衰朽。）Она — строгий синий чулок.（她是严肃的女学究。）前面讲的以临时性衣着表人的词，其修饰成分则是描述衣服的，черные，старая 分别修饰 ботиник 和 шляпа，而与所指的人无关。同是以"衣着表人"，第一类临时性、言语性转喻词广泛用于呼语，第二类语言性转喻词则较少用于呼语来称呼整个群体，而第三类隐喻性词语，在日常用语中基本上不用做呼语。通过这些例子说明，也许对转喻词语的具体全面分析比硬性的机械划类更为重要。

4 从更高的层次和更大的范围看转喻

近几十年来对转喻的研究趋势是由低层次向高层次转移，用做转喻的单位已不仅是词语，而且是句子，甚至是整段的连贯话语；与此同时，研究更注意转喻中的创造性因素，注意联系语境来理解转喻的创造性；最后，在追求表现生动的辞格创造过程中，聚合成分与组合成分相互影响、渗透、甚至转化，从而使组合段与聚合体之间的区别变得模糊。这几种趋势是互相关联的，现在我们分别简述如下。

4.1 在本文一开头就指出，传统上把转喻定义在词级单位的变义上。近几十年来，许多学者把整个句子看成相应情景或事件的符号[①]。这样，用于改变原义的整个句子也可看做转喻，从而使转喻完全跳出词汇学的框架，很多学者都力主使"隐喻功能"从词级过渡到句级和话语级[②]。我们看下面两个句子：①Не бросай слова на ветер. ②Нельзя подрубать сука，на котором сидишь. 这里，句中所有的词都用于直义，然而作为整体，这两个句子却别有意义，另有所指："不要言而无信"，"不能跟自己过不去"。当这些句子逐渐变成谚语后，在直义与转义的关系上，它们也和一般的多义词差不多。但在更多的情况下，句子用于转喻是"一次性"的。下面看唐诗《剑客》："十年磨一剑，霜刃未曾试。今日把示君，谁有不平事？"作者贾岛素以诗风朴实著称，有"郊寒岛瘦"之说，通篇诗中除"霜刃"中的"霜"之外，也没有什么转义词。然而读者却感到以剑客自况的贾岛"十年苦读，锋芒未露，渴求明主，一展抱负"的豪情壮志，其跃跃欲试的形象，栩栩如生。读者看到不是乞求赐予机会的文人，而是勇斫不平的义士。这种迂回表达的方法，在诗歌中是屡见不鲜的。

---

① Н. Д. Арутюнова，Предложение и его смысл. М.，1976，стр. 6.

② 李幼蒸：《理论符号学导论》，中国社会科学出版社 1993 年版，第 343 页。

4.2 从修辞学的观点看，转喻的灵魂就在它的创造性。缺少创造成分，就使转喻失去魅力，而真正创造性的场合是活的话语，活的句子。转喻一旦成为词的转义，就会不同程度地削弱其生动、形象一类的性质，最后甚至变成“死喻”。很多鲜明的转喻都首先出现在个人的语句中，特别是诗句中。“易逝的光阴”，在李白那里是“百代的过客”，在叶赛宁的诗里是“插上翅膀的风车”。有些转喻就只能产生在特定语境中，特定的上下文中。这里我想强调一下所谓复杂的链条式的转喻。我们再引阿鲁秋诺娃著作中的一句话[①]。Волна логических идей, захлеснувшая в последние два десятилетия лингвистику, не вынесла связки на ее берега.（近二十年来冲击语言学的逻辑思想浪潮，并未能把系词推上语言学的河岸。）把学术思想的影响喻为浪潮是常见的，由此生发出“冲击”语言学，“推上河岸”，用这一系列链条式的转喻表示逻辑学对语言学的影响并未导致后者认同系词的功能和价值。脱离这个链条和相关的上文，вынести на берега 是不会有上述转义的。这里既有生动的形象，又有逻辑的推理，是用活泼的语言叙说科学的事实。下面我再转引俄国诗人巴拉腾斯基的诗«Дорога жизни» 中的一句：В дорогу жизни снаряжая/Своих сынов, безумцев нас, /Снов золотых судьба благая/Дает известный нам запас: /Нас быстро годы почтовые/С корчмы довозят до корчмы, /И снами теми путевые/Прогоны жизни платим мы. [②]（美好的命运，金子似的梦幻/送自己子弟，我们这些张狂的少年/踏上人生的旅程/赠给一些备用的积攒：/驿路上岁月匆匆流转，/由一个客栈到另一个客栈，/我们支付旅费的盘缠/正是那些金子般的梦幻。）这首诗的基本转喻为“生活——道路”。在此基础上，запас（盘缠），почтовые годы（驿路岁月），корчма（客栈），путевые прогоны（路费），платим（花费）均获得在该诗之外所没有的意义，表明转喻对语境的敏感反应。加上诗的前半段中的庄严用语（благая судьба, снаряжая в дорогу, сынов）与后半段中的日常生活用语（почтовый, корчма, прогоны）的对照，暗示充满幻想的张狂少年，经过人生周折，岁月流逝，梦幻破灭跌落之后惘然若失的心态。这些转喻的效果是无法脱离语境在词语的范围内获得的。

---

① Н. Д. Арутюнова, Типы языковых значений: Оценка. Событие. Факт. Л., 1988, стр. 151.

② Б. В. Томашевский, Стилистика и стихосложение. Л., 1959, стр. 226.

4.3 许多用于转喻的佳句，由于其生动形象而广泛流传，有的甚至成为名言、警句、谚语。这样，人们在表示相关的情景、事件时，除了临时造句外，又多了一种选择：把用于转喻的现成句子，即整个组合段纳入考虑范围，这样，它们就成为聚合体的构成部分。例如在 Не бросай слов на ветер 和 Держите свои слова 之间，Не подрубай сука，на котором ты сидишь 与 Не делайте глупости во вред самому себе 之间，可以根据语体、语境和说话人的愿望进行抉择。当然，是否想要受话人复现转喻中包含的形象，也是重要的选择依据。有些名言警句甚至要诉诸受话人的直觉，使之产生异化形象，暗示其中别有内蕴，如 Бог дал два уха，а язык один.（谚语）Весь мир театр，и мы его актеры.（名言）刀鞘保护刀的锋利，自己则满足于它的迟钝。（泰戈尔）鹪鹩巢于深林，不过一枝，偃鼠饮河，不过满腹。（庄子）人们常常用这类传世名言来表示它们所包含的、自己所理解并认同的思想。这样，组合段向聚合体的转变就不限于词组的紧缩、简单的词语换喻了。层出不穷的创新转喻（从词语到句子，甚至段落）通过筛选，源源不断地为语言提供生动的修辞手段。另一方面把有聚合关系的单位加以巧妙的配置，形成引起人们遐想的组合单位，从而形成辞格的另一重要组成部分，有人把它们叫做关系性的句法辞格，以与实体性语义辞格，即转喻对立。比较简单的关系性辞格，如节律、韵脚、平仄等都是把语音上相同或相异的词语有规律地排列起来，以产生音响和谐或对照的效果。当然，更重要的是把意义上有各种联系的符号从聚合轴投射到组合轴上，从而形成各种关系性的修辞格。把一些语义上、形象上、褒贬评价及语体属性方面相同、相近、相异或相反的词语按一定方式配置起来，它们或者毗邻相接，或骈比对仗，或前后呼应，或镜像反置，或按轻重缓急递次鱼贯排列，逐渐形成各种修辞格式。这些格式和转喻一样，在成为常见的定式之后，不免失去鲜明生动的性质，因而作家们又力图打破定式，以偏离所谓“零度风格”，从而增加新的表现手法，出现新的风格流派。这里只想举两个例子说明如何利用词语配置作为生动的修辞手段。Федор хоть и начальник，но все-таки сосед，хотя с другой стороны，хоть и сосед，но все-таки начальник.（Жуховицкий）В Италии никогда не перестанут созревать апельсины и художники.（Паустовский）两句话中都没有形象转喻的词语。前一句话中，начальник 与 сосед 均两次重现，但位置相反，侧重各异，这种镜像式词序反映出对“邻居兼首长”反复掂量的疑虑心态：既想利用近邻关系以攀附，又因慑领导威严而畏缩。后一句子中把 апельсины 与 художники 两个表示不同领域事物的词语同等并列，并说两者"都源源不断地成熟"。不难领会其中的妙趣雅谑。描述这类关系性辞格不是本文的任务。我们只想强调，组合段和聚合体的区分可能因修辞目的而变得模糊。借用法国学者罗兰·巴特的话来说："也许正是由于这种违反二者区分规则的情况才导致大量创造性现象的出现。"[①]从符号学三个组成部分来看修辞手段，其语义部分还要研究意义改变的符号——转喻（实体语义性辞格），而句法学部分也应延伸到超乎语法关系之外的词语排列（关系性辞格），而语用学部分则在具体语境中把两者联系在一起，考察语言创新特点和修辞效果。

① 转引自李幼蒸：《理论符号学导论》，中国社会科学出版社 1993 年版，第 347 页。

从新的角度看隐喻

隐喻(метафора)研究有着悠久的传统,这种研究主要是在语文学,更确切地说,是在修辞学中开展的,但经过很长一段沉寂和停滞期后,近几十年又重提隐喻。这大概有以下几方面的原因。一是在语言哲学、生成语法盛行的时期,隐喻造成了许多困难:如何判断以隐喻做谓词语句的真值?这种谓词与逻辑上的主项关系破坏了逻辑规定的个体与类别,属与种的关系,把相距甚远的两类事物联系在一起,这样的语句是正确的吗?隐喻如何和义子分析一类研究意义的方法相协调?二是传统语言学也承认隐喻在表达语义方面的重要作用,但问题是,它对语义的形成、转移、构筑词汇-语义系统究竟有什么影响?起隐喻作用的不同词类词汇在组合搭配和句法功能上有什么特点?它的表现力和评价功能如何体现和演变?这些问题都是语言学所关注的。三是认知科学兴起后,广泛讨论认识世界的思维方式。它是逻辑理性的或(和)形象隐喻性的?这方面的文章最近一段时间浩如烟海,而且不同行业的专家学者,如哲学家、心理学者、文艺工作者、人工智能专家,都卷入这一讨论。不同认知方式在语言中如何反映?语言性的隐喻和非语言性的隐喻相比有哪些特点?这些问题也是学者们关注的焦点。以上列举的几个原因导致了眼下的隐喻热。本文作者在学习了俄国逻辑分析小组的有关著作,特别是其领导人阿鲁秋诺娃的著作之后,在这里谈一些体会,并把文章的范围局限在语言内部的隐喻,而且是窄义的隐喻范围之内。

1 隐喻与其他转喻

阿鲁秋诺娃说:"隐喻无处不在的想法使其在不同话语中所受限制的问题退居次位。这导致隐喻这一观念本身界限模糊:在文艺作品和造型艺术(绘画、电影、戏剧)中,人们把所有用间接与形象表达意思的方式都叫做隐喻。"[①]事实上,很多语言学和非语言学的文献中都这样使用所谓广义隐喻。为了明确本文研究对象,以下将隐喻与其他的转喻(тропы)[②]的关系作一简要说明。

转喻指词语的任何提高鲜活形象性及生动表现力的转义用法。如前所述,很多学者把隐喻用于广义,其外延等于甚至大于转喻(即包括指非语言隐喻)。本(窄)义的隐喻是转喻的一种,作为言语机制,它以表示某类事物、现象的词汇去描写或称谓完全属于另一类的某个事物,或者用该词称谓同类事物。

有一种观点认为隐喻(汉语也叫暗喻)来源于比较(сравнение),汉语把后者叫明喻,表现这种明暗对比的特点之一就是有无"像","如","好比"这一类明示比较的词。如:他好比(像、如)笼中鸟/他是笼中鸟。俄语也有这类指明比喻的词,如 похож, подобен, напоминает, словно, как, будто 等,而隐喻与它所描述的主体只靠词义最空泛的系词"是",быть 相连接。俄语中 быть 的现在时还可不用,变成完全意义上的空白。所以通常认为"隐喻总是比较,大部分是紧缩、隐蔽的比较"[③]。但比较与隐喻重要的区别在于,前者可以明确指出两者仅在某一特征上、特定组成部分上,执行特定动作时的相似,如① Он своей походкой напоминает на медведь. (他走起路来像狗熊。)② Дочь лицом похожа на мать. (女儿的面孔长得像母亲。)③ И мщенье бурное падет в душе, моленьем усмиренной. /Так на долине тает лед, /Лучом полудня пораженный. (Пушкин)(祈祷后心灵平静,/降解了高涨的复仇激情/像受到正午阳光照射/在山谷中消融的积冰。)这些比较都很难紧缩、简化为隐喻,因为隐喻被使用者认为包含着它所描写对象的本质,其前面常可加上 настоящий, истинный,以强调喻体与隐喻本体之间这种本质性关系,如 Наша секретарша — настоящая кукла. (我们的女秘书简直就是个玩偶。)既然是本质的相似,就不能受到时空的限制,不能是局部的相似,且不受个人看法左右。在上述例句中不能或不宜加 в этом году, в кабинете дирек-

---

① Н. Д. Арутюнова, Язык и мир человека. М., 1998, стр. 372.

② 国内有些学者把换喻或代喻(метонимия)译为转喻。这里根据我国俄语学传统,认为把转喻作为各种转义用法的上限概念名称更妥贴。

③ В. Н. Телия, Вторичная номинация и ее виды. // Языковая номинация. М., 1977, стр. 196.

тора, мне кажется 一类限定说明成分。附带指出,由于明喻中没有词语用于转义,尽管它是重要的生动修辞表达手段,俄语语言学却将其排除在转喻之外。

在转喻中,俄语语言学中还分离出一类变喻(метаморфоза),它和隐喻最为接近,也不用 как 一类表比喻的词,而直接把名词用于转义,如① Маяковский пошел ледоколом вперед. (Шкловский)(马雅柯夫斯基像破冰船一样向前迈进。)② Раненым медведем мороз дерет. (Асеев)(严寒像受伤的熊撕裂着一切。)③ Стариками рассерьезничались дети, и, как дети, плакали седобородые. (Маяковский)(孩子们神情严肃一时变成老人,而灰白长须的老者像孩子般泣不成声。)但变喻不同于隐喻之处在于它只以五格名词表示,并且依附于动词,表示与被描述主体只是在特定情景下短暂性、一时性的相近。在这一点上,它接近明喻,传统俄语语法把变喻的体现形式叫做"表比较意义的五格"(творительные сравнения),例③证明变喻与明喻有相通之处:两者出现在同一并列句中。变喻有别于主要以一格形式出现在谓语位置上的隐喻。此外,变喻表示所描述主体在执行动作时"转变"为另一事物。在点评阿赫玛托娃的诗行 Еще не давно ласточкой свободной /Свершала свой утренний полет...时,维诺格拉多夫指出:"在所有这类情况下……我们所遇见的不是纯粹词语性的隐喻,而是'神话式思维的余迹',女主人公把这些转化看做现实。这样,问题不在于语言性隐喻,而在于感知世界的方式。"①这种把幻觉当做现实的变喻(也译为幻喻),广泛用于诗歌之中,如阿赫玛托娃在描写"爱"时说它 То Змейкой, свернувшись клубком, /У самого сердца колдует, /То целые дни голубком, /На белом окошке воркует...(爱有时化做蛇,蜷缩一团,/守在心旁,蛊惑挑逗令人迷惘,/有时又化做白鸽,/在洁白小窗上,成日柔声絮语,倾诉衷肠……)其实,毛主席《沁园春·雪》中的"山舞银蛇,原驰蜡象"也是典型的由幻觉产生的、动态的、一时的变喻,但汉语中似无这种提法。

转喻中与隐喻既有联系,又相互对立的是换喻(метонимия),作为一种言语机制,其特点在于把个别或整类事物的名称偶然地或规律性地移用于联想到的其他个别或整类事物,后者与其毗邻连接,出现于同一情

---

① Н. Д. Арутюнова, Язык и мир человека. М., 1998, стр. 356.

景。如①Шляпа углублялась в чтение газеты.（戴礼帽的人埋头读报。）②У него в кармане осталось немного меди — на сигареты и метро.（他兜里只剩几个铜币——仅够买烟和地铁票。）③老夫聊发少年狂，左牵黄，右擎苍，锦帽貂裘，千骑卷平岗。为报倾城随太守。亲射虎，看孙郎。（苏轼）④蛾儿、雪柳、黄金镂，笑语盈盈暗香去。众里寻他千百度，蓦然回首，那人却在灯火阑珊处。（辛弃疾）在以上例句中 шляпа，锦帽貂裘，蛾儿、雪柳、黄金镂，分别代替"戴礼帽的人"，"着锦帽貂裘的猎手"，"佩上述头饰逛灯节的妇女"。它们是偶然出现在特定情境中的言语性换喻，而 медь（铜→铜币），倾城（全城→全城的人），千骑（坐骑→骑兵、骑马的人）则是带有一定规律性的语言性换喻，并且衍生为新的词义。总的说来，换喻，特别是语言性换喻，没有形象性，但在言语性换喻中，当以特征代替有该特征的事物，如例②中以"黄"代犬，以"苍"代鹰，以及像"绿肥红瘦"，"落红无数"等名句都有点染事物色彩，增强表现力的作用，当以事物的局部代替整体，特别当有意凸显、对照、列举这些部分，烘托情景时，换喻也是一种有力的修辞手段，如上面提到的"左（手）牵黄，右（手）擎苍，锦衣貂裘"，渲染了打猎的壮观场面；"蛾儿、雪柳、黄金镂"，加上"笑语盈盈暗香去"也是用行为、衣香代指妇女，状写了惹人眼花缭乱，花团锦簇的盛装丽人，并与下文在冷落灯火阑珊处的"那人"进行对照。修辞学还在换喻中分离出提喻（синекдоха）专指以事物组成部分代替整体者，如出师表中的"臣本布衣"，部队中以"四个兜"表示穿干部服的人，以区别于士兵，"白领"与"蓝领"分别指管理技术人员与工人（俄语为 белые/синие воротнички）。上面提到的"锦帽貂裘"等也属此类。此外，汉语中还从语法角度提出旁喻，有所谓以偏（从属词）代正（主导词），如形容词黄、苍、绿、红分别代替名词犬、鹰、叶、花，"左牵黄，右擎苍"中动词已指明"左、右"代替左右手；而以正含偏者，如说某人"有性格"、"有脾气"，指有"好的性格"、"坏的脾气"等等。换喻的下述特点明显与隐喻相对立，它转指的事物与词原先的所指有着有机内在联系，有时甚至还体现为语法联系，并可由逻辑推断、语法分析找出这种联系，因而可能有一定的规律性；它一般用做称名单位，有对应所指，执行所谓"证同功能"（идентифицирующая функция）；它很少有形象性、表现力和评价意义，即使有，也在性质上不同于隐喻。关于隐喻与换喻的对立与区别，已有不少文献详细描述。可参考«Лингвистический энциклопедический словарь»（1990）的 Троп 词条及阿鲁秋诺娃（1998，

1988)。

2 隐喻的功能类别

前面简单介绍了转喻的几种类别，并指出它们有别于隐喻的特点。隐喻作为一种动态的言语机制，用表示喻体事物的词汇去描述、称谓属于另类的事物（姑且称之为隐喻主体）。隐喻按功能可分为几种不同类别，它们运用在不同体裁的言语时，显示出一些差异。

2.1 形象性隐喻

形象性隐喻（образная метафора）主要以用做谓词的名词表示，如①Этот мальчик настоящий ртуть, он не может ни минуты сидеть спокойно на месте.（这个男孩简直就是水银，一刻也不能安静不动。）②Наша Ниночка — Оттело в юбке.（我们的妮诺奇卡是穿裙子的奥赛罗。）③Я была твоей бессонницей, я тоской твоей была.（Ахматова）（我让你无法入睡成梦，我让你忧郁悲痛。）

2.1.1 就目的而言，人们是寻求简明、形象且有某些凸显特征的实体去揭示隐喻主体的特点，如以流动不居的水银描述好动的男孩，以猜忌成性的奥赛罗来描述醋意十足的女人。

2.1.2 就手段而言，最适合表示这类喻体的是具体名词，虽然具体名词包含数量众多、模糊不定的义子，但在言语中它可能凸显事物的某些特点。作为描述隐喻主体的手段，它能代表具体事物的整体表象，容易塑造交际者心目中的形象；专有名词只能有条件地作为形象隐喻手段：它所表示的喻体应具有很高的知名度，且应具有众所周知的突出特点，如例②中奥赛罗的猜忌。至于抽象名词能否作隐喻手段，则有争议，严格讲，例③中的бессонница, тоска只是由隐喻主体引起、并在对方身上造成的结果，而不是主体自身的本质特征，这种抽象的概念也没有形象性。然而由于其包含的比喻性，物质主体与抽象喻体的异类联系，往往让人产生新颖的感觉、朦胧的遐想而被广泛当做隐喻使用。

2.1.3 就形象性而言，作为言语机制的隐喻，最具有形象性，如老舍的小说中把发育不良，面黄肌瘦女孩的脑袋喻为“活窝窝头”，台湾报纸把清廉的马英九称为“不沾锅”，把博学之士叫“立着的书橱”。再看下面俄语的例子。④Испания — большой кит, выброшенный на берег Европы.（Брюк）（西班牙是抛到欧洲岸边的巨鲸。）⑤Я ненавижу вас, люди — резины, /Вы растяжимы на все режимы. (Вознесенский)(我恨你们,橡皮筋式的人,你们对所有制度都会伸缩适应。)这里基于两个事物表象共同点所产生的形象性隐喻,不同于换喻,那里只有一个事物表象,只不过形象地突显了其局部特征而已。这种个性化的言语性隐喻因说话人强调描述其主体的本质,通常作语法谓语,有时作同位语,如例⑤。若言语性隐喻为大众接受并广泛使用,就演化为形象褪色、逐渐语义化的语言性隐喻,最终变成派生词义。语言性隐喻的形象虽消失,但在一定条件下又可重新激活,用做执行称名功能的主语、补(宾)语,如"银汉无声转玉盘"(苏轼)。宾语位上的"玉盘"代替"月亮"。附带指出,隐喻往往兼有感情评价,当我们把某人喻为"铁公鸡"、"不倒翁"、"饭桶"时,无异判定此人啬吝、投机、无用,尽管不是理性评判,却生动有力。这些感情充沛、评价清晰的隐喻,最后可能变成连意义都没有的骂人话。骂人的话中,如龟儿子(俄语中说 сукин сын),废物(俄、英语中等义词 дрянь, rubbish)连意义都没有,只剩下情感和评价了。

2.1.4 最后,形象性隐喻的使用在语言中产生两方面的后果:一方面在词与词间形成新的同义手段,如作为言语机制,俄语中 медведь, слон, корова 都用来隐喻笨拙的人(неуклюжий человек),但"熊"表主体愚蠢、有内翻足的步态;"象"兼示意主体臃肿、庞大、沉滞,而"牛"则暗示主体莽撞、行动不灵。这样,形象性隐喻就成为产生同义词列的源泉;另一方面,在词的内部,则导致词分解为若干义项,各义项可有证同与描述功能的转换,词义的形象、情感、评价的演化,从而形成复杂的多义词。

2.2 认知性隐喻

认知性隐喻(когнитивная метафора)指用描述具体事物、情景特征的形容词或动词去揭示认识抽象事物与现象。

2.2.1 认知隐喻的目的是通过构拟、创造与熟悉事物已知特征的相似点去描述那些看不见的、难以状写现象的特性。在这一点上它与前类隐喻不同,如 острый 本义是①尖锐,如 нож, клин, игла,因用于描述"感觉"而产生意义②敏锐的,如 зрение, слух…,因描述词语效用产生语义③尖刻的、挖苦的,如 слова, шутка…, 因描述事态产生意义④尖锐、紧张、危急的,如 кризис, конфликт, положение…,因描述人内在状态产生意义⑤迫切的、极端的,如 желание, нужда, необходимость…又例如风发出的各种声音,人们很难有区别地直接描述它们,往往借助反映人发出各种声音和动物叫声的动词以状写辨识风声，如 ветер воет（风“如狗”哀号），завывает（风“如狼”嗥叫），ухает（风“如猫头鹰”长啸），шепчет，ропщет，стонет，плачет…（风“如人”低语、抱怨、呻吟、哭泣……）这样，认知性隐喻在原有意义基础上，因描述对象改换而产生新义，更重要的是通过它赋予所认识对象的特征一个名称，以便辨识它，把握它。

2.2.2 体现这类隐喻的手段是形容词和动词，它们本来就是执行描述功能的，没有证同功能，也没有独立的指称功能，用做隐喻后，这些词依然保留在特征词的范围之内。它们所派生的名词，如 красота души，шопот деревьев，才能用做主语，但这已是二阶逻辑命题中的主项了。

2.2.3 至于认知性隐喻的形象性，由于它对主体“错位”性的描写，也会增加其表现力，特别是在言语中。但这种形象性不鲜明，不稳定，易消失，如① Язык у нее острый. ② Человек растаял в ночи. 这因为形容词与动词少义子，无独立所指，难以形成形象，与这些义子原来相关的具体事物不确定，且未在句中出现，如例①中的 острый 可指不同事物，如 нож（刀），клин（楔子），игла（针）……例②中可能溶化的有 снег（雪），лед（冰），сахар（糖）……且 острый 是表示 язык 相应特征的手段，因经常有规律地使用，从而导致形象褪色、消失。

2.2.4 语言中使用认知性隐喻的后果有：第一，它造成形容词、动词多义化；第二，某些表示事物物理、生理特征、空间方位、运动的动词、形容词，因词义泛用于各种对象而普适化；第三，上述隐喻词可说明不同类的事物、事件、现象，造成比通感更为广泛的现象间的联想，如表示人、物空间位移的 ходить，转而表示其他事物和现象的无定向运转：Ходит（ят）мальчик，корабль，поезд；часы，жернова，напильник；дым，запах，тесто；чума，анекдоты；вести，мысли，цена 又如，用表示具体事物可见特征的形容词、动词去描述观念。мысль（и）светлая，тонкая，пресная，глубокая；рождается，зреет，увядает，не умрет；мчатся，топтались（на местс），метались（из стороны в сторону），перескакивали（с одного предмета на другой），витали（на воздухе），толкались…

2.3 称名性隐喻

称名性隐喻（номинативная метафора）以某类具体事物的名称去称谓另一类相似的事物，如 глазное яблоко（眼球），ушная раковина（耳壳），ушко иглы（针眼，针鼻），рукав реки（支流），быки моста（桥墩），журавль колодца（井上压水吊杆）。

2.3.1 运用称名性隐喻的目的是为一类事物寻求名称。

2.3.2 达到该目的的手段是从现有表示具体事物的普通名词中获取隐喻性名称去称谓与其有相似特征的一类事物。称名性隐喻往往能直接指明（而不是暗示）被命名事物的物理的、可观察到的特征。完成称名转移后的名词，依然执行证同功能。

2.3.3 称名性隐喻在言语中创造的形象不能保持太久，因为表示一整类事物，意味着在不同场合下反复用这一名称指称事物，从而使形象褪色，乃至消失。而对执行证同功能以分离所指的词来说，形象没有太大帮助，在它消失后，也勿须寻求新的隐喻。

2.3.4 就称名性隐喻在语言中引出的后果来说，它是产生多义词、同音词，甚至术语的重要源泉。必须借助上下文（主要是词组）才能辨别同音词所指称的事物，如 ушная / носовая / умывальная раковина（耳壳，鼻甲，洗盆），рукав одежды / реки（衣袖，支流），швейная / хвойная игла（缝纫针，针叶）。由于在不同组合中的意义来源于共同喻体，它们常被看做一个词的多个义项。但因各所指事物相差甚远，把它们联系起来的形象已被忘却，特别是科技术语，要求排斥形象，因此常把 быки（公牛）与 быки моста（桥墩）两个原本有隐喻关系的词看做同音词。

2.4 隐喻在不同类型的言语中所发挥的作用也不同。在日常言语（повседневная речь）中，使用隐喻追求实用的目的，因为它简短、凝炼、形象，是说话人表达自己对事物本质认识的最简捷的途径。当人们看到雪地上行走的小孩说“他简直就是个小狗熊”（Он настоящий медвежонок.）时，就省去很多具体的、局部的、近似的、不完全的描述，诸如这个小孩步履蹒跚，行动笨拙，神情憨厚，衣着臃肿……隐喻则直接表达了说话人感觉中的真实，反映了他对小孩子当下的整体印象，而且还包含着对孩子的喜悦之情，怜爱之意。当管理者说“时间就是金钱”，教练员说“这场比赛是战斗”都是用最简短的隐喻达到“提高效率”、“鼓舞斗志”的目的。不能认为隐喻是诗人的专利。米歇尔·福柯（Michael Foucault）在《词与物》一书中说：“……所有这些东西（指隐喻等修辞格——引者）并不是讲究文体的结果；相反，它们揭示了所有自生的语言所特有的多变性：‘巴黎中央菜市场在一个市场日所产生的辞格要比学术会几天内所得出的多得多'。"①

在文艺性的言语(художественная речь)中,由于隐喻的偶然性,不可预见性,它原来表示的喻体和隐喻主体两个表象之间存在巨大差异。所有这些特点,对于追求陌生化以创造审美对象的文艺作品来说,都使它成为最恰当的表达手段。请看下面诗人兼书法家旭宇的诗:"左肩是诗歌的太阳,右肩是书法的月亮,灵魂的全天候照耀,生命在宣纸的积雪中,生长成汉字的魔方。"②诗中隐喻不能说不新颖,不奇异。中国古代诗人李白、李贺、李商隐,都有这种异想天开,创造神奇的本事。西班牙诗人加西亚·诺尔加曾说过:"怎么都行,就是别静止不动地总从同一窗口,看同一片风景。烛照诗人的光源来自对峙的一面。"③阿鲁秋诺娃更进一步发挥,认为文艺作品中,隐喻不仅强调相似,而且强调对峙对立,在逆反的光源下观察现象,以此挑战自然,冲破定见,如 Она... высокая, стройная, чернобровая, краснощекая, одним словом, не девица, а мармелад. (Чехов)这是《套中人》里描写科瓦连柯的一段话,她分明是少女,却被否定,反而夸张地把她喻为"水果软糖,果冻"。Господи, это же не человек, а дурная погода. (Горький)主人公认为性格乖张,令人生厌的家伙不是人,而是"恶劣的天气"。在这类语句中,对比同等成分,前一部分是"破除定见",后一部分则是"忽生异想"。很多诗歌中都用 не... а 这种套式表示隐喻的这一特点。由于文艺作品中这类隐喻有时过于怪诞,有背于世俗的看法,它们很少转为词义,但若有特殊的审美价值,包含隐喻的语句常常作为整体保留下来,成为流传久远的名言佳句。如"沉舟侧畔千帆过,病树前头万木春。"(刘禹锡)诗歌的深刻含意,奇妙的蕴喻,工整的表达,使其成为烩炙人口,流传千古的诗句,甚至多多少少地掩盖了诗人以"沉舟"、"病树"隐喻自己的原意。又如 Человек всего лишь тростник, слабейший из творений природы, но тростник мыслящий. 这句出自法国著名宗教哲学家、数学家、文学家帕斯卡(Pascal)的话,因其深刻地指出"人只是世间最柔弱的生物,有如芦苇,却因其能思维而变得有力"。"会思维的芦苇"并未产生指"人"的转义,但这句话却成为广为流传、形象生动、蕴意深刻的名言。

---

① 米·福柯:《词与物——人类科学考古学》,上海三联书店 2001 版,第 156 页。

② 引自光明日报 2006 年 7 月 7 日,第 8 版。

③ Н.Д. Арутюнова, Язык и мир человека. М.,1998, стр. 381.

至于科学性言语(научная речь)著作中的认知性隐喻,主要用于探索认知对象的本质,通过类比获得启迪,按照隐喻,塑造未知的、感官不易把握的现象,自然科学中一些隐喻性的称谓都有此种性质,如以"陀螺"、"金属疲乏"、"弦"、"博弈"命名的理论(博奕也用于经济学)。而称名性隐喻,在科技术语中只是为赋予事物或现象以形象名称提供理据,但由于主要执行称名功能,其形象褪色、理据消失则是一般规律。即使商标"飘柔"洗发露,"梦幻"香水,其形象也容易被淡忘。通常认为,形象性名词隐喻应排斥在科技文献之外,当然在定义概念、推理判断时都不能使用隐喻。但在科学著作中为了使叙述生动,表达形象,通过隐喻阐明问题的情况,也不少见。阿鲁秋诺娃在讨论评价词汇的意义时就曾说:"Это твердый орешек, хотя в нем нет семантического ядра."①(这是个硬果,尽管它没有语义内核。)

3 隐喻在认知中的作用

自认知语言学问世,关于认知与隐喻关系的著作,可谓汗牛充栋。前面粗略地谈论了隐喻在语言中的功能,现在谈谈隐喻在认知中的作用。主要讨论两个问题:一是隐喻与逻辑思维的关系;二是隐喻在认识世界和理论研究中的作用。

3.1 通常认为隐喻是前逻辑神话式思维的手段,是先民看待世界和自身的方式,这种思维方式还留传给后人,其成果也沉积在后代的意识中,成为一个民族集体无意识和传统文化的组成部分。京戏戏文常常用"金乌坠,玉兔升"来表示日落月升,就呈现了神话式思维的余迹。乌是古代神话中的三足乌,隐喻太阳,兔指神话传说里月中的玉兔,隐喻月亮(后者也可看做换喻),后人还以"乌飞兔走"喻日月运行。福柯说"船最初是被帆所指明的",而"心灵"、"灵魂"则一开始就获得了"蛾"的比喻。此话后一部分把蛰伏于躯体又离它而去的灵魂喻作由蛹而羽化腾飞的"蛾",也有神话思维的特点。西方人大多把感情当做液体,如以"感情旋涡"(водоворот чувств)表示危险的感情所形成的使人下坠的盘旋暗流。神话思维中的隐喻有时是变动的,既把痛苦感情喻为液体,如以 испить до дна всю горечь 表"备尝痛苦",又把它当做灸烫伤人的热源,如 Горе

① Н. Д. Арутюнова, Типы языковых значений: Оценка. Событие. Факт. М., 1988, стр. 7.

сушит.（痛苦灼烤煎熬，使人憔悴。）以不同的隐喻表示同一感情在汉语中也有，如“满腔愤怒”与“怒火中烧”，也分别以水、火表示愤怒。这种形象生动的、变幻不居的、甚至异想天开的神话式隐喻，十分适合文学创作，特别是诗歌创作的要求，因为这种简洁、凝炼、鲜活、生动的表现方式，给人以想象的空间、丰富的联想、多重的解读，神话思维与诗性思维有着密切联系，人们把有神话诗意性的（мифопоэтическое）思维叫做隐喻思维，隐喻式思维在科学认知领域内被许多学者视为异端，将它与逻辑思维对立起来，并加以排斥。有人认为隐喻是产生逻辑错误、混乱的温床，很多主张形式化的语法学家、语义学家都回避隐喻。概括说来，人们认为语言中的隐喻在以下方面破坏了逻辑的规定。

3.1.1 系词前后的两个名词应表示同一关系，而隐喻与隐喻主体的关系是相似关系，有时甚至是偶然联想到的特征相似，如说“马英九是不沾锅”、“这草包是座挡风的墙”等等。逻辑不允许以相似代替同一。

3.1.2 系词前后的两个名词，除表示同一关系外，可表示个别事物与所属类的关系，或表示种与属的关系；而隐喻与所描述的事物，则完全异类，甚至是风马牛不相及的两类事物或现象，如“文学是生活的镜子”，电视片的名称“母亲是一条河”。这种混淆精神创作（文学）与物质产品（镜子），人（母亲）与自然（河）也是逻辑不允许的。

3.1.3 当以表示具体事物的名词和表特征、动作、事件和抽象概念的名词为逻辑主项时，逻辑认为其谓词的性质截然不同，分别属于一阶性和二阶性的。原则上讲，后者不能是表可感觉物理特征、表空间运转的形容词和动词。但认知性隐喻模糊了两者的界限，如可说“古代钱币内方外圆”，和“为人处世内方外圆”。在有些人看来，用同样的词语表示不同阶的谓词，至少是一种缺憾。

3.1.4 逻辑表达式中应排除直觉、联想、形象、情感、评价之类的因素，而隐喻却与这些因素密不可分，如 Эта девушка огонь. 这一产生于直觉灵感的隐喻给人以鲜明形象，令人产生她热情奔放，光焰照人，却又灼热难以接近的种种联想。隐喻中兼含喜爱与畏惧之情，褒扬与贬抑之意，这自然为逻辑思维所不容。

3.1.5 反映逻辑判断的语句有真假值，而对含隐喻的语句，难于简单地验真证伪，故实证主义者把它排除在认识世界的真理之外，并强调在逻辑推理中不能以隐喻作论据，主张“隐喻不是论据”。

在以逻辑思维占统治的领域内，还可以列举一些反对隐喻思维的理由。然而，人类天生就有一种基于直觉的相通感，感知上的相似感与心理上的连通感，即联觉（синестезия）交互作用，将本质上无共同点的不可比现象加以比较，借以勾勒出反映事物本质的印象，捕捉感官无法企及的抽象观念。在这样的过程中，隐喻起着一种重要的作用。如果把隐喻看成一种违反逻辑的错误，那也是有意为之的错误。建立在截然相异事物现象少数共同点上的隐喻性联系，比起在常规分类上形成的逻辑联系，给人的印象更深刻，因而也更牢固。试比较“这个女生是我校最漂亮的女孩”和“这个女生是我校校花”。有些人进而认为隐喻是认知世界的基础。如果说实证主义学者和早期的分析哲学的学者，将隐喻排斥在认识客观世界的真理之外，那么，哲学中的非理性主义者力图将隐喻看成一个认知王国，并将真实、真值逐出这一王国。他们强调，通过隐喻思维反映的外在世界，是主观的、直觉的，以人为中心建立的，因而是不可信的，进而要颠覆体现在语言文字中的传统意识，认为它既不客观，也不真实。但事实上两种思维有着彼此共存、相互补充之处。因此，（1）应从表示隐喻的物质事物中提取出特征，如校花中的美；（2）应从风马牛不相及的异类事物中看出相似点，如从电视片名“母亲是一条河”中领悟到两个截然不同的现象都具有宽阔、包容、柔情、哺育子民，惠泽于人……的特征。用得成功的隐喻，应包括易被感知、被理解、与隐喻主体相似的特征，勿须解释而自明；（3）要在有意识的逻辑错误中觉察到烛照企及事物本质的、由直觉、顿悟激发的思想火花；（4）作真值判断时，含隐喻的语句被验明在现实中为伪的同时，应肯定其反映的感觉为真。这样，源渊上与神话思维相近的隐喻思维，与逻辑思维也有相容、相关、相通、互补的一面。

3.2 隐喻思维在认识外在世界时，其作用不在于准确如实地客观反映世界，形成依据世界自身特征的分类体系，并通过它建立逻辑推导程序。作为逻辑思维的有效辅助工具，补充手段，隐喻的作用完全体现在另外的方面。在学者观察认识未知对象时，可以从熟悉领域内的知识中得到启发，借助隐喻思维，构拟假说，把已有知识领域的某些特征，映射到探索研究的领域。这样，隐喻思维在提出猜想、拟定假说、创建理论中有构筑认知模式的作用。在这一过程中，关键隐喻（ключевая метафора，也叫基础隐喻 базисная метафора）帮助形成对认知对象的整体表象，构建认识它的基础框架。在这一框架中派生的、局部的隐喻（производная, частная метафора）则映射于该整体表象的局部，对应于该框架的结构要素。

从横向上看，借助隐喻可建立起不同科学研究对象之间的联系，例如人们已习惯把建筑物作为研究社会的关键隐喻，常说社会建筑、社会大厦，由此产生局部隐喻：社会基础，上层建筑。俄语中也有类似的对应用法，在 строение（建筑物），здание（楼房），базис（基础），надстройка（上层建筑）后面加 общества（社会），并有大量以建筑为词根的派生词作为与社会相关现象的名称，如社会体制（устройство общества），社会改革（перестройка），社会改革派（перестройщики）。又如语言学中的符号作为关键性隐喻，被移植到民俗学、神话学、文艺理论等学科。与此同时，从语言学中移植出去作为由符号派生的局部隐喻有能指与所指，相位与实体、组合关系与聚合关系等。正因为如此，语言学一时被称为领先的科学。反过来说，语言学中把能与词搭配的其他词的数量称之为价（валентность），把词、词素看成语言中的分子、原子，甚至有人把无独立语音支撑的、语法词汇性的非常规义子叫做夸克（кварк）。可明显地看出，它们是来源于自然科学的隐喻。

从纵向上看，发端于库恩（T. Kuhn）的科学革命演进历史学说，其关键术语就是范式（парадигма），不同的范式标志着一个科学的发展阶段，而范式的改变往往体现为关键隐喻的变换，以语言学史为例，它曾分别以法律、生物、理化、数学作为基础隐喻的范式，经历了规范性传统语言学、历史比较语言学、结构语言学、数理语言学等阶段。下面各例子中，左侧为关键隐喻命名的范式，右侧则是体现相应局部隐喻的语言学术语。

法律范式：词典，语法，规则，规范……

生物范式：活/死的语言，亲属语，语族，语支……

理化模式：基本构成单位及其变体、结构、系统、配价、形态……

数学模式：逻辑式、集合，递归，推导，程序，映射……

4 澄清隐喻的认知功能对语言学的意义

4.1 它指明纯语言形式结构研究的局限性，尽管这种研究取得令人瞩目的成就。既然隐喻作为认知方式和表达手段在语义的创造、发展、转移、形成语义系统诸方面都起着重要的作用，研究语义就不能把隐喻排斥在外，而现有从形式关系研究语义的方法，无论是索绪尔价值理论，还是蒯因(W. Quine)提出元语义理论,即建立特征的语素意义分析,都对隐喻无能为力。由于隐喻的使用与一个民族的生活、文化、甚至潜意识密切相关,研究语义,特别是与隐喻有关的意义,就必须走出语言自我封闭的圈子,必须投入生活。语言学对象不再是“就语言和为语言而研究的语言”了。

4.2 隐喻在形成一个民族的语言世界图景(языковая картина мира)中起着重要作用。显然各语言单位不完全是按逻辑分类、语法范畴整齐排列的。同义、同指、多义、同音词语单位以某种压缩形式在头脑中形成了复杂网络,用这样的词语作为网络节点的背后,潜存着对各类事物的表象、民族文化观念,甚至集体无意识。上述网络加上词语间的逻辑、语法联系,形成了一个马赛克式、拼盘式的世界图景。隐喻在构建词语网络中,如前所述,起着重要的作用,基于隐喻建立起的五光十色的联系很难只用逻辑规则说清楚,如澳州某土著语用一个词表示“火”、“危险”、“女人”,俄语用 кулак 表“拳头”、“吝啬鬼”、“富农”。说母语的人是通过生活经验、心理表象、潜存意识直觉式把握其间联系的,而外国人只能通过大量言语实践深入其生活,熟悉其文化,培养语感方能掌握它们。

4.3 许多有关文化传统与精神生活的重要观念往往是借助隐喻形成的。像良心、真理、命运一类观念由于没有明确的、实体的对应所指,对它们既不能验真,也不能证伪,因而成为思想家关注争辩的问题。现在语言学提出对时空、秩序、真理、命运以及道德、审美领域中一些基本思想作观念分析(концептуальный анализ),分析目的不是对这些观念作是非判断,好坏褒贬,而是要如其所是地反映这些观念在语言中的体现,而不是作出学术定义。已有分析材料证明,人们正是通过大量的、不同类型的,甚至矛盾的隐喻来表明自己对这些观念的理解,观念分析已成为语言学的一个分支,其研究成果已引起心理学、社会学、哲学的广泛重视。当然这种分析也帮助人们深入理解所使用的语言,包括其中的隐喻。

第三编

功能语言学

句法分析与交际分析

关于实际切分(或称交际分析)国内外有不少文章和专著,《80 年语法》也讲述了这部分的内容,从而把它纳入了正式规范语法。我曾经就这个问题发表了一些不成熟的观点(见《试谈句子交际切分》,载社科院语言研究所《语言学资料》1965 年 2－3 期合刊及《有关俄语语句子实际切分的一些问题》,载 1983 年《中国俄语教学与研究》第一届年会论文集),但依然认为实际切分这一领域中仍有许多悬而未决的问题。本文所要探讨的“句法分析(即结构分析 синтаксический анализ)与交际分析的关系”就是其中之一。

1 句法分析与交际分析是不同层次的现象

自马泰休斯(B. Mathesius)以来渐渐明确,交际分析与句法分析不是一回事,但是两者的相互关系如何呢?一些人认为,实际切分或者说交际分析已属于语法－逻辑层次,它是比句法分析更高一层次的分析,持这种观点的如《语言学问题》主编之一潘菲洛夫(В. З. Панфилов);另一些人则主张交际分析仍属于句法的范畴,如克鲁舍利尼茨卡娅(К. Н. Крушельницкая);也有人提出,认为它属于高一层次的主张论据不足,如拉普捷娃(О. А. Лаптева)①。《80 年语法》虽没有正面谈及这一问题,但是从对具体材料的安排来看,该书作者接近后一种观点,实际切分在书中只作为词序问题安排在“单句”这一章,而在描写句子模式与复句时,只把实际切分解释为造成词序变动的原因。

本文持前一种观点,并提出以下的理由。

---

① В. З. Панфилов, Грамматика и логика. М.-Л., 1963, стр. 37－40; К. Н. Крушельницкая, О смысловом членении предложения. Вопросы языкознания, 1956, №5; И. И. Ковтунова, Современный русский язык. Порядок слов и актуальное членение предложения. М., 1976, стр. 32－33; О. А. Лаптева, Русский разговорный синтаксис. М., 1976, стр. 243.

(1)语言最重要的社会职能是用做交际工具,是作为交流思想的手段,而句子的结构模式只是一种备用的工具,它没有严格固定的词序,如 Нет + N_2(Нет книги.)或 N_2 + нет(Книги нет.)都可以代表这种模式,它没有语调特征,没有明确的述语性,只有言语中的话语句(высказывание)才具有线性性质和语调,只有经过实际切分处理的句子才能表示说话人活的思想,反映其逻辑结构。可以说词形变化是形成句子结构的工具,词采用什么语法形式取决于句子结构的需要;而句子变化又是交流思想的工具,采用哪种交际变体,增删句中什么成分完全取决于思想结构的需要。这样,形态分析,句法(结构)分析和交际分析是三个不同层次的分析。

(2)上述三重分析代表三级不同的抽象。形态分析抛开不同词汇意义的差别,确定语法意义和功能相同的语法形式,如 рекой, морем, лесом 尽管词义不同,但均为五格形式;结构分析抛开不同词类与形态范畴的区别,确定出在句中作用与功能都相同的成分,如扩展名词的成分可用各种词类的不同语法形式表示;交际分析抛开不同的成分区别,只确定在交流思想、传递信息过程中功能相同的主位和述位,如传统语法中的各种成分都可以作主位。

(3)有时,在低一层次看来难于分析的问题,在高一层次却不成为问题,如 Он говорит нараспев. 中的 нараспев 是副词还是前置词加名词(牵涉到分写与连写的问题),Левин уехал из Москвы ранним утром. 中最末一个词是名词五格还是副词(词典中是副词,但却可被形容词修饰)? 然而,这些现象在句法结构分析上却并不困难,它们(指 нараспев 与 утром)都是表疏状意义的扩展成分,至于说是副词还是名词,对句子结构无关紧要。与此相似,有些难于作成分分析的句子,从交际结构着眼,句中主位、述位的对立却十分清楚。引入实际切分的概念,可以解释产生这类困难的原因:...прислушай-ка:это не вода плещет, меня не обманешь — это его длинные весла. (Лермонтов)前一个 это 词典上和语法书中都算做语气词,它后面的句子结构已经完整,它不能在句中取得成分的功能,然而在紧跟下面的一个句子里,это 却是用代词表示的、完全符合规范的主语。两个 это 所指的客观现象(听见的声音),它们的位置、语调完全一样,却作出两种分析,这不能不说是一个矛盾;然而从交际分析来说,это 是什么词类,在句中作什么成分,都是次要的事情,只要知道它是主位，表示话题就够了。

正像在组词造句时，词法可以提供各种语法形式一样，在语法－逻辑层次上，当表达主位、述位时，句法可以提供各种按模式规则组成的句法构造和交际变体（коммуникативные варианты）（关于独立变体、非独立变体请看《80 年语法》句法部分及前面提到的我所写的第二篇文章）。至于如何使用它们，则完全根据交际目的、任务和语境来决定。

2 利用现成的句法结构作实际切分

在绝大多数情况下，实际切分都不改变句子的句法结构，只用句中已有的某个（或某些）成分分别作主位或述位。换句话说，句子的实际切分是通过选用该句子的交际变体来实现的。在不受语境限制的句子中，即所谓独立变体中，实际切分甚至不变动句子的正常词序和语义结构，保持句子的句法结构层次。为了满足特定语境下实际切分的需要而选用非独立的变体，则往往改动句子的句法结构层次，以突出传达主要信息的第一主位和简单述位，为此广泛采用语调和词序作为切分手段。尽管如此，句子内词间的句法联系依然保留不变。关于这个问题，《80 年语法》和上述第二篇拙作均有较详尽的描述，就不在这里转述了。有时为了强调主位、述位并标明两者的界限，还加用各种语气词、连接词。最常见的有 же，именно，даже，только 等。这些现象，各书中都有详尽的描述。这里只引几个例子。

① Эта проклятая пыль теперь за час не выветрится. Плюнемся и то черноземом.（Грибачев）

② У мерина весь хвост повыдергали черти！ Скоро обмахнуться от овода — и то будет нечем.（Паустовский）

③ Начальника да как отчитала！

④ С твоим умом да чтоб не понять？

⑤ Они только и живут，что рыбной ловлей.

⑥ Молодым только и помогают，что соседи.

①②句中 и то，③④句 да как 与 чтоб，⑤⑥句中 только и... что 均有把主、述位分开，并起对其进行强调的作用，不同之处只是分别使句子具有各种主观情态意义："甚至……也"、"对……竟然……"（表示话语句的两部分不协调，不相称）、"唯一……是"。总之，实际切分在利用现成

句子结构的同时，总是通过语调、词序、各种虚词把主位、述位表达清楚，使模式化的句子结构，能适应灵活变化的交际任务。关于这一点，请参看《80年语法》有关部分。本文想着重谈谈用交际变体以外的方式进行实际切分。

3 改造句子的结构来实现实际切分

为了突出主位与述位，可能对句子结构作重要变动，或者省去结构上不可少的成分，或增加从结构上看多余的词，因此给句子结构分析造成一定困难。

3.1 把一般陈述句变成问答对话结构

在问答对话中，所交换的信息往往都很明确，问句中通过疑问代词、语气词指明所要获得的信息，而在答句中可直截了当地提供所寻的信息，而不管句子是否完整，往往两段对白结合起来才构成一个结构完整的句子。说话人为了清楚表示主位、述位，可以反过来把结构完整的陈述句变成问答式对话。

① Что я любил — так это технику.

② А что водку трескал я без меры — это от глупости. (Иванов)

③ Единственно, о ком он беспокоился — это о матери. (Марков)

④ Вот где ужасы настоящие — это в Самарской губернии. (Толстая)

⑤ Ты понимаешь ли, Анна, что у меня, моя молодость, красота взяты кем? Им и его детьми. (Л. Толстой)

⑥ Дед подарил ему, представишь что? Свои единственные часы.

上述疑问代(副)词引出的部分是主位，后面单独分离出来的部分是述位，即要传达信息的核心，连接词 что 和上述疑问代、副词已变成引出主位的手段和标志，失去连接功能，把表示述位的词语变成独立的、回应的对答部分，从而达到突出它、强调它的目的。③④两句中由于有了 единственно, вот 以及 одно, именно 一类语气词，更明显地强调了句子的实际切分，⑤⑥两句则把单一的陈述句变成自问自答的对话。这里的疑问代(副)词不同程度地保留其疑问意义，它们不是主从句间接联系的手段，而是主位的形式标志①。有时可能把陈述句改变为有条件意义的主从复句，如 Я именно несчастна. Если кто несчастен, так это я.（Л. Толстой）后面的复句等于 Несчастен — это я. 只不过复句兼有条件–限制意义而已。上述例子中语气词 это, так 都是强调述位的手段。

3.2 **省掉信息上不重要、但结构上重要的词或成分**

① Внуки уже не понимают дедов, а порой и *сыновья* — *отцов*.（Паустовский）

② — Что варить будем? Только такое, чтоб побыстрее. Есть очень хочется. — Давай кашу. *Кашу проще всего*.（Носов）

③ Все до предела измотались, я вижу. Первого августа вас обещали всех отпустить. Да хочу я вас попросить остаться. *Ребят — всех, девочек — добровольно, кто еще может*.（Иванов）

所有上述不完全句中，保留的都是主位（或第一主位），述位（或述位核心），其余那些对传达信息来说不重要的词，不管它们是组成结构模式的核心成分，还是扩展成分都可被省略，这样就造成它们在结构上残缺不全，但说话人所要表达的意思却十分清楚，要弄清不完全句中词与词间的联系，却必须求助于相邻的句子，恢复哪些被省略的、表已知信息因而是次要的词语，或者上下文中已经包含了这些词语，或者语言环境能指明这些被省略词语的性质。这样，句子的交际功能与实际切分是造成不完全句的根本原因，而不完全句的结构残缺又是表明句间联系的一种手段。此外，在独立句子中，也有类似情况，如 В магазин не к спеху.（Марков）А по-английски вы свободно.（Земская）这些句中不言而喻的主导动词因传递的信息微弱而被省略，其从属词与句中其他词的联系变得不清楚。在下述句子中 Женское сердце вещун, а материнское тем более.（Иванов）— А с мамой ты согласна остаться? — С мамой да, а с тобой нет. 这里的 тем более, да, нет 都是代替前面的述位，因为其内容是已知的，所以是不重要的，重要的是述词所表达的情态意义“更是”、“是”、“不是”。出现这种替代性述位，也造成句子结构分析的困难。关于替代性述位，我在上述第二篇文章中已有说明。

---

① АН СССР, Русская грамматика. Синтаксис. М., 1980, стр. 538–539.

3.3 结构外主位

从实际切分的角度来看，发端于巴利的所谓分指结构，有许多不过是游离于主要句子结构之外的、表示主位的词语，它提出话题，由后续的主要句子作述位，传达出有关的信息。关于分指结构，国内外都有不少论文讨论。《80 年语法》把最常见的结构外主位——静词一格与动词不定式——叫做称谓形式和表象形式，认为它们不是按照句子语法模式构成的，是相对独立的话语句。除了这两种语法形式之外还有哪些词可作结构外主位，是实际切分中一个趣的研究题目。从实际切分观点来看，下述例子中的前面一部分都可看做结构外主位，其中 что，чтоб，都是专门引出主位的手段。

① Незамужняя — она (славянская женщина) дочь, дочь покорная, безгласная, замужем — она покорная жена. (Герцен)

② Знать он знает, да не говорит. (Потебня)

③ Парень хороший. А что задира, так кто из нас не бывал молодым? (Стельмах)

④ Что трение там, законы механика — он все пропустил, а сразу с головой ушел в изобретение такого «вечного двигателя», какого еще не было. (Шукшин)

⑤ Но чтоб в женатого влюбиться, этого я не признаю. И сильно осуждаю. (Вигдорова)

⑥ Утром дают хлеба, в обед каши и к вечеру тоже хлеба, а чтоб чаю или щей, то хозяева сами трескают. (Чехов)

⑦ Мальчики часто бегают (на фронт), — это известно. Но чтобы сорокалетний мужик — это впервые случилось. Еще интереснее будет, когда пятидесятилетний побежит. К тому же — секретарь райкома. (Иванов)

⑧ С того дня Захар уж никогда на меня руку не подымал. Шуметь шумел, а чтобы бить — об этом и думать забыл. (Марков)

⑨ Книгу — ее надо любить.

⑩ В стоптанных сапогах с широкими низкими голенищами, ноги в них будто жерди. (Васильев)

⑪ О Панине третьего дня послал. (Тургенев)

⑫ Про Таню мне не верится. (Толстая)

很早以前波捷布尼亚就指出俄语中有所谓独立一格，并认为"这类结构的作用在于把注意力集中在第一个第一格名词上，使它突出，不同于句中其他的成分"[①]，并把例②中的不定式叫做独立不定式，其作用也接近独立一格。他还说"在古俄语文献中，由于独立一格名词前有时用连接词 а что，这种意义就变得很清楚"[②]，如 А что князь Иванъ Стрыга，а тот мнь здъсе у себя надобъ. (至于伊万·斯特雷加公爵，此人我这里很需要。)应该指出，这里的 что 不是 3.1 的疑问代词，它是连接词，它与 что касается，что до 都是一种专门引出主位的手段，说它们引出的部分是从句很勉强，касается 已脱离了原来的动词变位体系而虚词化。чтобы 引出的结构外主位通常是用动词不定式表示的，以其他形式表示者(如例⑥⑦)较为少见，值得注意。这种主位所表示的现象往往是被否定的，不存在的，不同寻常的。最常见的用法是以 нет 作述位，如 Думать о тебе частенько думал. А чтобы сниться — нет. (Иванов) 例⑨⑩中的间接格，《80 年语法》认为它们接近称谓形式，即结构外主位[③]。⑪⑫中的 о Панине，про Таню 一类前置词短语，并非受动词支配的词，克鲁奇尼娜(И. Н. Кручинина)认为"这是一种特别的表示话题与主位的用法"[④]。

下面我想提出一个新问题，即存在着名词二格形式的结构外主位，它具有下述特点：(1)永远位于句首；(2)不管后面句子的语法结构，一律用名词(或代名词)复数二格(无复数者用单数二格)；(3)所提出的话题是有一定数量或被否定的现象；四、在大多数情况下可以用 ИК-3 读出，表示与后续句中的述位相对立。我们先看下面的例子：

① Тетрадей я купил две. (241，33)

② Решений может определиться только одно. (241)

③ Знакомых мы встретили Ваню и Машу. (429－430)

④ Где лес，тут и комара — в две руки не отмашешься. (429)

⑤ Офицеров нашего полка тут был только я. (155，429)

---

① А. А. Потебня, Из записок по русской грамматике. М., 1958，стр. 203－204.

② А. А. Потебня, Из записок по русской грамматике. М., 1958，стр. 203－204.

③ АН СССР, Русская грамматика. Синтаксис. М., 1980, стр. 224.

④ И. Н. Кручинина, Элементы разговорного синтаксиса в произведениях эпистолярного жанра. //Синтаксис и стилистика. М., 1976.

⑥ Их здесь собирается неразлучная компания. (152)

⑦ Дешевых их красивых не бывает(об обоях). (146)

⑧ Соседей никого не видал. (144,147)

⑨ Уток весной — стреляй вверх,обязательно попадешь. (333)

⑩ Это были настоящие умные — таких в его классе не было ни одного. (Пришвин)

⑪ Тут выступил один пожилой в плаще. — Хватит — не был он в магазине! Вас тут каждый вечер — не пробьешься. Соображают и стоят. Раз говорят,значит был. (Шукшин)

⑫ Родных,что было,перемерли давно. (Островский)

这里引的所有例句都符合以上要求,其中前九个句子转引自《80 年语法》之句法,括弧内的数字表示引文的页数。对这类现象,该书作了几种不同的解释:(1)它们与 одно,два,три,четыре 连用,构成词组,实际切分提前时,后面名词由单数二格变为复数二格,但没有解释发生这种变化的理由。例⑤中的 Офицеров был только я. 是按照 Тетрадей две. 的格式类推出来的;(2)认为它们是限定语,和全句发生联系。上述例⑤中的 офицеров 又被自相矛盾地划入限定语,说它等于 из офицеров,认为例⑥中的 их 是提到前面的成分(但是不可能构成词组 неразлучная компания их),并且接近表示主体的限定语;(3)认为例⑧的 соседей 具有双向变异性的联系,可以和 из соседей 互换,在另一个地方则认为有时很难决定 соседей 与 никого 两者的主从联系;(4)例⑦的 их 是句中主要成分,但被两个形容词扩展,然而没有解释为什么两个形容词分别在代词的前后;最后,例⑨的名词二格形式是主要成分,而后面的句子是替代表示数量意义的另一主要成分,并指出这种句子通常都是单要素的非扩展的或成语性的句子。可例⑨是个无连接词复句。这样,这些二格名词可能是扩展成分(例①),限定语(例⑤⑥),不依属于词的、与数词没有直接联系的成分(如例③的 знакомых)及句子的主要成分(例④⑦)。这类分析的破绽太多,也很难解释后三个从文艺作品中引来的例证,上述解释中最后一种比较接近我们的看法,但我们认为,名词二格不是主要成分。而是结构外主位,在所有例子中,二格主位之后的句子都是直接或间接地从数量角度对其进行解说。由于篇幅的限制,不能在这里详细论证,但我们认为这是实际切分影响句法结构的具体体现,名词二格早已经可以像一格称名句那样独立成句，所以用做结构外主位，这也不是什么难于理解的事情了。

3.4 结构外述位

在完整的句子结构之外（更准确地说是"之后"），尚有结构上多余的词语另表示述位，其主位包括在前面的句子里。这种现象通常被称做接续联系或者是分解现象（парцелляция）。当有补充的信息或者需要强调的信息，实际切分就超出单一句子结构范围，从而形成接续成分或分解结构。但结构外述位还可以由另一些词语表示，它们与前面句中的词不构成词组，也不构成并列结构。例如：

① ...в авиационных частях плохую погоду бранят, а в пехоте ей радуестя — заступница. (Грибачев)

② С верхней койки соскочил рослый солдат, — широкое лицо, голубые дерзкие глаза, ладный бритый череп. (Л. Толстой)

③ Всю Америку я проехал — черная. (Конеков)

④ Старательный и как будто понимающий был человек. А уж суетится, а уж галдит — нет спасения. (Лаптев)

4 "突破"句中词间句法联系规则的限制来实现实际切分

词形与词形按照一定语法规则（如句子结构模式、词组结合模式等）构成句子，说话人在绝大部分情况下都利用或稍加改造"合法"的句子来表达主位、述位，进行实际切分；有时为了交际需要，在特定的语境下可能违反现行的句法规则。如果对原有规则的改动是合理的，并逐渐为其他社会成员所掌握，就会形成新的句法规则。从这个意义讲，实际切分仍是形成、改动、发展句法规则的动力或原因，因此不宜囿于现行句法规则，对有些生动的语言现象作机械地分析或简单地加以排斥。

4.1 实际切分与句子结构模式

从交际分析着眼，某些性质完全相同的句子，却难以协调合理地把它们纳入现有的句子结构模式。例如在下述句子中，句首部分是主位，как所引出的、与主位语法形式相同的部分是述位。词序、语调、连接词都明白无误地指出实际切分的界限。

① Это девушка — как сказка.

② Город — как корабль.

③ Старик — как дети.

④ Миров — как песчинок в Гоби. (Вознесенский)

⑤ Народу на свете — как звезд на небе. (Бунин)

⑥ Посмотрим, посмотрим — неопределенно обещал Глеб — Кандидатов сейчас как нерезанных собак. (Шукшин)

⑦ Шестнадцатый год ему пошел, а он под ногами суется, чаю просит, а работы с него, как с кота масла. (Паустовский)

⑧ Без учеников — как без рук.

⑨ Он теперь большой начальник: до него теперь как до неба.

《80年语法》是怎样对上述句子作结构分析的呢? 前三句属于 N_1— N_1 句型,句中包括主、谓语。中间三句属于无主谓语的 Adv quant(N_1, quant) — N_2 句型,即和 Много цветов. Масса людей. 同属一类句型,как 所引出的二格虽是主要成分,但已不是谓语,它是顶替 много 或 масса 的,由于实际切分的缘故,把它们放在后面。这种分析当然不无牵强的性质。至于对后三个句子的分析更难令人苟同。как без рук 一类比较连接词引出的结构竟是顶替 холодно, грустно 一类述语性副词的,而 без учеников 竟是扩展整个句子的限定语。这里有不少值得商榷的问题:(1)как 作为主从连接词,它引起的句子成分怎么能成为语法上绝对独立的句子唯一的结构核心(主要成分)呢? (2)限定语是扩展全句的,它毕竟是一个起从属作用的扩展成分,为什么句子的主要成分,大多数情况下却要和它取得相同的形式,至少要用功能和它一致的词,如 В метро как дома. 这句话中 дома 和 в метро 一样都表示处所? (3)从结构上讲,限定语并非句子必须具备的、不可缺少的,但《80年语法》说这类句子中一般都要用它,《70年语法》说必须与它连用①。这只能解释为语义上不可缺少的成分。那么 как без рук 一类结构代替什么副词呢? 如果代替 холодно, морозно 一类表示无主体状态的词,根本不需要另一个语义成分;如果像 трудно, беспомощно 一样表示主体的状态,那么 без учеников, в метро 等并不表示主体意义。看来,似乎应该承认俄语中有一个庞大的表示比较意义的类别,它包括三种句型:(1) N_1 как N_1, (2) N_2 как

① АН СССР, Грамматика современного русского литературного языка. М., 1970, стр. 565; АН СССР, Русская грамматика. Синтаксис. М., 1980, стр. 379.

N_2,(3) Adv 或 prep + N_2… как adv 或 prep + N_2…(Adv 代表副词,prep 代表前置词,…表示其他间接格)。这种模式的共同特点有:(1)两要素在语法形式上(至少是功能上)相似;(2) как 也像 значит 在 Inf значит Inf 句型中一样,是不可少的,至于它是否算结构要素,暂不讨论。当然,как 可被 что, словно 等同义连接词代替;(3)它和 Много цветов. 不一样,只有一个独立交际变体,即无特殊的语境时,只能是 как 引出的部分在后。试比较在一般情况下,既可说 Много цветов. 也可以说 Цветов много. 即两个独立交际变体;(4)模式的共同意义是"将两个事物或状态进行比较"。至于这类句子模式的聚合体包括哪些语法形式,可加哪些系词以及如何扩展,当专门进行研究。产生这类句子模式的原因是满足交际的需求。在未承认这类句子模式之前,句子分析只能限于实际切分层次。

事实上,某些表示比拟、肯定、否定、情态评价的虚词本身没有连接主、述位的功能,尤其是当同一词重复使用时,更是如此。在下面从舒克申的«Обида»引出的两个例子中,主、述位采取相同的形式,加上连接词 и 或语气语 не,表示接受既成事实或"就算知道"一类主观情态意义,然而从语法结构角度,却难以进行分析,如:

① Сашку Ермолаева обидели. Ну обидели и обидели — случается.

② Ну говорит, что я что-то такое вчера натворил, в магазине-то не был — Так что же вы волнуетесь-то, если не вы натворили? Не вы и не вы — и все. (类似的例子像 Поеду так поеду. С тобой так с тобой.)

③ У чужих людей — не в родном доме. В городе — не в глухом лесу.

这一类句子都应该作类似的处理,即不宜作句子结构分析。这类句子虽没有句法式和时的范畴,没有形式变化体系,但却保持着述语性。深入分析这类句子的述语性问题已超出本文的任务。

4.2 实际切分与词组规则

某些按词组规则不应分解的词组,为了传递信息的需要却被强行分开。例如俄语中当名词前有数词和形容词修饰时,形容词应置于名词之前,而数词与后面整个词组发生联系(一般都说两块银币,而不说银的两块硬币),当数词为 2,3,4,并用一、四格时,要求形容词用复数第一格或第二格。然而在下述例句中,形容词用做述位,置于句末,而以整个数词－名词词组作主位，这种词的排列有时给人特殊的感觉：

① За все время，пока мы с тобою знакомы，у меня ни одного дня не было свободного.（Чехов）

② Жилая площадь в десять метров подразумевается квадратных.（Ушаков）

③ Чистых（денег）остается двадцать два рубля. Прохарчиться хватит пять рублей…，значит семнадцать можно послать маменьке.（Малышин）

③中以 чистых（指钱）作主位，这表明词组规则根据交际需要也可能发生变化。

下面我们再讨论另外一种情况，即某些名词间接格在词组或句子中已转而表示另一现象的性质特征，从而丧失了名词的“事物性”，但当它用做主位时，这种事物性似乎又重新恢复，如：

④ Поведения он был совершенно беспутного，ввязался в долги.（Достоевский）

⑤ Один пустой карман！Бумажника и след простыл.（Достоевский）

例④中 поведения 与 беспутного 结合在一起作谓语，表示“他的行为放荡”（试比较：Он высокого роста. Мальчик блестящего ума.）。поведение 已转而表示特征，而且只有和形容词在一起，才能和句中其他的词发生联系。但这里的 поведение 却成了表示说明对象的主位，беспутного 不仅与它分开，而且是它的述位，通过翻译可以看出 Он был 这一主谓结构干脆变成了修饰意义。例⑤中的 бумажника 本来是 след 的从属词，表示领属关系，指“钱包的踪影”，当它被提到句首主位时，却完全起指称事物的作用，不仅如此，бумажника 后可有停顿，并与后面的成语形成两个对立的、分别表主位、述位的语段。在用这一成语时，甚至可用物主代词 его，их 作主位，如 А утром взял уздечку и пошел ловить коней. Но их и след простыл.（Иванов）这里的 их 也有着称名功能，等于 Но эти кони уже исчезли бесследно. 由此可见，当交际需要时，词的形态语法类别、搭配规则、结构成分功能都可能发生变化。

4.3 由实际切分产生错合现象从而造成结构分析的困难

请看下面的例子：

① Каждый из нас хочет，чтобы всего было вдоволь и хорошего качества.（Калинин）

这句话的意思是“我们每个人都希望一切东西都数量足、质量好”。“一切”（все）既是 вдоволь 的主位，又是 хорошего качества 的主位。根据句子结构规则，вдоволь 应和二格代词 всего 结合，而 хорошего качества 则应说明静词一格表示的主语，但在交际过程中没有必要两次重复该词，这种不同类型的句子（无主句与有主语句）从结构规则上讲，是不宜捏在一起的。对这种现象，就只宜作交际层次上的分析，并说明导致产生结构分析困难的原因。

② Поэтому Яков решил применить ту же тактику，что при захвате и разгроме в прошлом году Абвергруппы в селе Шестоков — разбить банду по частям с той разницей，что *нападать* теперь будет *не он，а на него*.（Иванов）

这句话末尾一个分句的意思为“出击进攻的不是他，而是针对着他”。он 与 на него 分别是 нападать будет 的主语和补语，而且是两个句子的成分，但它们共同的述位功能竟使它们之间能与并列连接词一起说明同一主位 нападать будет。这种现象在结构分析层次上同样是无法解释的。

③ Только и беспокойства для любителей поспать — удары крупной рыбы в омутах.（Грибачев）

这句话的意思是“对爱睡觉的人唯一的骚扰是大鱼在旋涡里的击水声”。句中两个核心成分产生明显的不协调，数和格的不一致，主语用二格而谓语用静词一格是不符合语法规则的，无论双要素句或单要素句的各种模式都不能概括这个句子。这种句子显然脱胎于成语 Только и + 静$_2$（如 речи）+ что... 的模式。作者用停顿（书写上用破折号）把两者分开，显然认为两部分有主、述位间的关系。从交际分析角度来看，这个句子却是很清楚的：用有数量意义的二格抽象名词作主位，而述位用一格形式表示是很正常的。

综上所述，有许多言语中的现象，只宜作交际层次的分析，不必也不可能作结构分析。

5 实际切分与成分划类

在苏联出版的俄语语法教科书和专著中,往往对某些句子成分作不同处理(这里指的并不是所谓次要成分分类的矛盾),从而影响句子的类别。我们举出以下几种情况。

5.1 Курить запрещается.

《70 年语法》认为这类句子中的 курить 是主语,它属于 Inf — Vf_{3s}这一类句子模式,而《80 年语法》认为它属于没有主谓结构的句子模式 Vf_{3s}— Inf①。对 Роптать — грех. 这样的句子,在处理上也有类似的分歧。用传统语法的术语说,这里的分歧是划归双部句还是单部句。持前一种观点可举出理由:Курить запрещается. 可以换为 Курение запрещается,可以出现 Роптать было бы грех/грехом. 这一类一、五格互换的形式;持后一种观点认为 запрешается 有明显的情态意义,грех 已是表情态意义的谓语副词(述谓词),均可换为 нельзя。这两本书单句模式一章都出自同一作者什韦多娃(Н. Ю. Шведова)笔下,这一矛盾就更引人注意了。

5.2 Гостей было пропасть.

苏联科学院《54 年语法》、《70 年语法》、《80 年语法》都认为是由数量-名词组合 пропасть гостей 变化词序得出来的。《54 年语法》认为 гостей 是主语的一部分,《80 年语法》认为它属于双要素、但无主谓语的句型 Adv quant(N_1 quant)N_2 句型。由于未能令人信服地解释 Коров две. Фонарей видимо — невидимо. 这类现象,以及其他原因,越来越多的人主张有所谓数量句型。应该承认,即使采用数量句型的观点,也很难解释下述现象:Деревень и городов проехали — не счесть.(Марков) Земли разработано под пашню и огороды с 1884 года... только 37 десятин.(Чехов)因为 проехали 及 разработано 等词并非系词,这似乎也是一对难于解决的矛盾。

把静词性谓语中的动词分为三类已成为传统,即系词、半实体系词和实体动词,但究竟哪些实体动词可起系词作用,一般只是列举"表示行为处于某种状态者(жить,работать,лежать,сидеть 等),表运动者(идти,

① АН СССР, Грамматика современного русского литературного языка. М., 1970, стр. 557,563;АН СССР, Русская грамматика. Синтаксис. М., 1980, стр. 321-323,269.

прийти, ходить, вернуться 等）以及其他"[1]。但是正如斯米尔尼茨基指出："任何一个实体动词都有充当动词－系词的潜在能力，只要它把句中表示的事物与特征联结在一起。"[2]如 Солнце поднимается багровое. Овощи нам попались несвежие. Буря бушевала свирепая. Метод применяется передовой. 严格地讲，下述句中的动词形式也有系词功能，如 Старт взят отличный. Скамейки поставили новые. Срок назначен короткий.《80 年语法》认为 Вода течет ледяная. 是由 Течет ледяная вода. 改变词序构成的交际变体，谓语是 течет ледяная[3]。能不能按同样的推理认为 назначен короткий 也是 срок 的谓语，整个句子也是 назначен короткий срок 的交际变体呢？主语、谓语究竟是由句法联系决定的，还是实际切分决定的？这方面也有许多模糊的问题。

产生上述种种成分分类的矛盾，并非因为没有考虑实际切分，而是因为没有分清句法和交际两个层次的分析。前一层次只应分析词与词按什么性质的联系组成句子，依此分成主要成分、扩展成分，主语—谓语只是一对特殊的、有协调语法联系的主要成分而已，用第一格或不定式表示的主语并没有普遍的、固定不变的语义内容。《80 年语法》虽然在给各模式下定义时说主语表示主体[4]，但在研究语义结构时，又说在句子扩展时，主语的主体意义可能削弱或完全丧失[5]，而《54 年语法》的传统主、谓语定义，则近似给主位、述位下的定义[6]，如 Книгу отличает оригинальность. У бабушки болит голова. 句中的主语均无主体意义。句中各个词的交际负荷，应在更高一层次的交际分析上考虑，它可以保留、改动或突破句法联系。如果从这个更高的角度来考虑，上述种种矛盾可能得到更为合理的解释。

---

① АН СССР, Грамматика русского языка. Т. Ⅱ. М., 1954, стр. 417.

② А. И. Смирницкий, Синтаксис английского языка. М., 1957, стр. 125－126.

③ АН СССР, Русская грамматика. Синтаксис. М., 1980, стр. 9.

④ АН СССР, Русская грамматика. Синтаксис. М., 1980, стр. 94.

⑤ АН СССР, Русская грамматика. Синтаксис. М., 1980, стр. 253.

⑥ АН СССР, Грамматика русского языка. Т. Ⅱ. Ч. Ⅰ. М., 1954, стр. 413, 643.

试谈句子的实际切分

1 引言

句子的实际切分(或称交际切分)是个新问题,国外的议论和争论虽然不少,但根据语言事实作具体分析的文章却不多。国内语言学著作似乎很少涉及这一问题。本文想援引汉语和俄语材料,对此发表一些不成熟见解,求教于读者。

1.1 什么是句子

句子的实际切分和结构分析是两回事,似乎许多人都接受了这一观点,并且由此出发,反对把作为语言现象的句子与逻辑判断及心理表述混为一谈,但是实际上人们却依然纠缠不清,最明显的例证之一就是对句子的理解。譬如说:“句子是说话的单位。只要单独站得住,能够向对方传达一定意思的话,不论长短,都是一个句子。”①这个定义显然是从句子的交际功能着眼的。但是另一方面人们又把语法的任务规定为讨论句子的各种格式②,这是指句子的结构而言。这两者之间是有一定矛盾的。严格地讲,在特定的语言环境中,任何词或词组,甚至看起来关系不甚紧密的词结合在一起,都能传达一定的意思,从而成为一个句子,如“牛子”、“十八”、“抠鱼”在《开顶风船的角色》这篇小说中都是句子,它们分别回答“小家伙,你叫什么名儿?”“几岁了?”“在家干什么?”等问题。俄语中有这样一类有趣的例子,如 Вам налить чай с сахаром или без? (给你的茶加糖不加?)回答可以说 Без. (不加。)在俄语中 без 只是个前置词。或者说 Хочешь остаться дома? (愿意留在家吗?)小孩回答说:С ма-

① 丁声树等:《现代汉语语法讲话》,商务印书馆 1961 年版,第 18 页及第 2 页;苏联科学院《俄语语法》(1954 年俄文版,第 2 卷,第 1 册,第 65 页及第 6 页)在这方面也有类似的矛盾,不过,给句子下的定义更精致一些,加上了述语性这一类概念罢了。

② 丁声树等:《现代汉语语法讲话》,商务印书馆 1961 版,第 18 页及第 2 页。

мой — да, а с тобой — нет. (跟妈妈——行,和你一起——不干。)"句子的数目是无限的,可句子的格式是有限的"[①]这种提法一般说是对的,但是若采纳上述句子的定义,就得打点折扣。很少有语法著作从"牛子"、"十八"、"抠鱼"、"跟妈妈——行"一类句子中去提炼句子的格式或结构。反过来,用这些所谓"有限的句子格式"去分析千变万化的话语就不能不产生一些叫人头痛的问题,如"吃饭在机关食堂里,穿衣着鞋是百货公司去买,送成衣铺去机器札。"(黄宗英)"我们班不是洗澡洗出来的问题,是脑袋大了的问题。"(林雨)这些话听起来顺耳,可是拿现成的语法框框去套,就觉得很别扭,哪里也塞不进去。在像俄语这样形态变化丰富的语言中,对类似的句子,尤其难于分析,如对 С мамой — да, а с тобой — нет. 这样简单的句子,教师常常束手无策,找不出哪个词作主语,哪个词作谓语,这一类困难就是由上述矛盾引起的。看来,应该从结构的角度给句子(更确切地说是句型)另下定义。

1.2 什么是主语、谓语

从交际功能出发,可以将句子切分为两个部分。马泰休斯把它们分别叫做"出发点"和"核心",也有人把它们叫做"已知"和"新知",这些名称都不像语言学术语,我们采用德国人鲍斯特(Karl Boost)所用的术语[②],把叙述的对象叫做主位(thema),而对主位加以说明的部分叫做述位(rhema)。但是许多汉语语法著作中给主谓语下的定义却与此完全相同,如"主语可说是陈述对象,谓语跟主语对峙,是陈述的话"[③]。这样一来,句子的实际切分和结构分析就分不清了,按照这种给主谓语下的定义,我们来分析一下句子"他上街打醋去了。"如果上文是问"老王上街干什么?"那么这句话的陈述对象、出发点,即主语就是"他上街",而谓语是"打醋"。如果上文是"谁上街打醋去了?"那么主语应该是"上街打醋去了",而谓语是"他"。这样的分析未必有人同意,下述的争论也出于同一原因。"这笔帐以后再跟他们算。"(袁静)中"这笔帐"是主语还是宾语,对谓语而言它是叙述对象,对动词而言它是受事,是宾语。看起来毛病就出在混淆了主位、述位与主语、谓语两类不同的概念。在确定主谓语时,

---

① 丁声树等:《现代汉语语法讲话》,商务印书馆 1961 版,第 18 页及第 2 页。

② Karl Boost, Neue Untersuschungen zum Wesen and zur Struktur des Deuthen Satzes. Berlin. 1955, p. 31 – 35.

③ 丁声树等:《现代汉语语法讲话》,商务印书馆 1961 年版,第 18 页。

以词在句中的交际功能为依据，确定宾语时又以词和词的意义关系为基础[①]，这是不恰当的，因为这是两个不同的角度。过去也有人认为俄语中的主语就是叙述对象，谓语是叙述的内容，但最近已彻底抛弃了这种说法。那么，什么是主语呢？这是一个没有彻底解决的问题，目前的解决方法是以语法特征为依据，《54 年语法》给主语下的定义是："主语——这是双部句中的主要成分，语法上不从属于句中的其他成分，用名词、代词或其他变格词的第一格表示，它表示"广义"的事物，其特征（动作、状态、性能、性质）在谓语中加以确定。"[②]而"谓语——这是双部句中的主要成分，语法上从属于主语，通常用动词的人称形式、名词、形容词或形动词表示，并说明主语所代表的事物特征（动作、状态、性能、性质等）。"[③]这些定义已经抛开了词在句中的交际功能，这不能不说是一个进步，但依然是有破绽的。首先过分强调了形态功能，如主语是绝对不从属于其他词的成分[④]；其次，该定义犯了逻辑上的毛病，即每个定义都以另一个定义作为已知的前提，等等。当然，还可以进一步大胆提出问题，如研究句子的结构类型是否非要主谓语的概念不可？但这已经离题太远。我们想在目前的情况下，把叙述对象叫做主位，把叙述内容叫做述位，而给汉语主谓语另外的概念，或许会澄清一些混乱。譬如，把主语只限定为体词或名词化的词所表示的成分，它只能是分类的对象，被描述的事物，动作（或状态）的施动者（被动结构中是被动者），而谓语则是对事物进行分类、描述或表述其动作、状态的成分。我们在这里并不打算给主语、谓语下科学的定义，重要的是把交际切分和结构分析中的两类概念分开。

1.3 实际切分的性质

既然随着交际环境的改变对同一个句子可以作不同的实际切分，实际切分可说是千变万化的，那么能否对它进行研究呢？有人说这是"言语"范围的事，语法学无法研究。应该指出，自索绪尔提出语言和言语分家的主张，并且认为"语言学唯一真正的对象就是语言本身"，此后许多语言学家只醉心于语言内部关系的分析，然而语言（尤其是句子）是同思

---

① 所谓逻辑学派，如布斯莱也夫，心理学派，如弗尔图那夫，都有过类似的错误。

② АН СССР, Грамматика русского языка. Т. Ⅱ, Ч. 1. М., 1954, стр. 370.

③ АН СССР, Грамматика русского языка. Т. Ⅱ. Ч. 1. М., 1954, стр. 386.

④ 按照这一定义 Воды прибывает с каждой минутой.（水每一分钟都在上涨。）中 воды（水）受动词影响用第二格，就不能算主语，然而它的确是主语，而不可能是其他任何句中成分。

维密切联系着的，抛开实际切分来对句子作机械的直接成分切分，或对句中成分作结构分析，势必会碰壁的。因为要想绕开实际切分，就等于抛开句子的本质特征——交际功能，这是办不到的。但这并不意味着研究实际切分就是去分析千变万化的言语环境，用对交际场合的描述去代替语言结构的探讨。应该研究的是在不同语言中，用什么样的手段来表达主位和述位，来划分两者之间的界限，主位、述位和句子成分、句子结构之间的关系等等。这些手段、关系是有限的，因此是可以研究的。只有如此才能把句子的实际切分同结构分析分开。退一步说，即使真正承认存在着语言和言语的差别，也只有进行实际切分之后，才能抛开某些比较偶然的、属于纯“言语”的现象，使人们有可能去研究真正的语言结构。

2 表达主位、述位的语言手段

2.1 词序

这是执行交际功能、表达主位和述位的最重要手段之一。马泰休斯把句中主位—述位的顺序当做一般正常的情况，叫做客观词序。这种词序是很自然的，因为叙述的对象（或“基础”、“出发点”、“已知”）总是先于叙述内容出现的。鲍斯特在讨论德语时，甚至把句首和主位等同起来。他说：“句子的开始，对于句子的其余部分具有主位意义。在主位上的成分是个现成的、清楚的、听者也知道的现象。由主位所引起的紧张，将在句子叙述的结束时排除。”①他还援引了这样的例子：当回答问题 Wer/hat denn das Buch gefunden?（谁找着的这本书?）时，只能回答 Das Buch/hat Hans gefunden.（这本书是汉斯找着的。）“书”居于句子首位，或者只说 Hans.（汉斯。）但不应说 Hans/hat das Buch gefunden.（汉斯找着了这本书。）

在大多数情况下，汉语也是遵照客观词序造句的，因为在叙述中从已知的到新知的乃是一般的规律，例如：

①听说二十年前，安宁河畔(T)有一佃客(R)，膝下只剩一女(R)，父女(T)相依为命，糠菜糊口(R)。一日喜从天降(R)，屋前(T)竟落下一只鱼老鸹来(R)，二人(T)轻足蹑手，将它捉住(R)，好生喂养起来(R)。（高缨）

---

① Karl Boost：Neue Untersuschungen zum Wesen und zur Struktur des Deuthen Satzes. Berlin. 1955. 30 页以后，根据他的术语，下面我们用 T 代替主位，R 代替述位。

②以往在这条冲里(T),住着小夫妇俩(R),男的(T)叫长庚(R),女的(T)叫白妹(R),他俩口(T),起早睡晚……栽了几十棵牡丹(R)。(严阵)

俄语中词序有三种不同的功能[①],即(1)区分不同的语法结构,如 чудесная погода(好天气)和 погода чудесная(天气好)。前者是偏正结构,后者是主谓结构;(2)执行不同的交际功能,如 В наш город приехал (T)/артист Иванов(R). 和 Артист Иванов(T) приехал в наш город (R). 前一句说明来我市的是谁,后一句说明演员伊万诺夫的行踪;(3)修辞功能,如 Только разум поможет вам. 和 Поможет вам только разум. 当有相应语调配合时,两句话意思不变,即"只有理智能帮助你",句子的结构和交际功能也相同,述位都是 разум(理智),两者只有修辞上的区别。

一般地说,俄语中由于交际功能的需要,可以改变句子结构成分的正常顺序。换句话说,结构顺序通常服从于交际功能需要,通常说俄语是自由词序即指此而言。斯兰斯基很早以前就指出词序在实际切分上的作用。他举例说 Вследствие дурной подготовки и частых манкировок, ученик Н оказал дурные успехи. (由于基础不好和经常缺席,某学生成绩很糟。)一句想说明的是成绩如何,原因只是附带指出的。假使成绩很糟是已知事实,问的是原因何在,那么 вследствие дурной подготовки и частых манкировок 就要移到句末,是叙述的重点,而不是附带提到的。

在汉语中,由于交际需要,某些作主位的成分是可以提前的。例如:

③帅哪里挂得不好?(林雨)

④没有吃过人的孩子,或许还有?"(鲁迅)

⑤天安门前,我还一次没去过。

但是汉语由于不富有形态变化,词序是执行语法功能的手段,若把其他的句子成分提前,用其表示主位,则势必引起句子结构的变化,或者要同时采用其他的语法手段来表示主位和述位。这一点我们留到以后各节去讨论。

至于所谓主观词序,往往是为了特殊强调述位,使其居于句首,此时

---

① И. П. Распопов, Вариантность синтаксических конструкций и коммуникативных единиц языка. Филологические науки, 1962, №2, стр. 202.

经常带有感情色彩，所以又叫做加强语势的词序。述位在主位之前，这在某些语言中是一种不寻常的现象。这种特殊的主观词序必须同特定的语调相结合，我们放在下一节中讨论。至于主观词序的一般情况，马泰休斯和克鲁舍利尼茨卡娅的文章已谈了不少，我只补充一个俄语的例子。

⑥ Отличную(R) вы выбрали квартиру, — промолвил я. — Это Ася ее нашла, — отвечал Гагин. (Тургенев)/我说："您选择的住宅特别好。"加金说："这是阿霞找着的。"

отличную 作为叙述的主要内容，同所说明的名词分开，提到句首，这种词序是不常见的，完全是为了特别强调它。

汉语由于结构功能的限制，不是所有述位—主位词序都有加强语势的作用，如"谁写的诗？"回答说："我写的。""我"是述位，放在句首是由于句子结构的制约，而不是为了加强语势。

2.2 语调

语调包括重音、停顿和音调（мелодика），它在实际切分中占有重要的位置。很早就有人指出逻辑重音是表示所谓"心理谓语"的。例如：

①老王骑车进城买书去了。

逻辑重音可以分别落在"老王"、"骑车"、"进城"、"买书"等词上，借此回答"谁买车？"、"怎么进城？"、"骑车上哪？"、"进城干什么？"等问题。在许多情况下，逻辑重音是进行实际切分的唯一根据。

主位、述位之间有较大的停顿，这也是常见的情况：

②原因么，说主要是练得不勤了。（任斌武）

③牛子呢，根本没注意人们在争论些什么。（同上）

④号码十七、十八，这是铁一般的真凭实据！（叶圣陶）

念"原因么"、"牛子呢"的时候，甚至有近似疑问的提示语气。

俄语用重音、停顿来表示主述位的情况也很多。研究语调在实际切分方面的功能，有关汉语的材料见到的不多。下面我们引用一些俄语的材料[①]。当整个陈述句由一个语段构成，又是所谓客观词序时，则逻辑重音落在述位中心词（如 прекрасный）的重音音节（-кра-）上，由此处起语调开始下降。例如：

---

① 参考 Труды Военного института иностранных языков. М., 1953; Ученые записки 1-ого Московского педагогического института иностранных языков. Т. Ⅵ. М., 1953; Вопросы фонетики. Ученые записки Ленинградского государственного университета. 1960.

⑤ День был прекрасный. ∕天气是很好的。

如果陈述句由一个语段构成，又是所谓主观词序，则述位中心词(сам)重读音节上音调高升，随后下降，构成先升后降的音调，这种语调往往具有特殊感情色彩或表现力。例如：

⑥ Я сам расскажу о себе. ∕我自己来讲自己。

主位、述位也可以分别由两个语段表示(此时，主位通常都在第一个语段)，每个语段都有带主要重音的词作为意义和音调上的组织中心。前一语段重音所在音节(-рым-)是句子音调的最高部分，后一语段的重读音节则音高最低，两个语段之间经常会有停顿，音高上有一定差异。例如：

⑦ Вторым орденом(T)∕он был награжден за храбрость(R). ∕第二枚勋章，是由于他勇敢而获奖的。

类似的句子如：Эту ошибку(T)∕мы сделали случайно(R). (这个错误，我们是偶然犯的。)

我们这里仅就俄语语调在表达主位、述位的情况作了极简单的叙述。实际上，情况要复杂的得多，例如，当整个句子都是述位时，其语调情况大体和第一种情况相同。研究语调应该考虑：(1)除述位的中心词外，其他词在句中的作用大小不同，也能使语调发生一定变化，但它们通常不会改变上述一般规则；(2)语调的其他功能，如强调、对比等修辞功能，也可能使语调产生新的变化；(3)相邻两个语段的关系，如可能有后者补充解释前者，前一语段表示思想尚未结束，预示将出现另一语段等等，也会使语调上发生变化；(4)语调还有其他功能，如表示同等成分，独立语等等。详细研究这些问题，弄清它们同语调在实际切分方面的功能的相互关系是十分重要的，但这已经超出本文的范围。

2.3 用特定的词汇手段表示或区分主位与述位

2.3.1 表示主位的词汇手段

有时候一个句子结构已经很完整了，但是还游离出一个专门表示主位的词，汉语语法著作中所说的以主谓结构作谓语就是指的这种情况。严格地讲，这种提法不大合逻辑，如“张排副以前的确体格挺棒。”①一句

① 例句转引自丁声树等：《现代汉语语法讲话》，北京大学出版社 1961 年版，第 24 页。

中“体格”不能既是说话时的叙述对象（因为被看做主语），又是叙述内容（因为被看做谓语的一部分）。如果采纳上述修改了的主语定义，则“张排副”是叙述对象——主位，而“体格”是描写的对象，是特征的持有者——主语。用主谓结构作为叙述内容——述位，是极常见的事。

由于主位是叙述的对象，所以通常这类从结构上看来“多余的词”往往是由名词表示的，也可能由其他体词、动词或方位词（甚至某种结构）来表示。俄语则只能用静词第一格或动词不定式表示。由于忽略实际切分，这类词常给结构分析造成困难。下面让我们引几个例子。

①啊，这奇妙的春雨，它正给未来孕育着怎样的景象啊！（严阵）

②年轻的姑娘呀，尽管他们自己以为是大人了，……可是在生活面前，她们到底还是个孩子。（黄宗英）

③三十六计，走为上计。走，是比较聪明的。（人民日报）

上面加点的词的都是主位，它们不是句子的结构成分，也未必都能看成外位成分。

至于俄语，对这样一类“多余的词”更是难于进行成分分析。例如：

④*Незамужняя* — она дочь, покорная, безгласная, замужем — она покорная жена.（Герцен）/没出嫁，她是女儿，是顺从沉默的女儿。出嫁后，她是恭顺的妻子。

⑤*Храбрейший среди скромных наших командиров и скромнейший среди храбрых* — таким я помню товарища Котовского.（Сталин）/我们谦逊指挥员之中最勇敢的，勇敢指挥员之中最谦逊的——在我的记忆中柯托夫斯基同志就是如此。

⑥ *Соловьи* — и те угомонились.（Павленко）/夜莺——就连它们也安静下来了。

⑦ *Идти по пути Октябрьской революции* — таков был вывод./走十分革命的道路——这就是结论。

俄语里常用指示代词 это 专门来表示主位，而不构成句子的结构部分。这样的例子是很多。例如：

⑧ ...прислушай-ка: *это* не вода плещет, меня не обманешь, — это его длинные весла.（Лермонтов）./……你听，这不是溅水声，骗不了我，这是他的长桨。

⑨ Далеко на том берегу, потухая и переливаясь, змейками ползали огни; *это* жгли прошлогоднюю траву. (Чехов)/在对岸远处,火光时隐时现,蜿蜒起伏,如同蛇行。这是(人们)在烧去年的野草。

这里的指示代词 это 分别代替现实中的声音和上文中描述的火光,它们是叙述的对象(主位)。按照列宁的观点,это 是最抽象的词,“不论什么都是 это。”①因而它也是最适于表示已知的主位。

2.3.2 表示述位的专门词汇手段

与第一项情形相似,有时候一个句子的结构已经完整了,但是后面还游离出一个或几个词,专门表示述位,用来说明、叙述前面的思想。例如:

①听到哨子叫,就上球场找(牛子),保险没错。(任斌武)

这种游离于句子结构之外的述位往往表示情态意义或感情评价。例如:

②南越游击队连日狠揍美国佬,真痛快!

俄语的结构严谨,每个词的语法形式都受句子结构或词与词间的语法联系的制约,这种游离于句子结构之外的词,往往令人难于从句子成分上加以分析。

③ Всю Америку я проехал — *черная*. (Конеков)/整个美国我都走遍了——全是黑色的!

④ Никто не зашел ко мне после уроков рассказать. *Тоже товарищи*! (Гайдар)/课后也没人到我这儿来讲讲。也真够朋友!

⑤ С верхней койки соскочил рослый солдат, — *широкое лицо, голубые дерзкие глаза, ладный бритый череп*. (Л. Толстой)/从上铺跳下来一个大个子士兵——宽脸膛、蓝色傲慢的眼睛,剃光的脑门儿。

至于用 да(是,行), нет(不是,不行), грех(罪过), можно(可能), ужас(太可怕了)一类表情态意义的词作独立的述位更是经常碰到的。

2.4 用其他语法手段来区分主位和述位

2.4.1 虚词

有些虚词专门附在主位、述位前后,在交际过程中起很大的作用。

汉语在述位前加“是”、“在”。例如:

①吃饭也老是她吃稠的,你喝稀的。(黄宗英)

②鲁牛子就是这么犟。(任斌武)

---

① 列宁:《哲学笔记》,人民出版社 1962 年版,第 306 页。

这里的“老是”、“就是”除了有强调语气的作用外，更重要的是作为实际切分的标志。下面这句话的“是”只起划分主、述位的功能。

③我晓得他们的方法，直接杀了（T），是不肯的（R），而且也不敢（R），怕有祸祟（R）。（鲁迅）

俄语中各种加强语气词 даже，только，именно 放在表述位的词前面或后面上，往往落有重音，这种情形很普遍。我们只举一个例子。

④ *Только бы* не отец！— мелькнуло в голове. Но дверь открыл *именно* отец.（Горбатов）/只要不是父亲就行！——脑中闪过这个念头，但开门的正是父亲。

但不是任何强调语气词后面的词都是述位，应结合语调和其他条件来判断。

值得注意的是语气词 то 和 это 在这方面的作用，то 常放在表示主位的词之后。例如：

⑤ В калитку-*то* он побоялся идти，как бы не встретить Герасима.（Тургенев）/便门他不敢走，怕万一碰上格拉西姆。

⑥ И на воле-*то* он словно связанный.（Островский）/就是自由的时候，他也像被束缚住手脚似的。

此外，это 用做句子实际切分界限的标志，也是常见的现象，在疑问句中尤其如此。例如：

⑦ Что *это* она все смеется？— думал я.（Тургнев）/“她干什么老笑？”——我心里想着。

⑧ Куда *это* вы спешите？/您这是急着上哪去？

⑨ Хорошо *это* ездить везде и много видеть！（Горький）/到处走走，多看看可真是好！

应该指出，有些人说话时，именно，то，это 成了口头禅，这种情况又当别论。

此外，英语、德语中的定冠词（the，der）、不定冠词（a，ein）在指明已知、新知方面的功能，是人所共知的，从实际切分角度来看，这也是用虚词表示主位、述位的一种手段，口语中也常用助词表示主位，对不同的语言表达主述位的手段进行类型学的研究，将是很有价值的。

2.4.2 重叠

①去（T）我是要去的（R），哪天，可还没确定。

②决口有什么办法！反正堵（T）也堵不住（R）。（马烽）

这是把“去”、“堵决口”提出来讨论，即作为主位，重要的是表示“要去”、“堵不住”这是述位。这等于对是非问句“去不去?”、“堵不堵得住?”等问题作回答。俄语中也有类似的情况。例如：

③ Поглупеть-то я еще не поглупел.（Чехов）/糊涂我还没糊涂。

当然，汉语和俄语中的重叠还有许多其他语法功能，应该区别对待。

3 句子语法结构和实际切分之间的关系

句子的语法结构是在交际过程中逐渐形成的，是从许多具体的句子中提炼出来的。句子的主要功能就是表达思想，进行交际，因此交际功能在形成现在句子结构方面起了巨大作用。许多语言学中都有类似汉语的体词谓语句、形容词谓语句，这并不是偶然的。它正合乎人类思想判断的形式：S（主词）+系词+P（述词）；而且在许多情况下，主语就是主位，谓语就是述位。但是，日常交际毕竟是在极复杂的情况下进行的，于是已经固定化了的句子结构格式逐渐不能满足交际需要，两者之间产生了距离，甚至有了矛盾，现在我们进一步讨论实际切分对句子结构分析的影响。

3.1 表达主位、述位的方式突破了主谓语的限制

前面几节中已经说过，任何成分在一定的条件下都可能是主位或述位。不仅如此，有时整个句子都只是主位或述位。例如：

① Если бы я вышла за него（T）? Новая жизнь，новые надежды（R）（Гаршин）/如果我嫁给他？新的生活，新的希望。

这里是两个独立的句子，但在执行交际功能方面，前一句子是主位，后一句子是述位。

② Возвратить человека к жизни（T）— Сколько славы доктору，когда он спасет безнадежного больного（R）！А спасти нравственно погибающий ум，душу（T）？（Гончаров）/拯救人的生命——当医生救活了一个绝望的病人时，多么光荣啊！但是救活了一个道德上堕落的灵魂呢？

这里，第二个句子中只有主位。

福尔图纳托夫[①]很早就指出，当看见空中有一物飞动，而说鸟飞（Птица летит.）时，则它是“不完全句”，谢尔巴把类似的句子叫单成分

---

① Ф. Ф. Фортунатов，Избранные труты. Т. Ⅱ. М.，1957，стр. 405.

句,实际上这里的"不完全"不是指结构而言,而是说它没包含主位和述位两个部分。

类似的说明也适用于汉语。例如:

③什么响?

下雨了(R)。

不是,老王在浇花(R)。

用整个句子作主位的情况较少。例如:

④虎山英雄啊!首长表扬啊!四十九面红旗啊(T)!好家伙,咱们成了天下第一了(R)。(林雨)

3.2 主述位之间的意义关系突破了主谓语之间的狭隘意义关系

在1.2节我们已经指出,确定宾语是按照它和动词有受事关系,确定修饰语、补语时也是按它们和名词、形容词、动词的意义来确定的,而只有现行主谓语定义是按词在交际中的功能来确定的,这是不合理的。前面已建议对主谓语(如果还需要这样的概念)的定义加以修改,而且主张也应该从词类之间的意义关系着眼来修改,因为可以推断主谓语范畴最初是和主述位吻合的。那时主述位的意义关系就大体是1.2节中所说的主谓语的关系。可是随着交际的需要,主位、述位之间的关系变得极为松驰,极为复杂,突破了原有的范围,很难从意义上去概括它。试看下例:

①前天狼子村佃户来说的事(T),他毫不奇怪,不住的点头(R)。(鲁迅)

这里主述位的关系是讲对某事的态度。

②他对抗(T)是你惯的(R),不整你整谁?

③休息(T),可以把打仗忘了(R)。(林雨)

第②句的述位说明主位的原因,第③句述位是讲一桩事同另一事的关系。

④那姑娘参加农业的心(T)是牛蹄了两半着(R)。(黄宗英)

⑤念的那书(T)一本本老厚,全不带小人儿的(R)。(同上)

上面④⑤两句述位对主位的关系分别是比喻和描述特征。

这样的例子还可以举很多,像"三十六计(T),走为上计(R)。""中锋(T),换了人(R)。""踢球(T)咱们也要讲风格(R)。"等等都很难从意义上分析,有时候主述位意义之间的关系竟同所谓次要成分与其他词的关系相同。例如:

⑥枪(T)都打不好(R),那算个啥个东西?(任斌武)

⑦走起路来(T)一摆一晃(R),好像随时都可以摔倒(R)。(马烽)

例⑥中主述位之间的关系类似宾语与动词之间的关系,例⑦类似动词与修饰语之间的关系。因此主位、述位之间的关系,只能笼统说成叙述对象与叙述内容之间的关系。如果采用对主位、述位下的定义对主谓语下定义,就势必造成混乱,如例⑦"走起路来"、"一摆一晃"之间的关系既可能看成主谓语关系,也可以说是后者修饰前者,即有修饰语和被说明语的关系。

由此可见,主述位之间的关系不能像句子成分那样,局限在几种固定的意义关系上,这种交际功能是外加在原有的句子成分之上的。

3.3 交际功能"破坏"现有句子的结构格式

在交际过程中为了服从交流思想的需要,有时候完整的句子结构还不够用,还不得不外加一些词(见2.3节),但是更常见的情况是只要指出表示主位、述位的词就行了,而不必照顾句子结构是否完整,1.1节所举的例子"跟妈妈——行,和你一起——不干。"就属于这类性质。俄语中句子内一个词的语法形式受另一个词制约,遇到这种情况,特别触目,有时很难从结构上进行句子成分的分析。例如:

① Палачом гнушаются в обществе, но *палачом-джентльменом*(T) далеко нет(R). (Достоевский)/刽子手在社会上被人讨厌,但对绅士当刽子手却远非如此。

② *Облака*, *облака*, *облака*(T) — так весь день(R). (Салтынков-Щедрин)/云彩,云彩,云彩——成天如此。

③ Это может быть сделано с разной степенью точности, *какими средствами*(T) — безразлично(P)./可以用不同准确程度做到这一点,什么方法——无关紧要。

对这里的某些词,尤其是前两句指出的主位和述位,是很难确定它们在语法结构上充当什么成分的。

有时候,表达主位、述位的词的语法形式根本不遵守组织句子的语法规则。例如:

④ И молния и гром — ничего не поможет. (Кулик)/无论是闪电还是雷鸣,都无济事事。

⑤ Наше углубление(T) — паши, сей, жни(R). (А. Толстой)/我们的深化就是开垦、播种、收获。

例④中的 молния 和 гром 是第一格，作主位，而 ничего 则受句子结构要求用第二格，这里破坏了同位语和总括词格的一致关系；例⑤中的 углубление 和 паши 等词的关系，也不能用主谓语的关系来解释。

汉语也有类似的情况，只是因为没有形态变化，不那样刺目罢了。

3.4 交际功能的需要是选择句子、甚至是形成新句子结构的因素

交际功能一方面可能“破坏”现成的句子结构格式，如在完整句子结构之外再加一些词，另一方面又是形成新的句型的动力。从大量的例外、特殊情况中可能孕育着新的句子结构类型、词与词间新的语法联系。句子的组织结构对交际功能、实际切分而言，具有从属性质。某些句子结构的出现，似乎就是为了满足交际功能的需要，专门表示主位和述位。举例来说，许多语言都有 что касается...（至于说……）这样的结构，用来专门提出叙述对象。例如：

①至于我大哥(T)，也毫不冤枉他(R)。(鲁迅)

②至于说到纸老虎(T)，那么，你们在南越，早已现了原形(R)。

③ Что касается Павлика(T)，то с ним пришлось-таки повозиться (R).(Катаев)/至于说到巴甫立克，那依然还不能不和他周旋。

这种结构提出的主位常常以不同的形式在后面的句子得到重复，如“他”、“你们”。没有这种结构，后面的句子也站得住脚，在结构上也是完整的，使用它不过是为了指明叙述对象罢了。

再看另外一种情况。一般叙述都是从主位到述位，从已知到新知。许多语言中都有一些专门的结构用来第一次引入新知，把它作为以后的叙述对象，看下面的例子：

④ *There was* once *a great king* of England(T) who was called William the Conqueror, and he had three sons(R)./过去英国有一大帝号称常胜威廉，有子三个。

德语也有类似的结构。

⑤ *Es war* einmal *ein Mädchen*(T), das was schön, aber faul und nächlassig(R)/从前有个姑娘，她很美丽，但却懒惰粗心。

汉语中的“李家庄上有个李有才”，俄语中的 Жил-был славный царь Дадон.(有一出色沙皇大顿。)等，都具有类似的性质。由此可见，为了满足交际需要，可能产生新的句型。

前面已经提到汉语词序主要是执行语法结构功能：为了满足交际的

需要,往往要改变句子的结构,才能突出主位和述位。汉语中的主语通常用体词表示,如果它同时是叙述对象,即主位,那么就无须改动句子的结构。此外,汉语中的方位词也常常放在句首,成为叙述的对象。例如:

⑥窑洞的门前,平房的左右前后,河边,路边,甚至个别山头新开的土地都种了菜。(吴伯萧)

这里的方位词和名词“土地”并列,在实际切分上执行相同的功能,都是主位。

⑦那黑中发红的脸膛上(T),齐札札横着一副浓眉(R),眉下条长的眼睛(T),眨出许多心计(R),方墩墩的下巴上(T),剃不尽的胡髭(R)……(高缨)

这里有三个并列的思想,分别说明脸膛上、下巴上和眼睛。方位词和名词都同样是主位。但从结构角度来看,“下巴上”、“脸膛上”是处所状语,而“眼睛”则是“眨出许多心计”的主语。

用体词表示的宾语也往往提到句首作主位。有些语法书说它是表受事的主语[①],而名词充当这种主语的条件必须是“确定的”、“承上说的”、“带限制性修饰语的”或“周遍性的”等等。其实一句话,只有当宾语是已知的讨论对象,是已知的主位才提前。例如:

⑧这点小事(T)当连长的还决定不了,还要研究?(林雨)

⑨缪东化的脾气(T),他十分了解。(同上)

⑩第一道关口(T)总算闯过来了,下一道关口还得闯。(孙谦)

如果要让主谓结构、动宾结构或动词作主位,有时就需要改变句子结构。例如:

⑪我吃的是草,挤出来的是牛奶、血。(鲁迅)

这句话若说成“我吃草,挤出来牛奶、血”,全句话的主位、述位就不同了。“的”使主谓结构、动补结构名词化了,使其更适于作主语,而主语表示主位则是常见的情况。与此相应,在谓语位置上的“草、牛奶、血”比在宾语位置上更突出,更能突显它是说话人叙述的对象,即述位。

⑫队伍后面跟着锣鼓队,打鼓的(T)是连长缪东化(P)。(林雨)

这句话中“打鼓的”是已知的,是出发点,新引进的概念是“连长缪东化”。如果说成“连长缪东化打鼓”,那么,主述位的关系就发生了变化。

---

① 丁声树等:《现代汉语语法讲话》,北京大学出版社 1961 年版,第 30－31 页。

把“打鼓”这一动宾结构名词化，将整个句子改成体词谓语句，是为了适应交际需要。看来，这是汉语表达主位、述位的一种有效手段[①]。下面我们再看另一种情况。

⑬走起路来(T)总是低着头，背着手，慢慢地迈着八字步(R)；讲起话来(T)总少气无力(R)；处理问题(T)总是没紧没慢，拖拖拉拉(R)。(马烽)

⑭天凉了西红柿吃起来(T)甘脆爽口，有些秋梨的味道(R)。(吴伯萧)

当叙述的重点(即述位中的核心)是用形容词、副词等表示的修饰语，而动词或动宾结构处于主位时，可以说成“走起路来”、“吃起西红柿来”。这里的“起来”很难算做趋向补语，看来也不是表示“开始”、“持续”的，似乎可以把“起来”的这种用法，看成表示主位的一种特殊手段。

由此可见，汉语的体词谓语句、形容词谓语句中，主谓语的关系往往更容易同主位吻合，而动词谓语句就比较复杂，有时为了使主位、述位界限分明，往往把后者改成前者。

总之，交际功能的需要，主位、述位的表示，有时可以左右我们选择句子结构；从发展上看，表达主位、述位的需要，不仅可能破坏现有的句子结构，而且会导致产生新的句型；主位、述位既要通过句子的结构来表示，又要不受后者的束缚，这里我们可以清楚地看见交际功能对语言结构发展的影响。

4 结束语

前面已经指出过，思维和语言是密不可分的，忽视实际切分就等于否认语言的两重基本功能，即作为思维工具和交际工具的功能。列宁早就指出：“可见，在任何一个命题(按俄语为 предложение，也当‘句子’讲——引者注)中，好像在一个基层的‘单位’(细胞)中一样，都可以(而且应当)发现一切要素的萌牙，这就表明辩证法是全人类认识所固有的。”[②]句子作为体现人类认识、交流思想的主要形式，不能不充满这种辩证法的因素。从实际切分中我们可以看到已知和未知、一般和特殊等矛

① 龙果夫已注意到这一点，见《现代汉语语法研究》，科学出版社 1958 年版，第 81－89 页。但他没有用主位、述位这些名称。

② 列宁：《哲学笔记》，人民出版社 1962 年版，第 410 页。

盾。实际切分对各种语言具有普遍意义,是共同的。但是在不同语言的多样结构之中,它表现的手段和方式是不同的。目前语法分析的流弊之一,似乎是忽略了实际切分,只搞句子结构的成分分析,句子里的辩证因素当然也就看不见了。这不仅在理论上是片面的,在具体分析方面,也往往会遇到许多困难,许多成分无法贴上传统语法中的标签。应该指出,语法分析是服从交际分析的。句中的词可以只在实际切分中占有位置,可能兼在结构分析中占一定位置,应该先实际切分,后结构分析,一句话也不一定要同时包括主位和述位,其中之一可能包含在上下文或言语环境中。

我们把上面举过的例子再分析一下:

①吃饭(T)也老是他吃稠的(R),你喝稀的(R)。

②吃饭(T)在机关食堂里(R),穿衣着鞋(T)是百货公司去买(R)。

例①中“吃饭”只是表主位的功能,同后面表述位的主谓结构无关,而例②中的“吃饭”既是主位,又是述位“在机关食堂里”(处所状语)修饰的对象,同样,“穿衣”、“着鞋”也同后面的述语在结构上无关。有时需要在实际切分之后,对主位、述位再作结构分析。例如:

③脸肿(T),充不了胖子(R)。(人民日报)

主位(脸肿)是主谓结构,述位是动宾结构。

我们认为,在研究句子结构时,既注意它同实际切分的联系,又把两者适当地加以分开,这是比较妥当的方法。如果要谈层次的话,实际切分是最高的一层,以下才递次是句法结构、词类分析、词素、音位分析,正因为如此,在主位、述位上可以只从交际功能出发,而抛开它们成分意义上的差别。

很遗憾,实际切分这一重要的问题,在教学、外语学习和翻译中没有引起人们足够的重视。谢尔巴曾提出过所谓积极的句法,其中谈到的重要问题之一就是“如何表达逻辑判断 S—P”[①],但至今这个思想还停留在纸面上,研究语言的人并没有把他的想法付诸实现。当人们掌握了许多具体的句子格式类型以后,怎样用它来表达思想呢?这的确是个尖锐的问题,在学习外语、翻译时也会遇到这种情况,可能一个人对句子的结构分析得很透彻,但不见得就懂得了作者想说明的是什么。主位、述位往往

---

① Л. В. Щерба, Избранные работы по языкознанию и фонетике. Л., 1958, стр. 21.

是用语调、词序这样一类难于掌握的手段来表示的，这就更使人容易忽略。其实，句子结构是用来表达思想的（表示主位、述位的），在交际过程中，结构本身倒退居次位。因此对翻译者来说，找出两种语言中的对应结构，划清主位、述位，寻找相应的手段来传达思想是很重要的。

有关俄语句子实际切分的一些问题

1 几个基本概念

1.1 什么是实际切分

实际切分的相应俄语名词是 актуальное членение。актуальное 的意思是“当前迫切的，眼下紧要的”。科夫图诺娃（И. И. Ковтунова）对此下的定义是“把句子划为主位和述位叫做实际切分，因为在具体的语境中[①]，这种切分对说话（或写话）的人来说是紧迫的、重要的。”[②]有关主、述位的特点留到下面再讲。这里只指出，由于有了说话人的意志介入实际切分，往往强调它带有主观的性质。然而不能把它理解为任意的，随心所欲的，因为从一方面说，实际切分取决于交际任务，而后者又往往受客观条件的制约；另一方面，对同一句子外现为临时进行的各类实际切分现象，却潜在地构成体系。研究实际切分，正是要弄清它的手段、规律和体系性质。如果把实际切分看成一种纯主观的、临时的、随意产生的现象，就无从研究了。

1.2 什么是主位和述位

对这两个术语有大同小异的解释，一般都认为主位是句子表述的出发点和说明对象，述位是句子表述的主要内容和核心，在大多数情况下，它是对主位作出说明的部分。

1.3 主位、述位与内容的新旧

内容的旧与新，是指读者（听者）已经从语境中知道的、现成的，或者是从前没有听见过的，新知的。俄语用 данное（已知）和 новое（新知）两

---

① 俄语术语是 конситуация，是由 контекст（上下文）与 ситуация（情景）两个词构成的新词，语境是暂拟的译名。

② И. И. Ковтунова, Современныи русский язык. Порядок слов и актуальное членение предложения. М.，1976.

个术语表示，它们和主述位之间有如下的关系。(1)从已知到未知是一般的认识规律，因此，句子要反映说话人这种思想过程，其叙述出发点是已知的，而叙述的核心则包含认识所获得的新信息；从听者(读者)的心理来说，先对已知话题产生兴趣，然后才能侧耳倾听(或拭目以待)、等待新的信息，从而使期待得到满足，紧张得以消除。因此，有人在50年代就用 данное 表示主位，новое 表示述位。现在已有了不同的认识。尽管如此，内容的已知、未知，所传达信息的旧新、小大总是人们选择或安排主、述位的重要依据之一。(2)近年来的研究证明，主、述位和已知、新知有密切联系，但并不雷同。苏联科学院《80年语法》曾举出下述几类例子：

① Сказки няня нам//не рассказала.(主位的一部分 сказки 是新知)(以下用//表示实际切分处。)

② Я//пошел говорить об этом с дядей.(述位的一部分 об этом 是已知的)

③ Майор был скуп.(主位、述位都是新知)

④ Все были счастливы в Театральном переулке, кроме одного человека, и этот человек был//я.(后一分句主、述位都是已知)。

①②两类句子和1.3(1)所说的情况并不完全矛盾，毕竟主位中有已知，述位有新知。③④类句则与上述情况不符。因此只能说，主位的内容一般是已知的，它一旦表示新知，如①③，则引出新的话题，其传达的信息加多，就容易用语调、词序等手段对其加以强调；述位通常表示新知，但如果转而表示已知现象，则说话人想对其加以肯定或特别强调。(3)所谓已知，常常是语境中业已出现过的或暗示过的，因此一个句子包含的已知内容越多，和特定的语言环境联系就越密切，独立使用的可能性就越小。在1.3(2)所举的例子中，以例③的独立性最大，可用于一节、一章、乃至全书开头，例④的独立性最小，①②则介于两者之间。把表示已知内容的主位放在句首已成为与上下文联系的一种手段。

1.4 主位、述位与内容的繁简

一般说，主位作为叙述出发的话题，只能是句子内容的一小部分，而句子的绝大部分内容则构成述位，用以传达主要信息。在比较扩展的句子里，常用单个的词或词组作主位，余下的部分构成复杂的述位，如 Брат//купил книгу. К моему брату//вернулась его прежняя уверенность. Из посетителей//был один лишь старичок, отставной военный.

(Достоевский)更有全句都表示述位,而主位是零的句子,如 Воцарилась зловещая тишина. Воспрещается курить. Стало жарко. 这种述位称做复合述位(комплексная рема),由于全句都传达信息,所以没必要特别强调哪一部分。在上述结构比较扩展的句子中,如果认为只有小部分词语是叙述的核心,则其余部分划入主位,从而构成复合主位(комплексная тема)。它的表现形式可能是(1)主谓结构,如 Встает она//затемно. (2)整个谓语部,如 Детей провожала в школу//няня. (3)几个语法上互无联系的词,如 Природу я//очень любил. 总的来说,主位的构成越复杂,就越容易构成与述位相对立的语段。与此相应,在比较扩展的句子里,述位越简单,它成为强调重点的可能性就越大。

2 主位与述位的表达方式

表达方式有两层意思:一、实际切分的两单位由哪些词汇或成分表示,即哪些词语是体现主位或述位的实体;二、这两个单位有哪些形式上的标志,什么是体现主位或述位的语法手段。

2.1 体现主位的词语

在适当的语言环境中,任何词语都可能是主位,但在完全孤立的句子中,各类词语充当主位的能力就大不相同,大致可分出以下几种情况。

(1)自然主位:指表示称谓的名词、代词、动词不定式以及其他名词化的词类。由于主位是叙述的对象,故以表示称谓的词体现主位最为恰当、自然。但是 молодец, пустяк, баба 一类表评价意义的名词,已不表示称谓,不宜作主位,用于主位的上述词并不表示评价意义。试比较:Он баба. / Баба поехала в город. 已转表性质特征的名词也属于此类,如 человек *ума*, смотреть с *любопытством*。从成分功能来看,这类自然主位在句中可是主语(如 Курить//воспрещается.)、补语(如 Лежащих//не бьют.)、补足语(如 Сыну//всего год.)、或其他保持事物意义的扩展成分(如 С сердцем//плохо.)。自然主位不一定表示已知的内容,有这样主位的句子独立性较大。

(2)非自然主位:这首先指那些表特征的词,如变位动词、形容词、副词以及表性质或情态评价的名词。只有当它们表示特定语境中的已知现象时,才能成为叙述的出发点,如:

① Кто должен был на что-то решиться. Решилась Шура.

② Язык система. Системна//и его звуковая сторона.

③ Подняться по верхней тропе нетрудно и безопасно. Опасно — // это подъем и спуск со стороны моря.

上述例句如脱离开前一句子，后面句子的思想应由别的句型表示。另外，复合主位（见1.4）也是非自然主位，有这样主位的句子，也受语境制约。

（3）情景主位：指位于句首的各种疏状状语。从词类角度讲，它们通常是副词或间接格名词（包括带前置词的）。在大多数情况下，它并没有提出话题，让句子的后续部分加以说明，相反，它只是把后者引入一定的情景，指明其发生的地点、时间、原因、条件等。后续部分中可能另有主位，如 Много веков *человек* привязан к земле. За отсутствием доктора *больных* принимает фельдшер. 只有刻意强调时，它的主位功能才有所加强，如进行对比，指明其与上文的联系等等，如 В гостях//хорошо, а дома//лучше. 某些时间或处所状语可兼指有关的人或物，从而接近自然主位，如 В руке боль（Руку больно）. В классе шумят（Ребята в классе шумят）. В шоферах узнаешь людей по-настоящему（Шофер узнает людей по-настоящему）. Семнадцати лет брали на войну（Семнадцатилетних брали на войну）. 因此它们并不是严格意义上的主位，可以不介入实际切分而只提供情景，有时可依附于后面的自然主位一起作为话题[①]，在少数情况下也可能叙述真正的出发点。

2.2 体现述位的词语

任何词、词组，乃至整个句子都可传递核心信息而成为述位。许多著作都强调表示特征的词适宜作述位，如变位动词、形容词、副词等。但顶好还是联系词的成分功能来进行考察，大致可分为三种情况。

（1）自然述位：它用句子的结构核心（双部句中为谓语）表示，体现核心的词类与成分，下面简称为核心词语。从结构角度来看，任何独立完整的句子都一定有核心词语；从实际切分角度看，每个句子都有述位，这两者完全一致，如：

① Вьюжит.

---

① 为了强调真正的自然主位可以提它到句首，如把 человек 置于 много веков 之前，这时附于后面的状语，更没有主位功能了。

② Тихо.

③ Народу!

④ Очень шумят.

⑤ Отец работает.

⑥ Карандаш синий.

⑦ Иванов — шутник.

例句中的核心词语也就是述位。核心词语集中体现句子的述语性——通过动词或借助系词的变位形式反映情态、时间范畴。所谓句中有自然述位，是指组词造句中的述语性与进行交际时所确定的信息重点自然结合在同一核心词语里。

(2)非自然述位：它用核心词语以外的词表示，它们共同的特点是自身没有情态、时间范畴，在句中均作谓语以外的其他成分。事实上，这时述位由核心词语转到其他成分。非自然述位所说明的主位也是非自然的[见2.1(2)]，因而有这类主位、述位的句子都受语境限制，2.1(2)一节所举的例子都包含非自然述位，如 Шура, звуковая сторона, подъем 等。下面再引两个例子：Жалование она получала//самое маленькое.(Тургенев)Живут сибиряки//зажиточно. 从自然述位到非自然述位，这种实际切分的变化可引起词序、语调、甚至语义结构的变化。

(3)替代性述位：它由有情态意义的语气词、情态词、实词或词组表示，可代替任何词类表示的谓语，但有时却难于确定其自身成分，它可以说明任何成分体现的主位，指明其是否具备前文已经提到的特征，它只用于与上文有密切联系的不完全句中，脱离开语境，句子的意思就不好理解。例如：

⑧ Командир пока был убит, комиссар *тоже*.(Симонов)

⑨ — И смотреть в будущее не надо? — Смотреть — *да*, гадать — не стоит.

⑩ Что ж прощайте... Испытаем каждый свою судьбу по-своему. Может быть, когда-нибудь еще и увидимся, а скорее всего — *нет*.

⑪ Кругом даже днем ничего не видно, а ночью и *подавно*.(Новиков)

⑫ Яма необычайного происхождения, Уля. Промоины тут не могло быть, обвала *тем более*.(Марков)

⑬ Это всех живо заинтересовало，а Осипа — *особенно.*（Горький）

句中的主位可表示已知（如 смотреть）或新知（如 комиссар），即使表示新知，句子在结构上也与上下文有联系，如 обвала，Осипа 等词的语法形式都受其制约，与（1）（2）两项相比，（3）项述位仅为局部性的现象，它只是代替已知的核心词语，并表示程度不等的肯定或否定。

2.3 体现主位、述位的语法标志

主位、述位可以通过许多手段表示，但其中最重要的是语调和词序，两者密切联系、互相补充。下面把两者结合起来考察。

2.3.1 全句构成一个述位，对句子不进行实际切分，整个句子传达信息，没有特别要强调的部分，述位重音和语段末的句重音吻合，重读音节上音调下降，属于 ИК-1①，如 Белая ночь[1]. Стало жарко[1]. Горели фонари[1].

2.3.2 以句首的位置表示主位，句末的位置表示述位，这种词序是主述位最一般的语法标志，它既符合说话者的思想认识过程，也符合听话者的正常心理要求，这时，语调只是一种配合手段、强调手段。可分以下几种情况：

（1）主位没有明显的语调标志，述位上只有一般句重音（即与句末语段重音吻合），从主位过渡到述位时，语调平稳而连贯，不令人觉察到有过渡。它可能和述位构成一个语段，如 Солнце светит[1]. Меня знобит[1]. Маме холодно[1]. Я иду домой[1]. 等等。当句子结构扩展、内容复杂时，主位可能与述位的一部分构成语段，如 Левин испытал приятный отдых[3]/②от умственной усталости утра[3].（Л. Толстой）Я купил по случаю[3]/две замечательных картины[3]/какого-то испанского мастера[1]. 从意义上看，上述例句中末尾语段都不是和前面语段对立的述位，实际切分之间的界限仍在主谓语之间，换句说话，语段切分不反映实际切分。“由一个语段过渡到

---

① 目前广泛采用布雷兹古诺娃（Е. А. Брызгунова）提出的七种调型，本文采用她的分类，详见《80 年语法》ИК，即调型。

② 以下用/表语段界线，以便与实际切分界限//相区别。这里引的两个例子均出自 Е. И. Седун，Обучение студентов-иностранцев интонационным нормам русского языка. //Русский язык для студентов-иностранцев. М.，1971.

另一语段，不是通过声调急降，而是采取逐渐由高到低的方式"①。事实上，这时并没有采取什么语调手段来表示主位和述位。

（2）述位有逻辑重音，它和句重音不同，是强调述位的语调手段，与后者相比，重读音节读得更强、更长，音调急剧地、大幅度地下降，属于ИК-2，如 Концерт//состоится. Отец уедет в Пекин//завтра. Том любит играть//в теннис. 最后一个例句的意思是"托姆喜欢玩的是网球"，暗指不是其他的游戏。若改变为一般句重音 ИК-1，则句子的主位是Том，其余部分为述位，意思是"托姆喜欢玩网球"。

（3）主位、述位分别构成互相对立的语段，它往往与逻辑重音并用，是进一步强调述位的手段，句末的述位不仅有词序和逻辑重音两重标志，更通过划为独立语段的办法，使其与表示主位的语段互相区别，彼此对立，如 Он вырезал это замечательное произведение искусства/простым ножом. Она была старше его/десятью годами. 前面表示主位的语段用ИК-3（非句末上升语调），述位所在句末语段多用 ИК-2。有时候，仅因主位、述位两部分结构扩展，内容复杂，句子也分为两个语段，此时述位可无逻辑重音，而用 ИК-1，如 Усталая мать/нуждалась в отдыхе. Вопреки предсказанию моего спутника/погода прояснилась.

（4）自成语段的主位，尚可有加强的语段逻辑重音。虽然述位是信息中心，但也可能同时强调主位，它不仅自成语段，与表述位的语段对立，而且可使其语段重音加强，速度减慢，强调所传递的信息，如 Красную ленту/я не видал. Вот это-то письмо/я от вас и утаил. Каждый учащийся/знал это по газетам. 这样，一个句子就可能出现两个逻辑重音。

主位与述位所在的部分语调显著的对立，构成所谓双项式语调（двучленная интонация）。前面的语段用 ИК-3，后面的用 ИК-1 或 ИК-2，从前者往后者过渡时不自然平稳，衔接处在音调高低上有距离，述位前有停

① Е. И. Седун, Обучение студентов-иностранцев интонационным нормам русского языка. //Русский язык для студентов-иностранцев. М., 1971.

顿,用做述位的词语念起来速度减缓。试比较:

Мы коммунисты.1 /Мы3↗коммунисты.2

因此,(3)(4)两项中所描述的手段构成主位、述位的明显标志,即音调的升降,衔接处的高低差距,语流的停歇、速度的快慢,如果再加上两个逻辑重音和首尾对峙的位置,就清楚地勾画出两者的对立。

所谓二项式语调,不一定就只有两个语段,每个"项"中可包括几个语段,在前一个项中,各语段的语调递升,其末尾的(或特别要强调的)语段最高,后项中除最后语段外,也用升调。例如:

① Все пространство3↗/от ее маленьких калош3↗/до конца ледяной горы3↗//кажется ей страшной3↗,/неизмеримо глубокой3↗/пропастью1↘.

② Шабашкин3↗/с картузом на голове3↗//стоял подбочась3↗/и гордо взирал около себя1↘.(Пушкин)

2.3.3 述位在主位之前。与2.3.2的情况相反,说话人把表述的核心、最为重要的信息一开始就和盘托出,叙述的对象反而后说,这时候,正常的词序已失去其一般表示主位、述位的作用,语调的语法功能就显得特别重要。这种以语调为实际切分主要手段的句子,在语体上受到很大的限制,主要用于口语和反映口语的文艺作品中,书面语(无法反映逻辑重音)则用这类句子加强表现能力。下面我们分别叙述几种不同的情况。

(1)全部述位在全部主位之前。这种开门见山地说出所要传达信息的方式,使语调带有一种突发的性质,它一般具备逻辑重音,若全句为一个语段,一开头在重音音节上音调就大幅度地下降,语段其余部分的词——主位,则说得稍快,好像失去重音,以此衬托出速度慢而重音有力的述位。按照巴利的说法"述位是爆破而出,主位则是这一爆破的回声"①。整个句子采用ИК-2。可以说,带逻辑重音的句末述位前移,就形成这种句子,如 За2втра отец едет в Пекин. Состои2тся концерт.[试和2.3.2(2)的例句进行比较]也可以采用ИК-5,其特点是语段内有两个中心,句首的述位是第一个中心,其重音音节拖长,强度加大,音调上扬,后

① Ш. Балли, Общая лингвистика и вопросы французского языка. М.,1955,стр. 80.

一个中心多半是与述位语法联系密切，位于句末的词，在其词重音音节上音调下降，两中心之间音调较高①，ИК-5 表明“呈现出强烈的特征”，故这种句子的开头常是表性质特征的词，如 Загадочны//слова капитана. Тихую//надо выбрать комнату. Долго//продолжается эта борьба. 但这类句子也可用 ИК-2，如 Странный//вы старик. ИК-5 往往兼表感情。

如果句子不止一个语段，则述位在前的第一个语段可改为升调，后面的语段从内容上与其对照、对比，或对其作补充限制，如 Один жил —/в заплатках ходил. В колхоз пришел —/кафтан нашел. Том поедет в Москву，—/но неизвестно когда это будет.

在语段后部主位的语调处于弱位，以表明其不甚重要。即使主位单独构成语段，也是音调平稳低快，其前面的语段用降调，表示句子的主要目的和意思已经说清，后面的句子只是补出话题，如 Удивительно хорошо читает Чехова，/этот артист Журавлев. Славная была девушка，/эта Бэла.

有一种特殊情况，句子开头有代词性主位，它的实际内容由后续的成分表示，前者为后者的出现作好准备，句末的主位，自成语段，有其语段重音，以表明它所包含的信息并非无关紧要，如：

① Он не мог не начаться，/этот умный，открытый разговор.

② Их много приходит в редакицю，/писем с выражением благодарности/медикам транспорта.（Из газеты）

③ Это было у нее правилом — заходить в дома，знакомиться с женщинами，разговаривать с ними о жизни，узнавать нужды，давать советы.（Марков）

（2）部分述位在句首，部分在句末。这是（1）项的一种变体，即原来复合述位中的一部分提到句首，其余的留在句末。主位被包围在中间，形

① АН СССР，Русская грамматика. Т. Ⅱ. М.，1980，стр. 115.

成框形结构,这种结构常用于叙述体裁,民间口头创作中为多见,如 Жил старик со своей старухой у самого синего моря.(Пушкин)Ушел старик. Стал Жилин спрашивать хозяина:что это за старик.(Л. Толстой)若述位是几个同等谓语时,将其中之一提前,造成框形结构:Идет Жилин,все тени держится. Пришел Иван,отбил косу,стал косить. 这种结构的语调特点是:述位的句首部分用 ИК-6,即在逻辑重音音节上语调上扬,然后音调持续保持较高水平,句末部分则采用 ИК-1,形成两个语段。由于述位的句首部分大多数是动词变位形式,框形结构中的主位,音调上处于弱位,常常依附于前面的语段,如:

④ Пустился//мой доктор//в разговоры.(Чехов)

⑤ Любил//отец//спорить.

⑥ Случилось//мне однажды//заблудиться в тайге.

(3)述位在句中,前后都是主位。它表明核心信息只是由句子中间的词语传递。句中的述位不能和句重音吻合,也无法形成与前后对立的语段,它唯一的形式标志就是逻辑重音,这种现象也可看做逻辑重音的句末述位向前移动的结果。事实上,Отец уедет завтра в Пекин. 的实际切分与 завтра 在句末[见 2. 3. 2(2)]或在句首[2. 3. 3(1)]时并无区别。书面语言根本无法反映句子中间的逻辑重音,所以这类句子在语体上受到严格限制,主要用于口语之中,像 Федя тогда в институте учился. Она песни пела,стихи читала. Маша поет хорошо. 等例句,《70 年语法》明确指出它们都是口语中所特有的结构①。因此,书面语中或者把述位挪在句末,使其和正常的词序相吻合,或者置于句首,以增加表现力,位于句中的述位则只能用于口语中,但是有逻辑重音的变位动词,且动词又位于主、补语之间的句子,却不受语体限制。俄语倾向在这种情况下保持正常的词序,并借助逻辑重音强调动词的交际功能,如 Коровы не любят собак. Издательство напечатало книгу. Олег не узнал свой родной го-

① АН СССР, Грамматика современного русского литературного языка. М., 1970, стр. 617.

род. 等例句并不受语体限制。

2.3.3 与 2.3.2 的区别不表现在交际意义上,而体现为语体上是否受限制,有无表现力。从不同的角度出发,人们把 2.3.2 的句子叫做客观词序,语体上中性的句子或无语体修辞色彩的中性句子;而把 2.3.3 的句子叫做主观词序,加强语势的词序,有语体修辞色彩的句子,有表现力的变体或表情修辞变体。

最后,还应指出,某些全部内容都表示述位的句子也可能有表情修辞变体:Вот лето настало.(比较 Вот и настало лето.)①Тихо было.(比较 Было тихо.)

3 聚合体·独立变体·原形

3.1 什么是聚合体

“聚合体由一系列互相对立的语言单位所组成,其中每一成分都受与其他成分关系的制约。”②聚合体各成分以共同的特征作为结合的基础,同时又有一个或数个区别性特征,使它们在特定场合下互相区别,如实词的变格、变位体系就是聚合体。стол 的单数格形式既以共同的词汇意义(桌子)和共同的语法意义(名词、单数)为联系纽带,又以格的意义互相区别,每个格都应以其他格的存在为前提,脱离开聚合体就失去格的意义。近年来,俄语研究者把聚合体的概念从音位学、形态学引入词汇学与结构学。例如同义词列,同一句子表示不同客观情态意义的形式(见《80 年语法》)都是这样的聚合体。70 年代以来又把聚合体的概念引入实际切分,下面是《80 年语法》对此下的定义:“同一个句子可根据不同的语境,作不同的实际切分:Отец//пришел с работы. С работы пришел//отец. Пришел отец//с работы. 句子的实际切分由词序和语调来表示。一系列作不同实际切分的句子变体构成句子的交际聚合体”。这样,在聚合体内各交际变体(以下简称变体)由相同的词汇构成,并有一样的句子结构模式,而不同的实际的切分(交际意义)则是它们的区分性特征。

3.2 独立变体的特征

交际变体分为独立的与非独立的。独立变体意味着:(1)不受语言

---

① 关于 настало 不能是主位见 3.3.1(1)。

② Русский язык. Энциклопедия. Статья «Парадигма». М., 1979.

环境的限制（参看 1.3）；（2）不受语体限制，即在语体上应是中性的（参看 2.3.3）；（3）在《80 年语法》中句子结构类型下面都列出若干可能的语义结构模式，体现某种结构类型的句子，其独立变体在意义上应与相应的语义模式吻合。本文不拟讨论语义结构模式，《80 年语法》对此作了系统的归纳和介绍。扼要地说，语义结构模式由述语性特征和与其有关的主、客体组成，其中起关键作用的是前者，它由核心词语表示［参看 2.2（1）］。有关的主客体由其他成分表示。

符合上述三个条件的句子应有哪些特征呢？（1）从体现形式看，句子只能有自然述位，或包括其在内的复合述位，后者可能是整个句子；而主位则可能是零形的、自然的或情景性的，但不能是非自然主位［见 2.1（2）］。

（2）从语调上讲，作为述位特征的句重音或逻辑重音落在句末语段的最后一个词上，采用 ИК-1 或 ИК-2。

（3）从词序上看，实际切分必须与结构层次的切分一致。什么是句子的结构层次呢？简单地说，句子的结构基础是述语性核心，它体现着情态、时间等范畴所构成的述语性。这个核心可能只有一个成分（单部句），也可能分解为主语部与谓语部（双语部）；而其他的词或者在述语性核心内部对主语或谓语进行扩充（内扩展），或者按所谓限定语规则对整个述语性核心进行扩充（外扩展），当然限定语自身也可能按词组规则组成。这样，结构上可作三个层次的切分。其中最重要的切分是主谓语之间的切分，单部句没有这一层的切分；其次是外部扩展成分——限定语与整个述语性核心（它在双部句中包括主、谓语）之间的层次切分；第三才是在主语部分、谓语部分（或单部句的核心内）及限定语内部按词组组成规则进行切分。试看下面的例子：

Несмотря на все/предосторожности//наши/дети///заразились/гриппом.

///表示主谓语之间的切分，//表示外部扩展成分与述语核心之间切分，/表示词组之内的切分。

由于独立变体必须具备（1）项的特征，即述位必须由谓语或整个述语核心表示，故其实际切分只能在主、谓语部分之间（///）进行，或者在外部扩展成分与整个述语性核心之间（//）进行，在一般情况下不能在词组（/）层次进行。把词组的组成部分分别划入主位、述位两部分，不仅和句子结构的自然层次相矛盾,也改变了句子的语义结构(见4.4)。

这样,独立的交际变体在词序上可以采取以下六种结构格式:

Ⅰ 主语部 + 谓语部

Ⅱ 谓语部 + 主语部

Ⅲ 限定语部 + 主语部 + 谓语部

Ⅳ 限定语部(或动词谓语的从属词) + 谓语部 + 主语部

Ⅴ 结构核心

Ⅵ 限定语部(或结构核心的从属词) + 结构核心

3.3 **确立独立变体**

既然上面六种格式都符合独立变体的条件,具体句子的独立变体应采取哪种词序格式呢? 当然,句子的结构组成大大地缩减了选择可能,单部句自然不可能选择前四种格式,双部句则不可能选择后两种格式,有限定语的句子则谈不到用Ⅰ、Ⅱ、Ⅴ等格式。像 Тишина. Холодно. 等句子就只有一种格式。然而,即使把上述情况排斥在外,依然有两种供选择,如主语部可在谓语部之前或后。这时主要应考虑核心词语的特点,因为在独立变体中的自然述位一定要包括这部分词语,并应注意以下几个方面。

3.3.1 某些核心词语有无独立传达信息的功能

(1)表示存在、产生、出现等意义的谓语动词传达的信息微弱,不能单独构成述位,因此,没有特定的语言环境一般不说 Книга есть. 即这样的句子不是独立变体。通常认为,在 Лес шумит. 一类句子中,已潜指 лес 的存在,因为只能有了树林后,才能指明其特征——“飒飒地响”,所以在双部句中,这样的“存在”意义是不言而喻的,因此 есть, существует, появится 一类词所表示的信息是微弱的、冗余的。而主要传达信息的词却只能是主语,表示有什么东西存在。这样,有上述意义动词的句子,其独立变体只能采取第Ⅱ格式,如 Есть две возможности. Существует третий путь. Царит тишина. Возникает вопрос. Показалась кровь. Появился самолет. 等等。

(2)某些作谓语的动词表示主语经常存在的方式或唯一存在的方式,如 дождь 只能 идет, льет; снег 只能 идет, падает; гудок 经常 гудит。似乎主语已能预示后面出现这类动词,因此它们传达信息功能微弱,无法独立作述位,而只能放在主语之前构成复合述位,即 Идет дождь. Падает снег. Гудит гудок. 等等。俄语中，表示时间、季节的名词与表示其存在、运行方式的词之间也有类似的关系，故通常说 Наступило лето. Прошли годы. Стремительно протекает время. 等等；表示发出声音或光亮的名词与表示出响或发光动词之间的关系也是如此，如 Тикают часы. Звенит колокольчик. Раздается выстрел. Светит фонарь. Горит лампа. 因受词义的制约，(1)(2)两项动词无法出现于Ⅰ类格式中，而又能独立地使用。这类句子可看做表示存在称名句的同义结构。试比较：Царит тишина. 与 Тишина；Идет дождь. 与 Дождь；Наступило лето. 与 Лето. 等等。

(3)双部句中，谓语若为不及物动词，其独立变体可有两种形式，即第Ⅰ与第Ⅱ格式，如 Лес шумит. 与 Шумит лес. 为什么可采取后一种形式呢？荷兰斯拉夫语学者埃贝林(C. L. Ebeling)写道："在这类句子中，动词获得一种特殊含义，它表示的不仅是简单的动作，而且还指存在。Вдоль берега, от высоких ветел плотины, медленно шел старичок в кафтане. (А. Толстой) 动词不仅简单地表示'走'，而更多地是指'有人在走'«to be present while going»。"[①]前面我们已经指出，Лес шумит. 这样的句子潜在地包含着"存在"的意思，没有树林就无法谈树林的特征。在第Ⅱ类格式中，这个潜在的意义表面化了，Шумит лес. 的意思是"有个飒飒作响的树林"。也有人指出 Гудел мотор. = Было гудение мотора. (响起了马达声。)试比较：Мотор гудел. (马达轰鸣。)这大体上相当汉语中的"前面来了个和尚。"其意思不仅指"来"，更多地是指"有"、"出现"。试比较："和尚从前面走来。"后者主要是强调动作。下述例子比较明显地反映这种存在意义：Били часы. Кричал радиоприемник. Наступало утро. Шумела школа, гудела улица и гремел барабан. (Гайдар) 这里不是强调钟止打鸣，尢线电在广播，而是强调已是清晨，响起各种声音，开始了生活。

(4)短尾被动形动词作谓语时也有两种独立变体，它们若放在主语之后，采用第Ⅰ格式，就表示特征，单独作述位，如 Музей закрыт. 若采取第Ⅱ格式，因形动词可表动作结束后的状态，它和后面的主语一起作复合

---

① И. И. Ковтунова, Современный русский язык. Порядок слов и актуальное членение предложения. М., 1976.

述位，表示存在着处于该状态的事物，如 Получен ценный материал. Закрыт музей. Уже составлен конспект.

（5）短尾形容词 слышен，виден，заметен 等作谓语时，句子的独立变体也经常采取第Ⅱ格式，表示感觉到有某种现象存在，如 Слышен выстрел. Плохо видна дорога. Очевиден факт. 而某些有情态意义的短尾形容词，则两类格式都经常用，用两种独立变体，如 Скорая помощь нужна. 与 Нужна скорая помощь. 这类的形容词有 нужен，необходим，возможен 等，它们出现在主语前表示可能存在、需要出现某种现象，和主语一起构成复合述位。

以上五项情况都是讲什么样的核心词可采取第Ⅱ格式，其中（1）（2）两项的动词只可能构成一种独立变体，这种变体都直接或间接地表示存在意义。应注意这类句子里的主语作为唯一传递核心信息的词，不能表示已知现象，否则句子不能独立使用。

3.3.2 根据核心词语所表示的特征选择合适的主位

某些核心词语所表示的特征不能说明另一现象，因此句中不能有自然主位，如表示存在的词 Тишина. Засуха. Цветов. Три часа утра. 表示孤立自发特征的词 Вьюжит. Постепенно темнеет. Морозно. Накурено. 表示泛指人称意义的某些不及物动词，如 Шумят. Стучат. 也不需要主位，因为动作泛指的主体已包括在变位动词之内。这样的核心词语前面只能出现情景主位。除上述少数情况外，大多数核心词语所表示的特征必须依附于一定的事物，把后者作为叙述对象。它可能是句中的主语，如 Лес шумит. Рыба пахнет. 也可作补语或补足语，如 Меня знобит. Почту принесли. Мальчику семь лет. Вам везет. Им очень довольны. 或其他成分，如 Войне конец. С питанием дрянь. 等等，但是并非所有名词表示的成分都适合作主位，如 Пахнет весной. Воняет луком. 这一类句子中，名词五格已转而表示“气息”，不再是“事物”的名称。试比较：Рыба пахнет. 与 Пахнет рыбой. 用 рыбой 作主位的句子不能是独立变体。

现在着重讨论当句中有几个词可作主位时，究竟选择哪一个作主位，而把其余的词划入复合述位。大体上有三方面的因素要考虑：一是这些词表示已知还是新知；二是这些词的抽象程度；三是与核心词语联系紧密的程度。总的说，联系紧密的词适宜结合在一起作述位，去说明联系较松驰的词，把后者当做主位；表示已知的词一般不宜作述位，而更适合作主位，词义抽象的词更容易转而表示特征，因而比词义具体的词更宜作述位。根据这些原则来分析具体句子，以决定其独立变体格式。大体上有如下几类情况。

（1）只能有一种独立变体。大多数动词和补语联系得较为密切，同属于谓语部，两者之间有强支配联系，而主语或补足语则属于另外一个结构部门，是造句时才形成的联系，因此一般都用动补结构作复合述位，而主语或补足语作主位，当它们表示已知的人物时，尤其如此，如 Я читаю книгу. Ему хочется чаю. 当补语和谓语动词在语义上或语法上联系紧密，或带有成语性质时，在任何语言环境下都不允许在两者之间进行实际切分，如 Она пожала плечами. Учитель привел пример. Саша взял слово. Мальчик дал обещание. Империалисты развязали войну. 因 Она пожала//плечами. 不能成立，说 пожать 时，就差不多知道后面是 плечами，后者没有独立信息功能，不能与动词分开。另外有一类情况正好相反，主谓语联系密切，它们结合在一起去说明补语（或补足语）的状态或特征，这类动词通常不表示积极主动的行为，主语是比较抽象的名词，被说明的补语或补足语倒是具体的名词，并且往往表示已知的人或物。这时句子也只有一种独立变体，如 Катю//мучит совесть. Книгу//пронизывает ирония. Девушкой//движет тщеславие. На меня//нападала грусть. Сестре//снился сон. Отцу//исполнилось 60 лет. 作主语的也可能是不定式，如 Его//не устраивает оставаться в тени. Невесте//идет принарядиться. 在 Наташу//берет тоска. 这样的句子中，主谓语之间的联系带有成语性质，在任何语言环境中都不应在两者之间进行实际切分。如果以主语作主位，则似乎它去积极执行某种动作，即“良心主动折磨”、“讽刺积极贯穿”，意思不通。在上述词序格式中，补语已不是扩展动词，尽管它不是限定语。这样，上述句子都可并入第Ⅳ类格式。

（2）有两种独立变体。在许多句子中，核心词语与另外两个成分有着密切程度相等的联系，表示这些成分的同是抽象名词或具体名词，因此，动词可和任何一个名词在一起，去说明另一名词，如 Внук//помогает бабушке. 与 Бабушке//помогает внук. Крепость//господствует над гаванью. 与 Над гаванью//господствует крепость. Холод//сменил жару. 与 Жару//сменил холод. Деньги//выдаются кассиром. 与 Кассиром//

выдаются деньги. 这样，上述句子的独立变体可采用 Ⅰ、Ⅳ 两种格式。“孙子接济祖母”和“祖母得到孙子的接济”、“寒来暑往”与“暑往寒来”都同样地具有独立性。某些单部句也有两种独立变体：Лодку//унесло течением. 与 Течением//унесло лодку. Дерево//сломило бурей. 与 Бурей//сломило дерево.

（3）句子没有独立变体。当与核心词有关的成分都表示已知内容，无信息功能，句中唯一传达信息的就是核心词，这时实际切分与结构切分相矛盾，没有独立变体，如 Эти слова такие обычные, почему-то вдруг возмутили Гурова.（Чехов）这里的 слова 和 Гурова 都表已知内容，都是主位，作述位的 возмутили 表明两个主位的关系，本来应挪到全句之末，并加上逻辑重音，但俄语中更习惯于保留正常词序，加上逻辑重音［参看 3.3.2（2）］。无论采用哪种方式表示述位，都丧失了独立变体的特征，俄语广泛采用后一种词序，书面语中又无法反映逻辑重音，故在理解和阅读时应特别注意，如 Издательство//напечатало//книгу. 若把逻辑重音挪到句末，就成了“出版社印好的是书”，而这句话的原意是“出版社把书印好了”。类似的例子如 Мы уважаем Петра Ивановича. Этот ответ не устраивает его. Мне нравится эта картина. Я знаю об этом. 单部句中也有类似的情况：Мне нужно эту книгу.

确定独立变体时，除考虑上述核心词及其有关成分的特点之外，还应注意两点：1）在独立变体中限定语的位置永在句首，它们可以加在任何独立变体之前，限定语若表示疏状意义，则是情景主位，指明句子主要内容在什么背景下发生的［参看 2.1（3）］；限定语若表主体或客体意义，则参加实际切分，在句中作自然主位，整个句子的后续部分作为它的复合述位，如 У них//есть две возможности. У нее//уже внук ходит в школу. Комсомольцам//это мероприятие несколько иначе. Из всех посетителей//он был самый желанный. С учителями//он ведет себя вызывающе. 有时前面可能有两个限定语，如 Маме от сына ни строчки. 如去掉第一个限定语，则 от сына 为主位。这样，在确定独立变体时，先从核心词语着手，考虑它是否需要某个限定语作主位，除这种情况外，限定语可一律看做加在述语核心结构前面的成分。2）在不分主语部、谓语部的句子中，某些补语经常提前作主位，而核心词语作述位，如 Больного//

рвет. Голову//клонит вниз. Им//очень довольны. Почту//принесли. Руку//больно. 这类补语也可以看做和整个述语核心结构发生联系，在两者之间进行的实际切分，可不看做词组层次切分。这种格式的句子应算独立变体，如 Меня знобит. Им довольны. Ему рады. 一类句子甚至是唯一的独立变体（因补语表示已知的现象），其他句子则可能还有另一变体，如 Больно руку. Принесли почту. 可以按照处理 Катю//мучит совесть. 的办法，把补语看做接近限定语的成分，从而把 Меня знобит. 一类句子划入第Ⅵ格式。

3.4 聚合体的原形

在若干交际变体中，以其中之一为代表，把别的变体看做由它转化构成的，通称它为初始形式（исходная форма），简称原形。原形一般都是独立的，不受相邻语言单位制约的形式，如名词一格、动词不定式以及音位中的基品等等。同样，交际聚合体中的原形也应是独立变体。根据3.2与 3.3 的分析，原形可有以下几种情况：(1)原形是无主位的不可切分的句子（нерасчлененные предложения）。它包括Ⅱ类格式的句子，如 Идет дождь. Состоится концерт. 以及Ⅴ类格式的句子，如 Глубокая ночь. Пахнет весной. Дьявольски холодно. Нет денег. Можно курить. 若对其强行切分，将使其丧失独立性。只有一个词的单部句，如 Тихо. Тишина. 等不能作实际切分，无交际变体，只有原形。(2)原形由自然主位和自然述位（包括复合述位）构成，它包括Ⅰ类格式的句子和Ⅲ、Ⅳ、Ⅵ类格式中的部分句子。当句首主位无语调标志，句末述位仅有句重音时[参看 2.3.2(1)]，则说话人不强调实际切分，似乎表示称谓的词居于句首，自然而然地、机械地切分出主位，有人把它叫做自然切分句。当然，对这类句子也可以采用语调手段，强调实际切分。当前面限定语表示主位时，这种句子很容易整个地变成述位。(3)当句子有两个独立变体时，以符合限定语—主语—谓语—补语顺序者为原形，如 Лес шумит. Внук помогает бабушке. Течением унесло лодку. Нет времени. Принесли цветы. Не слышно звуков. Можно курить. 这是一种规定，尽管另一独立形式 Цветы принесли. Звуков не слышно. Курить можно. 也经常独立使用。(4)句子无独立变体时，以最常用的变体作为原形，如 Мне нравится картина. [参看 3.3.2(3)](5)当句中有限定语时，先把句子的其余部分按照上述四条规定处理，然后把限定语扩在句首，即构成原形。

4 组合体·非独立体变体·判断

4.1 什么是组合体

"它是两个(或几个)语言单位的组合或紧密融合,这些单位有一定的线性顺序,即在语言中逐一地鱼贯排列起来。"①如词是词素的组合体(про + ход),词组和句子是词的组合体(如 слушать + музыку, мальчик + читает)。组合体是由低一级单位组成的高一级单位。由句子组成的组合体是什么呢? 通常认为是超句统一体。"它由两个或更多的句子组成,是内容与结构紧密相联的连贯话语。"②这个定义并不完善,没有明显的语义和语法标志,用它去确定"超句统一体"会碰到一些麻烦,然而这并没妨碍利用它去对话语结构进行研究。其实,词、词组、句子至今也尚没有完善的定义。超句统一体与实际切分有密切关系。实际切分一方面是组成高一级语言单位最重要的手段,另一方面有些交际变体只能出现在一定的"超句统一体"中,本文前面讲的受语境制约,是比较笼统的说法。应该弄清"超句统一体"怎样左右交际变体,这个问题尚有待探讨。科夫图诺娃认为这种组合关系的制约是单向的,即在连贯叙述中只能前句制约后句,在问答中,问话影响答话。这无疑是正确的。然而在某些情况下,特别是在书面语中,超句统一体中的各个部分(包括开头的句子)的实际切分,都要受总的意义影响,如 Лицо у него необычно благодушное, двигается он как-то особенно валко и лениво... И сухо посапывает — значит, сердце у него схвачено гневом. (Горький)这句话分别从面部表情、举止步态、喘息出气(表情修辞变体)来说明心中的愤怒。另外,在复句中,一个分句对另一个分句也产生影响,如 Постное есть вредно, а скромное есть нельзя. (Чехов)

在相邻的句子(包括分句)影响下才能出现的交际变体,都在组合关系上受到制约(синтагматически зависимые),本文把它们称做非独立变体。

4.2 非独立变体的构成

表情修辞变体不包括在内,它的对立物是中性变体,两者之间的区别是修辞上的,是语体和表现力方面的,而在主述位关系上并无不同。两者区别有些像代词五格 ей 和 ею 的区别。独立与非独立变体都有其表情

---

① Русский язык. Энциклопедия. Статья «Синтагма». М., 1979.

② 王福祥:《俄语语法结构分析》,外语教学与研究出版社 1981 年版,第 4 页。

修辞变体。在聚合体内，非独立变体在联合关系上受制约，而表情修辞变体则在语体上受限制，两者都是由原形变化产生的。

由于交际的需要，某些在原形中并非述位的词（或非复合述位的一部分）担负起传递核心信息的任务，于是就对原形（不可切分句或自然切分句）进行强化切分，通常就是把该词挪到句末，同时加逻辑重音，有时使其自成语段，这样就构成新的述位，所以非独立变体又叫做强化切分句（актуализированное предложение）。这种切分导致原形的结构层次和词序发生变化，这种变化可能产生于述语核心结构内部或者述语核心与限定语之间，也可能出现在词组层次上。我们把这两类变化产生的变体分别称为结构层次变体与词组层次变体。

4.2.1 结构层次变体

（1）对不可切分句强行切分，分解出非自然主位以强调句末的词或词组，使其单独作述位。只有在与相邻句子进行对比时，才出现这种变体。Ему невдомек，что ничего не кончилось，напротив，начинается — //бессмертие.（Нагиб）Ты умеешь есть，умей же//и работать.（Чехов）《70 年语法》还列举出一些类似的例子：Запрещается — //рвать цветы. Прибавилось//хитрости. Не хватает//оборудования. Не слышно//слов. Пахнет в саду//целебной травой. 并指明都必须在对比条件下才使用。《80 年语法》中取消了这些自编的例句，表明这类现象极为罕见。无相应环境，这种格式的句子都是不可切分的。

（2）将不可切分句中信息功能微弱的动词挪到句末，如 Билет у меня//есть. Концерт//состоится. Дождь//все еще идет. Наконец Данилов//явился. Едва заметным было ее движение... Но движение//было. 这类变体中的主位和述位都必须是已知的，已经包含在问话或上文中的，往往是对“是否有票”一类问题的回答，句末应有逻辑重音。19 世纪作家受法语影响，常用这种词序表示一般地存在、出现、发生等意义，如 Дубровский ранен в плечо，кровь показалась.（Пушкин）

（3）将原形为自然切分句的主位与述位颠倒互换。Только бы не отец！— мелькнуло в голове，но дверь открыл//именно отец.（Гобратов）... люди，чья жизнь проходит в постоянном движении — машинисты，летчики，шоферы — бывают суеверны. Суеверны были//и мы. 应指出，主述位颠倒并不等于主谓语颠倒。属于第Ⅳ格式的原形主、述位

颠倒后产生的非独立变体，在外形上和Ⅰ类格式相同，应特别注意，如 Лекции заинтересовали//только меня. Скука отличает//многие его произведения. Паника охватила//весь город. 这些变体中的主位通常是已知的，前面句子提到过的，述位或者是已知的，或者是特别强调的新知。

(4)将原形中情景主位与述语结构核心颠倒互换，把表示各种疏状意义的词用做述位，如 Он с радостью убедился в этом//в первую же неделю своего пребывания дома.（Бунин）Журавлей Миша никогда не видел. Не видел он//и сегодня.

4.2.2 词组层次变体

(1)只改变词组的正常词序，把传达主要信息的词（通常是形容词）后移，以强调其在复合述位句中的作用，就整个句子的实际切分来说，与原形相同，如 Крестьянин — народ не сидячий. Большой талант — явление редкое. Имеется хлеб свежий. Нам попали овощи несвежие. Ситников заломил цену небывалую. 也可保留原来词序，而在形容词上加逻辑重音，其语体限制与修辞色彩由于经常使用而有所减弱。

(2)把表述位的词移到句末，把与其构成词组的相邻的词划入主位，这样就改变了原形实际切分的界限，如 Студенты на практику//поедут. Земля вокруг Солнца//вращается. Я тосковал//страшно. Звуки раздавались//гулко и резко. Мальчик порезал себе руку//до самой кости. 当传达核心信息的词本来就在句末时，单纯移动实际切分界限，从词序上不能反映交际意图，因此要借助语调手段［见 2.3.2(2)，(3)］，如 Дети окружили//деда. 而其原形应在主、谓语之间切分。这种变体则强调“孩子们围着的是祖父”（潜指不是别人）。类似的例子如 Эти слова относились//ко мне. Она была старше его//десятью годами.

(3)把表述位的词移到句末，而与其构成词组的另一个词提到句首，后者成为复合主位中的所谓第一主位，这样它们不仅分属实际切分的两部，而且位置上保持最大距离，如 *Работник*[3] он был//первоклассный. *Поведения*[3] он был//совершенно беспутного，ввязался в долги.（Достоевский）. *Проснулся*[3] он//только в полдень. *Носили*[3] они эти пижамы//с большим достоинством. Красивой[3] она //не была. 合成谓语中的动词不定式也可提前，如 *Бывать со мной* наедине она，//очевидно，избегала.

（Бунин）应该指出，由于其他原因提前的也可能是另外的词，如 *Гостей* он принимал//редко. 第一主位后面的词在语调上可能和述位构成一个语段，如 *Красивой* она//не была.

以上就是构成非独立变体的大致方法。

4.3 句子交际聚合体的组成

粗略地说，一个具体句子的聚合体所包含的交际变体，可按下述方式构成：

（1）根据 3.2 至 3.4 各节所叙述的原则和方法找出其独立变体，并确定其原形，若句子只由一个词构成，句子的交际聚合体只包括原形。

（2）若原形为不可切分句，则可能产生两种结构层次的非独立变体，即按 4.2.1（1）对原形强行切分及 4.2.1（2）将原形的两部分颠倒［有的颠倒后产生独立变体，就归入（1）项，不在此列］。这两种变体均罕见，严格受组合关系制约。

（3）若原形为自然切分句，可将原形的主位、述位颠倒，组成结构层次的非独立变体。

（4）句中若有情景主位，就多一结构层次变体，即将表疏状意义的成分挪到句末，当做述位，而句首的核心结构则作为主位，其内部则采取主语在前，谓语在后的词序，无情景主位的句子，则无此种非独立变体。

（5）句中若有内部扩展成分（主要指动词和名词带的从属词），则可根据交际的需要与实际可能，选择 4.2.2 所提供的方式构成词组层次的非独立变体。总的说，句子越扩展，词组层次变体就越多。但应注意：1）情景主位内部的词组不介入这一层次的实际切分；2）以形容词、副词为主导词的词组，也不能对其作实际切分；3）某些联系密切、带有成语性的词组也不能对其作实际切分。

（6）表情修辞变体是由中性变体转化派生的。独立变体（包括不可切分句与自然切分句）和非独立变体处于句末的述位，可用逻辑重音强调，该述位带着重音向前移动，即构成表情修辞变体。述位一般应移到句首以加强表现力，口语中也可移到句中，书面语中述位除移到句首外，有时还移到符合正常结构词序的位置［见 2.3.3（3）］。

4.4 非独立变体的交际意义判断

句子的语义结构和实际切分的关系如何？这个问题似乎很少有人提到。例如：Он не обладал даром предвидения.《80 年语法》把这类句子的语义结构描写为主体拥有、掌握某种事物的状况。但它却不符合这样的交际变体：Даром предвидения не обладал//он. 这个句子的意思是"没有预见才能的人正是他。"《80 年语法》列出句子语义结构模式有几十种类型。莫斯卡利斯卡娅（О. И. Москальская）把语义模式概括为三种基本类型：第一类是表特征的，如 Земля круглая. Петр хромает. Петр хромой. 第二类是表示存在的，如 Зима. Будет буря. Жил-был старик со старухой. 第三类是表示关系的，其中包括分类关系（Кошка — домашнее животное.）、同一关系（Москва — столица СССР.）以及过程性特征与各种现象的关系，如主体、客体、受事、工具之间的关系[①]。所有这些对语义结构的描写都是静态的，是把句子当做一种复杂现象的称名手段，如 Художник написал картину маслом. 表示施事者、动作、客体、工具之间的关系，反映外在世界发生的复杂现象。它和简单称名手段——词和词组一样，都是交流思想的工具。在交际过程中，在动态中句子所反映的复杂现象各部分之间的关系可能原封不动，也可能发生变化，常常强调其中一部分，而掩盖另一部分关系。在独立的交际变体中，句子的语义结构就未变动，像 Идет дождь.（不可切分句）和 Птица летит.（自然切分句），它们可全句作述位，表示发生了什么复杂的现象，所以回答全指问题（полный диктальный вопрос）[②]：Что произошло? Что имеет место? Что случилось? В чем дело? 这时，句子这个复杂的称名手段作为整体参加实际切分，而不需要从意义和功能上对其内部进行分解。关于自然切分句，福尔图纳托夫很早就指出，当看见空中有一物飞动，而说 Птица летит. 则它不是完全句。这里指的不是结构上不完全，而是指没有主位，这些句子内部不需要，至少是不强调实际切分。正常的词序、平稳的语调也表明说话人无意将句子分成对立部分并对其中某部分加以强调。一旦强调自然切分句的可分性，并用语调表示出来（见 2.3.2），如 Птица, конечно, летает.（潜指 а не ползает）Море — смеется.（Горький）原来作为称名手段的各个部分就完全获得不同的功能，这时就回答特指问题：Что можно сказать о данном лице или предмете?

至于非独立变体都是积极参与实际切分的，当这种切分对说话人来说是紧迫的，重要的，就采用非独立变体（或强调自然切分句的可分性）。

---

① Русский язык. Энциклоцедия. М., 1979, стр. 256.

② 全指问题所要求的答案仅限于指出客观发生的现象，并不要求对此复杂现象内部作分析，而特指问题却是要求对已知现象的特征、类别与其他现象的关系等等作出说明。

这时说话人利用作为称名手段的句子表达自己的认识，从而对原来的语义结构加工构造，以符合自己的要求。下面我们分头研究一下各类情况。

4.4.1 以名词为述位者

В экспедицию уехали//студенты третьего курса. = Уехавшие в экспедицию — студенты третьего курса. 经过转换，原来的动词谓语句变成接近静词性的谓语句，词义上由表示主体与动作的关系变为主体与其等价物的同一关系。译成汉语时可将主位名词化："前往考察的是三年级的学生"。下面的句子都可作类似的转化：

① Все очаровательны, Матисс кланяется, благодарит, приглашает в свое ателье. Холоден//только хозяин.（此结构层次变体的意思是"冷淡的只是男主人"。）

② Прощания вовсе не было. Было — //исчезновение.（此结构层次变体意思是"有的只是溜之大吉"。）

③ Охранять пустую квартиру попросила она//маму.（这个词组层次变体的意思是"看守空屋的事她委托给母亲"。）

这类句子都回答包含疑问词 кто, что 的特指问题。

4.4.2 以形容词、副词或表数量的词作述位

Успех артистка имела//колоссальный.（= Успех, который артистка имела, колоссальный.）可转换成静词谓语句，句子由"拥有关系"转而表示"特征关系"，译成汉语时，可把主谓结构改成修饰成分"女演员所获得的成就是巨大的。"同样，Грибов набрали//целую корзину. 可译成"采的蘑菇有一大篮。"Смеется он//звучно и беззаботно.（= Смех у него звучный и беззаботный.）可译成"他笑起来洪亮、开朗。"下面再举几个例子：За все время, пока мы с тобою знакомы, у меня ни одного дня не было//свободного.（Чехов）Тетрадей я купил//две. Выражался он//необыкновенно изящно. 对这类句子都可进行勉强程度不同的转换，使名词或动词作主语，表特征的词作谓语。它们都回答包含疑问词 какой, сколько, как 的特指问题。

4.4.3 以名词间接格表示的状语为述位

按意思对下列词组层次的变体可作近似的转换：Отец завтра едет//в Пекин. = Цель завтрашнего отъезда отца — Пекин. Живут строители//по всей трассе канала.（Лесков）= Место жительства у строителей — это вся трасса. Работал дядя Леня//с рассвета до вечера. = Время,в течение которого работал дядя Леня — весь день. Вторым орденом он был награжден//за храбрость. = Повод,по чему он был награжден вторым орденом,это его храбрость. 上述转换虽有些牵强,但表达了这些变体的基本含义。它们回答包括疑问词 когда,где,сколько времени,куда,для чего,почему 的特指问题。

4.4.4 以单独的动词表示述位

Красную ленту я//не видал. Конспекты мы//уже составили. 强调动词单独作述位。它表示两个主位之间的关系,第一主位往往表示新知或被特别强调,它被整个后面的述位说明,若述位中再分出第二主位,则由动词单独表示真正的述位。汉语可译成"红绦带吗,我可没看见"、"至于提纲呢,我们已拟好了"。表已知的第二主位语调上处于弱位,甚至可以省去,以突出另外两个词的联系。它们回答特指问题 Что делали мы? 若前两个主位都是已知的,则更应强调唯一传达信息的动词(此时提前某词作第一主位是强调它与上文的联系),如 Эта картина мне//нравится. Олег свой родной город//не узнал. (或采取原形词序,见3.3.2)这类句子回答特指问题 Как подействовала эта картина на вас? 或者回答情态性的是非问题 Нравится ли вам эта картина? 此外像 Спорить он//любил. Умной она//не стала. 都和前一类句子相近。

通过上述的分析可以看出,非独立变体都从复杂的称名手段——句子中挑出个别的词当述位。至于主位,《80 年语法》说:"按其交际本性趋向于用名词表示,因此用形容词、变位动词、副词所表示的主位可与名词结构互相对应。"这样,一方面有可以转化为名词的主位,另一方面有单独的、表示特征或同一关系的述位。于是非独立变体的结构基本上和判断的结构互相吻合:主位相当于主项,述位相当于谓项,句中若有4.2.2(3)所说的第一主位,则这种对应性质就更为清楚了,如 Успех она имела колоссальный. 句中的 она имела 语调处于弱位,可能失去重音,语速加快,这两个词的顺序可以任意颠倒,无关紧要,这一切使它们原来在称名手段中的地位削弱,加上 успех 与 колоссальный 词序上首尾对峙,音调上升降对立,还有语流间歇,音调高低差距,速度快慢,这一切使我们面前的句子差不多就是 Успех колоссальный. 不过前者有一个修饰成分(который она имела)而已。某些表示特征(如 Он хромой. Он хромает.)或表同一或分类关系(如 Мы коммунисты.)的自然切分句,其构成本身就接近逻辑判断,只要采取适当的语调手段强调其可分性,无须转换词序就可参与实际切分。至于表存在的句子或其他各类关系的句子则须经过转换、改变其原来的语义结构、对句子自身进行实际切分才能接近判断。孤立的、静态的、作为原形的句子只是一种复杂现象的名称。列宁曾经指出:“从任何一个命题开始,如‘树叶是绿的,伊万是人,哈巴狗是狗’等等,就已经有辩证法:个别就是一般。”那么反映命题(即判断)的句子,如果把它理解为交际过程中使用的、动态的、经过实际切分的句子,又何尝不是充满了辩证法呢?主位与述位在内容上有已知与新知,繁与简的矛盾,体现形式上有自然与不自然的对立,语法标志上有词序的首尾对峙,音高上的升降对照,语调上的强位弱位;若再从与其他句子的关系来看,各交际变体还有独立性的大小不同,语体上的对立,在聚合体与组合体中的相互关系等等。这还没有涉及内容上——判断或命题——所包含的辩证法,命题一词在俄语中是 предложение,也可指句子,列宁上述那句话,也完全适用于句子。

实际切分开拓了一个重要的研究领域,这里讲的只是一些基本概念,许多问题尚待另行探讨。

语言的功能与功能研究

语言学界对语言的功能有不同的理解，从而在“功能研究”这一笼统的名称下，以不同的方式研究不同的内容。有必要对功能的概念作些剖析。

第一种功能观点是用这一概念指语言整体的功能，通常根据马列主义经典作家的指示，认为语言的基本使命是用做交际工具和认知手段。这当然是正确的。一般把交际理解为“传递和接受有关现实中事物的思想”[①]，而认知更是指反映、认识现实，并以其内容进行思维。这样，交际功能与认知功能都侧重于阐述语言及通过它所体现的思想与现实的关系，这也是经典哲学家所关注的主要问题。后来，许多语言学者根据奥地利心理学家比勒(K. Bühler)的学说，提出语言有复现(或代表)、表达(指思想与感情)、感召(或祈使)三种功能。在交际过程中，语言符号对现实中的现象来说，是象征(символ)，是复现它的代表；对说话人来说，它是征兆(симптом)，可以体现其意向和情感；对听话人来说，它是信号(сигнал)，以祈使其行动，敦促其表态，引发其共鸣。这种功能观点明确地指出，除注意语言所反映的现实内容之外(这当然是主要的，但不是唯一的)，还应该研究言者之意以及可能在听者身上收到的言后之果。不难看出这一功能观点与维特根斯坦的学说、奥斯汀(J. Austin)等人的言语行为理论的渊源关系。从这种立场出发，许多探讨功能意念、命题意图、词语效应、讲演效果的著作都应该看做是功能研究。后来，著名语言学家雅各布逊根据通讯理论，分析出交际过程中有六个要素[②]：传递的信息内容，相当于收、发装置的说话人与受话人，代码，交际双方之间通讯渠道以及相当于电文

---

① Русский язык. Энциклопедия. Статья «Функция языка». М., 1979, стр. 385.

② Лингвистический энциклопедический словарь. Статья «Функция языка». М., 1990, стр. 565.

的、载荷信息的词语表达。与此相应，语言分出六种功能，前三种功能与比勒提出的功能大体上吻合，只是术语不同而已，分别被称做指物、表情和意动功能（референтивная，эмотивная и конативная функции）。除此之外，当作为代码的语言单位——词语本身就须要加以解释时，用同一语言的词汇术语作为研究、描述语言自身的工具，这叫做元语言功能（метаязыковая функция）。换句话说，作为描述对象和描述工具的是同一个语言。在交际过程中说话人常常解释那些认为对方不懂的通用词汇、科学术语或具有特殊意义的词语，如 Павел есть Савел. Грустное то же самое что печальное. Фонема — это пучок диффиренциальных признаков. Под «солидностью» в гимназии подразумевалась напыщенная важность.（Куприн）如果没有交际双方认可的代码，就难以顺利进行通讯。认识对象语言与元语言是不同层次的，这些概念是从逻辑学中借用来的。应该强调的是元语言的功能不是反映语言外部的现实，而是解释语言内部的单位。它表示的内容毋须检验真伪，而是一种规定、解释或协商，以求对"代码"认识上的契合。当语言用于启动、维持或中断交际，即调整交往渠道时，它起一种调节联络的功能（фатическая функцця），如商店中售货员说 Я вас слушаю. Чем я могу быть Вам полезен？与其说是传递信息，不如说是打开渠道，把对方引入交际。Хватит！Довольно！С моей стороны все！Пора и честь знать！都用来表示中断交际；Ну и что дальше？Продолжайте. 则表示恢复已中断的交际等等。广义地讲，许多礼仪语言也有维系交际的功能，如 Как дела？Как ваше здоровье？这些话语的功能主要都不在于询问消息，而在于维系人际关系，以保证顺利进行交际。最后，在日常的生花妙语和文艺作品中，特别是诗歌中，当作为信息载体的言辞表述本身就给人一种美的享受时，语言具备一种诗学（或美学）功能（поэтическая или эстетическая функция）。一般地说，当实施传递有关现实信息功能时，只要完成信息交流，表述它的言辞，或者说言语产品就被忘掉了，正像庄子在《外物篇》所说"得鱼而忘筌，得兔而忘蹄，得意而忘言"。但是具有美学功能的言辞是难以忘却的，有时候甚至是"意因言存"、"意因言传"。研究这种功能时，把注意力集中在作为表达手段的言语产品上。从音响上看，这些言辞可能音韵谐合，绘声状物，从意义上看，它们可能形象生动，传情传神。下面两个诗歌中的例子可以证实这一点。Сухие листья，сухие листья//Под тусклым ветром， кружат, шуршат. (Брюсов)短短的一句诗中有大量的擦音〔с-х́-с́-с-х́-с́-с-ж-с́-ш-ш〕,描绘出在瑟瑟秋风中飘零的枯叶,簌簌作响。Осужден я на каторге чувств//Вертеть жернова поэм. (Есенин)诗人自况为服感情苦役的囚犯,被判处去推转诗歌的磨盘。这些妙喻把诗人沉思苦想,反复推敲,情煎之迫,诗作之难的形象表现得栩栩如生。在非文艺作品中也可能体现出这种功能,据报载①,台湾一些公厕旁的标语牌上写着"来也匆匆,去也冲冲"。前半句状内急者之狼狈,后半句表立牌人之要求。据说这句话套用的是当地流行歌曲的歌词,从而引起联想。再加上"来"、"去"对照,"匆"、"冲"谐音,"冲冲"歧义,一个很简单的冲水要求,由于表述活泼,亦庄亦谐,从而打动读者,使其乐于从命,保持卫生,这不能不归功于言辞的美学功能了。

有人认为上述种种功能都已包含在交际功能之中,这也许是对的,但把它们单独地分立出来,逐一研究还是有其积极意义的。事实上,释义(包括下科学定义)手段,礼节用语,特别是言辞的声音美、形象美近年来已经成为热门课题。另外,笼统地提交际功能,特别是把它仅理解为"传递和接受有关现实中事物的思想",容易导致在任何话语中去寻找,而且只寻求传递信息的功能。应该说,这种信息功能体现在绝大多数、但不是所有的话语中,当同一话语同时执行几种功能时,它往往是主要的,但不是唯一的。有区别地、有主次地、有针对性地分析各种功能,对研究语体、篇章甚至语句都是很重要的。

第二种对功能的理解,着眼于语言体系内各层次语言单位的关系,着眼于所研究的单位在更大的整体单位(或者是在更高层次的单位)中所起的作用,所能出现的句法位置。正像本维尼斯特(Э. Бенвенист)所说:"任何语言单位之所以被看做一个单位,只是当它在高一层次语言单位的组成部分中得以证同。"②这里指的是语言单位的构筑功能 。从体系内部来看,每一个语言单位的用途、使命或功能都在于构筑上一层次的单位:音位是用以构筑并分辨词素的,词素是用以构词的,词是造句的,等等。从语言系统内的相互关系来看,正是根据这种观点,把功能相同的具体音素集合为音位并使其区别于其他的音位。《80 年语法》把音位定义

① 人民政协报,1993 年 8 月 5 日 4 版,王业霖文"台湾市招"。

② Э. Бенвенист, Уровни лингвистического анализа. //Новое в лингвистике. Вып. Ⅳ. М., 1965.

为:“是用以组成和区别词形声音形象的、不能再切分的语音单位。”①根据同样的立场,把执行一样构词功能的“出现在不同词形中的同名形素(属于一类的,譬如词根、后缀等形素)集合为同一词素,只要它们意义相同,形式(指音位组成)相近”②。不同功能的形素在形式或意义上再相近也不能划为一个词素,如前缀 под-与词根 под(炉底),词根 человек 与后缀-ак,-ист,-ец 等。这在语言学中已成为公认的事实。很久以来,人们就发现传统的词类和词的形态分类与它们在句中的成分功能并没有严格的对应关系,从而提出集句法功能、形态特征及相对概括词义的综合标准来建立所谓次范畴。佐洛托娃在这一领域中所取得的成绩令人瞩目。她提出所谓句素(синтаксема)学说,把它定义为“最小的,不能再进行分解的语义-句法单位”③。把具有特定意义的语法形式能出现在什么句法位置上作为划分句素的依据。作者在《句法词典》(«Синтаксический словарь»)中对不同的词形(主要是名词各格形式)从句素角度进行描述和分类。例如仅五格名词,由于语义和句法功能的区别,就分出 4 种自由句素,13 种制约句素及 6 种粘附句素。这种功能研究的实用意义是不言而喻的:它有助于自觉地运用词形功能的知识去创造和分析句子。更令人感兴趣的是从在篇章中的功能角度来划分句子。大家知道,无论是传统的句子分类或是《80 年语法》的句子模式都没有涉及这一功能。同样值得注意的还有阿鲁秋诺娃的观点,她在划分句子的逻辑语法类型时就采取了上述功能主义的立场。她说“正是以下两种情况,即存在着专门的句法构造及其在篇章中的标志性(маркированность),使我们相信确实有作为句法现象的存在、称名、证同和描述关系,至少在俄语中如此”④。一般说,叙述文总以存在句开头,其后用称名句指出该句中人或物的名字,这两步结合起来构成篇章的引子,它们在同一主题的下文中一般都不再重复,引子就是为了引出正文,那里使用大量不同的描写句,对引入的人或物作性质、数量、动作、状态、关系的描述,如 Жила была одна девочка. Звали ее Золушка. В раннем детстве она лишилась матери, а мачеха у нее была презлющая… 当句子所涉及的人或物因对方不清楚须

---

① АН СССР, Русская грамматика. Т. Ⅰ. М., 1980, стр. 69, 125.

② АН СССР, Русская грамматика. Т. Ⅰ. М., 1980, стр. 69, 125.

③ Г. А. Золотова, Синтаксический словарь. М., 1988, стр. 259.

④ Н. Д. Арутюнова, Предложение и его смысл. М., 1976, стр. 359.

要单独分离以证同时，则用证同句，如 Андерсен как раз есть тот писатель，который сочинил эту сказку. 它一般出现在描述正文之前，也可出现在描述过程之中。至于体现这几种逻辑语法关系的典型句及其因实际切分所引起的变化，篇章开头的种种灵活处理，都须要专文阐释才能说清楚。这里要强调的是：在篇章中的功能应用为研究描写句子的重要依据。总的说，佐洛托娃，特别是阿鲁秋诺娃的一些很有价值的学术观点，在我国并未引起应有的重视。综上所述，从功能观点研究语言体系内部各种单位的关系，低一层次单位在高一层次单位中的功能，有其理论意义和实用价值，特别是词、句、篇章的相互关系是有广泛前景、尚待深入研究的领域。

第三种功能观点流传得最为广泛，它和语言的符号性质有关。和一切符号一样，语言符号也是一种社会信息的物质载体，它通常表现为语音或文字形式。这种物质形式的用途或功能就在于表达意义或信息。这样，考察符号时，可以从形式出发，研究作为载体的某个符号表达哪些意义，也可以从功能出发，研究某个意义可通过哪些作为手段的符号来表达。由此，分别把它们称做形式研究和功能研究。这种区别体现在语义学（семантика）中，就分为释（解）义学（семансиология）与表义学（ономасиология）；在词典编纂学中分为按字母顺序或部首笔画一类形式特点编排的释义词典，以及按事物类别或概念领域、意义内涵编排的表义词典（如杜登词典）；在语法学中按谢尔巴的说法，可分为消极语法和积极语法。按照邦达尔科（А. В. Бондарко）的观点，后一种语法“在描写语言材料时，把从功能到手段的方式作为决定语法学说的主导方式，并与从手段到功能的方式结合起来”①。关于功能语法的优点，许多人已作过说明。我认为，概括起来，可集中为两点：一是它是说话人的语法，它是用以表达思想的；而所谓形式语法，主要是用来解释意义的。当人们产生某种思想时，要求立即从可能的表达手段中加以选择，这是后者难以满足的；与此密切相关的另一特点是通过功能－语义场把某一语言中各种不同层次的——形态的、句法的、构词的、词汇的，以及词汇－句法综合的诸手段集合起来。集合这些手段的依据是它们执行共同功能时的相互作用，它

---

① Лингвистический энциклопедический словарь. Статья «Функциональная грамматика». М.，1990，стр. 565.

们都属于特定的语义范畴。这样一来，就可以打破层次的界限，把分散在不同领域的手段集中起来。传统的分层次研究，分科教学是做不到这一点的。正因为有这些长处，功能语法才受到广泛的重视。但在我看来，功能语法研究也存在一些问题，不揣冒昧，提出来讨论。

首先，由于意义有一定的模糊性，在确定始发的功能语义范畴后立项研究时，很难做到不遗漏，不交叉，不主观。这在编纂表义词典时看得最清楚。究竟应该包括哪些概念或事物的类别，立哪些词条，分哪些义项，这些都是十分棘手的问题。语法意义比较概括，已有研究的成果可作为参考，情况似乎要好一些，但上述问题依然存在。至今找不到一个公认的"功能语法范畴"目录，只要比较一下邦达尔科主编的«Теория функциональной грамматики»，吴贻翼教授的《现代俄语功能语法概要》和张会森教授《俄语功能语法》的内容，就可以看清这一点了。问题不在于内容的繁简，而是在一本书提到的功能语法范畴，如句子的交际视角分析（коммуникативная перспектива высказывания），在另一本书中根本找不到。如果没有一个完整的功能语法范畴目录，如何保证无遗漏地描写某一语言的所有语法现象呢？另外，像《80年语法》所提到的模糊语法范畴[①]，也很难处理，如 *У ребят* наловлено рыбы.（兼表状态和动作主体）*Сарай* жгло молнией.（状态主体与动作客体）*Дома* его ждут.（主体及疏状限定语）*В два года* уже учат плавать.（客体与疏状限定语）。正如阿鲁秋诺娃所说，"把处于边缘地位的题元移入句子的核心部分是一种常见的情况"[②]。她认为 хлопотать о пенсии（ = о получении пенсии），просить денег（ = дать деньги）均应理解为有目的意义。如果表目的题元一般占据客体位置的话，那么表原因的词在和表心理作用的动词连用时，则往往出现在主体的位置上，如在 Он рассердил меня грубостью. 这个句子中，使"我"生气的原因意义分别由"有过失的人"——"他"及直接原因——"粗鲁的言行"表示，而在 Он рассердил меня. 及 Его грубость рассердила меня. 两个句子中，作为主语的 он 和 грубость 分别保持上述不同的原因意义。如果要坚持全面反映这类模糊语义范畴，就很难做到不交叉分类。另外，传统语法中对状语按意义分类所产生的种种

---

① АН СССР, Русская грамматика. Т. Ⅱ. М., 1980, стр. 129.

② Н. Д. Арутюнова, Предложение и его смысл. М., 1976, стр. 128 – 129, 155.

问题，在功能语法分类立项时也会产生。像 Звонко в *сумраке* ночной веселый лай идет кругом. *Против прошлой зимы* ты похудел. 一类句子中，斜体词应该看做表示什么功能－语义的手段，也比较难办。此外，在如何处理已立项研究的功能语法范畴之间的关系方面，也表现出一定的主观性和任意性。例如态的意义（залоговость）在邦达尔科等人的著作中作为一个独立重要的功能语法范畴来描述，而工具意义（инструментальность）则作为客体性（объективность）范畴内的一分项。上述其他两本书却作了不同处理。为了减少主观任意性，邦达尔科在功能语义场中分出了核心部分与边缘部分，前者是表示某一语义范畴的最典型手段，如动词的形式就是表示体（аспектуальность）这一意义最主要的手段，其他的边缘手段只是它的变异、补充或近似的替代物，这样就使描述的主次、先后有一定的客观依据。但是对一些所谓多中心或弱集中（полицентрические или слабоцентрированные）的功能语法范畴，如客体、有定与无定等，却依然存在这一类问题。顺便指出，谢尔巴这位积极语法倡导者曾指出，从意义到形式描述语法很难贯彻到底。

其次，传统的语法范畴之间有着内在有机的联系，而从功能角度出发，逐一分头研究表示每个语法范畴的手段，原有语法范畴之间联系就可能被掩盖、割裂甚至被抹杀。举例来说，当人们分别地研究原因、条件、让步、目的等意义的表达手段时，打破了原来的词汇和语法，单句和复句的界限，找出同一意义不同的表达方式，这正是功能语法的优点。然而，与此同时，表示上述意义关系的各主从复句的横向联系却被忽略了。按照《80 年语法》的观点，“这类复句中所表示的两个情景（ситуация），一个从属于、受制于另一个。它们之间有着所谓制约关系或者说广义的因果意义，它可包括先决条件、根据、论据、证明、理由、必然性、前提、口实、借口、诱因、目的、动机等。表达这一系列意义关系的前提是两个情景之间有下述性质联系：一个情景是实现另一个情景的充分根据”[①]。这样，上述复句不仅有互相区别的一面，还有彼此相通的一面。例如，当条件从句“假设”的因素削弱转而强调内容的现实性，则表示原因意义，如 Если уж видели репетицию, то приходите на спектакль.（Федин）当条件从句表示“退一步说”、“就算是”一类的“假设”，则转而兼表示让步意义，如 Да

① АН СССР, Русская грамматика. М., 1980, стр. 562.

если даже она и любит, то порядочная женщина этого не скажет. (Лермонтов)该书对各种制约复句的内在联系，有不少精彩的分析。如何在功能语法中描述时依然保留上述这些联系，也是一个课题。值得注意的是利亚朋(М. В. Ляпон)(《80 年语法》制约复句部分的作者)发表的另一篇文章《因果意义的语用特性》①。该文令人信服地证明，当以从句情景表示主句情景发生的根据时，各类从句所提供的信息价值有等级上的差别。在这一等级表上，表原因联系的位居第一。它清楚地表明，从句的情景是主句发生的根据，如 Я надел старую шинель и взял зонтик, потому что шел проливной дождь. (Гоголь)至于条件从句所提供的依据却不怎么单一，如 Если вечером я буду занят, не вернусь домой. 这种基于假定所提出的根据，自然会推导出另一结果：Если вечером я не буду занят, я вернусь домой. 这种双重意义具有抉择性，而抉择性会使制约意义产生一些变异，像 смотря по тому, что(как...), в зависимости от того, что 一类词所在的从句中提出一个可以变动的依据，如 Эти высказывания допускают разные прочтения, смотря по тому(или: в зависимости от того), в каком контексте они оказываются. 这样，所有含"假设"、"抉择"意义的手段都表示从句所提供的依据不是单一明确的，因此它对解释产生主句情景的信息价值要差一些。而让步复句是以明、暗两种矛盾信息为基础的，在 Хоть мал, но умен. 这个句子中，先验的看法是两个情景互不相容、彼此排斥，可表示为 либо... либо...的区分关系，即暗含"人小就不聪明"。而现实中却肯定两个情景并存，即体现为 и... и...的联合关系，明指"此人虽小，却聪明"。在让步主从复句中，从句只是负面地提出"人小"这种制约、妨碍其"聪明"的条件未能实现，并没有正面地指出产生主句情景的依据。因此，其信息价值就更差一些。正因为如此，在让步复句后，常可加上表原因从句，以指出真正制约主句的依据，如 И хоть он был красив, она оттолкнула его, потому что боялась отца. (Горький)让步从句只是指明"漂亮"未能使她对他不"疏远冷淡"，而她采取这一态度的真正理由却是"害怕父亲"。当分散描述原因、条件、让步语法范畴时，如何才能不致于忽略它们之间的相互关系，也是一个问题。也许，可设立一个更概括的、表示"制约"的功能－语义范畴来阐明上述相

① М. В. Ляпон, Прагматика каузальности. //Русистика сегодня. М., 1988.

互关系。这又使人们面临另一尚未很好解决的问题——功能语法范畴的层次性。

最后,功能语法的出发点是解决人如何表达思想,以减轻从思想到话语这一过程的困难。然而,人们很少脱离整体思想去孤立地考虑某一语法意义。特别是主体、客体和述语性特征这一类范畴,它们是构成句子语义结构(或命题)的核心部分,很难把它们彼此分开,单独研究。这一点在《80 年语法》中表述得很清楚,"句子语义结构要素处于彼此相互作用的关系之中"。从语义出发,首先应研究包括上述三种范畴的基本语义结构,然后才处理非基本语义结构,后者还包含那些限定语与句子的非基本语义范畴。我认为目前功能语法中描述得比较成功的正是那些非基本语义范畴,如弗谢沃洛多娃(М. В. Всеволодова)等人描述的时间、空间表示法,以及有关原因、条件、让步、目的诸范畴表示手段的著作。在我国的语法教学中,这些知识都不同程度地向学生介绍过,尽管课程内容还不够完整、不够周密、不够严谨,然而都收到较好的效果,因为它们有一定程度的独立性,可以用来限定不同基本语义结构的句子,毕竟句子反映的任何情景都要发生在一定的时、空条件下,处于一定的制约关系之中。其次,描述情态、体、时、有定/无定一类在任何句子内都可能出现的范畴,也取得某些成绩,因为它们也相对地独立于句子的内容。但效果不如前一类功能范畴明显。例如,体的表示手段主要还是动词,由于体的意义和词汇、时间、态以及情景中的语用意义交织在一起,十分复杂,在研究或教学时,似乎"从意义到形式"也不一定比"从形式到意义"更奏效。事实上,在体的语法教学中往往也从"界限、结果、持续、频率"一类意义出发,不过难点并没有完全排除。但我认为最困难的、没有很大成效的是对主、客体这一类范畴的描述,主、客体和述语性特征构成句子语义结构核心,而主、客体的性质很大程度取决于述语性特征,后者至今没有一个合适的分类,至于受制于它的主、客体语义类别则更是见仁见智了。如果用做研究出发点的功能-语义范畴的主、客体内涵类别不确定,就很难分别研究它的表达手段了。关于主、客体范畴的研究应专门讨论。近年来,语言学家们趋向于侧重研究作为整体的语义结构,因为无论在产生还是体现思想过程中,形成整个句子(或命题)都起着关键作用。很难脱离整体思想去单独考虑某种语法意义的表示手段,要真正减轻从意义到形式的困难,似乎应该从寻求反映同一语义结构的多种造句手段着手。功能语法比较侧重形态－语法范畴表达手段的研究，而当前语言哲学的主流不是“把世界看成摆满事物和特征分类架的仓库”①，而认为世界是由事物、特征等相互作用产生的事件、情景。这样，自然就把研究的焦点移到句子的语义结构方面，如坚尼耶尔（Л. Теньер）的从属关系语法，黑尔比希（G. Helbig）的配价语法，梅利丘克，若尔科夫斯基及阿普列相的语言理论都取得可供借鉴的成果。如果要如实地反映意思→话语（смысл→текст）这一过程，则形成句子语义结构是中心环节，关键部分。它作为深层结构中的常体（инвариант），在转换为表层结构时才顾及其他的语义范畴：（1）反映主体、客体、特征在数量、程度、界限上变化的数、级、体一类意义的表达手段；（2）反映句子内容与现实关系的指称范畴与情态范畴，前者包括主、客体有全指或特指，定指或不定指的意义及其表示方法，后者包括述语性联系是现实的或非现实的及其表达手段；（3）反映句子情景发生的时间、空间及其他情景的逻辑制约关系，表示这类意义的手段，只是扩充了句子语义结构的内容；（4）最后还应该考虑句子在连贯话语中的地位，以及交际参与者的特点，特别是说话人的意图、目的等语用方面的意义。一般说，语用意义在功能语法中都不涉及，但这些因素对决定句子的最后表达形式却起着重要作用。由此可见，在形成及表达思想过程中，各种意义之间还是存在着一定的有机联系的。

以上我们粗略地分析了几种对功能的理解：一是由于词语符号自身的可变异与非对称性质，导致一种意义可用不同的手段表示，基于符号的表义功能，从意义出发，研究把不同层次语言单位集合起来的功能语义场；二是把语言系统看做层级装置，每个低一层次的单位的功能都在于构筑更高层和更大的单位。正是从这一功能的角度来确定每个单位在语言系统中的位置和所属的类别，而在言语活动中，则是以构筑更高、更大单位这一功能为目的，从有相应功能的聚合体中选择语言单位作为手段，并按照必要的组合规则进行排列；三是考虑语言系统的整体功能，研究它与系统外部的客观现实和交际参与者的关系，特别是说话人要把语言作为达到何种目的的手段。以上几种观点是从不同角度、不同范围来理解语言功能的，只是在把语言作为达到某种目的的手段这一点上，它们是一致的。也许，从这个意义上讲，可以用功能主义把上述几种不同的观点统一

---

① Н. Д. Арутюнова, Предложение и его смысл. М., 1976, стр. 23.

起来。

此外，有些人提出了功能与函项的关系（在西方语言中它们都用一个词——function 或 функция 表示），特别是对梅利丘克等人的词语函项很感兴趣[①]。他们讲的函项是把一个词与其他词在语义上可能代换的聚合关系与可能搭配的组合关系函项化。如果把某个词取代和结合其他词的能力也算做功能，那么词语函项就是把这种功能形式化的一种方式。但它和上面几种功能观点有一定差别，深入研究这个问题已不是本文的任务。

---

① 参看华劭《对几种功能意义的简介和浅评》，详见下一论文。

对几种功能主义的简介和浅评

在语言研究中，形式主义和功能主义的关系是一个热门话题。下面粗线条地介绍几种苏联语言学中的功能主义，附带谈了一些个人肤浅的认识，希望能与同行们交流思想，并得到指正。

1 作为实现形式化手段的功能

1.1 语言学不可能研究每个词、句的具体语音和意义。这是语音学和词典学的任务。现代语言学只从表义、辨义及其他功能角度研究语音，只研究处于一定关系中的语义。换句话说，它只研究已形式化或关系化的语音或语义，以及从什么角度、依据什么参数，将物质的语音或具体的语义形式化。它并不排斥语音学和词典学，只是以两者的成果作为自己研究的出发点。

1.2 语法是现代语言学的理想对象，因为语法本质上是一种关系意义。这类体现一系列词与词共同关系的意义，一般由相同的形式表示出来，因此俄语语言学把语法意义叫做形式（化）的意义。每一词的词汇意义不仅有物质的语音形式，而且有关系性的语法形式。因此，语法意义一方面是一种关系形式，另一方面，作为意义，它又必须有自己相应的表达形式。

1.3 判断某语言中有无某种语法范畴，不能靠类比、推断或臆测，而要依据有无相应的形式表达手段。比如说，没有形式根据说明汉语名词有性、数的范畴，俄语名词有有定/无定范畴，英语动词有体的范畴——这就是俄国形式主义学派的主张。根据形式，而不是语感来确定语法范畴，当然有其合理的核心，其缺陷是把形式理解为狭隘的形态形式。除词尾变化和词缀外，形式手段还应该包括虚词、重叠、语调、词序、代替、搭配、转换等等。如果语法意义不通过任何形式手段表现出来，也就无法表明它的存在。

1.4 语法本质上就是形式化的,作为物质形式的语音和具体词汇的词义能否形式化呢?音位学对前者作了肯定的回答。以与布拉格学派有密切渊源关系的莫斯科学派为例,阿瓦涅索夫等人把在不同位置上有辨义功能的语音分为强、弱音位,并把表示同一词(语)素的强音位和与之交替的弱音位归入音位链(фонемный ряд),如 вод 这一词素的音位链组成是:в(单要素链,出现在该词素的所有变体中),o〔$ɑ, ɑ_1$〕(以强音位 o 代表的链,分别出现在 вод,вода 与 водвоз 中),及 д〔$д_1, д_2$〕(以强音位 д 为代表的链,分别出现在 вода,воде 与 вод 中)。根据体现同一词素组成部分的功能,把强弱音位纳入"链"可以说是使语音进一步形式化。至于词义的形式化,则是近年来广泛研究的课题。下面就介绍阿普列相、若尔科夫斯基及梅利丘克的词义形式化理论。

1.5 梅利丘克等人所建立的双向转化模式(意思⇌话语)中,其"详解-搭配词典"(相当于词库)占主要位置。词典中每个标题词(以 C_o 表示)下,除有语义解释、形态变化、构词特点、句法搭配和修辞标注之外,还应有两类材料:一类是代换词(聚合性变体),另一类是参数词(组合性搭档)。作者把两者(主要是后者)合称为标题词 C_o 的相关词,这两者之间的依存性质(зависимость)可通过词语函项(лексическая функция)关系表示,即 $f(x) = y$,x 是函项关系中的变源(аргумент),y 则是因 x 而变化的变值(значение 或 выражение)。选择函项关系要考虑两个条件:一是它应出现在尽量广泛的词语之间,假定有标题词(C_o)$x_1, x_2, x_3 \cdots\cdots x_n$,它和对应的相关词 $y_1, y_2, y_3 \cdots\cdots y_n$ 都有相同的函项关系;二是体现变值的词汇应是尽量不同,变化多样。以 $f(X) = \{Y_i\}$ 为例,如果 x 表示所有作为变源的标题词,$\{Y_i\}$ 表示变值的相关词的集合,则 i 的数值越大越好。举例来说,梅利丘克等人选定"高程度"(大体上相当于汉语"很"的意思)为函项关系,并以拉丁文 Magnus 表示,则俄语中作为变源的标题词与表示变值的相关词可列表如下:

词汇性函项	变 源 （俄语标题词）	汉语译文	变 值 （俄语相关词）	汉语译文
Magn(us) （高程度）	брюнет	黑发男子	жгучий	深黑色的
	рана	伤	тяжелая	重伤
	знать	知	наизусть, как свои пять пальцев	熟知,了如指掌
	агрессия	侵略	варварская кровавая	野蛮的
	арест	逮捕	массовый	大规模的
			повальный	挨家挨户的
	……			
Sing(lus) （单位量）	капуста	白菜	кочан	一棵
	мак	罂粟	зерно	一粒
	дождь	雨	капли,струи	一滴滴,一缕缕
	гнев	愤怒	приступ	一阵
//表变源、变值合一	горох	豌豆	//горошина	一粒豌豆
	грести	划	//гребнуть	（划）一下
	смотреть	看	//взглянуть	（看）一眼
	рыба	鱼	одна	一尾,一条
	корова	牛	одна	一头
	лошадь	马	одна	一匹
	……			
Mult(um) （群体量）	рыба	鱼	косяк	一群
	волк	狼	стая	一群
	лошадь	马	табун	一群
	корова	牛	стадо	一群
	бумага	纸	пачка,стопка	一摞
	сено	干草	стог,копна	一垛
	ребята	孩子	ватага	一大帮

上述的词语函项是一种形式关系,或者说是一个词语和另一词语的特定关系。可以通过它有系统地去描写相关词语,有目的去比较同一函项关系在各种语言的反映。在西方语言中,函项与功能都是一个词:функция。事实上,函项也和使语音形式化的辨义功能一样,是使词义形式化的手段。它本身也是一种形式化的关系或意义。索绪尔说:"词既是系统的一部分,就不仅具有一个意义,而且特别是具有一个价值。""价值,从它的概念方面看,无疑是意义的一个要素,我们很难知道既依存于价值,怎么又跟它有所不同。"[①]但究竟通过什么有效途径去描述、进而把握词的这一价值,却始终是个悬而未决的问题。梅利丘克等人提出的40

① 费·德·索绪尔:《普通语言学教程》,商务印书馆1985年版,第160-161页。

个左右的词汇函项关系，也许为逼近这一问题提供一线希望。

以上所述的对功能的理解，是把它作为语言物质形式（语音）或具体意义（词语意义）形式化的一种手段。梅利丘克等人提出了一种有前途的、给人启迪的词义研究途径。这样的功能主义的研究谈不上和形式主义对立，它只是使语言研究形式化的契机。

2 当做形式对立物的语义表达功能

这是目前对功能最流行、最常见的理解。它在苏联语言学中也占有统治地位。

2.1 符号论中的“能指—所指”对立，目的论中的“手段—目的”对立是这类功能研究的理论基础。邦达尔科等人把“从语义到形式”，“从功能到手段”作为主导方向的研究叫做功能主义，而作相反方向的研究叫做形式主义。他们认为语言学史上，这两种研究方向一直是此盛彼衰、交替占据上风。在俄语研究史上，主张从意义出发的有波捷布尼亚，沙赫马托夫，博杜恩·德·库尔德内（И. А. Бодуэн. де. Куртенэ）。严格遵循从形式出发的有福尔图纳夫、彼得松（М. Н. Петрсон）。在世界语言学范围内，属于前者的有洪堡、萨丕尔、高本汉等，属于后者的有各种流派的结构主义。

2.2 近年来，促使这类功能研究东山再起的原因大致有三：一是多年的形式主义研究暴露出局限性，它对许多现象都不能解释。可把这看做出自理论的需要；二是在交际过程中，为了达到某种目的，可以而且应该选择哪些手段，这对掌握母语、特别是学习外语，非常重要。对此，叶氏柏森的语言哲学，谢尔巴的积极语法，吕叔湘的表达论述都有所强调。可把这看成掌握语言的实际需要；三是对比语言的需要。目前，国际交往日益频繁，在比较不同语言，特别是非亲属语言时，很难完全从语言形式出发。在大多数情况下，只能以反映同一客观世界的概念内容出发，这也许是功能研究的重要动力。

2.3 苏联近年来出版了不少功能语法的著作，但在这一领域的系统巨著当推《功能语法理论》，它是苏联科学院，列宁格勒语言研究分所集体编写的，计划分六卷出版：（1）体、时间定位、时间参照关系，即时序（таксис，它出现在句内多个述谓成分之间）；（2）时间、情态、存在；（3）人称、语态（залог）；（4）主体、客体、对语句作交际分析（实际切分）的可能前景、有定与无定;(5)性质、数量、比较、拥有;(6)方位、制约(包括一整套表制约关系的功能语义场)。第1卷已于1987年出版,长达320页,其规模实令人瞩目。下面将着重介绍编写该书的理论基础。

2.4 据我初步理解,该书有以下特点。

首先,虽然作者强调功能与意义有细微区别,但本书还是以语义,而且以语法意义为出发点,研究确定其相应表达手段。作者强调:"功能语法所研究的语义,总具有'潜在的语法性',即使谈到词汇意义的要素(诸如表状态或关系的动词),这些要素对语言体系和语言单位执行功能也极其重要。"①由此可见,词汇意义、语用意义是不在研究范围之内的。

其次,在"从功能到手段"的研究中,作者不受层次体系的限制。研究从语法已清楚的、简单明显的、像词缀一类的手段转向更复杂隐蔽的、各种层次要素表达的手段,包括形态的、句法的、词汇的以及综合性的手段。对这本书的作者来说,不存在形态学、句法学和词汇学的界限。

再次,提出"功能语义场"作为功能体系的基本范畴。句中的多种语言手段与其共同功能的统一,就是"场"的基础。先找出一种体现功能的明确无误的手段,然后再推导出表现该功能的其他语言手段,最后归纳出词形、句法构造、标志性词汇等各相关手段所构成的全部链条,它们都表示相应语义范畴内的基本特征或其变体。由于作者划分功能语义场是以某种表达手段(主要是形态范畴,也可能是句法构造)为依据的,并以其为中心扩及其余的边缘性手段,这样就避免了确定"场"的随意性,如先以副动词为中心,研究同一句内各述谓成分的时间参照关系,再找出其他的同义手段,然后把它们纳入一个"场"内。简单地说,研究者的任务就是挖掘所有的表达手段,确定其同异之处,进行分类概括,并把它们集合于有自身系统结构的"功能语义场"内。

最后,作者从语言和言语对立的立场出发,把功能分为潜在的和现实的。前者是一种可能、原因、抽象能力,后者则是前者转化为言语中的现实、结果、具体体现。作为语言范畴,"功能语义场"在言语中的体现是"范畴化的情景"。在具体语句中,这样的"情景"往往几个并存,以反映交织在一起的语言范畴。这样,通过研究"范畴化情景"中句内各单位和构造的现实功能,概括确定出该单位的潜在功能,然后将相同功能的单位

① Теория функциональной грамматики. Л.,1987,стр. 15.

纳入“功能语义场”。在使用语言中，以“场”的知识为依据，选用其中的语言材料作为表达意思的手段，并在形成言语的过程中，把潜在的功能变为现实的功能。

该书的前两卷集中研究谓项，主要是动词的各种语法范畴，如体、时、情态、人称等。至于牵涉句子语义结构的范畴，如各种不同的谓项（性质、数量等），作为题元的主、客体以及各类疏状环境成分，都将在后面几卷讲述。作者如何解决这些领域的各种难题，尚须拭目以待。

3 作为构筑高一层次单位的结构功能

3.1 很多语言学家都把语言看做符号的层次体系。从这种观点出发，认为体系内各种语言单位的普遍功能都在于可构筑高一层次的单位。它比辨义、表义、称名等功能更为普遍，是所有层次单位共有的。捷克学者达内什（Fr. Danes）说：“对低一层次的单位来说，高一层次是其功能活动的范围。相反，对高一层次来说，低一层次是提供构筑手段的场合。”[①]语言单位的这种构筑功能，即其在组合高一层次单位的作用，就成为研究的出发点和目的，也是对其分类，将其纳入体系的根据。例如，根据构成音节的能力把语言分为元音、辅音、响音；根据辨别词形的功能划分为音位，并根据体现词素同一组成部分的功能，把相关的强弱音位划归为音位链等等。同样，根据词素在词中的作用和地位分词根、前缀、后缀、中缀、尾缀、词尾等。本文1.5所介绍的某些词语函项，也是词在构成词组时的一种作用或功能，根据它将词汇（相关词语）集合为一类。

3.2 在与组词造句有关的层次中，根据词在句中的作用来研究词却遇到更多的困难。首先，词是可以自由运用的符号，造句过程中出现了人和其他语用因素，而在分析音位、词素这些次符号层次中，可不考虑这些因素。句子属于超符号层次，句子内容超出语言体系的范围，直接和客观现实相对应。因此，句中词的客观所指、意义内涵和信息负荷总在变化，这就增加了功能研究的困难。其次，可从不同角度看待句子。词间的语法联系把词组变成能为社会所接受的、站得住脚的句子，这类关系构成其语法结构；在句子所反映的情景内容中，各要素的概括关系是其语义结构；负荷不同质与量信息的词，则构成句子的信息交流结构。由于一个词

① Г. А. Золотова, Очерк функционального синтаксиса. М.,1973, стр. 8.

可能在几种不同的结构中同时执行功能，发挥作用，它既是语法结构中的某一部分，如主语、谓语或宾语，又可能是语义结构的一个要素，如施事或受事，还可能是信息交流结构的主位或述位。由于经常混淆这几种功能观点，从而带来一些混乱。最后，目前构筑句子的词或词形并不是按照任何上述功能分类的。目前的词类，如名词、动词，或词形类别，如名词的某一个格，动词的某类词的形式，都是依据形态标志及所表达的最抽象的语法意义划分的，与其在高一层次的功能无严格对应关系。无论名词或动词都包含功能性质迥异的词或词形。目前提出的所谓次范畴，正是力图弥补这一缺陷，使各种类别、范畴与其在句中的功能挂钩。

3.3 苏联语言学家佐洛托娃从结构功能角度研究句法，取得了很大的成绩。她先后出版了三本书：《俄语功能句法概述》(1973)、《俄语句法的交际层面》(1982)及《句法词典》(1988)。下面根据个人理解，介绍她的几个主要观点。

首先，划分作为构筑句子单位的词形，应考虑三方面的因素：(1)该词形的范畴性语义(但不是最抽象的词类意义)；(2)相应的形态形式；(3)由前两方面特点决定的、可用于某句法位置的功能。例如 отцом，карандашом，вечером，дорогой，лесом，бригадой 均为名词五格形式，但只有一定共同的意义和句法功能，即在词中用做某些动词的从属词，表示客体意义(它由名词事物性意义派生而来)。它们都可能和 интересоваться，любоваться 一类词搭配，表相同的功能，仅此而已。在其他方面，上述名词词形却由于各自特有的意义而执行不同功能，如 отцом，бригадой 有主体意义(用于被动结构)；карандашом 有工具意义(писать карандашом)；вечером，дорогой 有时间意义(идти вечером/дорогой)；дорогой，лесом 表运行路途意义(идти дорогой/лесом)；бригадой 有行为方式意义(идти бригадой)。上述各种意义使相同的五格形式用于不同场合，有不同的句法功能。由于划分词形时，考虑了它构筑句子的功能，作者把它们叫做句法性词形，后来引入一个新的术语——句素(синтаксема)。作者对词形，首先是名词的各种格(含前置词)作了深入细致的研究，根据表示各种范畴性意义的词素，并依据其构筑句子的功能，分类整理，纳入《句法词典》。

其次，作者给功能下的定义是："句法单位在构筑交际单位——句子时所起的作用。”[①]她认为句素的功能有三：一是孤立使用，单独成句。体现这种功能的位置有文章标题、剧本中的情景说明，舞台指示，嵌入作品中的对人称和情节的简单交待。二是在组词造句时，直接用做句子的结构要素。它出现的位置有：(1)用做述谓对象，这种句素不仅仅用静词一格表示；(2)句素起述谓作用，它不仅仅指变位动词；(3)扩展全句的情景句素(ситуант)；(4)有半述谓功能的句素，它使句子复杂化。三是指在交际过程之前，造句之前构成词组。句素在词组中可能在依附于动词、名词、形容词或副词的位置上。

再次，作者赞成马蒂内(A. Martinet)的观点，应“把语言所拥有家当中的全部语言材料，按其重要性和作用加以排列”(而不以牺牲语言事实的代价去证明自己结构理论的力量)，应把语法分类建筑在“符号构成链条的组合能力的基础上”[②]。基于这种想法，她把句素按功能分为三类：(1)自由句素，它可出现在所有上述三种功能的位置上，如表示方位性的句素 на вокзале，可单独成句，用做标题；也可用做结构要素(На вокзале шумно. Гости на вокзале.)；还可构成词组的从属部分(Часы на вокзале показывают полночь.)；(2)制约句素只用于后两类功能，基本不孤立使用，如数量名词二格句素，可用做句子结构要素(Воды довольно. Воды убавилось.)，及用于词组中(выпить воды, дать стакан воды)；(3)只用做词组从属词的非自由句素，如 руководить кружком 中的名词五格客体句素。以上谈的是名词句素，按出现句法位置的多少和句法功能性质把它们分为自由、制约、非自由三类。至于动词，形容词等句素的功能就少得多，如短尾形容词只能是起述谓作用的句素。

最后，造句就意味着按照需要将有相应意义与功能的句素以规定的方式结合起来。假若要表示事物有某种特征，如“骆驼是有耐力的”，可用最直接、最简单的方式表示，即有表骆驼的主体(意义)、一格(形态)、自由(功能)的要素和表耐力的短尾形容词。如 Верблюд вынослив. 这可算做基本的原始模式。上述句子结构要素也可用间接的、复合的方法表示，如 Верблюд отличается(характеризуется)выносливостью. Верблюду свойственна(присуща)выносливость. Верблюда отличает (характери-

① Г. А. Золотова, Синтаксический словарь. М., 1988, стр. 4.

② Г. А. Золотова, Очерк функционального синтаксика. М., 1973, стр. 7.

зует）выносливость. Для верблюда характерна（типична）выносливость. 等等。上述句子的结构核心要素不变，但表示方式不同：用各种间接格形式的主体句素及辅助词和性质名词表特征的句素，它们是基本模式的变异，是其同义结构。由于构成模式的是有特定意义的句素，而不仅仅是某一类别的词形，这样就不容易产生同形结构，如 Верблюда отличает выносливость. Ученика отличает учительница. 虽然都可形式化为 $N_4 + Vf_{3s} + N_1$，但两者句素不同，后者由客体、四格、非自由句素 + 动作动词句素 + 主体、一格、自由句素构成。因此结构形式和意义都和前一句不同。

3.4 佐洛托娃的功能研究深入地揭示了词义对句法的影响，发掘了许多有意思的现象，找到一种句子意义的多种表达方式，为句法研究开拓出新的途径。这样，从语言层次结构理论的观点看，语言学家可采取前后一贯的立场，即从构筑上一层单位的功能角度依次研究音位、词素、句素，而且可以推断，由句子构筑更大的单位——超句体（discourse）乃至篇章话语，也须有其相应的单位。在我看来，这样的单位应该是经过实际（义）切分的句子。它们或是引入叙述对象的存在句（表示"有一个"话题），或是确定对象的认同句（确切这一话题），或者传递有关该对象信息的描述句（说明其动作、状态、性质、数量、时间，所属类别与其他事物的关系等等）。它们功能上的区别必然影响句子的信息内容结构并反映在主位、述位上。作为构筑单位的句子，不妨叫做篇章要素（текстема）。当然，句子在语篇话语中的功能是多重的，怎样把篇章要素和各种功能，首先是构筑功能结合起来，是一个有吸引力的课题。

4 出现于使用言语过程中的语用功能

4.1 长期侧重研究语言形式、结构、体系之后，近年来有一些苏联学者提出口号，从语言研究到言语研究。众所周知，对语言和言语，有各式各样的理解。《80 年语法》作者的观点具有相当的代表性。"语言和言语的对立是体系（система）与其功能实现（функционирование）的对立，同时也是体系与其赖以存在、发展和完善的现实环境之间的对立。"[①]有人进而把言语研究就看做动态的功能研究，以此和语言的、静态的体系研究

① АН СССР, Русская грамматика. Т. Ⅰ. М., 1980, стр. 41.

相区别。一般说，传递信息、沟通思想的交际功能，反映意志、体现感情的表现功能，影响听者思想意志、感情的感召功能都只能在言语中实现。除上述基本功能外，还有马林诺夫斯基、雅各布逊等人提出的建立接触、调节交流渠道的功能（如告诉对方可开始、继续或终止谈话），满足听者美感的作为诗文歌词的功能，以及对语言工具本身作出解释的元语言功能等等。所有这些在言语过程中实现的功能，对语言的单位、结构、系统有什么影响，各功能之间有什么关系，至今还很不清楚。

4.2 韩礼德（M. H. Halliday）认为“语言的功能，不只是体现在不同的用途，而首先是体现于语言系统，尤其是语义系统结构之中”①，并认为4.1所述各种功能理论“没有把语言的功能跟语言的结构联系起来”②，是一个缺点。然而时至今日，连一个完整的言语功能理论的框架（特别是语用的框架）都没有，更不用说和语言结构联系挂钩了。因此，语用功能的研究比较零碎，散见于语义学、语用学，篇章语言学，特别是话语的实际切分方面，还谈不上从语用角度作系统的功能研究。尽管如此，这方面还是有不少成果。下一节将介绍一些从语用功能角度研究代词和语气词的例子。

4.3 关于什么是语用功能，莫衷一是。这里暂把它定义为：“交际过程中与使用者和言语环境有关的功能”，如区分主位与述位，表明旧知与新知，指出有定与无定，暗含前提与论断一类功能。广义的语用功能还包括修辞功能，后者涉及语言单位的使用范围及在言语中的特点。这里不涉及后一方面的内容。众所知知，代词和语气词都不反映客观现实，没有称名意义和反映词间关系的语法意义。“代词执行指代功能的特殊抽象意义必须在语境中具体化”，“单个语气词的意义仍是它在句中表示的关系或执行的功能”③。因此，按照描述其他实词或虚词的办法，很难揭示它们的特殊意义或功能实质。借助于现有的词典或语法工具书，很难掌握它们的用法。近年来从语用功能角度研究语气词和代词，揭示出一些新的特点。这里只能有选择地介绍几个例子。

下面一组例子表明语气词 тоже，также，также и 在功能上的异同。

① Гость молчал. Хозяин *тоже* молчал.

② Гость молчал. Молчал *также и* хозяин.

① 韩礼德：《〈语篇与环境〉简介》，《国外语言学》1988年第2期，第68页。

② 韩礼德：《〈语篇与环境〉简介》，《国外语言学》1988年第2期，第68页。

③ АН СССР，Русская грамматика. Т. Ⅰ. М.，1980，стр. 531，722.

③ Я очень люблю Чехова. Я *также* люблю Толстого.

④ Я очень люблю Чехова. Толстого я *тоже* люблю.

例①的 тоже（带重音）表明其左侧的词是新知（不同于前句的主位 гость），其右侧的词是旧知（重复前句述位 молчал）；例②中的 также и（无重音）则功能相反：其左侧为旧知，右侧为新知；例③中的 также 和 также и 一样（但可有重音），其左侧为旧知（与前一句的 я 相同），而对其右侧的词，则解释不一。大多数认为，说话人以为它和某已知现象是同类的；例④的内容虽与例③相同，但 тоже 表明左侧的第一主位 Толстого 是新知，Толстого 与 я 的关系由右侧的述位表示，它是旧知，故以 тоже 代替 также。这样从语用功能角度提出和解决问题，是形式主义语法中少见的，然而它的实用价值却是明显的。提出这一问题的是德国人吉克（W. Girke）。他在对比研究中发现德语中的 auch 可译成俄语中 тоже，также 和 и 三个词。也有人用类似的方法研究"又、还、也"一类的词。

又比如人们一直认为例⑤中 весь 和 целый 是同义词。

⑤ Ребенок выпил всю/целую бутылку молока.

但从语用角度看，весь 有定指功能，целый 则为不定指。例⑤的 всю 后面可加 эту，целую 后面则不能。

⑥ Над этим я проработал целую неделю.

若以 всю 换这里的 целую，则指已知确定的某一周（如这周或上周），同时还丧失 целую 所蕴含的前提与论断关系。例⑥的前提是："干这个活原以为不会花多少时间（至少不会超过一周）"，论断陈说是"我竟干了一整周（比预料的时间多得多）"。

通常认为在例⑦一类句子中的 мало 和 немного 没有什么区别，似乎都表示"不多的事物数量"或"不强的特征强度"。

⑦ Денег у него осталось совсем мало/немного.

通过语用功能分析表明，用带逻辑重音 мало 的句子，暗含一个存在前提"他有钱"和一个评价论断"钱不多"，即钱数比说话人认为应有的量要少；而 немного 则无这种功能。因此，存在句，如例⑧⑨中只宜用 немного。

⑧ У меня есть немного денег.

⑨ Нет ли у тебя немного соли?

不宜用 мало，是因为主观评价意义是以存在某事物为前提的。当对事物的存在仅仅处于被确认，甚至被怀疑阶段时，是无法对其作出评价的。两个数量代词的区别在⑩中看到最为清楚。

⑩ Ивана немного/мало беспокоил исход дела.

用 немного 表示“伊万对事情的结局略感不安”，只肯定有着少量程度的不安；而用 мало 则表示“伊万对事情的结局不大关心”。它以存在不安为前提，但说话人强调不安程度过少，不以为然。

类似的例子还可举出很多。像 С сахаром — и то（и с тем）не ест.（加糖，还不吃。）Сапер да не умеет.（是工兵，却不会。）一类句子，语气词 и то，да 与其说是划分主位、述位的标志，还不如说蕴含着“加糖就可以吃”、“当工兵就应该会”等主观认定的前提。由于论断“还不吃”、“却不会”与前提不合，于是说话人不满之情溢于言表。看来，这里的语气词含有多重的语用功能。

5 功能主义的优点和问题

我以为功能主义研究有以下长处：

首先，这种研究加强了语言学的解释能力，它揭示了许多生成语法学派（更不用说结构主义）不能够或不屑于解释的现象。功能主义能够夺去生成语法不少的阵地，这也许是理由之一。

其次，功能主义使研究者的眼光不再局限于那些简单的、明显的、物质的手段，如词缀、词序等等，它促使语言研究者发掘新的语言事实和隐蔽的语言手段。语言学的进步，一方面体现为对语言功能日益深入细致的理解，另一方面也表现在找出更细致、更复杂的功能表达手段。

再次，功能主义的成果对于掌握母语和外语的实际意义是不言而喻的。各民族的交往日益频繁为对比语言学开辟了广阔前景，功能范畴既是对比研究的出发点，又往往是这种研究中发现的成果。只有对非亲属语言进行广泛地功能对比研究，才可能确定所研究语言的各种范畴。

最后，功能主义不仅促进研究有共性的语义范畴，而且还有助于揭示各民族的文化特点。洪堡、萨丕尔、沃尔夫都认为不同的语言都以自己特殊的方式表现现实世界的情景。在这方面形式主义、结构主义的研究是无能为力的。

总的说，功能主义富有活力、解释力和实用价值，是有广阔前景的研究方向。

但是，在我看来，功能主义至少存在以下的问题。

首先，语言学家们提出了许多功能，上至语言作为整体的功能，下至具体语言单位的功能，但是不清楚这些功能有无内在联系。韩礼德提出，语言有三种元功能：人与人之间进行交流的功能，表示经验示意的功能和根据语境组织信息的功能[①]；戴浩一先生在一本论文集的序言中，把集内论文的观点归结为三个层次的功能主义：结构功能主义、语用功能主义和认知功能主义[②]。前者近乎科学的假说，但缺乏论证，后者则只是局部经验的总结，并不奢求全面。本文有选择地介绍了几种观点，它们大体上反映了符号三方面的功能：表义功能（以邦达尔科为代表），结构搭配功能（以佐洛托娃为代表，梅利丘克等人的观点也与此功能有关），语用功能（没有系统的代表作和代表人）。总之，缺乏一个总体的框架，能把各种功能纳入一个有内在联系的、层次分明的体系。邦达尔科的功能语义场，也只是在个别语义范畴内使功能手段系统化，并不涉及整体。总的说，缺乏系统性、整体性是功能主义的一个问题。

其次，目前的功能主义有相当的主观性。戴浩一先生说："功能语法的实践者把目标放在功能解释上，倾向于诉诸于直觉上可能的、非形式的、不依附于理论的根据而避免精确的形式化。"[③]梅利丘克确定词语函项（见本文1.5）的两条标准，邦达尔科以形态结构形式作为功能语义场的中心手段（见本文的2.4，再次），都是想给功能研究找到一些客观的形式依据。但从总体上讲，功能主义的主观性是明显的。以句子的语义功能（韩礼德说的经验示意功能）为例，无论是用做谓项的谓词，或是用做主目的题元，其分类都五花八门，很少找到两部功能语法的语义分类是相同的。斯捷潘诺夫被迫主张采取亚里士多德的逻辑分类，来描述元语言的句子的语义类别。此外，在结构功能学说中，句子究竟有哪些功能位置，也无定论。至于说语用功能，更是开不出一个功能的名目单。也不清楚，根据什么判断有定/无定是语义、语法还是语用功能范畴。如果说，对语言作为整体有几重主要功能大家还可以取得共识的话，那么各种主要功能下面有什么范畴，学者们则是仁者见仁，智者见智了。

再次，由于上述两方面的问题，人们不禁怀疑功能主义的概括能力。

---

① 韩礼德：《〈功能语法导论〉介绍》，《国外语言学》1987年第1期，第17页。

② 戴浩一：《〈功能学说与中文文法〉导言》，《国外语言学》1990年第3期，第14页。

③ 戴浩一：《〈功能学说与中文文法〉导言》，《国外语言学》1990年第3期，第14页。

如果没有一个客观、整体的功能系统，怎么能借助它去全面描写哪怕是一种语言呢？形式主义的语法能保证概括每个语法现象，因为它总有一定的形式和结构，从而在语法系统中占有其位置。功能语法能做到这一点吗？功能主义往往在作者挑选出的几个领域内显得很有生气，但走出这个范围就显得软弱无力。这在语用功能的研究上表现得最清楚，使人产生以偏代全的感觉。如果功能语法作者自己都说不清楚表示主、客体（актанты）和环境成分（сирконстанты）应包括几个范畴，怎么能全面概括相应的语言现象呢？此外，功能主义的主观片面性质也往往降低其实用价值，像“我吃饭馆”、“他打扫卫生”一类现象应在功能语法的哪部分找答案呢？

最后，功能和形式的关系并不能说已弄清楚。我们只把讨论局限在组词造句这个范围内。从结构功能来看，在造句中所起的作用，就是词形（句素）的构筑功能，而各类不同句素及其相互关系就是体现这一功能的手段或形式。在这里所谓形式，是包含意义的语言单位（句素）。从表义结构（或示意经验过程）来看，施事、受事和各类语义范畴属于功能，体现它的各种形式化了、语法化了的词语就可算是它的形式。从语用角度来看，交际参与者的意图，具体信息的组织，话语内容和言语环境的关系就是功能，它们的形式就是各种虚词、词序、语调等等。既然功能和形式是相辅相成的、是同一语言现象的两个方面，研究从哪一方面出发只是个方法问题。只有当直觉感到的功能在语言中找到了相应的表达手段（当然不限于简单的物质手段），而且只有这些手段形式化的程度越高，概括得越精确，才越能客观证实语言中确实存在这一功能范畴。只有在这样的条件下，功能才能由主观的直觉上升为客观的科学。因此，“避免精确的形式化”是不可取的。就功能主义的现状来看，它还相当主观、零散、不系统，尚处于不成熟阶段，只能作为从形式到功能研究的一种补充，尽管是很有价值的补充。也可以保持从形式到功能研究的系统和方向，但同时充分考虑、吸收功能主义的研究成果。

总的说，功能主义在具有前面讲的一系列优点的同时，又有主观、零散、不系统因而是不成熟的缺点。照目前的情况来看，它的确有效地弥补了形式主义的不足。至于那些想与形式主义分庭抗礼或取而代之的功能研究能否成功，暂时还难下断语。

第四编

普通语言学

关于语言单位及其
聚合关系和组合关系问题

苏联科学院1980年出版的《俄语语法》是俄语研究领域中的一个重要事件。自从《54年语法》出版以来，已经过去二三十年了，在这段时间内，无论是普通语言学还是俄语语言学都有了很大的发展，积累了大量新材料，语言在发展过程中也部分地改变了原有的规范。该书作者力图反映这种情况，该书具有材料新、观点新、术语新的特点。它大约在1983年前后传入我国，并在俄语学界引起很大反响，但此书的理论基础和传统语法大不相同，所使用的术语对我国读者也很陌生，这些都妨碍透彻理解该书的意义和充分利用它所提供的材料。我想对这本书的一些基本理论作些阐述，提交与会同志研究，希望通过讨论能对该书有更深入的理解。

1 关于语言单位

1.1《80年语法》序言中指出："语法描述的前提是弄清所有构词法、词法、句法的基本单位，并把这些单位纳入按层次构成的体系。"①语法学的各个分科——构词法、词法、句法都有其自身的单位，与语法学密切相关的语音学还有音位、音节、语音词、语(义)段等单位。但是对语言学来说，最重要的单位有四个，这就是音位、词素、词、句子。音位是最小的语言物质——语音的单位，所有其他语言单位的语音外壳都是通过音位体现的。词素是最小的表义单位，词是最小的、独立运用的称名单位，句子是最小的交际单位。在这些单位中，词又占据中心位置：音位和词素都存在于词之中，不能独立运用，而句子又是由词组成的。因此对词的研究在音位学、形态音位学、构词学、词法学和句法学中都是不可少的，它的性质也最复杂。

① АН СССР, Русская грамматика. Т. Ⅱ. М.,1980, стр. 8.

1.2 索绪尔以来,语言与言语对立的概念已广泛地被采用,但对这种对立有极为不同的理解。在《80 年语法》中采纳下述观点:“言语并非作为某种个人的、个别的现象而与语言对立,它是语言的真实存在形式,是其生动、直接的体现。”①这段话表明:(1)作者把语言与言语的对立作为本书的理论基础,这和《54 年语法》不同,后者没有提到这一区分,认为“单个的语音就是音位”,“后一术语只不过是特别强调这一概念的语言学的,从而也是社会的性质”②。维诺格拉多夫院士也说:“话语句子(фраза)作为表示话语或言语(речь)的基本单位,在《54 年语法》中不使用。”③(2)特别强调在言语中出现的各种语言单位并不是纯粹的个人现象。大家知道,根据索绪尔的观点:“言语中没有任何属于集体的内容,它的出现总是个别的、短暂的,言语中只有一大堆个别现象。”④也有人强调“言语产品,特别是非语言单位的具体句子,往往对阶级不是漠不关心的”⑤,即反映说话人所特有的阶级属性。而根据《80 年语法》的理解,言语中出现的单位只是语言单位的具体体现形式,并不指纯粹属于个人的现象,即使提到言语中的语音,也不是指有个人特色的具体发音。语言体系中的单位在连贯语中有其相应的体现形式。试比较:

звук	морф	словоформа	высказывание
(语音)	(形素)	(词形)	(话语句)
фонема	морфема	слово	предложение
(音位)	(词素)	(词)	(句)

第一排单位在言语中真实地存在着,在语流中出现的只是具体的语音、形素、词形、话语句,而不是相应的概括语言单位。它们都具有线性性质(линейность),即只能先后鱼贯出现而不能同时说出,并形成连贯的话语,所以把它们称做线性的语言单位(линейная единица языка)。从线性的语流中只能直接分解出语音、形素、词的形式与话语句。根据什么原则把这些单位分离出来是语言学的重要问题之一,这就是所谓的分离性问题(проблема отдельности)。要分离析出每种单位都有一些麻烦。

① АН СССР, Русская грамматика. Т. Ⅰ. М., 1980, стр. 11.

② АН СССР, Грамматика русского языка. Т. Ⅱ. М., 1954, стр. 4.

③ АН СССР, Грамматика русского языка. Т. Ⅱ, ч. Ⅰ. М., 1954.

④ Ф. де-Соссюр, Курс общей лингвистики. Соцэкгиз. 1933, стр. 43.

⑤ А. И. Смирницкий, Синтаксис английского языка. М., 1957, стр. 13.

语音和形素被公认是言语中分离出来的最小的非表义的和表义的单位[①],但区分长辅音与音的组合,分解所谓非自由形素都是比较复杂的问题。在分离词形时,《80 年语法》提出两个标志:可相对自由移动位置,以及在其内部不嵌入其他词的形式,但还是遇到 не с кем,ни у кого 一类例外,因为 некем,никого 显然都是词形。该书给话语句也提出两个不可缺少的标准,即有一定的表述(сообщение)目的,以及与表述特定交际任务相应的语调[②],然而用这些标准概括出的单位性质极其不同,该书作者不得不分出一大堆非语法句子的话语句(высказывание-неграмматическое предложение),并且不对其结构进行描述概括。总之,分离性问题是描写语言单位时的重要理论问题。《80 年语法》只是以定义或结论的形式提出自己对各语言单位的观点,并没有进行深入地探讨。

与上述第一排单位相对应的第二排语言单位具有概括的性质,它没有线性性质,如果说前者是后者在言语中的实体形式,那么后者就是前者在语言体系中的概括形式,或者说,前者是后者在言语中的代表,而后者是前者在语言体系中的集合。因此书中常说语音、形素、词形或话语句体现(реализовать)或代表(представлять)音位、词素、词或句子。如何把上述出现在言语中的实体形式概括成语言体系中相应语言单位,这就是所谓的同一性问题(проблема тождества),而语言单位就是各种实体形式的聚合体。

在言语中出现的线性语言单位不仅有纵向的聚合关系,而且还有横向的组合关系,同一层次的单位不只简单相互结合,而且还形成更高一级的单位,如语音—形素—词形—具体的词组—话语句等等,目前还有趋势把由语句(包括复句)组成的更大单位——复杂的句子统一体(сложное синтаксическое целое)以及段落(абзац)、章节(глава)甚至整个著作等连贯话语(текст)都纳入语言学或语法学的范围;同时,朝另一个方向继续向下分解出语音区分性特征(диффиренциальный признак)和语义义子(сема),当然它们都不属于语法学的研究范围。这一横向结合的组合体(синтагма)出现在言语之中,具有线性性质,然而体现在这些组合中的结合规则、样板、模式却是语言体系中的重要组成部分,因为在绝大多数

---

① АН СССР, Русская грамматика. Т. Ⅰ. М.,1980,стр. 14,124.

② АН СССР, Русская грамматика. Т. Ⅱ. М.,1980, стр. 84.

情况下，高一级语言单位都是由一个以上的低一级语言单位构成，因而自身也就是组合体。描述各类组合规则、模式，分析不同层次语言单位的相互关系是语言学的重要任务。

应该指出，从语流中分析出各级语言单位与把各线性语言单位组合成连贯话语乃是互相联系，又彼此区别的任务，前者的目的在于从已有的话语材料中精确地分析出不同性质的语言单位，并把它们作为研究和描述的出发点，而后者的目的在于描述根据组合规则、模式，以低一层次语言单位为材料构筑高一层次单位，并在交际时组词造句构成连贯话语。

2 聚合关系

聚合关系对形成语言体系有着决定性的作用，聚合关系的本质是一种同和异（同一与区别）的关系，语音、词义、语法、修辞等某方面的共同特点把不同的语言单位纳入概括程度大小不等的体系（类别、范畴、系列等等），而体系中各单位自身的、异于其他单位的特点决定其在体系中的位置和特有的功能。从描写语言体系来看，应该找出作为体系根据的共同点，同时也要着眼于形成体系结构的差异处；从考察体系中的单位来看，应研究同中之异，弄清其别于同类语言单位的特性与功能。应特别指出语法意义对形成语言体系的作用，由于它内容比较抽象，而且又有相应的语言表达形式（包括形态、结构和搭配等方面的特点），因而语法体系概括性大，包括语言单位较多，结构也比较严谨。

聚合关系不仅存在于各语言单位之间，也存在于一个语言单位内部。前者出现在这样一些聚合体系中，如元音体系、同义词素、各种词汇语义类别、词类、各种语法范畴、各种词组、单句、复句的类别；后者出现在线性单位所形成的集合单位中。这样，每个语言单位，如果它不只由一个线性单位构成，它就是一个聚合体（парадигма），是一个微型体系（микросистема）。聚合体的概念首先见于词法，如一个名词的所有变格形式，动词的所有变位形式，就构成该词的聚合体。后来，这种概念又移入语音学和句法学，最近又被俄语的词素学所吸收。

作为一个聚合体，集合语言单位的特点：(1)它由数量有限的、稳定的线性单位组成，因此是一个封闭体系，若只由一个线性单位组成，如词素 у，副词 завтра 就没有聚合体；(2)同一聚合体内各个线性单位的区别反映出它们在语流中能够与不同的线性语言单位结合，即反映在组合关系上;(3)把不同线性单位聚合为一体的根据是这种单位最主要、最基本的功能。下面我们就分头研究一下《80 年语法》是怎样处理这些问题的。

2.1 音位

2.1.1 音位与语音

把语音归入一个音位,所根据的是其辨义功能(确切地说是辨别有表义功能的词形),而不是完全依据其生理、物理属性。“在很大程度上音位是从词形内特定位置上的具体语音中抽象出来的”①。因此,不同语音归入同一音位的条件与它们在词形内出现的位置有关。为什么要和在词形内的位置联系起来呢?因为受语音体系的制约,在不同性质的位置上可能出现的语音数目不一样,如俄语中所有的辅音都可以出现在元音之前,而在一些辅音,如[в]前只能出现硬辅音,[j]之前只能出现软辅音,词末尾只能出现清辅音,而不能出现浊辅音等等。一个位置上可能出现的语音越多,它能提供给某个音与其他音相区别的机会就越多,这种位置叫做最强区分位置,简称强位;与此情况相反的位置叫最弱区分位置或弱位。显然,同一语音,例如[к],当它分别在元音前的强位与在词末的弱位上时,其区分词形的能力大小不一样,因而应划入不同音位。由于词末尾不能出现浊辅音,本来的浊辅音,如 нога(脚)的复数二格不能不变化成清辅音 ног[к],从而和未发生过类似变化的清辅音 нок(船桁顶端)吻合。因此词末尾的辅音[к]与发生音变的[г]交叉。它是一种无法与浊音[г]互相区分、形成对立的[к],这种音位叫做弱音位。不分清浊位置的所有前舌音,如 от[д]-бавить,под[т]хвать,год[т]均划入弱位[$т_2$],出现在强位的音位,如 какая 中的[к],或者虽出现在弱位上,但并不与其他语音交叉,如 мир,ночь,мох 等词末尾的辅音[р][ч][х],本来就无清浊对立,它们有着和强位上一样的区分功能,无论是上述的[к],或是[р][ч][х]都是弱音位。

2.1.2 音位与音位变体

前面讲的是根据相同辨义功能,可以把有区别的语音归入同一音位。从另一角度讲,体现同一音位的语音受相邻音(也是一种位置)的影响,可能有一定的差异,这种有规律地出现在一定条件下的、有差异的语音叫做音位变体(аллофоны,或 варианты),如强元音音位|а|(在重音之下)

---

① АН СССР, Русская грамматика. Т. Ⅰ. М.,1980,стр. 69.

处于两个硬辅音之间或两个软辅音之间，音质上就有差异，如 мат［мат］与 мять［м´äт´］，［а］［ä］就是音位|а|的两个变体。在连读的浊辅音前，如 ночь была，отец бы，ч 与 ц 分别发做［дж´］与［дз］，［дж´］［дз］从而是强音位|ч|或|ц|的变体。由此可见：一、同一个音位可以在语言中体现为若干有差异的语音，即变体，有时候语音差异较大，如硬辅音后面的［ы］是元音|и|的变体；二、同一音位中所包含的变体辨义功能相同，而音质上有差异的变体，并没有不同于所属音位的独立辨义功能；三、变体出现在不同的言语环境中，在特定的位置上是互相排斥的。

弱音位也有类似的变体，当元音中的弱音位|ɑ|（指 и，у 以外出现在重音前一音节弱位上的元音）在词首或在成对硬辅音之后，如 алмаз давать，其音质为［ʌ］，在软辅音之后，如在 часы 中，则音质为［$и^е$］，［ʌ］［$и^е$］都是弱音位|ɑ|的变体。《80 年语法》把不能区分硬软的弱辅音加上下脚标 1，如|$п_1$|，|$в_1$|；把不能区分清浊的弱辅音音位加下脚标 2，如|$п_2$|，|$т_2$|，把既不能区分清浊，又不能区分软硬的辅音音位加下脚标 3，如|$п_3$|，|$с_3$|，等等。关于这类音所出现的各种弱位，书中作了详尽的描述。同样一个|$т_2$|在浊辅音 б 之前发浊音 от［д］бавить，над［д］бавить，在词末却发清音，如 вот［т］和 вод［т］。在这两种弱位上的|$т_2$|均无区分清浊辅音的能力（但均尚保留与其他辅音相区别的能力），从而归入同一音位。但它们在音质上有差异，于是构成音位|$т_2$|出现在不同弱位上的两种清浊不同的变体。这样，无论强弱音位，都可以看做其变体所组成的聚合体，如强元音音位|а|的四个组成要素为：［а］（мал），［˙а］（мял），［а˙］（мать），［ä］（мяч）；弱音位元音|ɑ|包括两个变体：［ʌ］（коза）与［$и^е$］（часы）（不计算较复杂的不稳定的［$ы^е$］，如 желтеть）。《80 年语法》将所有强弱音及其变体用图表表示出来①。辅音音位也可能由几个变体集合构成，如|j|由［j］（яма）和［i］（край）构成；|ч|包括［ч］与［дж´］（如 ночь 和 ночь бы）；弱音位|$с_3$|的变体有：［с］（сталь），［с´］（степь），［з］（сдать），［з´］（сделать），［ш］（сшить），［ш´］（расщепить），［ж］（сжиться）。

① АН СССР，Русская грамматика. Т. Ⅰ. М.，1980，стр. 77.

2.1.3 音位变体与发音变体

在少数情况下，同一音位的两种变体可以出现在同一位置上，如 дачей 可读做 да[чъj]或 да[чьj](严格讲 j 应为 i)，[ъ]与[ь]均是弱音位 |α_1| 的变体[①]；две 可读做[д́в́]е(旧的规范)与[дв́е]；[д́]与[д]都是弱音位 |$д_1$| 的变体，这种情况一般都出现在弱位上。《80 年语法》中把它们叫做发音变体(произносительные варианты)。事实上，它们是一种可以替换的自由变体，相当于词素中的局部自由变体(见本文 2.2)。

2.2 词素

词素的数量比音位大得多，但毕竟是有限的，可以编各种词素的词典就是证明。然而作为词素的代表，出现在词的形式中的形素(морф)却数目更大，通过确立词素及其变体以对形素进行概括，将其纳入体系，这具有重要的理论意义和实践意义，于是产生了词素学(морфемика)。和《54 年语法》相比，《80 年语法》在对词素的描述方面有明显的差异。

2.2.1 词素与形素

词素是最小的表义单位，纳入同一词素的各个形素必须表示一样的意义。而在音位组成上却允许有一些差异，"意义相同而形式(指音位组成)相近的各形素构成词素"[②]。由此可见，确定词素时表义功能是首要的根据，而在一定限度内可不考虑音位组成上的差异，这与确定音位时的立场相同。所谓形式上的相近是指音位的组成与先后顺序上接近一致，换句话说，各个形素在部分音位相同的条件下，余下部分的音位在音质与数量上则可有差异。同名词素指同一类型的词素(同为词根、前缀、后缀、词尾或尾缀)。以词根 мороз 为例，它在 мороз，морозить，мороженый，замораживать 等词形中分别体现为四个形素：мороз，моро |з́|-，морож-和-мораж-。它们的音位组成相近，其中 з 与 з́ 两音位之间的交替与音系位置有关，而 з 与 ж，о 与 а 均构成历史语音交替系列。它们具备集合为同一词素的条件。

2.2.2 词素与词素变体

在同名词素中，例如在同一个后缀中，所包括的形素如果不仅意义相同、形式相近，而且在位置上、分布上受制约而互相排斥，则构成一个词素

① АН СССР, Русская грамматика. Т. Ⅰ. М., 1980, стр. 77.

② АН СССР, Русская грамматика. Т. Ⅰ. М., 1980, стр. 125.

的变体(алломорфы)。所谓位置上受制约或者指受邻近词素衔接处的音位影响,如-чик 只出现在 д,т 之后,如 докладчик,летчик,其余情况下用-щик;或者指受整个相邻词素的性质与意义的影响,如在 гневливый 与 забывчивый 中,лив 出现在词根之后(其结尾音凑巧为[в]),而 чив 则出现在副动词后缀-в-之后。

可以说,词素作为一个聚合体是由词素变体构成,前述"严寒"这一词根的聚合体可表示为:/-мороз-/-мороз́-/-морож-/-мораж-/。现行语音交替属音位学研究,形态语音交替属词素学或形素音位学研究,《80 年语法》中没有描写前一类现象,认为它只是形素的变异形式[①],如名词一格 мороз 音标为[мʌрос],就不是独立的形素。这就大大地缩小了词素变体的数目。

2.2.3 词素变体与自由变体

同一词素中的形素若能出现在同一位置上,并能互相代替,则构成该词素的自由变体。如前缀中的 кое-与 кой 都可构成不定代词 кое(кой)-кто,词尾-ой 与-ою 都可构成某些名词五格形式 весной(-ою)。自由变体有时在修辞上有区别,如有 кой 的代词用于口语,带-ою 的名词五格形式常见于诗歌语体。此外还有些所谓局部自由变体,它们在一些场合下可以互换,而在另一些场合下则不能,如后缀-и(е)与-ь(е)(其音标为:-иj(е)与-j(е))可构成 довер-ие / довер-ье,但在 путешествие 一词中只能出现前一形式,在 старье 中只能出现后一形式。

词素中的自由变体数目有限,常见的就只有前缀 кое — кой;меж — между,пред — перед;后缀-и(е) — ь(е),-ее — -ей(比较级),-охонько — -ошенько(副词的表情后缀),очко — очки(如语气词中的 спасибочко 与 спасибочки)和一些词尾(见本文 2.3.3),语言中不容许存在大量的词素自由变体,由于它们是构词和构形的材料,势必导致产生数量更多的、有两种形式的词或词形,如果它们没有修辞上的差别,就会成为语言体系中的累赘。

2.3 作为语法体系单位的词

词是最小的、可以自由运用的表义单位,它通过同一语音外壳既表示词汇意义,又表示语法意义。和一定语音相联系的词汇意义使词可以指

---

① АН СССР, Русская грамматика. Т. Ⅰ. М.,1980,стр. 126.

称客观现象，行使称名功能，使其区别于其他的词，从而在语言体系中占据自己的位置。词作为一个聚合体，所包括的内容极为复杂，我们看看《80 年语法》是怎样描述它的。

2.3.1 词与词形

“词形是词的外现（代表、存在）的形式之一。”[①]究竟一个词有哪些存在形式，哪些代表呢？一方面人们注意到意义完全相同而语音上近似的语言现象，如 калоша，галоша 均表“套鞋”，запасной，запасный 均为“预备的”，人们把它们叫做词的变体，即“指同一个词有规律重复出现的变异形式，它们在形态－构词结构上，词汇－语法意义上一致，其区别或表现在语音方面（指发音、音位组成、重音位置或兼而有之），或表现在构形词缀（后缀、词尾）上”[②]。一般理论书和词典中把像 спазм — спазма，приготовлять — приготавливать 一类词的变体看做一个词；它们的确执行同样的称名功能，但似乎不能把它们看做词形，因为它们自身就是聚合体，而不是线性单位，如果说 калоша 的某一词形能代表 галоша，似乎也很勉强。如果把词的变体也叫做词形，那也是特殊的词形。另一方面人们注意到多义词，把用相同语音表示相近的、有关联的词义叫做一个词的词汇－语义变体。但这种变体也不是词形，因为词是有称名功能的表义单位，只能由词汇意义把各种线性单位聚合在一起，而不能把相同语音作为集合根据。当“桌子”、“伙食”与“办事单位”的 стол 有完全不同称名功能时，它们又怎样彼此代表呢？有人甚至对多义词这一提法本身持批判态度。

一般说，“词形就是词（词位）用于某种语法形式”[③]，сад 一词的单、复数十二个格都是它的代表，它的存在形式，都完成相同的称名功能。这种理解和上面所引的《80 年语法》所下的词形定义相近。

2.3.2 词形与词的形式

除词形外，《80 年语法》又提出：“同一个词的词形在词法（形态）意义上互相区别者叫词的形式（форма слова）。”[④]那么词形和词的形式有什么差异呢？《80 年语法》在不同的地方曾指出以下几点：（1）某些虚词的词形，如 под 与 подо，чтобы 与 чтоб，же 与 ж 它们都体现同一个意义，

---

① АН СССР, Русская грамматика. Т. Ⅰ. М.,1980, стр.122.

② Русский язык. Энциклопедия. М.,1979,стр.38.

③ Русский язык. Энциклопедия. М.,1979, стр.31.

④ АН СССР, Русская грамматика. Т. Ⅰ. М.,1980,стр.123.

是一个词的代表，但没有语法意义上的区别，因此不是词的形式；(2)像 весной，весною，дверями，дверьми 虽各有语法意义，但却没有语法意义上的区别，因而不是独立的语法形式；(3)分析性的语法意义，如 буду читать，давайте поговорим 等，每个语法形式都分别由一个实词词形和一个虚词词形构成①。除上述几种特殊情况外，词形与词的形式就像语音与音位变体一样可指同一现象，有时通用。但使用这两个术语时，侧重点有所不同，"当谈到依属于词联系中的从属单位时，应把词的形式与词形两概念加以区别，前者是抽象的样板，而后者是特定的词按照这一样板所构成的变异形式"②。一个词的形式既包括词汇意义，又包括语法意义，当强调该形式与词义有联系时，常用词形，若只着眼于该词的语法意义时，则应用词的形式、词的语法形式或词的形态形式(морфологическая форма слова)。词的形式与词素变体、音位变体有相近之处。各种词的形式也是功能(表同一词义和称名功能)相同，语音外壳相近(词干相同或相近)，并在分布上、同一位置上互相排斥，如 книга 的一、四、五格形式只能分别与 есть，читать，пользоваться 连用。但它们与音位变体、词素变体的区别在于：首先，其语音外壳上的差异是用来表示语法意义的，因此它们被叫做形式，而不是变体；其次，对每个音位、每个词素的变体应逐一地描写，而不同词类的词作为一个语法单位都有规律地拥有同一系列语法意义和语法形式。"词作为语法单位是该词所有表示语法意义的形式体系"③，"词的形式体系，即它的全部形式，叫做它的聚合体"④。语法学正是从这个角度来研究不同类型的词及它们的聚合体。

2.3.3 词的形式与变体形式

一个词的形式还可能有变体的形式(вариантные формы)，如трактора — тракторы，клоки — клочья，сахара — сахару，костями — костьми，в краю — в крае，естествен — естественен，бойче — бойчей，капаю — каплю 等等。它们往往有补充意义或者语体修辞上的区别，《80年语法》对此作了详尽描述。这些语法形式的变体表示同样的语法意义，在同一位置上可以互相替换，在后一点上，它与音位的发音变体及词

① АН СССР, Русская грамматика. Т. Ⅰ. М.,1980,стр. 123,454.

② АН СССР, Русская грамматика. Т. Ⅰ. М.,1980,стр. 24.

③ АН СССР, Русская грамматика. Т. Ⅰ. М.,1980,стр. 453.

④ АН СССР, Русская грамматика. Т. Ⅰ. М.,1980,стр. 455.

素的自由变体相似。

2.3.4 词的形式及其聚合关系

词的形式除构成词这一聚合体外，还可能有其他聚合关系。“当着眼抽象的语法样板，不涉及词汇（不考虑有独特词义的词形），则用形态形式这一术语。”[①]根据共同语法意义，把表该意义的形态形式集合为形态系列（морфологический ряд）。借助于斯米尔尼茨基的图解[②]可以把两类聚合关系表示如下：

词

стол

стола

形态系列：кусту，холсту，столу，двору，дому，заводу…

стол

столом

о столе

столу 这一词的形式在纵轴上是桌子一词（聚合体）的组成要素，在横轴上则是以词尾-у表示的阳性名词单数三格形态系列的组成要素（即形态形式），横轴也体现一种聚合关系，这种系列包括的成素数目很大，而且随着词的增长消失而不断变化，它们不集合为语言单位，而概括入语法体系的组成部分——形态系列。如果两个以上的系列表示既相同，又对立的语法意义，则根据其共同语法意义，把它们概括为语法范畴。纵轴上的词则是词形的聚合体。还可以根据共同的词汇－语法特点进一步把词纳入词汇－语法系列（лексикограмматические ряды），如及物动词与不及物动词，抽象名词与具体名词等等。词类就是最概括的词汇－语义类别，而词的形态语法范畴也是划分词类的依据。此外，《80年语法》句法部分还有一章专门研究词的形式，探讨其句法性能，即确定它们在句子语法结构和语义结构中的成分功能。在考查句法功能时，有时只考虑到它们的形态意义，有时要兼顾其所属词汇－语义类别。句法中在研究词间联系时，有时只需要使用词的形式概念，如“一致联系是名词及与其共用于同类形式的形容词之间的联系”[③]。这里指的是任何名词与任何形

① АН СССР，Русская грамматика. Т. Ⅰ. М.，1980，стр.455.

② А. М. Смирницкий，Синтаксис английского языка. М.，1957，стр.60.

③ АН СССР，Русская грамматика. Т. Ⅱ. М.，1980，стр.24，25.

容词的语法形式。而在动词与前置词－名词间接格词组中，若表示两者之间有空间关系，如 жить в городе，иду в город，вернуться из города，则从属词必须用表具体事物意义的名词词形。这样，在这类句法结构中（如在词组或句子中），词形（或词的形式）是其组成要素，又根据其共同的句法功能，概括为各类成分，并进一步概括为句法范畴。

词的语法形式 {
有同一词汇意义者聚合为→词→词汇－语义类别
有同一形态变化词法意义者聚合为→形态系列→词法范畴
有同一句法功能者聚合为→句子成分→句法范畴
}

2.4 作为语法聚合体的句子

把聚合关系引入句法学是一种新的尝试。长期以来，有两个因素妨碍对句子（也包括词组）进行聚合关系的分析：一是认为句子不是语言单位。在言语活动过程中创造的句子，除非被别人引用，总是用完就不管了，而且数量无穷，这样它就缺乏作为语言单位的必要条件：可数性与复性现；另一因素是认为句子这样的结构单位自然是在横向组合关系上产生的，因而也就是线性的、一维的，谈不上纵向的转换。由于近年来采用句子模式的概念，而模式是可数的、复现的，这样，句子作为体现某种特定模式的句法构造也自然是语言单位；另一方面由于转换语法广泛传播，语言学者开始深入地从互相转换、形式变化、同异关系角度研究句子，从而确立聚合关系。但是，由于“对句法学（结构学）单位进行聚合关系分析尚未脱离草创阶段，因此对聚合体概念所作的解释也极其不同”①。下面我们探讨一下《80 年语法》是怎样描写句子聚合关系的。

2.4.1 句子与话语句

任何从连贯语句中分析出来的交际单位都是话语句。《80 年语法》作者反复强调话语句与句子的关系，认为句子（指单句）是指有下述特点的话语句：(1)有抽象模式作为其句法基础；(2)有一系列层层相加的意义，包括模式本身的意义，语义结构的意义等等；(3)可以有形式变化；(4)有其扩展规则；(5)通过其各部分位置排列以表示所传递信息分量的大小，即可进行实际切分②。这样，话语句是比句子更广泛的概念，“任何实词的词形，语气词，感叹词，甚至单个的连接词和前置词具备一定的语境条件都可成为话语句——非语法句子，因此不可能对这类话语句进行

① Русский язык. Энциклопедия. М.,1979,стр. 291.

② АН СССР, Русская грамматика. Т. Ⅱ. М.,1980, стр. 84.

描述"[①]。像① — Вам чай с сахаром? — Спасибо. Без. ② — Хочешь остаться со мной? — С мамой да. С тобой нет. 这些句子里的 Спасибо, Без,да,нет 都不是语法句,因而不包括在句法研究范围之内。这样,句子就等于话语句中的语法句,也就成为线性单位了。由于尊重习惯和传统,《80 年语法》在使用"句子"这一术语时既表示句子形式体系,又表示它的个别形式[②]。这样,它既是集合单位,又是线性单位。此外,在指线性单位时,它不指那些非语法的话语句[③]。在本文中句子只用来表示集合单位,其在言语中的体现形式,则用话语句(指语法句)、句子形式与句子变异形式来表示。

2.4.2 句子与句子形式

首先,句子作为聚合体是其表达各种客观情态意义的句子形式的集合,这些句子形式所体现的句子模式、词汇组成、语义结构相同,因此所传递的信息是一样的,区别只在于信息内容与客观现实的关系不一样。言语中出现的只能是下述句子语法形式之一:Тишина. Была тишина. Будет тишина. Была бы тишина. Если бы была тишина… Если (Лишь, Хоть…)бы была тишина! Чтобы была тишина! У нас будь тишина… 在归纳为语言单位时,它们构成 Тишина. 这类 N_1 型单要素的句子形式体系,而以现在时形式作为其原始形式。句子则是各语法形式的述语性聚合体。

其次,由于语境不同,同一个句子可作不同实际切分:Отец//пришел с работы. С работы пришел//отец. Пришел отец//с работы. 句子的实际切分通过词序和语调来表示。一系列在实际切分上互相区别的句子变体构成句子的"交际聚合体"[④],聚合体内的各种变体所体现的句子模式、词汇组成与传达的信息内容完全相同,区别只在于句中各组成部分所负荷的信息量大小不一样,实际切分不一样。句子作为交际聚合体与各种变体的对应关系和句子作为述语性聚合体与各种语法形式的对应关系相同。大概认为实际切分意义不是语法意义,因此把这些交际功能互相区别的话语句叫做变体,而不是形式。应该说《80 年语法》对同类性质现象

① АН СССР, Русская грамматика. Т. Ⅱ. М.,1980, стр. 419.
② АН СССР, Русская грамматика. Т. Ⅱ. М.,1980, стр. 87.
③ АН СССР, Русская грамматика. Т. Ⅱ. М.,1980, стр. 8.
④ АН СССР, Русская грамматика. Т. Ⅱ. М.,1980, стр. 91.

往往使用不同的术语,从而使人看不清它们之间的共性。

2.4.3 句子形式与交际变体的变异形式

句子的语法形式与句子的交际变体都可能有自己的变异形式,例如 Чтоб была тишина! Пусть будет тишина! 都是表祈使意义的句子语法形式。在表条件意义与愿望意义的句子形式中,也有许多类似的变异形式:变异形式之间没有基本意义与功能上的区别,它们可以出现在相同的言语环境之中,只有一些修辞上或含义上的细微差别。交际变体的两种变异形式只有修辞上的区别,如 С работы пришел отец. 与 Отец пришел с работы. 交际功能上无区别,均表示"是父亲下班回来了",但前者无特殊的语体色彩,而后者用于口语语体,有生动的表现力。《80 年语法》把后者叫做有表现力的变体(экспрессивный вариант),为了避免术语的重复(如句子交际变体的变体),我们把它们叫做交际变体的变异形式。此外在同一交际变体中,其复合主位内的某些词可以自由变动词序,如在 Гостей он принимал//редко 中,он 与 принимал 的位置可以互换而不影响实际切分。某些所谓修辞性变异形式,如 Славная была погода. 可用调型 2 或调型 5。这些表达手段上的变异,其性质接近词素中的自由变体,但又有所不同,在形成句子交际聚合体时,可完全不考虑这类差异。

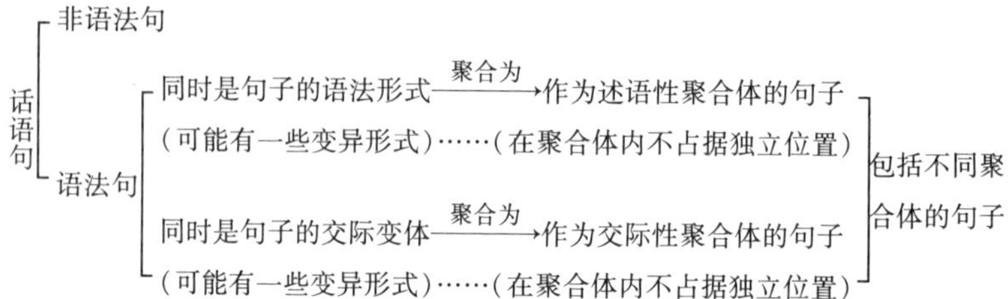

3 组合关系

横向的组合关系把出现在言语中的线性单位组成连贯话语。与此同时,它把低一层次单位组合成高一层次的单位。这样,每一个单位,如果它不是由一个低级层次构成的,它就是一个组合体。出现在言语中的语法联系、结构模式与构筑样板,同时反映出这些组合体的特征,如 Воды прибавилось. 这一话语句由两个要素组成,可划入 N_1—Vf_{3s} 这一句子模式类别,其词形 воды 和 прибавилось 的词素结构分别为"词干 + 词尾"与"前缀 + 词根 + 后缀(-и) + 后缀(-л) + 词尾 + 尾缀"。前者属于非派生词,后者是派生词。вод 这一形素由三个音位系列的代表构成等等。

正如索绪尔所说“仅仅考查组合体内各组成部分的相互关系还不够，还应该考查整体与组成部分之间的关系”①。这样，对每个语言单位进行分类时，可以从它的内部结构出发，看它如何由几个低一级要素组成，也可以看它在高一级单位中所占据的位置，所发挥的功能。以上述句中的прибавилось 为例，其词素结构和成分功能都是其语言特征。因此，出现在言语中的各类组合关系，同时也是对语言单位进行分类、并且把它们纳入语言体系的根据，描写各类结构的模式、组合规则也是描述语言体系的重要组成部分。

词是最小的可以自由运用的表义单位，因此人们在进行交际时，主要是运用它们组成词组、单句、复句，甚至是长篇的连贯话语，高于词的各单位的组成规则是句法学研究的主要内容，这些规则对指导言语实践起很大的作用。至于词或词形本身，则是一种现成的语言单位，掌握其内在的音位构成模式和词素组成规则固然很重要，但却不能利用这种模式和规则去自由创造新词或新词素，所谓可按能产模式构成新词，也仅仅指产生新词的可能性；创造、尤其是认可新词的是整个社会，而不是个别的人。因此，音位与词素在词或词形中的组合关系与结合规则的性质，不同于以词与词形作为基本单位所形成的组合关系与结合规则，前者不属于句法（结构学）研究范围之内。

还有一点须加说明，出现在言语中的组合体具有线性性质，因此其组成部分也必须是线性的，即只能是具体的语音、形素、词形、话语句等等。通常说词由词素组成，组词造句都是一种简便的提法。《80 年语法》说：“在词素这一层次上线性语言单位不是词和词素，而是词形与形素，然而却不仅可以说词形能分解为形素，也说词能分解为词素。在下述场合可说词分解出某个词素（词根或词缀）：当该词词形中即使可分离出此词素一个形素。在这个意义上，词素可算做词的一部分，可把词说成词素的结合。”②在具体考察《80 年语法》中如何描写各语言单位的组合关系时，必须考虑到上述几点。

---

① А. И. Смирницкий, Синтаксис английского языка. М., 1957, стр. 122.

② АН СССР, Русская грамматика. Т. Ⅰ. М., 1980, стр. 129.

3.1 词素与音位

3.1.1 词素与音位系列

《80年语法》认为,音位是“用来构筑词形并区别词形的语音外壳”①。从这个意义讲,认为音位是一束区分性特征的集合有些荒唐,音位首先是构筑词形的物质(声音)单位,其次才能谈到它区别不同词形(语音外壳)的功能。这样,就有一个由音位组合成词形的问题,音位和语音都没有意义,事实上是先由音位构成词素,然后才由词素构成词。描写词素的音位构成,是指用音位组成高一级的语言单位。这时,首先遇到的是强弱音位交替问题,在许多场合下,同一个形素因为受到所出现位置的制约而改变其音位组成,如 доклад 这一形素的末尾音位可能是|д|//|т$_2$|//|т$_1$|,它分别出现在下述词形中:доклад|д|-а,доклад|т$_2$|,доклад|д$_1$|-е;再以词素 вод 为例,在各种词形中,其第一个音位|в|不变,中间的元音则可能是:|о|//|ɑ|//|ɑ$_1$|;末尾的辅音则可能是|д|//|т$_2$|//|д$_1$|,如 вод|вот$_2$|,вод|вɑд|-á,вод|вɑд$_1$|-é,вод|вɑ$_1$д|-о-воз。这样,某一形素中的同一语音组成部分在各种词形中可表现为不同的音位。阿瓦涅索夫把它们叫做音位序列(фонемный ряд)。每个序列都冠以强音位(不与强音位交替的弱音位序列,这里略去不讲),以它作为代表,以保持词素语音外貌的一致,这就是所谓“音位序列的一致保证词素的一致”②。也就是说,在构成词素时,音位是作为音位序列的成素参加的。“音位序列”这一概念把音位学和语法学(特别是构词与构形学说)联系起来,并为正字法提供了理论基础。

3.1.2 词素的音位结构

这是形态音位学的研究对象。它描写根据词素所包括的音位数量,以及各类音位(元音、乐音、噪辅音)的结合方式、顺序等等,如 страх,строг,страш 等词素有一个共同五音位结构,即 ССРГС(辅 + 辅 + 乐 + 元 + 辅)③。

3.1.3 词素结合处的音位组合

这也是形态音位学的研究任务,它从另一角度来研究词素与音位的关系,词素毗邻处常常出现一些特殊的音位组合,如元音组合[ыи]或

---

① АН СССР, Русская грамматика. Т. Ⅰ. М.,1980,стр. 69.

② Русский язык. Энциклопедия. М.,1979,стр. 378.

③ Русский язык. Энциклопедия. М.,1979,стр. 150.

[ии]（выиграть 与 прииск），辅音组合[ф'т']，[п'т']，[кп']，[дж'б]，[дзб]（плавьте，грабьте，к пяти，ночь бы，отец бы）。这样，上述音位组合可看做词素界线的标记。

应该说明，3.1.2 与 3.1.3 两项工作《80 年语法》是在语音学部分完成的。它直接描写词形中的各种语音组合，用了 40 页的篇幅，极其详尽地描写了各种音组的结构，它们出现的场合，并指出哪些音不能结合，如除乐音和辅音[в][в']之外，浊辅音之前不能出现清辅音。这就为确定与描写音位提供了先决条件。

3.2 **词与词素**

可以从不同的角度来研究词素。在构词法中研究构词词素的意义和功能，在形态学中研究构形词素的意义和功能，形态音位学则研究词素的音位结构，以及词素在互相结合过程中的形式变化规律。同一词素的各形素之间的许多语音交替现象与现代音位体系无关，如 нож-ик，снеж-ок，而是受相邻词素的影响，因词根 снеж 末尾的辅音来自 г（历史语音交替）故用-ок，词根 нож 末尾的辅音是固有的，故用-ик。因此，这类形态音位变化只能在构词学与形态学有关部分描述。这样一来，形态音位学也把构词法与形态学联结起来，如果词是由一个以上词素构成的组合体，可以从以下几个角度研究两者的关系。

3.2.1 词的词素结构模式分析

根据词素在词中的功能与位置不同，可划分出各种类型的词素，即每个词不可少的、只表词汇意义的词根，以及前缀、中缀（均为构词词素）、后缀、尾缀（可能构词，也可能构形）和词尾（构形词素）。对词作词素分析就是指出词由哪些词素组成，如 по-на-вы-дерг-ива-ть-ся 由 7 个词素构成。《80 年语法》概括地描述了词的词素结构类型，如不计算词尾与尾缀，俄语的词形有 14 种词素组合类型：词形可只包括一个词根（R）（如 пальто，да），直至包括若干前缀（pr）与后缀（s）的六形素，如 pr-pr-R-s-s-s（до-на-гряз-н-и-в）；pr-pr-pr-R-s-s（по-при-о-сты-ва-я）。这种分析的缺点是不能指出在构词过程中词素组合的先后顺序，如对 до-жда-ть-ся 作词素分析，就不能反映该词是从 жда-ть 直接派生来的。其次，对像 зелень 一类词，无法揭示其与生产词的联系（如 зеленый > зелень，синий > синь，белый > бель）。

3.2.2 构词分析

构词分析表明词是如何产生的，它要求说明当下词是由哪个词派生而来的，甚至可要求指明从根词起直到派生该词为止的所有中间环节，如［до（жда-ть）ся］，｛［у（стар-е）］л｝ость。后者反映曾有过下述构词过程：старый — стареть — устареть — устарелый — устарелость。显然，进行构词分析比作词素分析要求更多的知识。

构词法的中心是描述构词类型，它实质上是一种词素组合模式。《80 年语法》指出，同一构词模式所概括的派生词在以下三方面有共同点：（1）其直接生产词都属于同一词类；（2）都必须有共同的构词标志——相同的词缀；（3）该词缀必须表示共同的构词意义。如 прыгнуть，двинуть，свиснуть，махнуть，толкнуть 都属于一个构词模式，它们都由未完成体动词派生而来，都具有表示相应动作一次意义的词缀-ну；而 прыгун，бегун，шалун，молчун 的共同构词模式为未完成体动词加上-ун，该构词标志都表示愿意、擅长执行该动作的人。因此构词模式是对某一词缀（构词标志）组合能力的概括，是对组合规则的描述，比构词模式范围更大的概括是构词方法，如后缀法、前缀法、尾缀法、混合词缀法等等。一般说它是根据构词标志的词素类型进行概括的，因此它抽象的程度高，概括的派生词多，当然，它对具体词的解释能力就更弱。

3.2.3 构形规则

构形规则指对词的语法形式进行动态分析，研究如何通过词形变化构成一个词的语法形式。确定哪些词可以加某种词尾或构形后缀构成词的形式，实际上是研究该词尾或后缀的意义、功能与组合规则，这属于传统词法学研究的范围。

至于以词根词素为主的组合规则，则是词典学范围内的事，词根的意义比词缀的意义具体得多，它是每个词词汇意义必要的（有时是唯一的）组成部分，难于从语法角度概括。某些按同根词族原则编写的词典，如达里（Даль）编写的《现代大俄罗斯语详解词典》，《现代俄罗斯标准语词典》（17 卷）前几卷都对同根词作过描述，近年来更有人尝试编纂专门的同根词族词典①，但这只不过是记录了词根词素的分布情况，并未能概括出以词根为主的、与其他词缀组合的规则。

① Русский язык. Энциклопедия. М.，1979，стр. 308.

3.3 词组与词的形式

由词与词的语法形式构成的语法单位——词组，是句法学研究的重要对象。《54 年语法》、《70 年语法》和《80 年语法》对这一部分都有详细描述，这里只想扼要地指出以下几点。

首先，词组中从属词所采用的特定形式是由主导词的句法性能所规定的，词的句法性能取决于它所属的词类、词汇－语义范畴（如及物动词、动物名词、集合数词等）、词素结构（主要是前缀）和该词的词汇意义及所属的语义类别。主导词的任何词形在构成词组方面都具有相同的组合能力，因此把从属词与主导词之间的联系叫做依属于（整个）词的主从联系。

其次，从结构的观点来看，词组是比词更复杂的单位，然而它的主要功能依然是称名功能。词组可以独立存在于句子之外，并是构成句子的组成部分，因此就功能来看，词组与词并无本质的差异。

再次，词组学的中心任务就是以不同类型的主导词为出发点，描述其结合能力，提供词与词形的组合规则，指明词组中各要素的联系方式和意义关系。当词组由数个要素构成时，则研究各要素的组合类型、层次，可以说词组学的任务就是描写词的组合关系，而词组本身就是词与词的组合体。

最后，简单谈谈词组作为语言单位，它是不是有聚合体，有无形式变化体系。《80 年语法》认为："词组有其变化体系，该体系完全取决于主导词的词形变化体系。"①简言之，主导词各种变化形式加上同一从属词的相应语法形式就构成词组的变化形式，如 читать книгу，читаю книгу，читая книгу... 均属于同一词组变化体系，即属于同一聚合体。上述每个词组变化形式都反映词组在句中的不同功能。因此可把它们看做同一词组在分布上互相排斥的功能变体。另外，词组有无自由变体呢？《80 年语法》用大量篇幅描述所谓词组中的变异性联系（它指的是"可以互相替换的联系方式，它们通过不同的联系手段表示同样的相互关系"②），并指出变异联系可能局限在同一联系方式之内，如 говорить о чем 与 про что（均为支配联系），молчать за обедом 与 молчать во время обеда（均

---

① АН СССР, Русская грамматика. Т. Ⅱ. М., 1980, стр. 81.

② АН СССР, Русская грамматика. Т. Ⅱ. М., 1980, стр. 22.

为支配联系）；也可能采取不同的联系方式：дать людям отдохнуть 与 дать людям отдых（依附与支配联系），ложка из дерева 与 деревянная ложка（依附与一致关系）。这种从属词语法形式上的差异使词组有了不同的形式，而形式上的差别，可能表示补充意义的不同，如 искать выход 或 выхода；表示修辞语体上的差别，如 домик с двумя окошками — домик в два окошка — домик о двух окошках，也可能没有什么区别，如 говорить о брате — говорить про брата，контроль над выполнением — контроль за выполнением — контроль выполнения。但无论在哪一种情况下，主导词与从属词之间的主从联系性质、语法意义关系均未变，上述差异也不影响词组在句中的功能。也许可把它们看做词组的自由变体。苏联《百科全书·俄语》认为词组变体的特征是：(1)语法意义与语法模式相同；(2)词组主导词（作为语法中心）在物质上（词汇上）应相互吻合[①]。书中没有解释什么是"语法模式相同"，从所列举的例子来看，主要指体现语法联系的方式，而且都局限在支配联系范围之内，如 ждать поезд — ждать поезда。这是可以理解的，因为它们都表示客体关系或补充关系，意义上的区别很小或没有，把它们看做词组自由变体是不会有争议的。至于像 ложка из дерева — деревянная ложка，парк летом — летний парк，прийти обедать — прийти на обед，由于不属于同一语法模式，就只能看做同义性的词组了。这样，划分同义词组与词组自由变体又会是一个难题。《80 年语法》并没有正面提出这个问题。

3.4 句子与词的形式

把词和词组作为句子的构筑材料，研究它们在句中的组合规则，历来都是句法学（结构学）的核心问题。《80 年语法》把句中词的形式组合规则分为以下各类。

3.4.1 句子模式

当句子模式包括两个结构要素，它就是由两个词的形式构成的组合体。这些结构要素是句子的主要成分。它们体现句子的述语性，所以又叫述语性基础。它们和单要素结构模式中的主要成分一样，是句子的结构核心，其余的成分都是从内部或外部（对整个句子）对其进行扩展。和词组不同，这种组合是词的特定的语法形式与另一词的特定法形式的结

---

① Русский язык. Энциклопедия. М.，1979，стр. 38.

合，如 N_2— Vf_{3s}Воды прибывает. Inf — Adv_0（N_2…）Кататься весело. 等等。属于同一个词的其他词形却不能按此模式结合。可用如下公式表示这种组合：

词的形式 + 词的形式

3.4.2 句子中的词组

在造句时依然按照依属于词的主从联系对句中的实词进行扩展。在大多数情况下，词组规则在句中原封不动地发挥作用，但作为句子的组成部分，词组应具有语调，是句调的有机组成部分。词组在句中可能发生变化，扼要地说这种变化包括：(1) 由于实际切分的影响，词组的组成部分可能在位置上、语调上分隔开来，如 *Поведения* он был совершенно *беспутного.*（Достоевский）*Выражался* он необыкновенно *изящно.*（Тургенев）(2) 词在搭配上受句子内容的影响，可以突破其词义的束缚，从而扩大其搭配范围，如 Молоко звенит в посуду.（Твардовский）Чьи же это голоса? Пошел, крадясь, к песне.（Бочарников）在句子以外的词组中 звенит 不能和 в посуду，пойти 不能与 к песне 搭配，在句中两词分别表示"哗哗地注入容器"、"走到响起歌声的地方"。(3) 词组中的组成部分可被其他词类的词、引语、句子所替代，如 Какой у вас план на дальше? 中副词 дальше 代替预期中的名词 будущее; Приехал он домой в настроении хуже не бывает. 中名词 настроение 的扩展成分以句子表示，来替代正常情况下所使用的形容词。(4) 词组的组成要素不齐全，因为词组组成部分所传递的消息是已知的或不言而喻的，从而没必要表示出来，如 У него не было тогда иголки, и я дал ему свою с ниткой.（Быков）Он носит сороковой. 由于没有 иголку 和 номер，свою 与 сороковой 所代表的词组是不完全的。虽然有上述种种变化，依然可以说各类词组规则是扩展句中词与词结合所遵循的主要模式之一。这种模式可表述为：

被扩展词的某一词形 + 扩展词的语法形式

3.4.3 词的形式与特定句法结构的组合

在扩展句中，其些词的语法形式与句子内一定句法结构发生联系（包括分别与某结构中的两个词发生联系）。这显然与前两种词的组合模式不一样，可扼要地指出以下几种情况：

一是以采用一致方式的语法形式扩展某种句法结构，如 Он увидел ребенка *спящим*（*спящего*）. Ему выпало идти *первым*（*первому*）. Начальчник пришел *сам*. Его *всего* засыпало снегом. 这里的 спящим，первым，сам，всего 都和它们所在句法结构中的两个词有语法联系。

二是用间接格的语法形式扩展一定的句法结构，如第三格代词或名词扩展主谓结构：Я *им* сосед. Гусь *свинье* не товарищ. 第五格名词扩展被动结构：Дом строится（或 строящийся，построенный，построен）*рабочими*. Командира убило шальной *пулей*. 此外，下述句子中的前置词短语也由于有理由、条件、让步一类意义而分别和主谓结构中的两部分发生语法联系，如 Бабушка *с ее поэтической душой* понимала всю красоту происходящего.（Олеша）Она *в свои шестьдесят лет* никому не нужна. 另外像 помнить его мальчиком，застать его за работой 一类组合中，间接格名词都扩展“动词及其客体”这一类结构。

三是用不定式扩展一定的句法结构。大体上说，有两类情况：一类是扩展表示运动、动作意义的结构，不定式表示其目的，如 Он отнес ботинки починить. Краска понадобилась красить раму и двери. 句中的不定式不可能单独和前面结构中某个词发生联系。另一类情况是用不定式扩展表示情态意义的结构，从而表示不定式所表示的动作是否能够、是否应该实现，如 Язык не поворачивается называть его дядей. Терпение лопнет ждать. Я вам не лакей отворять дверь.

有许多具体情况无法在此逐一分析。综上所述，可将句中此类组合模式概括为：

句中的句法构造 + 扩展词的语法形式

对这类规则，《80 年语法》句法部分有详细描述①。

3.4.4 词的形式与整个句子的组合

《80 年语法》在句法部分引入一种颇有争议的（全句）限定联系，它是对全句进行扩展自由依附性质的联系，很明显它与主要成分之间的联系不同，因为它没有述语性，不能构成句子模式，例如 С велосипедом сынишка не дает мне покоя. с велосипедом 对构成句子模式是不重要的。该书作者着重指出它不是依属于动词谓语的主从联系，像 Толстой в дневнике волновался из-за письма. 中 в дневнике 就意义而言，根本不能与 волноваться 搭配；又如 На химзаводе на каждые десять коммунистов

① АН СССР, Русская грамматика. Т. Ⅱ. М.，1980，стр. 143 – 149.

было выписано лишь три партийных журнала. 这里的 на химзаводе 不可能单独直接与 было выписано 发生联系，因为 выписать（журналы）要求与 на химзавод 搭配。в дневнике，на химзаводе 是与全句发生联系的限定成分。用做限定成分的形式，也不是与特定句法结构发生语法联系，它们用间接名词（包括带前置词的间接格名词）、副词、副动词表示，自身有独立明确的意义，表示与后续句子相关的主体或客体，或为其提供某种背景，它用自由依附联系的方式可扩展多种不同结构的句子，而不是像3.4.3中的扩展成分只与特定的结构组合。На химзаводе，с велосипедом，зимой，у меня，сегодня 一类成分可以自由依附在各类模式的句子之前，甚至依附于已有其他限定成分的句子前：Зимой мне было холодно ногам. У меня у дочки на работе у директора сегодня юбилей. 这样，句子内的词又有一种组合格式，它可表示为：

词的形式 + 全句

以上所讲的是在单句中，词与词的主要组合模式。至于并列联系（сочинение）和解说联系（пояснение），都是在广义主从联系（包括述语性联系）的背景上形成的，并列联系所组织起来的词的语法形式序列只起单一语法形式的作用，它们作为一个整体再按照上述组合规则与句中其他的词发生联系，解说成分则通过被解说成分再与其他词发生联系。对形成句子来说，主从联系永远比并列联系重要。呼语、插入语与句中词的联系具有完全另外的性质，这是因为从内容上看，它们不是传递信息的，而是引起对方注意和表示主观态度的，从而导致其游离于基本语法联系之外。各种独立语在句法联系性质上并未超出 3.4.2—3.4.4 所讲的联系范围，只是由于各种需要，这些扩展成分在语调上自成一体罢了。应该指出，表达并列、解说、插入及独立成分的联系都广泛使用语调和连接词，而表达词间联系的主要手段则是词形与前置词，这并非偶然。

3.5 复句与分句

按照《80 年语法》的定义："复句是完整的句法单位，它是句子的组合并在语法上有特定的形式，用以表述两个或更多的情景及其相互关系。"①由此可见，复句与单句的基本功能都是进行交际，传递或寻求信息，两者的区别仅表现在结构上、信息所涉及的情景与信息量上。单句只

---

① АН СССР, Русская грамматика. Т. Ⅱ. М.,1980, стр. 461.

包括一个述语性基础，所表述的只是个别的情景。复句的组成部分——分句，不仅在内容上相互制约，而且在语调上互相顺应，语法上互相关联。《80 年语法》认为分句间的语法联系手段是连接词和联系用语。仅在内容上、语调上有联系的两分句，若不具备表示语法联系的手段叫做无连接词的句子组合，它只能算是准复句。相反，如果构成复句的两部分在语调上用停顿隔开（在书面上用句号表示），只要保留句法联系的语法标志，则依然是复句，如 Я помогу тебе. Если хочешь.《80 年语法》在从话语中概括出复句的类型时，主要考虑各分句间连接词与联系用语的性质。概括地说，作为分句组合的复句有以下类型。

3.5.1 一分句（主句）中有需要加以扩展的词，另一分句（从句）借助于连接词或联系用语通过对该词的扩展而从属于主句，这类句子组合叫结构上不可分解的复句。其组合格式为：

主句（包括基点词）+ （连接词或 / 联系用语）从句 →结构上不可分解的复句

对这类复句作以下说明：

（1）《80 年语法》强调联系手段，依此将这类复句分为连接词性联系的和代词性相关联系的。事实上，在被扩展的基点词方面，采用不同手段的复句两分句的意义关系上确实各有自身的特点。

（2）在这类复句中主要使用的说明连接词，如 что，чтобы，как，意义都比较空泛，它在两分句意义关系中增添新的因素不多，故被称做语法性连接词①。但当基点词为比较级或 иначе，по-другому 时，引出从句的连接词 чем（как）有比较意义，所有这些连接词都有明显的情态意义，表明从句内容与现实的关系。

（3）只有此类复句中才使用联系用语，用做联系手段的代词可能保留疑问意义或感叹、强化功能，无这类特点的联系用语，则可能复指某个基点词所明确表示的事物，也可能复指各种代词未明确指称出的现象，如 Всякий，кто…；Тому，что…；Ничего，что ни…在后一种情况下，在此不确定性质的基础上，产生概括、条件、让步等一类复杂意义。

（4）在上述两类联系的内部又各自分为若干小类，各种分类所依据的标准也不一样。

---

① Русский язык. Энциклопедия. М.，1979，стр. 314.

3.5.2 一分句(从句)对整个另一分句(主句)进行扩展,这类句子的组合叫做可分解结构的复句。如果说不可分解结构中的从句功能近于扩展某个词的从属词,则可分解结构中的从句接近于扩展全句的限定语。这类复句中只使用连接词。现将其组合格式表示如下:

主句 + (连接词)从句 →可分解结构复句

现作如下扼要说明:

(1)这类复句中的连接词有充实的意义,它们不仅表示两分句的联系性质,而且指明两分句间的意义关系,所以也把它们叫做语义性连接词,根据所表示的时间、比较、对比与制约(后者又包括条件、原因、让步、目的和结果)的意义关系而相应地分成四大类。

(2)这类连接词也有表示情态意义的功能,它们"同时说明从句内容是否确定,是真实的或假定的"①。

(3)这类连接词中有所谓双位连接词,如 если — то(так),хотя — но,когда — то(так),而在不可分解结构的复句中,基本上不使用双位连接词。

3.5.3 由一个分句和另一个分句平等组合而成的并列复句。其组合格式为:分句 + (连接词)分句 →并列复句

它有以下特点应加以说明:

(1)两分句间彼此平等、互不从属的并列联系与单句中的并列联系有所不同,前者将分句联结为更复杂的组合体(复句),后者只把功能相同的词(形)联结为开放或封闭序列(但不能构成词组),然后再与其他的词(形)发生语法联系,类似后一种的并列联系只出现在带有数个同等从句的主从复句中,传统语法把它叫做并列主从联系,如 Дед мой говорил, что он не видывал таких хлебов и что в этом году урожай отличный.

(2)传统语法中带同等谓语的所谓繁化句也被看做并列复句。《80年语法》作者对单句的观点使他们必然采取这种立场。因为每个单句都应有自己的结构模式并体现出其内容与现实的关系。像 Он мой друг и поможет мне в любую минуту. 这样的句子如果看做单句,就无法确定其句子结构模式(N_1—V_f 抑或 N_1—N_1)与述语性(现在时或是将来时)。

(3)这类复句中所使用的并列连接词不同于主从连接词,它不参与

---

① АН СССР, Русская грамматика. Т. Ⅰ. М.,1980,стр. 720.

表示所在分句的客观情态意义。这一点反映各分句不仅在语法上是平等的,在表达述语性上也有较大的独立性。

(4)并列复句中,不仅有一位的(и,а,но),双位的(не только... но и,не то что,...а),还有多位的连接词(и,ни,или,то 均可多次叠用),使用后一类连接词时,在若干分句鱼贯排列组合而成的复句中,每两个分句间的联系性质与意义关系均相同。

(5)按通过连接词所表示两分句的意义关系,一般把并列复句划为联合、区分、对比、对别、递进、解说等类别。由于《80 年语法》提出尚未完全语法化的所谓准连接词(союзные аналоги),使这些类别的数目增多,在联合、对比等类别中,意义空泛的连接词,如 и,а 等,可和专门的确切词语结合,以更明确、更具体表示两分句的意义关系,像 и все-таки,а потом,а то ведь 一类连接词性组合(союзные соединения),它们一方面保持两分句间的平等联系性质,另一方面却表示极为多样的、远远超出上述类别的意义关系。

这样,根据《80 年语法》的描述,分句与分句结合为更复杂的单位——复句,它有上述三种模式,它们在联系性质、联系手段、意义关系上都有明显的区别。前两种组合格式中的分句地位不平等,语法联系有主从性质,在这一点上与第三种组合格式对立。

除此之外,还有所谓无连接词句子组合,《80 年语法》一方面把它排斥于复句之处,另一方面又承认它是特殊的句法组合现象①。这样,句子可以结合为两种不同性质的组合体。这引起了很多争论。《80 年语法》认为,除很小一类情况外,无连接词句子组合“内部所形成的关系不能区分为并列与主从句法关系,而只能对其作意义分类”②。由于作者过分强调连接词与联系用语构成复句的功能,在分类时对分句顺序、两分句的结构特点、指示词、特别是语调等语法手段的作用估计不足,这是一个缺点;另一个缺点是对主从复句的分类线条过粗,认为从句只能依属于词或依附于句,这显然过于简单。作者自己也承认有许多从句兼有上述两种情况的特点③。分类的缺陷造成描写上的重复与混乱。再者,从句所依属的词,具有完全不同的性质,如 Он сказал,что уезжает завтра. И бывает

---

① АН СССР, Русская грамматика. Т. Ⅱ. М.,1980,стр. 634.

② АН СССР, Русская грамматика. Т. Ⅱ. М.,1980,стр. 635.

③ АН СССР, Русская грамматика. Т. Ⅱ. М.,1980,стр. 466.

так, не скроем, что успех глаза слепит. (Твардовский) Это правда, что он болен. Началось с того, что Колька из озорства отнял у меня книжку. (Солоухин)①不管主句中被扩展词的特点（它们分别是言语动词、存在动词 бывать，有明显情态意义的 правда，及 начаться 所支配的指示词 с того），也不管指示代词可否删减，把依属于它们的各类从句均一律算做有说明意义的，这是欠妥的，可以再加斟酌。所有这些缺点在研究句与句的组合关系时都应该充分估计。但应该公允地说，《80 年语法》搜集了极其丰富的材料，对各种多样的组合现象都作了极其详尽的描述。

至于在超句子统一体中各组成部分的组合，由于不通过语法手段表示，其联系性质被认为是非语法的，在《80 年语法》中未对其加以描述。另一个没有涉及的问题是复句有无形式体系。

---

① АН СССР, Русская грамматика. Т. Ⅱ. М., 1980, стр. 470, 475, 481, 482.

语言·语言能力·语言人格

1 语言

关于什么是语言，定义可能有几十种，很难找到公认的看法。语言究竟以什么形式存在，也是一个长期困扰人们的问题。自索绪尔以来，似乎大多数人都接受它有两种表现形式：一个是线性连贯形式的话语（текст，text，包括有声的和书面的形式），这就是所谓的言语；一个是有层次形式的结构体系，即结构语言学研究的对象——语言。说得粗浅一点，言语指说出来的话，写出来的文章，语言则指在词典、教科书、语法书中描写的那些语言单位、规则、范畴、体系。如果要学习某种语言，无非是和这两类材料打交道，它们都是体现为物质形式的语言。当然，对语言和言语的性质和内容，还有许多不同的看法，例如索绪尔认为，语言是“潜存在一群人脑子里的语法体系”①，语言“以许多储存于每个人脑子里的印迹的形式存在于集体中，有点像把同样的词典分发给每个人使用”②。斯米尔尼茨基则强调“语言客观地存在于言语中”③，而无论人头脑中的语言知识还是学者编出的词典和语法都是第二性的。至于言语，“既被理解为说话的过程（言语活动），又可以认为是这一过程的结果（通过记忆与文字记录下来的产品）”④。关于言语产品前面已经提到了，至于言语活动（奥斯汀等人把它叫做言语行为，两者有着一定的差异），索绪尔本人就说过“言语却是个人的意志和智能的行为”⑤，也许，由于说话过程发生在个人身体内部，瞬间即逝、看不见、摸不着，所以没有把它当做语言的存在形

---

① 费·德·索绪尔：《普通语言学教程》，商务印书馆1985年版，第35页。

② 费·德·索绪尔：《普通语言学教程》，商务印书馆1985年版，第41页。

③ А. И. Смирницкий, Синтаксис английского языка. М.,1957,стр.13.

④ Лингвистический энциклопедический словарь. М.,1990, стр. 414.

⑤ 费·德·索绪尔：《普通语言学教程》，商务印书馆1985年版，第35页。

式。长期以来形成的信条是语言学应以言语（产品）为研究材料，语言（体系）为研究对象。在研究过程中，要抛开言语中与个人生理上、观念上有关的特殊因素，要摆脱交际中因具体场合、环境而产生的外界影响，分离出那些社会共有的、概括抽象的语言单位及其结合规则，以形成一个自足自在的、同质的符号语言体系。这种发端于索绪尔的语言观，在近代语言史上产生了巨大的影响，然而也暴露出许多问题，谈论这方面的文章很多，在这里只指出两点。首先，单靠语言体系所提供的知识，很难充分地解释言语产品。近年来语言学广泛采用符号论的语用部分，语言哲学中的言语行为学说（考虑言外之力与言后之果的因素），心理语言学中关于言语活动的观点（特别是有关话语生成和话语理解过程的观点），社会语言学则倡导联系社会分化和民族文化研究语言的主张……这一切现象从某种意义上讲，都是对结构主义语言观的补充、校正乃至反动。结构语言学学者在分析言语、建立形式化的语言体系时抛开了言语产品的社会文化背景，作者的意图和情感，有些走极端的人，甚至排斥体现说话人知识、观念的语义。所有这一切都是真实语言不可或缺的重要部分，然而都当成难以形式化的"累赘"被抛掉了，从而比较顺利地建立起蔚为大观的体系。当人们用这种"语言标本"式的体系知识来解释活的语言时，自然就感觉出其局限性。人头脑中的语言体系究竟是什么样的？暂时把第一性还是第二性的问题放在一边，难道它真像索绪尔描述的那样，是一本类似词典和语法规则手册之类的东西吗？果真如此，怎样解释人仅仅利用头脑中"标本式"的语言知识，却可生成活生生的言语产品呢？为什么头脑中具有同样语言体系的人，谈吐却有雅俗之分，笔下却有高低之别呢？于是，众多的学者认为语言还有第三种存在形式，那就是每个人头脑中的语言能力。下面我引几位当代俄国学者的话。① "今天，我们已经清楚，应该单独研究语言载体（指说话人——本文作者）的语言能力，并把它看做与话语形式、体系形式并列的第三种语言表现形式。""……语言所有的三种表现形式——话语、结构、能力是互相联系的。""语言——这是体现于话语中，构拟于语言学者描述中的能力"。下面我们进一步介绍卡劳洛夫（Ю. Н. Караулов）对语言能力的观点。

---

① 以下引文均出自 Ю. Н. Караулов, О состоянии русского языка современности. М., 1991, стр. 5,9. 后两句分别是 А. П. Крысин 和 О. Б. Сиротинина 的观点。

2 语言能力

什么是语言能力？一种对它心照不宣的、默认的解释，就是把它看做移植于人脑中的语言体系。这种观点方便之处在于它使人们摆脱哲学上的困境，把它们看做同一现象的物质形式与观念形式，从而可站在唯物主义的立场上来看待语言能力这一“心灵现象”。卡劳洛夫认为“这种立场的弱点在于：当把语言‘体系’和‘能力’等同起来时，我们就开始使语言异化于人，把‘体系’看成独立自在的现象，除此之外，这样对‘体系’的解释使我们对语言的观念变得贫乏，事实上，这些观念是传统词汇－语法描写的框架难以容纳的，它迫使我们借助逻辑学、语用学、心理学和认知科学不断地扩大这一框架”①。语言能力和说话人是不可分的，正是从这个意义上讲，语言是人的本质属性，而主体性则是语言能力、言语行为和言语产品的特征。因此，语言能力和不受说话人意志左右、异化于人、相对独立于人的语言体系不能等同起来，尽管它们之间有着密切的联系。

另外，学术界有一种常见的现象，把语言能力机械地比喻为机制，看成严格有序的推导步骤，如心理语言学中的“言语机制”，“话语生成机制”，生成语法中的“生成机制”，“言语生成的演绎规则系统”等。学者们似乎把语言能力看成一个多层次的“机制”或多步骤的推导过程，有了这种能力就可以把体系中的要素——单位和规则组织起来，汇合转化为言语产品。这样，先是把语言和言语分开，然后在两者之间插上“机制”，从而完成从前者到后者的转换。卡劳洛夫不同意“机制”的提法，认为“当我们一说‘机制’，就会被组成它的零件和部件间的硬性规定关系所束缚。……此外，这种对‘能力’的机械观念和上面提到的两种表现形式——作为话语总和的言语和作为体系的语言——很难纳入一个序列，而它们却是十分紧密地联系在一起的，它们彼此制约，且能互相派生，在这三者构成的序列中‘机制’好像是个异物：在描写和考察它的作用时，我们就离开语言自身的范围（在讨论另外两种语言形式时，则无此现象），而被迫与完全不同的材料打交道”②。换句话说，体系、话语和能力是语言的三种存在形式，它们由同质的单位和关系构成，只不过是组织表现形式不同而已。既然如此，要认识和掌握语言，可以从任何一种形式着手，

---

① Ю. Н. Караулов, О состоянии русского языка современности. М.,1991,стр. 53.

② Ю. Н. Караулов, О состоянии русского языка современности. М.,1991,стр. 6.

通过体系（语言理论学习）和话语（言语产品分析）都可做到这一点，而通过所谓言语“机制”却做不到。他推断语言能力应该有另外的存在形式。

卡劳洛夫等人认为，语言能力以联想词语网（ассоциативно-вербальная сеть，以下用俄语字母 АВС 表示）的形式存在于人的头脑之中，所谓的 АВС 可以通过个人的言语产品反映出来，也可以通过联想实验构拟出来。前苏联俄语研究所与语言研究所心理学小组在编写“联想词库”的过程中已得出说俄语者平均折中化的 АВС 近似物。实验表明，在人脑中，词汇组织并不像表义词库（тезаурус）那样具有等级层次结构，而是网状的；在词语联想范围内，不仅包括“网结词”的各种语义参数（семантические параметры）①，而且还包括与其相关的全部语法：形态变化、构词联系、句法搭配能力，但语法是以特殊方式记录和配置在网内的，卡劳洛夫把这种方式叫做“耗散方式”（диссипация）。换句话说，在 АВС 内，传统上被分开的、相互对立的词汇与语法都综合地融汇在词内，而网状联系所经济合理反映的既有语义关系，又有语法关系。研究者发现最有意思的是：联想词语网的平均折中状态和分析言语产品及语言体系的结果有惊人的平行、对应关系，如前两者中经常出现的词汇量都是几万个，词汇用于语法变化形式总的概率是 75%，词汇和词的语法形式的出现频率也吻合；АВС 也充分反映了语言体系的特点，如形成语义微型结构的多义关系，构成语义宏观组织的同义、反义、同音关系，以及用耗散方式表示的词形聚合体，构词模式，句法组合性能等。这样一来，语言能力大致体现为一种网络形式，这并非学者精心设计的构想，而是通过实验从人的记忆中提取出的实际状态。能力、话语和体系是同一语言的三种不同的存在，它们分别是网络性结构的、线性结构的和有层次系统的结构；它们又是密切联系的，都由本质上相同的单位和规则组成，可以由一种形式衍生出另一形式。然而多向度的网状表现形式，非物质的“心灵”存在状态，与说话人不可分割的本质属性，以及由此派生的种种结果则是语言能力独具的特点。

3 语言人格

第一部分中已经提到，仅仅依靠语言体系的知识，很难充分理解作为言语产品的话语，更不用说生成自然的语言了。单靠语言知识生成的可

---

① 语义参数指把词汇连接起来的语义要素，如同义、反义、极限程度、度量单位等等。详见 И. А. Мельчук, Опыт теории лингвистических моделей «смысл ⇔ текст». М., 1974, стр. 82.

能是所谓只具备“语法正确性”的语言标本，却不是活的语言。但是第二部分提出的语言能力似乎也无助于解决这个问题。卡劳洛夫等人进一步提出语言人格（языковая личность，linquistic personality）①的理论，试图说明这一现象。“我把语言人格理解为一个人决定其所生成和认知言语产品（话语）的能力与特征的总和，这些话语可能在（1）语言结构繁简程度上，（2）反映现实深浅准确程度上，（3）所具有的目的和意向上，均有所不同。在这个定义上，人的能力和所生成话语的特点是联系在一起的。”分析话语结构一向是语言学的首要任务，按音位、形态、语汇、句法等层次对话语进行分析历来是研究语言的主导思想，它发端于索绪尔的下述观点：“每一话语后面都有语言体系。”至于话语反映现实的语义方面也是语言学关注的对象。近几十年来不断扩大对语义的分析：从研究词、词组的意义延伸到句子、语义场和整个篇章或话语的意义，事实上已从语义研究过渡到知识研究。知识虽是哲学和心理学科类研究的对象，但知识主要是用词语表示的，因此也应该形成一门认知语言学，像认知心理学那样去研究知识。从目的、意向角度对话语作第三种分析，涉及言语作品及说话人的语用特点，过去的修辞学、词章学、讲演术以及近年来的语用学都致力于这种分析，主要是对意念、语体、修辞表达手段的分类。与话语分析的三个方面相对应，卡劳洛夫认为，“决定话语生成与理解的语言人格也由三个层级组成：（1）词语－语义层次，即呈网状的、集词汇与语法于一体的个人词汇总量；（2）认知层次，它反映个体对外界的知识状况，其组成单位——概念、思想、主张等程度不一的组织结合成为说话人的‘世界图景’。对这一层次的分析要求扩大深化语义并将其转化为知识，使研究者能凭借一个人的语言去理解该人的知识、意识和认知过程；（3）语用层次，包括目的、动机、志趣、宗旨和意向，在分析语言人格的过程中，这一层次使人可从对言语活动评估的角度去领会外界的现实，它保证了这种合乎规律地过渡”②。由于决定生成和理解话语的是所谓语言人格，因此“在每一话语后面有语言体系”的观点应改为“在每一话语后面都有语

---

① 语言人格是暂拟的译法。根据《现代汉语词典》“人格”的义项有三：1. 人的性格、气质、能力等特征的总和。2. 个人的道德品质。3. 人的能作为权利义务的主体的资格。译名取其第一个意义。“语言人格”虽听起来不大顺耳，但似乎比“语言特性”、“语言个体性”之类的译法更接近原意。考虑再三，暂取不顺译名，以使读者关心其内涵。语言人格指决定语言能力，并体现于语言中的个人性格、气质、能力、知识的特征总和。现在通行的译法是“语言个性”。

② Ю. Н. Караулов и др.，Язык и личность. М.，1989，стр. 5.

言人格”。语言人格的词语－语义层次就是本文第二部分所说的语言能力，即所谓 ABC。然而如没有体现人对外界知识的认知层次，没有体现人自我存在意识的语用层次，也就不可能生成和理解真正的、有血有肉的话语。对话语的三个方面的分析就意味着对语言人格三个层次的分析。如果把语言能力理解为生产任何话语的能力，则前面提到的联想词语网是不够的，由于一个人关于世界的知识和自我的意识主要都是体现在词语中的，因而不能不反映在 ABC 中，在绝大多数情况下，人们正是通过语言去记载、领会、甚至模拟头脑中的外界知识和内省意识，从而往往把狭义的语言能力（联想词语网）代替广义的语言能力（语言人格）。但头脑中的知识和意识是看不见的，词语符号并不是它唯一的存在形式，它还可能表现为图象、公式、音符等等。另外，作为“思想直接现实”的、物化的、外现的言语只是头脑中思想的一部分，在交际过程中，只把那些需要交流的知识、思想、情感、信息转化成话语的内容。这样，从认知语言学的角度来看，一个人网络状态的语言能力和线性的连贯话语不完全等于其客观知识、自我意识、认知过程；然而通过这两种语言形式去认识后者，又是认知科学的重要组成部分。与此相关，卡劳洛夫等人给语言学提出一些任务，例如：(1) 研究语言人格中的社会－心理特征，这些特征在人的成年阶段是相当稳定的。语言学者通过描写记载某人有代表性的一天话语，不仅可以得出语言方面的结论，也可以反映出语言人格其他层次的状况。他们用仪器记录下一个工程师一天的话语，并进行分析；有人全面研究已故著名学者列福尔马茨基留下的大量录音和文字材料，再加上他亲属的回忆，这些材料不仅生动地再现了他幽默独特的语言（尤其是发音）风格，而且还反映了他对语言、文学、音乐、表演艺术各个领域内深刻而渊博的知识，以及他的人生态度、学术主张、艺术见解和生活追求；(2) 语言人格研究者假定有所谓心智性词语（психоглоссы），它们是反映母语体系某些特征的语言意识单位，高度稳定，不易变化。借助于“心智性词语”很容易分辨外国人和俄国人所说的俄语，所写的俄文，即使前者的俄语掌握得不错，而后者的文化水平很低。“心智性词语”可从历时演化过程，共时覆盖地区及发生学的角度研究，把三方面研究结果综合起来，最终可以确立民族语言类型的某些特点；(3) 研究语言人格的演化，如在不同的历史时期，语言人格的哪一个层次变化最大，三个层次是如何互相影响的。在 1991 年举行的“俄语与当代”的讨论会上，有人列举事实，认为近年来俄语中广泛使用无主体的句子（不定人称、泛指人称、无人称句）、各种类型的被动结构以及用动名词代替谓语动词等现象表明，似乎真正的行为主体已退居到次要地位，有时甚至完全从听者或读者的印象或视野中消失，从而没有人对所发生的事件负责，这一切正反映了所谓“停滞”时期典型的社会现象和人们的心理状态，即不愿意或难以指出由谁来承担种种行为的责任，等等。

当然，认知科学的进一步发展，弄清人头脑中知识（包括语言知识）的存在、发展状态和认知过程，也会对语言研究产生决定影响。事实上，诸如语义的扩大与缩小，语法上的类推（аналогия）、功能转移（транспозиция）、错位（катаминация），都是首先在人头脑中出现的，这类过程对联想词语网络的发展、变化起着重要的作用，而语言能力的变化则是言语产品，甚至语言体系变化的源泉；另外，句子、特别是篇章的语义，实际上是人头脑中局部知识的外现，目前话语语言学（篇章语言学）产生的许多困难都和认知科学的现状有关。现在精心构拟出的人的意识模式，认知模式已成为研究言语产品、言语活动的主要依据，但有些模式毕竟建筑在假说的基础上，而且有许多问题还尚待澄清，因此，今后语言学要产生质的飞跃，可能会以认知科学有重大突破为前提。

本世纪以来，语言学发展的趋势表明，从语言的研究逐渐转到言语的研究，进而研究人的语言能力；语言学从单独研究自足自在的体系，转而与其他学科携手共同研究包罗万象的言语产品，并产生一系列交叉科学；最后，语言学成为认知科学组成部分，并与其他科学一起致力探索人头脑中的秘密。索绪尔提出的著名论断“语言学的唯一的、真正的对象是就语言和为语言而研究的语言”[①]，已不符合当前科学发展的趋势，现在已经很难划清所谓内部语言学与外部语言学的界限了。这里提到“语言人格”的假说，还不能说很完善，即使在前苏联学术界也远非被大家所接受，然而它却体现出语言学发展的上述势头。

---

① 费·德·索绪尔：《普通语言学教程》，商务印书馆 1985 年版，第 232 页。

我对语言研究的管见与琐为

语言是非常复杂的现象。对此，各种学派众说纷纭，每种学说内似乎都精彩偏颇并存，既使人增进知识，又给人留下遗憾。看来，从不同角度、不同层次、以不同方法去剖析语言各个层面、各类单位、各种功能，也许不失为一种合理的立场。因此，不宜过分拘泥于一家一派的学说。传统语言学、结构语言学、生成语言学、功能语言学、语言哲学均各有长处。就我国俄语教学界来说，似偏保守，接受传统语言学以外的新观点较少。只有有选择、有批判、有针对性地吸取各种新鲜学术思想，才能使俄语研究和俄语教学向前拓进。最近一二十年来，对西方和俄国新观点的介绍引进工作成绩不小，但依然显得不够。像以梅利丘克、阿普列相为代表的莫斯科语义学派，以阿鲁秋诺娃为首的语言逻辑分析小组的成就，国内的学者和教师就知之甚少。在介绍引进过程中也出现一些缺点。由于引进学者的兴趣不同，又受接触文献的限制，不免偏爱某些内容，过分强调其作用，致使国内年轻学者一段时间内比较集中地研究诸如功能修辞学、国情语言学一类的课题，而这些课题在我看来并不是语言学中的核心问题，过多的人挤在这些狭窄的领域里，未必妥当。另外一个问题是：读者在纷至沓来、精彩纷呈的新学说面前，往往感觉理不出头绪，容易找不准研究时应遵循的方向。有鉴于上述情况，我作为一个长期讲授普通语言学的老教师，尝试在这方面做一点工作。具体说来，就是以从语言研究到言语研究为主线，环绕若干重要课题，选择材料、介绍观点、提出问题、找出要害、确立方向。这些题目大都和我的授课内容有关。它大致包括：语言学研究的对象——语言和言语；语言的符号性质——能指和所指；语言是一个层级装置——层级和层次；语言单位的确定——线性单位和集合单位；语言单位之间的关系——聚合与组合；语言的系统性质——单位和结构；语言的发展——历时和共时；作为最大语言单位和最小言语单位的句子－语句——句法和语义；言语行为分析——说话人和受话人；语句中的题元指称——逻辑指称和语用指称；语句中的情态——主观情态和客观情态；语句的实际切分——主位和述位；篇章分析——篇章单位与结构；从心理语言学看交际过程——语句的生成和理解；语言的社会属性——作为社会现象和文化现象的语言等等。我主张研讨这些课题，是因为它们对认识语言和外语教学都很重要，其目的不在于构筑什么体系，只想在借鉴、传承已有学术成就的基础上，做一些系统整理、鉴别与批判的工作，当然也不免谈一点个人见解，以明确处理这些问题的态度和思路。

至于研究具体语言——对我来说主要指俄语，我认为语义、语法、语用三者都很重要，对这些领域的问题和成果，都应注意，不可偏废。应该指出，属于言语范畴的语用问题，必须与因人而异的交际者、千变万化的交际语境结合起来研究。语用现象很难用严谨的规则、抽象的模式来解释，只能确立一些准则、参数作为运作语言工具时考虑的依据。对此，一方面要尽量了解、熟悉、掌握、探索这些准则和参数，以及它们之间的相互关系，另一方面就是由此出发，因人、因时、因地而又得体地巧用语言。后者更多是言语实践问题。与语用相比，属于语言范畴的语义和语法问题，则是关于语言工具自身的问题。如果只了解语言之外的语用因素，而不掌握语言工具自身的结构、性质和功能，那也就谈不上正确使用这一工具了。过去一段时间，某些语言学，包括传统的、结构主义的和生成转换的，都不同程度地排斥语用因素，经过按他们的观点逻辑提纯之后所形成的种种概念、范畴、规则、模式，难免片面、空泛和僵化。对此，语言学往语用方向的倾斜，曾经起着矫枉、纠偏的作用。但是对研究和学习外语的人来说，应该是先识其器，后学其用，不宜过度朝另一方面倾斜，还是要把研究重点放在语言工具自身上，特别是具体语言的特点上。现代语言学在语言研究中，更侧重语法，强调它的自主性、形式化。在这方面取得了很大的成绩，但也付出了不小的代价：在形式化的过程中，不仅排斥了语用要素，也摒弃了语义要素。而事实上，语义和语法是不可分的，词的语义特点就决定它的句法性能，例如俄语中 хвалить（表扬）一词的语义表明它是人际间行为，因而决定该行为的主体和客体都应是人，前者对后者作出正面评价。这样的语义结构总会通过相应的语言形式表达出来，如俄语中可说 Профессор хвалил студента за сочинение.（教授表扬学生写的文章）。尽管句中 сочинение 一词并没有（也不需要）表示评价和领属的修辞成分，人们也会理解，文章应是学生写的，而且写得不错。在俄语中相关的主客体都由活物名词表示，如果出现与此相抵触的用法，也是由于转喻造成的。如 Кафедра хвалила это сочинение.（教研室表扬了这篇文章）。这里的 кафедра 只是代替了它的成员，而 сочинение 也潜含或代喻了其作者。正因为看到这种联系，许多学者都积极研究配价语法、词汇函项（лексическая функция）、格语法、不同语义类型词语的语法内涵等等，其目的在于找到语义和语法的结合点。那种纯粹独立自主的语法，即使能够成立，对学习、掌握外语的帮助也不大，而在我国当前的条件下，外语研究还很难脱离教学实践。我国俄语教学有在教每个动词时都告诉学生搭配要求的传统，如 хвалить 之后标明 кто，кого，за что，这实际上已表明语义和语法的联系，当然两者的联系远远不局限于这一点。就语言研究来说，目前总的趋势是“大词库，小语法”。具体来说，词库内的词应包含重要的语义义子和预设，指出转换能力和相关的代换词语，搭配规则和典型配价词项，各类修辞语体标志；而语法规则则应该数量有限，用法简明。梅利丘克 1984 年在维也纳出版的«Толково-комбинаторный словарь русского языка»，帕杜切娃等人编纂的«Словарь как лексическая база данных»，都体现这一极有前途的研究方向。照我看，研究的重心似乎在向语义倾斜，正在把具有共同语义・语法特点的词语，概括为抽象程度不同的次范畴，通过它们逐步地、分块地、积部分为整体地去认识和把握语言系统，这也是我和我的学生研究具体语言的方向。

还有一点与此相关的考虑。目前语言学的文献浩如烟海，姑且不谈其观点，仅就材料而言，它们就包含许多对实际掌握语言，对教学很有价值的内容，远的不说，国内外期刊上发表的文章，数量可观的学位论文都或多或少地包含一些有用的信息。但是目前研究与教学严重脱节，许多论文都宣称其材料、其结论对教学有指导意义，但教师和学生却对此一无所知。在当今信息时代，通过一定的体系，把经过筛选、整理、归纳、分类后的信息资料输入电脑，并制定出简便可行、易于检索的方法，不失为一项有意义的工作。

第五编

教材建设与教学改革

《现代俄语语法新编》(句法)浅释

长期以来,我们在教学工作中深深感到,传统俄语句法理论重繁琐分析,轻实际运用,把丰富多样的语言现象硬塞进某些成分、从句之类的框框里,对于实际掌握俄语帮助不大,这套句法理论曾经是许多学者的抨击对象。但是,到目前为止,"立新代旧"的工作却做得不多。苏联教科书作了一些无关宏旨的改正补救;苏联科学院70年版«Грамматика современного русского литературного языка»的句法部分进行了较大的改革,但实用性仍较差,因此我们编写《现代俄语语法新编》(以下简称《新编》)句法部分时,既不能保持传统句法的老样子,又没有新的体系可资借鉴,我们只能学习各种近代语言理论,结合自己的教学经验,作一些革新的尝试。

我们编写《新编》的主要目的是加强实用性。就句法部分而言,所谓"实用性",首先意味着帮助读者组词造句,其次才是帮助读者理解分析语言现象。因此,第一,本书压缩理论的阐述和分析,相应地增加了语言材料部分。每章都有一小节概述,扼要地阐述理论问题,其余绝大部分都用来概括地描述各类语言现象。第二,把所概括描述的现象尽量公式化、表格化、序列化。这样有助于读者理解要点,记忆公式,比较同异,弄清楚语言现象在整个语言体系中的位置。第三,在每种句型、句式、繁化格式、联系类型下面都附有说明,帮助读者掌握本质,提醒应注意什么,须避免什么,篇幅大小不一,随内容而定。第四,每章都有小结。除第一章外,其余各章小结都可当做索引,便于读者查阅感兴趣的语言现象,使本书名副其实地起到工具书的作用,使读者像在词典中查词一样,能在本书中按线索找到有关的句法现象。以下面的句子为例:Записки я сам передать не мог,пути в медсанбат не лежало.(Грибачев)若对后一句不清楚,为什么 пути 用第二格,可以通过第二章小结的索引,查出该句子属于152页句型18.4。Жалких слов в его ораторском словаре больше,чем в любом трактире тараканов.（Чехов）只要知道 чем 引起的结构是独立比较语，就可以查第四章小结（308 页），该句属于 282 页（11）.1 繁化格式，那里解释为什么 тараканов 和 слов 同格。又如：— Пускай бабы ссорятся… Их что разнимать — то хуже.（Тургенев）后一句是复句，查第五章小结索引（444 页），在 375 页复句，V.26，в 的说明中指出 что 和 то 已变成连接词，表示时间先后或条件结构对应关系。

本书中组词造句先于分析划类还表现在另一方面，那就是在归纳分析上留有一定的余地，给读者一些发挥主动性的可能。一般说，所谓规范性的语法或学校的教科书，以匡谬正误为目的，有时不免正名定类，树规立法，甚至坚持只此一说，不得违拗。《新编》则不然，它是一本参考书，是以教师、翻译工作者和俄语专业的学生为对象的，我们没有把它作为规范语法的意图。因此，本书在归纳分类上采取了比较灵活变通的态度。首先，如果读者不喜欢本书某一观点，不习惯某一术语，完全可以绕过它，而直接使用《新编》的语言材料，对这些材料作出不同的概括或解释。其次，有些书只援引典型规范的例证，把很多“别扭”的材料弃置不顾，这种办法是本书所不取的。我们主张尊重事实，对其抽象概括，形成规范理论，而不是相反，以丰富的材料迁就抽象的理论。我们曾在搜集材料上下过功夫，但不能自诩《新编》的体系是完整的，不可更动的。如果读者同意本书中的观点和原则，也可以运用它们对本书遗漏的语言现象作类似的概括和归纳。最后，在我们看来，语言现象是极其复杂的，不断变化的。任何断代描述只能近似准确，接近完全地反映客观现象。因此，我们承认分类中有过渡，规则中有例外，有结构格式概括不完全的个别现象，有典型反映不充分的个别变异。例如：Офицеры солдатам не родня. 可以划入句型 1.1в（试比较：Он вам не родня.），而 Остроты — делу не замена. 虽然也属这一句型，但却没有“不配”、“没资格”一类细致含义。可见任何概括总是近似的，很难做到包揽无遗。

在《新编》句法的说明中，我们都指出例外、两可的分类，甚至还指出有些现象一时难以全面解释，不强求正名定类，机械划一。（参看 130 页句型 12.2，407 页，复句句型Ⅸ3，460 页 §125 等）事实上，从静态描写来看，麻烦、“别扭”的语言现象有不少是过去的遗迹，如所谓双四格现象：Слава богу，что тебя живого отпустили. 现代俄语中 живой 应用五格。它们也可能是未来规范语言的萌芽，例如在口语中，有时在非数量或非否定句中，若强调描写对象的数量方面，也用二格代替一格，Только и беспокойства для любителей поспать — удары крупной рыбы в омутах.（Грибачев）（对爱睡觉的人唯一的骚扰是大鱼在漩涡里的击水声。）以上这些例外现象正好是历时描写所感兴趣的。

此外，本书认为在分析方面，语法联系和句型的分析是主要的，至于叫什么成分则是比较不重要的事情。主要应该掌握好整个句型的结构和意义，知道它由几个结构上不可少的成分构成，至于其余的词，只要弄清它和某个词发生联系，并掌握该联系的性质就行了。在繁化句和复句方面也坚持以分析联系性质为主，也许这能有助于读者摆脱繁琐哲学，以便集中精力掌握语言现象的本质。

作者因受本书性质、目的和篇幅的限制，未能对理论问题详加论述，加之引用了一些新的原则，概念和术语，变动了体系，这势必给读者造成一些困难，使某些熟悉、习惯传统句法的人感到困惑，为了弥补这一缺陷，我在这里对几个重要理论问题作一些说明。

1 关于句型

有无句型，何为句型，众说纷纭，莫衷一是。这牵涉到一系列语言学的重大问题，如是否应区分语言和言语，两者的相互关系如何，能否把语言看做符号系统等等。我们当然无法在此对其逐一进行探讨。

否认句子作为语言单位的理由大致有以下几点：语言是符号系统，句子是符号的自由结合，而不是符号本身，只有后者才是独立的单位①，句子是利用语言工具创造出来的产品，而不是工具本身②；句子表达个人的思想感情，因而具有阶级性③，这一点与语言的特性不相容；句子只是一种特殊形式的词组，研究词与词的结合也就囊括了全部句子④等等。斯大林给语法下的定义也排斥句子是语言单位的说法。“语法是词形变化和词在句中组合规则的总和”。根据这个定义，无论形态学或结构学都是以词作为研究对象的。

---

① Э. Бенвенист, Уровни лингвистического анализа. //Новое в лингвистике. Вып. IV. М., 1965.

② А. И. Смирницкий, Лексикология английского языка. §13, 14. М., 1956.

③ А. И. Смирницкий, Лексикология английского языка. §13, 14. М., 1956.

④ АН СССР, Грамматика русского языка. Т. Ⅰ, Ч. Ⅰ. М., 1954, стр. 10.

但是句型与作为研究材料的句子(语句)不尽相同,它是句法学(结构学)研究的对象。句型作为一种结构格式是和具体的句子有联系而又有区别的。句型体现在大量的句子之中,又是后者的概括总结,人们可以按照各种句型格式造句,因而它是交际工具,不是交际中创造出来的产品,句型和词一样可以反复在交际过程中使用,而通常把这种"复现性"看成语言单位的基本特征。凡是体现句型的句子,除有所谓述语性(本书只讲情态意义)和语调外,语法上都是完整的,即所有词的语法意义都能在句中得到解释,所有词的语法要求都在句中得到满足,语法完整性也是这类句子概括的对立物——句型的特点。在这一点上句型不同于词组格式,也和成语化的独词句结构有差别,例如 хорошую книгу 只能是词组或不完全句,而不可能是体现句型的句子,因为在句子内无法圆满解释 книгу 的语法意义,它在语法上是不完整的,而独词句 Спокойной ночи! 则已经成语化,固定化,甚至换成 Безмятежной ночи! 都不行。诚然,还可以独立使用 Счастливого пути! Приятного аппетита! 等等,但却不能不受限制地复现这一结构,如不能说 Огромных успехов! Крепкого здоровья! Доброго утра! 如果所有这类句子都能成立,可以独立运用,那就说明这种结构在语法上有固定解释,可归纳出一种表示愿望的句型,其格式为:形^{长2} + 名^{2}。但语言的现实否定这一点。从内容上讲,句型有特定的概括意义,如句型 17.1 及 17.2,即"静^{2} · 系 · 表具体数量评价的词",分别指明事物的具体数量或对其数量进行评价,凡是这类结构的句子均有此概括意义,它不受个人思想左右,也无所谓阶级性。

复句中的分句是作为一个整体、作为单一的语言单位和特定句型结构的代表与另一分句发生联系的。如果否定掉句型,只用词与词的组合规则,是无法解释复句中的语法联系的。这样,从理论上说,句型与词、音位一样,是确实存在的语言单位;另一方面,使用语言的经验也证实,人们就像掌握一定数量的词一样,在反复实践过程中记住一些句子的格式,这就是句型的知识,有时可以不认识某些句子里的单词,即可以大致理解其结构意义。国内外的外语教学实践中也广泛采用所谓句型教学。一般说,这种教学都是通过对典型句子的分析,传授相应句型的知识,这和经过分析模仿标准发音去学习音位,查阅词典掌握词的音、形、义没什么本质区别。句型教学之所以能取得一定的效果,也证明句型不仅确实存在,而且还有一定的概括能力。

具体的句子远比句型丰富生动，例如上述的数量句型可以体现在以下极为不同的句子里（下面斜体的部分）。

① Нам нужны образованные люди，а *университетских-то* у нас в уезде *всего-навсего один ты*.（Чехов）/我们需要有文化的人，可我们县里就你这么一个大学生。

② А если и увижу（его），то не узнаю，*всего и знакомства — три минуты*.（Грибачев）/就是我看见他，也认不出来——我们只见过三分钟的面。

③ В этом мешке *муки три кило провеса*.（Ушаков）/这袋面粉少三公斤。

④ Живите тут，а для меня и *флигеля довольно*.（Чехов）/你在那儿住吧，我住耳房也就够了。

⑤У богатого мужичка *рыбы не в проед*，*меду*，*пива запасено вдоволь*.（Богданов）/富裕农民的鱼吃都吃不完，蜂蜜、啤酒也贮藏很多。

尽管如此，句型却深刻地反映句子的本质——结构特征和共同的概括意义。句子是形成句型的源泉，而句型又是理解、创造句子的工具；句子千变万化，各不相同，而句型却相对稳定；随着句子千百次沿同一方向变化，句型也相应缓慢发展。这就是句子和句型的辩证关系，句法学的重要任务之一就是准确地概括句型，形成科学的知识。这正是《新编》作者尽力争取达到的目的。

2 关于语法联系

研究各类语言单位联系是句法学的另一重要任务。语法联系在句法学中的地位颇像语法范畴在词法学中的地位，语法范畴是语法形式和语法意义的统一，而语法联系则是该联系的表达手段和性质的统一。应该指出，语法联系的内涵并不一定是某种意义的关系，也不是其中某一组成部分的抽象概括意义，它往往表示两个组成部分的联系性质，如彼此平等，相互从属，一主一从，相互制约，前后呼应，对形成句了是否重要，联系紧密还是松驰，联系是单一的还是双重的等等。传统语法最大的毛病之一就是脱离开语法联系手段去主观推测、搜索、臆断某种意义的关系，意义关系只有通过语法手段表示出来的才有语法价值，俄语中只能在某种语法联系内部划分意义类别，语法的分类应主要依据联系的性质而不能喧宾夺主。

在语法手段方面，也提出两点意见，希望引起读者注意：(1)在确定语法联系时要综合全面地考虑各种手段的作用，不能以偏概全。对语法表达手段挖掘得越细越好，对学外语的人来说，尤其应注意语调、词序、分句位置与结构、语法化的词汇等等；(2)不同的语言单位选用不同的语法表达手段，如词与词的基本联系主要用词形变化和前置词表示，而分句间的语法联系则以语调和连接词为表达手段，词与词之间的联系若用语调作表达手段，则往往表示联系复杂化，使单句变成繁化单句。用于复句中的某些主从连接词，如 если，хотя 等，在繁化单句中都表示并列联系，佩什科夫斯基有一句名言："在单句之中前置词使一个词从属另一个词，而连接词却使它们平等结合。"[①]语法联系是贯穿本书大部分章节的一条主要线索。在第一章中，本书详尽地分析了四种基本语法联系，并把句子成分和它们挂上了钩，事实上句子成分和主从联系中的从属词是互相对应的。

主谓联系（两词相互从属）
- 主语：只能用静词（包括名词化的词）一格和动词不定式表示
- 谓语：必须包含动词或系词的变位形式（包括零位形式）

补充联系（一词支配另一词，两者相互补充）
- 补语：表示客体意义者
- 补足语：表示相当于主语的主体意义和有接近谓语的功能和意义者

扩展联系（一词单方面从属另一词）
- 定语：扩展名词者
- 状语：扩展形容词或动词者

同位联系（以两词同格方式表示联系）
- 同位语（有时难以分出两词的主从，可将它看成一个整体）

上述成分分类虽也会面对一些界限不清的问题，但总的说来，摆脱了按意义或提问确定成分的弊病。例如传统方法是按有无客体意义来区别补语和定语的。下面引了一些结构相同的例子，如 мать с ребенком，охотник с собакой，человек с ружьем，девушка с косами，артистка с именем，малый с умом，要在这些联系手段与性质完全相同的结构中仅仅凭揣摩来断定它们有无客体意义，是回答 с чем 还是 какой 的问题，并

---

① А. М. Пешковский，Русский синтаксис в научном освещении. М.，1956，стр. 504.

以此为根据来划分成分，当然是徒劳无益的。本书认为所有上述词组中的从属词都是定语。

在第二章中，逐一地分析了各种基本语法联系与句型的关系，明确指出句型的概括、确立与分类都和语法联系密不可分，而且正是在分析语法联系的基础上引出句型的概念，使研究句型有了可靠的客观依据。第44页上有这样一个例子：Вчера все студенты нашего университета с большим вниманием и интересом прослушали содержательный доклад ректора. 这里 студенты 和 прослушали 之间有主谓联系，прослушали 和 доклад 之间有补充联系，其余的词都是以扩展联系逐层说明上述三个词和其他的词。按照本书确定句型的步骤和原则，得出体现句型结构的词是 Студенты прослушали долкад，即静^1·动^及·静^4·（句型7.1）。

在第四章中，我们从语法联系的角度考察了传统语法的繁化句。这一章的内容较之传统语法虽无重大的改变，但许多现象从语法联系的角度得到了新的解释，如哪些成分可以独立，可以转化为接续语，各种繁化成分的联系等等，除并列联系外，确切联系、半主谓联系，接续联系及其他双重联系往往表示其从属词直接或间接地依属于两个主导词，或者虽从属于某一个词，但联系性质发生了复杂的变化，因此在研究繁化成分时，应尽量全面分析其联系，避免以偏概全，如 Обязательно устроим собрание. День назначите вы. И место тоже. 这里 место 与 день 有并列联系，与 назначите 的联系既有补充的性质，又有附带追加的接续性质，因此它是同等补语兼接续语，这几种成分功能并不矛盾，一个词可兼而备之。

第五章的内容主要就是描写分句之间的语法联系，依据联系性质对复句进行分类，揭示各类复句的特点。这一章与传统语法有较大的区别，过去句法的特点之一是把从句看成句子成分的延伸和等价物。这种脱离实际的分析必然造成混乱，例如把从句看做指示词的延伸，根据后者的功能确定从句的类别。持此观点，遇到下述句子时，自然就束手无策，如 Государство возникает там, тогда и постольку, где, когда и поскольку классовые противоречия объективно не могут быть примирены. (Ленин)/在阶级矛盾客观上达到不能调和的地方、时间和程度，就产生了国家。

本书从语法联系角度描写复句就产生截然不同的结果，一方面在研究语法联系手段时综合全面地考察语调、连接词、分句的结构和位置、指示词、联系用语以及某些语法功能的词汇，这样就揭示出各种表达手段的一些新的特点和它们彼此之间的制约关系，另一方面遵照语言事实，概括出一些新的语法联系类型，便于分析各种句子。例如下述传统语法难以分析的句子，均属于本书的评价复句。

① Много, если после смерти драматического писателя одна или две пьесы его проживут еще год. (Островский)/要是一个剧作家死后，他的一两个剧本再能演上一年时间，就算够多的了。

② Это плохо, когда человек уверен в себе? /一个人自信，这不好吗?

③ Откуда вы взяли, что я из-за кордона? /您根据什么说，我是从警线那边过来的?

④ Хвала всем святым, что они до сих пор не знают об этом./感谢神灵，他们至今尚不知道此事。

本书的复句体系，虽仍有少数过渡、跨类、界限不清的情形，但总的说来，轮廓大致清楚。当然更重要的是各类复句句型的实用价值，这在前面已经谈到过。综上所述，可见掌握语法联系是理解本书结构特点的关键。

3 关于交际分析

交际分析（或实际切分）不同于语法结构分析，它着眼于句中词在交际过程中的功能：有的词是叙述的出发点，表示已知的现象，或者说是叙述的对象，另外的词是表述的核心，表示新知或者说是叙述的要点。本文作者主张采用主位，述位两个术语，表示上述概念。如 Ночью будет дождь. Ночью 是主位，будет дождь 是述位。可见这和结构分析完全是两回事，这两个交际分析的语言单位和主语、谓语没有必然的对应。除词序外，还广泛采用其他的手段表示这两个单位，如语调、语气词、省略交际过程中不重要的成分和重复言语环境中已知的主位等等，甚至句子结构之外独立的词、短语或句子结构也都能表示主位和述位。读者如果有兴趣可参看这方面的文献①。由于把话语切分为主位、述位两部分，所以又叫实际切分。这是三十年代就提出的老问题，近若干年来它又重新引起了人们的兴趣。《70 年语法》也涉及了这个问题。

---

① 请参看：1) АН СССР, Грамматика современного русского литературного языка. М., 1970. 2)语文学资料，1965 年第 2－3 期。

在研究句子结构时既要注意它与交际分析的联系，又要把两者分开，如果要谈层次的话，交际分析是最高一层，以下才是句法结构分析，以及词类、词素、音位的分析。作主位、述位的词可能同时是句中的某一成分，进行交际分析时，可以不管它们的成分功能。但作主位和述位的词也可能游离于句子结构之外，对这种词很难作结构分析。还有一些不同于一般句型的结构，专用来表示主位和述位。试看下面句中斜体的部分。

① Прислушай: *это* не вода плещет — это его длинные весла. (Лермонтов)/仔细听：这不是溅水的声音……这是他在划动长桨。

② Охотник я. Убить любого зверя могу, а *чтобы бить, мучить* — нет. (Марков)/我是个打猎的，打死野兽——我能做到，而揍它、折磨它——我不干。

③ А *что дело новое* — это ничего. (Бирюков)/至于说这件事是新的，那算不了什么。

④ Кулаком не прошибешь, растопыренными пальцами — *тем более.*/攥着拳头打不破，手指分开的手掌就更打不破了。

⑤ Не боялся я вас прежде, а теперь *подавно.*/我以前就不怕你，更甭说现在了。

我们在这里提出交际分析的问题，是向读者说明，有些语言现象仅靠句法分析是不能解决问题的，或者说如果只停留在句法分析上，那就不能解释所有的语言现象。但是为什么本书没有探讨交际分析呢？一是因为这是高一层次的分析，超出了句法分析的范围，另外一个原因是还有许多理论问题没弄清楚，如交际分析应该包括的内容。有的人对此理解更为广泛，认为还应包括怎样使用句型造句，分析述语性、不完全句等等。另外主位、述位的界线应在哪里划分，对复句怎样进行实际切分等等，都没有明确一致的答案。为彻底解决这些问题，还要进行大量的工作。

在结束本文时，向读者交待一下，和传统语法相比，《新编》句法有哪些应注意之点。

(1)没有专门的章节讲词组，将其内容分散到第三章和第一、二章。

(2)没有不完全句和单部人称句(包括定指、泛指或不定人称句)，作者认为它们属于交际分析的范围。

(3)在单句成分方面，认为1)主谓语是互相从属的；2)有零位主语、零位系词、零位动词谓语，它们代表在特定条件下没有表现出来的主语、系词和动词谓语;3)移动了补语与定语、状语的界限,缩小了补语的范围。把传统语法中的所谓“弱支配补语”挪入定语和状语;4)增加了补足语。

(4)句型一章与传统语法中的句子类型有下述区别:1)双部句分得较细,有些句型是新提出来的或单独分出来的,如及物动词引出连锁结构和兼语结构(句型9和10),不定主语句(句型11,12,13);2)在单部句中专门辟出数量无主句与否定无主语(句型17及18)。

(5)第三章讲单句的扩展,从实用出发对定语、状语作了语义分类,但不是语法分类。每个表格罗列了表示某一类意义的各种方式,供造句时参考选择,但切勿将其作为语法分类的依据。

(6)第四章单句的繁化,与传统语法差别较小,但分类较细。从语法联系性质角度分析各繁化成分,对各种语法手段,尤其是语调,描述得较详尽。

(7)第五章复句变动较大:1)把带主、补语从句的复句均纳入填位复句;2)把用指示词的复句划为独立的揭示复句(复句Ⅳ);3)强调疏状复句因分句位置不同的而造成联系性质的差异;4)增加了概括对应联系复句和评价复句(复句Ⅴ及Ⅸ);5)无连接词句完全按照语调分类;6)把直接引语看成一种特殊的无连接词复句。

(8)第六章复句的简化。传统语法中没有专门讲解这一章的内容。

俄语教学改革之我见

1949年初,我开始学俄语。40年来,一直从事俄语教学工作,亲身经历了建国以来俄语教育事业的兴衰起落、发展变化。回想当年学习时,只有一本仅18课的薄薄教科书,一本会话教材。一个班才有一部八杉真利编的《俄日词典》,俄人乌索夫编的语法书成为罕见的工具书。无固定学制,一般只学一至二年。再看今天,仅国家教委主持下出版的各类俄语教材就不少于20种,各类工具书更是数不胜数,专发或兼发俄语语言、文学研究和教学的杂志多达10余种。现在不但有几十所院校培养四年制本科生,更有授予硕士、乃至博士学位的单位,真可谓鸟枪换炮,今非昔比。当然,俄语教学的发展并非一帆风顺,和我年龄相仿的教师都是亲身经历者,不用对此多说。《中国俄语教学与研究》(论文集)曾就此发表过一些很有价值的观点。现存问题之中,有不少涉及培养目标、分配去向、学习年限、新生外语起点等等。这些都不是一个普通教师所能解决的,不宜在此说三道四。我只想就教学内容改革,谈一点不成熟的看法。

先从现象谈起,俄语专业的学生目前还有这样一些问题:(1)知识面狭窄,关于自然、社会、文化、史地、苏联国情甚至生活知识都比较贫乏,因此在说话,特别是独白(монолог)和写作时,不仅有表达上的困难,更多地是由于缺少知识或常识而无话可说、可写;(2)到高年级以后,学生觉得开设的各门课程,如语言理论、文学史、翻译、写作、阅读等没有内在的有机联系;同时又感到实践课教材的目的性、计划性、实用性比较差,为什么所学的一定是这些而不是另外一些内容?从每一课书中究竟要学些什么东西?它们真是非学不可的吗?学生很难把从教学中学到的一些偶然、零碎、分散、无系统的知识用于交际。因此学习的主动性和积极性都不够高;(3)学生在三年级之后,学习成绩好坏都相对固定下来了,变化很小。学习好的同学感觉上课"吃不饱",有时缺一个多月的课之后照样能跟上,但实践能力却没有得到明显的提高。后进的同学却由于基础不好，很难在漫无边际的材料中有效地获取必要而有用的知识，很难摆脱学习吃力、被动的局面。

这些现象的存在是许多师生都承认的，然而当探讨问题的症结所在时，却很难取得共识。有人认为教师自身知识水平与语言修养不高。的确，一些教师（包括我在内）很难在无准备的情况下，就诸如环境保护、生态平衡、文化交流、经济改革、外贸关系一类热门话题，即兴发言或写文章，更不用说发表有见地的思想了。于是有人主张高年级的课应由苏联专家或外籍教师上，但他们的教学效果仍难令人满意。有人在课程设置上做文章，几十年来开设过各种语言理论课、文选课、文学史、翻译课，我校还开过苏联历史、经济、政治体制等课程，但时开时停，有时，一个学校打算新开的课，却是另一个学校要撤的课，做法上的参差不齐，也反映了了认识上的不统一。过去曾有过分科、合科教学的争论。近年来为了扩大知识面，反对“豆腐干式”的文章教学，把实践课分为精读、泛读，单开写作课与视听说课，以专门提高读、写、听、说能力。这些措施都收到一些效果，但未能根本改变上述局面。此外，开设的大量课程，每门都有自己的体系、计划、要求，使学生穷于应付。各种抽象理论概括和文学历史述评，却因学生缺少必要准备——实际接触（更不用说掌握）语言材料有限和读过的作品不多——而显得有些空和玄。更多的同志认为出路在改进教学方法，先后采取过直接教学法，听说领先法、自觉实践法、强化教学法、情景交际法，都取得一些效果，然而因受种种条件限制，很多教学方法只能在低年级（特别是初学阶段）贯彻。据我所知，强化教学、情景交际教学一些行之有效的方法，一到高年级就难以为继。认为“关键问题是教材”的呼声，也越来越高。各校都经常编高年级实践课教材，但依然年复一年地出现教材荒。前天选契诃夫，昨天选舒克申，今天又选拉斯普京，上一课讲的是工业建设，下一课却是外贸关系，而且都是浮光掠影地讲一点皮毛知识。面对实践课教材这种散而浅的状况，教师只能被动地应付其庞杂而多变的内容，难于进行深入地钻研。看来，以上争论也许还要继续下去。我认为应作通盘考虑，吸取各种合理意见，针对现存问题，从教学内容着手，逐步进行改革。

我们面临的任务是在四五年的时间内使学生掌握一种发达、复杂的语言（其中1/4—1/3的时间要花在打基础上），还要适当地开拓他们的知识面。因此，必须加强教学的目的性、计划性和针对性。开每一门课，选每篇教材都应该考虑其效益。我认为最合适的办法是进行专题教学。把学习的全过程，按题材分为若干单元，其中 2/3 左右的单元是必修课，1/3 左右的单元为选修课。每个单元进行十天、两周或三周。专题教学应贯彻以下原则。

首先，学生既要学习该专题材料内所包含的知识内容，也要掌握各种语言材料，把所学到的词语、句型、语音语调和修辞知识主要用于，但又不仅仅用于理解、表达有关专题的内容，能就这一题材较深入地进行交际。这样，选择题材就和挑选语言材料具有同等重要的意义。针对我国目前的外语教学情况，可选以下三个方面的题材：(1)有关日常生活(包括一些国情知识)的题材，开设这类题材的专题课更多的是解决“想说又说不出来”的问题。围绕像 спорт，библиотека，почта，телефон，бытовое обслуживание，путешествие 一类题目，国内外都已经编写过一些材料，在实践中证明它们是行之有效的，特别是对提高学生口语能力；(2)第二类题材涉及一个有起码文化教养的人具备的常识，这类专题课不仅要解决表达问题，而且要通过外语向学生传授一定的知识或常识，像 экологическое равновесие，охрана окружающей среды，преобразование системы хозяйственного управления，сокращение вооружений，культурное наследие，русская(или китайская)музыка，живопись，прикладное искусство，архитектура，система здравоохранения и социального обеспечения，внешняя торговля 等题材可帮助学生开拓眼界，增加知识，提高文化素养，同时使其能扩大用俄语交际的范围，而不仅仅局限在日常生活圈子之内，进行有一定水平的思想观点交流。部分苏联史地课、国情课的内容，可纳入或改为这类专题教材；(3)关于俄语自身知识的教材。绝大部分语法、语音、语调、构词、修辞、特别是词汇知识都可有计划、有步骤地安排在相关的专题内，但每个学科都有些一般理论知识或某些应专门训练的内容，需要列为专题进行教学，可把过去分散在一、二学期讲的课，集中为几个专题进行教学。对像体、时用法，从功能角度研究时空、原因、情态表示法，有形式－语义对应关系的句型转换，实际切分，功能语体等难度大、耗时多的内容，也可以单列专题。使学生在相对集中的时间内，能接触有关课题的大量感性材料，掌握必要的术语，读一定数量俄语语言学文献。这将有助于学生对所学语言有一个比较系统的理解，提高阅读原文的能力，为进一步深造打下基础。文艺作品的语言是经过加工的、比较完善的语言，因此，在前两类题材中，应精选与专题有关的文学作品当做阅读教材。关于文艺作品的文学知识或文学史知识也应该开设专题课。

其次，在每一个单元的教学过程中，各方面的语言知识，如语音语调、词汇、语法、修辞以及相关的语言国情知识都应该服从统一的专题教学需要。特别重要的是体现某一知识领域中语义的词语（词语不仅仅是词汇，而且还包含词组和成语）。众所周知，和语音、语法相比，词汇的体系性比较弱，学习外语的人不得不逐一地去掌握它们，而专题教学却提供了一个按题材组织词汇的场所。不宜过分强调划分消极与积极词汇，通用词汇与专门词汇。不掌握最起码的专门词汇，就无法进行专题性的交际。在这方面，苏联的对外俄语教学已有一些经验可供参考。例如列宁格勒大学编的有关体育的专题教材中，一开头就给了四十多种运动的名称，包括像 бадмитон（羽毛球），буерный спорт（冰上帆橇运动），водное поло（水球），джиу-джитсу（柔道），крикет（板球），регби（橄榄球）一类比赛项目的名称；给了各种比赛形式的名称，如 спартакиада（运动会），чемпионат（冠军赛），показательный турнир（表演赛），командный турнир（团体赛），первый（второй）заезд（第一或第二轮赛跑或赛马），（четверть-，полу-）финал（四分之一决赛，半决赛和决赛），товарищеская игра（友谊赛）等等。此外，还有运动场所，比赛中计算胜负的单位，体育器材，各种姿式游泳的名称，各种位置足球队员的称谓以及各种运动中常见情景、典型动作的表示方法。这些分门别类的词汇进一步按字母顺序排列，便于检索。对第二、三类题材来说，则应该提供相关领域中的行话或术语，甚至包括一些基本观点、规律的精练、形象表述，顶好是名言警句。语法（主要是句法）材料一方面要有计划、有步骤地安排，可结合题材内容，在每一单元内重点突出三、五个单句或复句结构的类型，使学生利用专题词汇和句型知识去练习造句、会话或写作；另一方面，可通过某一专题内的若干基本情景、共同认识、主要规则的不同表述，掌握由语义到形式的各种词汇－语法转换手段，如体育竞赛中可以用下述不同方式表示胜负：А победил Б ↔А выиграл（что）у Б；А（добился победы у，одержал победу над）Б ↔А нанес поражение $Б_{-у}$（三格）↔Б потерпел поражение；А вышел из игры победителем↔Б признал себя побежденным；А в выигрыше↔Б в проигрыше；Игра кончилась победой А；Игра кончилась со счетом х：у в пользу А 等等。语音语调、构词、修辞、国情知识也应在每个单元内作适当地安排,使之服从掌握一定专门知识及其表达手段的需要。自然的言语从本体上看是一个复杂的、统一的现象,只是从认识论上,人们把它分成语言的各种单位(词素、词、句型等)、各个层次(语义、语法、语音、修辞等);孤立地分离出某一单位或某一层次是为了更好地剖析言语现象,深入了解某一个局部或侧面。然而在自然的、真正的言语交际过程中,它们只能结合在一起才能发挥作用,而专题教学则是调动各种知识,使之结合起来交际训练的一种尝试。

再次,在专题教学中,可采用不同课型围绕同一(至少是相近的)题材进行综合讲解与听、说、写、读、译的全面训练,使学生从不同程度互相补充地、札实地掌握同一范围的知识,并全面培养其接受与表达该知识的技能和熟巧。过去,在高年级的教学中常出现下述情况:综合实践课上讲的是舒克申的某一作品,视听说课用做教材的是 50 年代某部电影的片断,阅读课选讲的是报刊时事文章。语法、修辞、翻译各门课程都按照自身体系讲授互不相关的内容。每门课的知识都需要通过作业转化为实际能力。这种各自为政的局面往往导致学生负担过重,精力分散,他们经常顾此失彼,事倍功半。如果在同一段时间内,各种实践课型都使用内容相近的教材,也许会收到较好的效果。仍以体育教材为例,设想精读课上选用一、两篇讲述奥林匹克运动会的由来、历史或项目的文章,引进必要的词语和反映典型情景的句子,并通过问答、对话、转述、掌握这方面的知识及其表达方式;视听说课放映带解说词的各种比赛的片断;阅读材料则包括 3 至 5 篇不同体裁有关体育的报导、评论、运动员的小传,球员和观众的心态、风度与行为规范等等;写作课要求以体育为题写一叙事文或论述文;翻译课选择一、两篇苏联体育报刊的文章,做翻译练习,若有条件可安排为外国教师或留学生做一次口头赛事翻译。这样的教学体制可能收到事半功倍的效果。学生在短时间内以不同方式有目的地掌握同一范围的知识,学习起来也会感到轻松,比较扎实。

最后,教学组织的各个环节都采取相应的措施,以保证顺利有效地实施专题教学。一是教学大纲就可以规定各个学期必修和选修专题的数目与比例,学习每个专题应掌握的基础知识以及用外语表达知识、进行交际的各种技能和熟巧;明确指出根据社会需要、科学发展、分配去向,允许增设、变动、调整一部分专题。据我所知,直至今日,尚无俄语专业高年级的教学大纲,50 年代制定过一些大纲,也从未认真贯彻过。这固然有左的政治冲击，培养目标不明的影响，但部分也由于对高年级教学要求不明确，认识不统一。像“具有较强的听说写读能力”，“能胜任一般的口笔语翻译”之类的提法过于抽象，很难定量化。二是在教学计划上要作妥善安排，根据专题难易的程度，相关科学成熟与实用的程度，与日常生活联系紧密的程度，与未来工作需求切合的程度，对各专题教学的先后顺序、时数多少、要求高低作出不同的规定，几门选修专题课应在同一时间开设，譬如说在每学期末或最后一学期，以使学生有选择的可能；每一专题顶好由一、两位教师承担，包揽各种课型（根据条件，也可把视听说课、翻译课分出来由专人讲）。这样，教师宜学有专长，并能胜任若干不同类型专题的教学。可在不同班级内重复地进行这些固定专题的教学，便于积累经验，统筹安排。三是对学生也提出明确要求，顶好实行学分制，必须积累到一定的学分才能升级或毕业；每个专题学完之后，都应按照既定要求对学生的专题知识和各项能力进行考查，不及格者应补考或来年重修有关的专题课。根据学生成绩的好坏，决定其能否学选修课，能选修几门专题课。对学习特别吃力的人，应在开设选修课期间，进行补课。通过以上措施，能使专题教学逐渐走上轨道。

专题教学有以下好处。

首先，在培养目标、分配去向、学习年限、新生外语水平起点一类大问题未解决之前，专题教学不失为减少盲目性、增加计划性的办法。它使教学双方对长远和近期的目标都有所了解，通过逐一完成每个专题教学的任务，而有计划、有步骤地去培养符合预定规格的人材，从而逐渐改变目前这种状态：漫无头绪地领导，漫无边际地讲授，漫不经心地学习。如果领导、教师、学生对教学心中有数，就会提高各个方面的主动性、自觉性和积极性。

其次，通过必修的专题课，保证学生有最低限度的知识，而通过选修的专题课可有计划地扩大、调整、充实学生的知识。根据变化的需要，可陆续设置新的选修课，而少部分效果好的选修课可转为必修课，并淘汰换掉一部分内容过时的、效果不理想的专题课。这样，在保证教学计划相对稳定的同时，又留有一定机动灵活的余地，使教学计划能随语言发展、科学进步、需要变化而作必要的调整。

再次，专题教学为因材施教提供了条件。选修课，专题课中所包括的数量不等的阅读材料，每个单元教学对学生可提出起码的与较高的两类要求，这些都为能力强的同学提供了学习条件，使他们能充分发挥积极性。培养尖子学生是外语教学的一项重要任务。很多用人单位都需要高水平的、而不是一般的外语人才。研究生、高校教师都须要从他们之中挑选。另一方面，上述各种条件也能减轻学习吃力同学的负担，他们可少学阅读材料，少选专题课，重修某一专题课或补课，把自己的精力集中到最必要的学业上。这种教学法能在一定程度上解决一部分学生“吃不饱”，另一部分“吃不了”的矛盾。

复次，专题教学从教学体制上保证了学用结合。在前两类专题课上，学生可把学到的知识立即运用到各种交际场合，为贯彻交际教学原则，实行强化训练提供了条件。由于时间集中、目标专一，学生学的知识会比过去更深、更广，运用知识的技能也会更为熟练，这有助于纠正实践课教学散而浅的弊端；而在上语言知识的专题课时，在同一单元内，可有意识安排学生接触经过挑选的感性材料，做相当数量的实践练习，获得针对性强的较系统的知识，逐渐改变理论课脱离言语实践的“空”及脱离学生知识实际的“玄”。

最后，专题教学为青年教师提出了努力方向，每人都可以先选三、五个专题深入钻研下去，对专题知识、语言表达、教学方法都下一番功夫，搜集资料、累积材料、总结经验，成为这个领域内的行家里手，并有自己所谓拿手的“折子戏”。随着教龄增长，知识的积累，尽量争取多开选修课，使自己的“戏路子”更宽一些。一般说，每位教师都应均衡发展，能从事不同类型的专题教学，至少要能开出一门语言或文学的专题知识课。改变由于历史原因造成的下述状况：一些老师长期辛勤地从事实践课教学，虽然实际掌握言语水平较高，却因缺少专门的知识，在发表科研成果、带研究生、乃至晋级、学术交流上都遇到一些麻烦；另一些老师长期从事理论研究，虽学有专长，但实际掌握言语能力跟不上，不能完全胜任高年级实践课的教学任务。如果明确规定，以开设专题课的数量和质量作为考核教师的根据，同等重视理论研究成果和编写专题教材，将有助于教师全面健康地发展。

专题教学会不会产生问题，出现困难呢？五年前，当这种设想刚刚提出来时就有过不少疑虑和诘难，诸如这类教材究竟包括哪些内容？由谁来搜集、编写材料？一个教师能教几种不同类型的专题课吗？教师负担不会加重吗？如何实现各专题课之间的联系？十天半月一个专题学生会不会感到单调枯燥？等等。在一些人看来，专题教学既无科学根据，又不从实际出发，只是乌托邦式的空想。随着时间的推移，对外联系不断增加，逐渐了解到国内、外都有过相似的观点，并且已付诸实践。去年，苏联词典学学者莫尔科夫金（В. В. Морковкин）到北京讲学，路过哈尔滨曾到我校作报告。我就专题教学的设想和他交换过意见。他很赞同这种想法，并指出我们信息不灵，在 60 年代末和 70 年代初，苏联一些学校在对外俄语教学中就这样做过，并收到很好的效果。可见吃螃蟹的人是早已有之。最近，听说北京有些院校的俄语教师也排除困难，进行这类性质的教学改革。除了对先行者表示敬意，渴望了解他们的经验外，我也感到有必要把自己的想法提出来供大家参考。上面提出的种种问题，很多是要在实践中才能解决的。核心的问题是教材和教师，经过努力，它们是可以逐渐得到解决的。

首先谈教材。每个专题究竟要包括哪些方面的内容，目前还没有固定的格式，似乎也不能强求一律。下面我介绍列宁格勒 1972 年出版教材中的一个专题。专题为 Почта. Телефон. Телеграф. 它包括五个方面的内容。第一部分是词和词组（слова и словосочетания），分列在 почта，письмо，другие почтовые отправления，служба связи，телеграф，телефон 六个小标题下，每个小标题内有数量不同的核心词（总共约有 40 个），围绕着它们，给出数量可观的词组。对 письмо，телефон 这样的词，都给出二三十种搭配。举例来说，номер 的搭配有：дополнительный（добавочный），шестизначный；номер телефона，абонента，телефонной кабины；набрать，перепутать，запомнить，переменить номер телефона；ошибиться номером。最后还附有这些领域内的最常用的句子（наиболее употребительные фразы）。第二部分是引用词汇的问题与作业（вопросы и задания для введения лексики）。通过回答问题或完成作业把第一部分列出的词汇引入交际，包括分别与邮政、打电话有关的问题 20 个和 14 个；用于转述的短文两则；其题目为«На почте»与«Телефонная служба»；练习性的对话（учебпые диалоги）四段，分别以写信寄信、寄送与领取邮件、打长途电话为内容；最后有一篇从杂志«Неделя»摘下的短文«Умеем ли мы говорить по телефону»，讲述打电话时应注意的事项。第三部分为练习与作业（упражнения и задания），包括 20 种不同形式的词汇 - 语法练习，含有体时的转换，动词词组与动名词词组的转换，各种句型的转换，以及填充、造句、发问、编写对话。练习中所有词汇材料都与本专题有关。小题目总计有 100 个以上；其次，有 10 种发展口语熟巧的练习：如何表示肯定、否定、不同意、惊讶、婉转向对方提问或再次发问。有些练习要用指定的词语，如 А не лучше ли，Так возьми и，Ну что вы！ Не такой уж и…，Все еще не 等等。练习句子的内容也完全与邮政、电话、电报有关；再其次是情景练习共 10 个。我抄下比较简单的 3 个：（1）Объясните человеку，который не знает，как звонить по телефону-автомату，как это делать.（2）Инсценируйте диалоги：«В почтовом ящике что-то есть»，«Пиши до востребования»，«На почте»，«Адресат выбыл»，«Это письмо не нам»，«Вы ошиблись номером».（3）Сообщите телеграммой，что вы едете на каникулы домой（укажите число），и просите，чтобы вас встретили. 这部分练习的最后一项是给三幅图画，要求学生以不同参与情景人的身份描述画中的情景。第四部分是文章（тексты）。包括四篇中等长度的文章，题目分别为«Как пишут письма»，«Иван Калита»，«Чудо из чудес»，«Телефон»，一篇诗歌«Почта»，三则小故事«Эксперимент»，«Капризы телефона»，«Знаете ли вы»。第一篇文章详细介绍了写信格式，其后的三篇文章与诗歌故事都选自文学作品或报章杂志，难度不一，但都与主题密切相关。均可作为精读或泛读材料。第五部分是会话与作文题目（темы бесед и сочинений），一共给了六个题目：Интересное письмо；Первое письмо на родину；У нас зазвонил телефон；Я разговаривал с Будапештом；Я отправил бандероль；Коллекционирование почтовых марок. 以上五大部分就是该专题所包含的主要内容。通过上述比较详细的介绍，读者可对一般专题课的内涵有一个大致的了解。遗憾的是这里没有视听教材。对二、三两类偏重知识的题材，也许应作一些变动，减少或去掉情景练习，增加文章、特别是泛读文章的比重。总之，只要能贯彻专题教学的思想，在教材内涵或编写方式上应允许编者有一定自主的权利。

至于教材，可通过以下途径编写：一是利用国内外已有的、性质相似的教材，加以改编充实；二是某些知识性的专题教材，由理论课、概况课、国情课教师来编写；三是作为科研项目分到各个教研室去。鼓励教师编写，并从时间上、资料上、经济上给予保证。在实行专题教学的初始阶段，编写、使用、总结、修改教材的教师顶好是同一个（或两个）人；四是把编写这类教材作为出国进修教师或留苏学生的任务。根据在外学习时间长短，规定必须编写若干专题教材。带着任务在国外学习，可自觉地发掘题材、搜集资料、编写教材。回国后，必须开一两门专题选修课。目前这种出国学习方式，漫无目的，效率不高，应设法改进；五是充分发挥离、退修教师力量。他们语言素养好，经验丰富，又有空余时间，只要能采取得当的措施，调动起他们的积极性，是可以编出好教材的；六是充分利用国内、外苏联专家（包括在我国学习的苏联学生）的力量，与他们合编材料。

编写教材最大的困难是缺少必要的资料，建议可采取下述措施：一是由资料室同志系统浏览报刊，按专题积累、整理、保存材料，并与教材编写人员保持密切联系；二是近年来，我校教师、校友、学生与苏联方面交往渐多，活动范围逐渐扩大，从事商务、劳务、医务以及学术、艺术翻译的人都有。领导应在派遣他们出国、分配工作的同时，明确规定必须带回资料，主要是关于该领域的业务、国情、词语知识的资料，否则翻译中积累的经验与资料很快就会被遗忘或丢失，不能为后来者所利用；三是每年我校都有少数学生到伊尔库茨克大学学习，也可以把搜集整理专题资料作为学习任务交给他们；四是把搜集、整理、研究某一专题的词语，如外贸、改革、海关、商检、办理出入境手续等方面的用语作为大学生的毕业论文题目。目前写论文的目标不明确，浪费师生不少精力。有些硕士生也可把撰写学术论文与编写知识性、专业性强的专题教材结合起来，由他们整理一部分资料；五是在我国学习的苏联学生和国外的俄国师友都是资料的来源。一位在苏留学教师曾请苏联友人写过一份莫斯科各类商店名称，并说明其经营项目。这也是有价值的国情资料，虽然不一定要把它纳入教材。

除教材之外，最关键的就是教师。关于教师，有过以下几点疑虑。一是认为专题教学需要比较专深的知识，应掌握较专门的词语表达手段。教师过去没有这方面的准备，恐怕难以胜任。我认为，从我校师生水平来看，只要有教材，经过一段时间准备、钻研，完全可以胜任。这样的材料并不比传统的难多少，随着教学经验的积累，教师会逐渐适应并自如地驾驭专题教学。如果教材是教师自己编写的，那教起来更会得心应手。二是怕增加教师负担。这是一种误解。如果一个教师每年总是教同样的五六个专题（由于在不同班级内重复），那么他容易熟练地掌握所教内容，教起来就会驾轻就熟，不会感到有沉重的负担。也有人担心长期搞专题教学，教师的知识经验只限于狭窄的范围，水平会有所下降。这种情况出现的可能性不大。一个教师要教几个不同类型的专题课,已保持较宽的知识面,讲授某些知识性的专题,会促使教师深入钻研。虽然一个教师只讲授几个专题课,却应该熟悉其他的专题,并且争取开设新课,成为一个“戏路宽的演员”,如果再有些鼓励性的行政措施,教师不会满足只讲授几个专题,踏步不前。还有一种观点认为,专题教学向生活常识和专门知识方面倾斜,减少了学生接触文学和文学语言的机会,从而降低师生的文学修养。我想,这可以从几个方面弥补这一缺陷:一是适当加大各专题课阅读材料中的文学比重;二是选择部分适当的文艺作品作为精读或翻译教材;三是通过开设或增设某些文学专题课和课外讲座,使有专长教师的才干得以发挥,有这方面志趣的学生的要求得以满足。但要造就高水平的文学人才,目前我国大学阶段的教学似难以胜任。要靠办研究班、培养硕士、博士才能做到。

总之,专题教学在我国是新生事物,会有种种缺陷,不能要求它立竿见影,马上见效。但它符合我国目前外语教学的实现情况,因此很有前途。在教改中,和教学方法、课程设置方式、测试办法相比,教学内容的改革不能不占有优先的地位。我再次希望,这一问题能引起领导和广大同行的注意。

参考文献

[1]戴浩一:《功能学说与中文文法》导言,《国外语言学》1990 年第 3 期。

[2]丁声树等:《现代汉语语法讲话》,商务印书馆 1961 年版。

[3]费·德·索绪尔:《普通语言学教程》,商务印书馆 1985 年版。

[4]弗·加克:《语用学约定俗成与言语语法》,《国外语言学》1988 年第 1 期。

[5]韩礼德:《〈功能语法导论〉简介》,《国外语言学》1987 年第 1 期。

[6]韩礼德:《〈功能语法导论〉简介》,《国外语言学》1987 年第 2 期。

[7]韩礼德:《〈语篇与环境〉简介》,《国外语言学》1988 年第 2 期。

[8]何自然:《语用学概论》, 湖南教育出版社 1988 年版。

[9]华劭:《指称与逻辑》,《外语学刊》1995 年第 2 期。

[10]华劭:《指称与逻辑》,《外语学刊》1995 年第 3 期。

[11]华劭:《名词的指称与语用》,《外语学刊》1995 年第 4 期。

[12]杰·利奇:《语义学》,上海外语教育出版社 1987 年版。

[13]李幼蒸:《理论符号学导论》,中国社会科学出版社 1993 年版。

[14]龙果夫:《现代汉语语法研究》,科学出版社 1958 年版。

[15]卢利亚:《神经语言学》,北京大学出版社 1987 年版。

[16]米·福柯:《词与物——人类科学考古学》,上海三联书店 2001 年版。

[17]威拉德·蒯因:《从逻辑的观点看》,上海译文出版社 1987 年版。

[18]威廉·白瑞德:《非理性的人——存在主文探源》,黑龙江人民出版社 1988 年版。

[19]Аванесов Г. И. Фонетика современного русского литературного языка. М.,1956.

[20]Аванесов Г. И. ,Сидоров В. Н. Очерк грамматики русского литературного языка. М. ,1954.

[21]АН СССР. Грамматика русского языка. М. ,1954.

[22]АН СССР. Грамматика современного русского литературного язы-

ка. М.,1970.
[23] АН СССР. Русская грамматика. М.,1980.
[24] АН СССР. Лингвистический энциклопедический словарь. М.,1990.
[25] Апресян Ю. Д. Интегральное описание языка и системная лексикография. М.,1995.
[26] Апресян Ю. Д. Лексичекая семантика. Синонимические средства языка. М.,1974.
[27] Апресян Ю. Д. Перформативы в грамматике и словаре. Известия АН. Серия литературы и языка,1986,№3.
[28] Апресян Ю. Д. Экспериментальное исследование семантики русского глагола. М.,1967.
[29] Арутюнова Н. Д. Предложение и его смысл. М.,1976.
[30] Арутюнова Н. Д. Фактор адресата. Известия АН. Серия литературы и языка, 1981,№4.
[31] Арутюнова Н. Д., Ширяев Е. Н. Русское предложение. Бытийный тип. М.,1983.
[32] Арутюнова Н. Д. Типы языковых значений: Оценка. Событие. Факт. М.,1988.
[33] Арутюнова Н. Д. Язык и мир человека. М.,1998.
[34] Балли Ш. Общая лингвистика и вопросы французского языка. М.,1955.
[35] Бенвенист Э. Уровни лингвистического анализа. //Новое в лингвистике. Вып. Ⅳ. М.,1965.
[36] Богородицкий В. А. Общий курс русского языка. М.-Л.,1935.
[37] Богуславскии И. М. О понятии сферы действия предикатных слов. Известия АН. Серия литературы и языка,1984, №4.
[38] Булыгина Т. В., Селиверстова О. Н. Семантические типы предикатов. М.,1982.
[39] Виноградов В. В. Русский язык. М.-Л.,1947.
[40] Галкина-Федорук, Горшкова К. В., Шанский Н. М. Современный русский язык. Морфология. М.,1957.
[41] Гальперин И. Г. Текст как объект лингвистического исследова-

ния. М.,1981.

[42] Гвоздев А. Н. Современный русский литературный язык. Ч. Ⅰ. 1958.

[43] Гвоздев А. Н. Современный русский литературный язык. Ч. Ⅱ. 1958.

[44] Груздеева С. И. О связи слов в предложении.// Ученые записки Ленинградского университета им. Жданова. Вып. 2. 1952.

[45] Долинин К. А. Имплицитное содержание высказывания. Вопросы языкознания, 1983, №6.

[46] Звегинцев В. А. Семасиология. М.,1957.

[47] Звегинцев В. А. Предложение и его отношение к языку и речи. М.,1976.

[48] Земский А. М., Крючков С. Е., Светлаев М. В. Русский язык. М.,1954.

[49] Золотова Г. А. Очерк функционального синтаксиса. М.,1973.

[50] Золотова Г. А. Синтаксический словарь. М.,1988.

[51] Караулов Ю. Н. и др. Язык и личность. М.,1989.

[52] Караулов Ю. Н. О состоянии русского языка современности. М., 1991.

[53] Ковтунова И. И. Современный русский язык. Порядок слов и актуальное членение предложения. М.,1976.

[54] Кручинина И. Н. Элементы разговорного синтаксиса в произведениях эпистолярного жанра.// Синтаксис и стилистика. М.,1976.

[55] Крушельницкая К. Н. О смысловом членении предложения. Вопросы языкознания,1956,№5.

[56] Кузнецов П. С. О принципах изучения грамматики. М.,1961.

[57] Лаптева О. А. Русский разговорный синтаксис. М.,1976.

[58] Лингвистический энциклопедический словарь. М.,1990.

[59] Лопатин В. В. Словообразовательные средства субъективно-оценочной прагматики высказывания и текста.// Русский язык (языковые значения в функциональном и эстетическом аспектах). М.,1987.

[60] Лосев А. Ф. Знак. Символ. Миф. М., 1982.
[61] Ляпон М. В. Прагматика каузальности. // Русистика сегодня. М., 1988.
[62] Матийченко А. С. Грамматика русского языка. М., 1950.
[63] Мельчук И. А. Опыт теории лингвистических моделей «смыл ⇔ текст». М., 1974.
[64] Мучник И. П. О видовых корреляциях в современном русском языке. Вопросы языкознания, 1956, №6.
[65] Николаева Т. М. Функции частиц в высказывании. М., 1985.
[66] Падучева Е. В. Высказывание и его соотнесенность с действительностью. М., 1985.
[67] Панфилов В. З. Грамматика и логика. М, -Л., 1963.
[68] Пешковский А. М. Русский синтаксис в научном освещении. М., 1956.
[69] Потебня А. А. Из записок по русской грамматике. М., 1958.
[70] Почепцев Г. Г. Коммуникативно-прагматические аспекты семантики. Филологические науки, 1984, №4.
[71] Разлогова Е. Э. Когнитивные установки в прямых и непрямых ответах на вопрос. //Проблемы интенсиональных и прагматических контекстов. М., 1989.
[72] Русский язык. Энциклопедия. М., 1979.
[73] Седун Е. И. Обучение студентов-иностранцев интонационным нормам русского языка. //Русский язык для студентов-иностранцев. М., 1971.
[74] Смирницкий А. И. Лексикология английского языка. М., 1956.
[75] Смирницкий А. И. Лексическое и грамматическое в слове. //Вопросы грамматического строя. М., 1955.
[76] Смирницкий А. И. Синтаксис английского языка. М., 1957.
[77] Степанов Ю. С. В поисках прагматики (проблема субъекта). Известия АН. Серия литературы и языка, 1981, №4.
[78] Степанов Ю. С. Имена. Предикаты. Предложения. М., 1981.
[79] Степанов Ю. С. Основы общего языкознания. М., 1975.

[80] Телия В. Н. Вторичная номинация и ее виды. Языковая номинация. М.,1977.

[81] Теория функциональной грамматики: Аспектуальность. Временная локализованность. Таксис. Л.,1987.

[82] Теория функциональной грамматики: Темпоральность. Модальность. Л.,1990.

[83] Томашевский Б. В. Стилистика и стихосложение. Л.,1959.

[84] Ушаков Д. Н. Краткое введение в науку о языке. М.,1929.

[85] Финкель А. М., Баженов Н. М. Современный литературный русский язык. Киев. 1954.

[86] Черкасова Е. Т. К изучению образования русских отыменных предлогов. // Исследования по грамматике русского литературного языка. М.,1955.

[87] Черкасова Е. Т. К вопросу об образовании отглагольных предлогов.// Исследования по синтаксису русского литературного языка. М.,1956 .

[88] Шахматов А. А. Синтаксис русского языка. М.,1941.

[89] Шахматов А. А. Очерк современного русского литературного языка. М.,1941.

[90] Щерба Л. В. Избранные работы по языкознанию и фонетике. Л., 1958.

《华劭集》收录论著索引

作者传略

华劭，生于1930年湖北省汉口市。1951年毕业于哈尔滨外国语专门学校俄语系，后留校任助教。常年讲授语法课，曾在《俄语教学与研究》杂志编辑部兼职。自1957年至1959年在莫斯科大学进修，导师为加尔金娜·费多鲁克（Е. М. Галкина-Федорук）教授，归国后在黑龙江大学任教。自1978年起任副教授，1982年擢任为教授。曾任系主任1年，中国俄语教学研究会副会长10年。根据世界俄语语言文学教师联合会主席团决议，1990年于莫斯科授予华劭教授普希金奖章。1991年他应邀再度回莫斯科大学进修访学，在此期间华劭教授有机会了解语言学领域内的新成就。1993年被国家教委批准为博士生导师。

下面是华劭教授简要的学术经历。

1953—1955年系统地学习了现代俄语、历史语法、古斯拉夫语语言学概论等课程。授课者为当时在哈尔滨的以乌哈诺夫（Г. П. Уханов）副教授为首的苏联专家。1955—1956年在戈尔什科夫（А. И. Горшков）副教授指导下攻读维诺格拉多夫（В. В. Виноградов）、沙赫马托夫（А. А. Шахматов）、佩什科夫斯基（А. М. Пешковский）等人的专著。戈尔什科夫是乌哈诺夫的继任专家组长。1957—1959年华劭教授曾听过维诺格拉多夫的《俄语句法史》、布达科夫（Р. И. Будагов）的《语言学概论》、洛姆捷夫（Т. П. Ломтев）的专题课《现代俄语句法基础》。为此他特别感谢兹韦金采夫（В. А. Звегинцев）教授，该教授曾专为中国进修教师和研究生组织系列讲座，参与此工作者均为知名专家，兹韦金采夫本人讲授过语义学与词汇学。在此期间西方语言学思想浪潮涌入莫斯科，引起活跃的讨论。曾就结构语言学及当时问世不久的乔姆斯基（H. Chomcky）的学说展开辩论。华劭教授目击了新派语言学思想碰撞，并深为震撼，开始研读索绪尔（F. de. Saussure）的《普通语言学教程》的俄译本。

在俄语语言学领域内华劭教授的注意力集中于三个问题:句子的实际切分;语义和语法联系基础上的句法现象模式化;俄语形态范畴中的各类语法意义。最后一个问题是华劭教授的第一篇科学论文的题目,它是在导师加尔金娜·费多鲁克教授指导下写成的。1962—1966 年期间发表《试论俄语名词数的范畴》、《俄语中的数量句型》、《试谈句子的实际切分》等论文。此外,华劭教授按句子模式方式给学生试讲句法课(1963—1964 年)。1966—1972 年科学工作中断 6 年。1973—1982 年期间撰写完第一本书《现代俄语语法新编》(句法),该书 1979 年问世,并曾三次印刷。此外他还参与《大俄汉词典》编纂与校订工作,该辞书多次再版。

1983—1991 年华劭教授为全国青年教师讲授苏联科学院 1980 年出版的集体巨著«Русская грамматика»的句法部分(该讲座由国家教育部及中国俄语教学研究会组织,1984 年在大连举办)。此外,就该书的部分问题华劭教授曾在不同学术会议作过报告,并发表过一些论文,其中一部分纳入本书。此后该巨著由信德麟、张会森与华劭教授翻译改编,并于 1991 年问世,这本《俄语语法》曾多次印刷,至今被广泛采用。在此期间,华劭教授一直关注"实际切分"问题,并就此发表过文章。自 1985 年起华劭教授开始为研究生开设《普通语言学》课程。

1992 年至今,在指导研究生过程中,华劭教授向他们讲了自己在莫斯科第二次访学中所感兴趣的语言学新成果。在专题讲座和答疑课中和硕士生、博士生一起讨论过这样一些有创意的著作,如以梅利丘克(И. А. Мельчук)和阿普列相(Ю. Н. Апресян)为首的莫斯科语义学派的"意思⇔文本"模式,以阿鲁秋诺娃(Н. Д. Арутюнова)为首的"语言的逻辑分析"小组所发表的系列著作,帕杜切娃(Е. В. Падучева)关于指称、语用的有趣思想,佐洛托娃(Г. А. Золотова)的句法观点等等。许多研究生对此产生兴趣,并着手在自己的论文和其他出版著作中解释、补充、发展这些思想。

华劭教授指导了 7 名博士生撰写论文并通过答辩。指导博士期间他也写了一些关于语义、指称、语用、隐喻的文章,发表在国内各杂志。2003 年撰写完专著《语言经纬》(该书已再版,2005 年被教育部推荐为研究生教学用书)。此外,作为导师和两位博士后合作,一位研究的是语气词,另一位研究的是多义现象。

БИОГРАФИЧЕСКИЕ СВЕДЕНИЯ

Хуа Шао родился в 1930 году в городе Ханькоу провинции Хубэй. Окончил факультет русского языка Харбинского института иностранных языков в 1951 году. Его оставили в институте ассистентом. Много лет преподавал грамматику и работал по совместительству в редакции журнала «Преподавание и исследование русского языка». С 1957 по 1959 год проходил стажировку в МГУ. Научным руководителем была профессор Е. М. Галкина-Федорук. По возвращении на Родину стал работать в Хэйлунцзянском университете. В 1978 году его утвердили в должности доцента, в 1982 году — профессора. Один год работал деканом факультета. 10 лет был вице-президентом КАПРЯЛ. В 1990 году по решению Президиума МАПРЯЛ в Москве был награжден медалью А. С. Пушкина. В 1991 году он был приглашен на научную стажировку в Россию, в МГУ, и в течение полугода имел возможность познакомиться с новыми достижениями в области лингвистики. В 1993 году по решению Министерства просвещения КНР получил право работать с докторантами в качестве научного руководителя.

Ниже дается краткое описание научной деятельности профессора Хуа Шао.

С 1953 по 1955 год прослушал цикл лекций по современному русскому языку, исторической грамматике, старославянскому языку, введению в языкознание. Лекции читали советские специалисты во главе с доцентом Г. П. Ухановым. С 1955 по 1956 год изучил труды В. В. Виноградова, А. А. Шахматова, А. М. Пешковского под непосредственным руководством доцента А. И. Торшкова. С 1957 по 1959 год профессор Хуа Шао прослушал лекции В. В. Виноградова по истории синтаксиса русского языка, курс Р. И. Будагова по введению в языкознание, спецкурс Т. П. Ломтева «Основы синтаксиса современного русского языка» и другие. Он многим обязан профессору В. А. Звегинцеву, который организовал цикл лекций специально для китайских стажеров и аспирантов. Лекции читали известные специалисты, сам В. А. Звегинцев читал лекции по семантике и лексике. В этот период нахлынувшая в Москву волна западных лингвистических мыслей вызвала оживленное обсуждение. Дискутировали по вопросам структурной лингвистики, по новому учению Ч. Хомского. Он был свидетелем столкновения старых лингвистических мыслей с новыми. Возникало много вопросов. Он стал изучать «Общий курс» Ф. де Соссюра в русском переводе А. М. Сухотина.

В области русского языкознания его внимание привлекали три проблемы: актуальное членение предложения, моделирование синтаксических явлений на основе их семантических и грамматических связей; типы языковых значений морфологических категорий русского языка. Последняя проблема и послужила темой его первой научной работы, написанной под руководством профессора Е. М. Галкиной-Федорук. В 1962—1966 годах опубликовал статьи: «О грамматической категории числа имени существительного» (1962), «Структурный тип предложений количественной характеристики» (1963), «Об актуальном членении предложения» (1965) и некоторые другие. В опытном порядке он обучал студентов синтаксису структурных типов предложений (1964—1965). С 1966 по 1972 год научно-исследовательная деятельность прекратилась на 6 лет. В 1973—1982 годах написал книгу «Грамматика современного русского языка в новом освещении (синтаксис)», она вышла в свет в 1979 году и выдержала три издания. Участвовал в работе по составлению и редактированию «Большого русско-китайского словаря». Словарь многократно переиздавался.

В 1983—1991 годах прочитал молодым коллегам Китая цикл лекций по синтаксису на основе коллективного фундаментального труда «Русская грамматика» АН СССР (1980) с целью помочь им разобраться в основных мыслях этого исследования (в 1984 году в городе Даляне, по поручению Министерства просвещения КНР и КАПРЯЛ). Кроме того, он сделал доклады на научных конференциях и опубликовал статьи по частным вопросам этого труда. Некоторые из них помещены в этом сборнике. Этот гигантский труд в адаптированном виде переведен и выпущен в 1991 году. Работа выполнена в соавторстве с профессорами Син Дэлипом, Чжан Хойсэном. Этой, много раз переизданной книгой, пользуются и ныне. В этот же период занимался проблемой актуального членения предложения. Напечатал статьи на эту тему. С 1985 года разработал новый курс лекций по общему языкознанию.

С 1992 года в работе с аспирантами профессор Хуа Шао знакомит их с новейшими достижениями в области русской лингвистики, которые заинтересовали его, когда он находился на своей второй стажировке. На спецкурсах и консультациях вместе с аспирантами и докторантами обсуждает такие творческие работы, как модель«смысл ⇔ текст» московского семантического кружка во главе с И. А. Мельчуком и Ю. Д. Апресяном, серию трудов, написанных группой «логического анализа языка», возглавляемой Н. Д. Арутюновой, интересные мысли Е. В. Падучевой о референции и прагматике, синтаксические взгляды Г. А. Золотовой и другие. Увлекшись этими работами, многие из аспирантов стали интерпретировать, дополнять, развивать эти научные мысли в своих диссертациях или публикациях.

Под его руководством написали и защитили диссертации 7 докторантов. Он опубликовал ряд статей по семантике, референции, прагматике, метафоре на страницах научных журналов страны. В 2003 году у него вышла монография «Язык: меридианы и параллели». Она переиздана в 2005 году и рекомендована как учебное пособие для аспирантов Министерством просвещения КНР. Как научный руководитель, он сотрудничает с двумя учеными, окончившими докторантуру. Одна из них работает в области частиц, другая — в области полисемии.